Carl-Auer-Systeme Verlag

Praxis der Organisationsaufstellungen

Gunthard Weber (Hrsg.)
Grundlagen, Prinzipien, Anwendungsbereiche

Zweite, korrigierte Auflage 2002

Carl-Auer-Systeme im Internet: **www.carl-auer.de**
Bitte fordern Sie unser Gesamtverzeichnis an!

Carl-Auer-Systeme Verlag
Weberstr. 2
69120 Heidelberg

Über alle Rechte der deutschen Ausgabe verfügt Carl-Auer-Systeme
Verlag und Verlagsbuchhandlung GmbH Heidelberg
Fotomechanische Wiedergabe nur mit Genehmigung des Verlages
Satz u. Grafik: Drißner-Design u. DTP, Meßstetten
Umschlag: WSP Design, Heidelberg
Objektinstallation und -photographie: Leonie Weber
Printed in the Netherlands
Druck und Bindung: Koninklijke Wöhrmann, Zutphen

Zweite, korrigierte Auflage, 2002
ISBN 3-89670-229-7

Die Deutsche Bibliothek - CIP-Einheitsaufnahme

Ein Titeldatensatz für diese Publikation ist bei
Der Deutschen Bibliothek erhältlich.

Inhalt

Vorwort ... 7

I Grundlagen, Prinzipien und Praxis der Organisations- und Strukturaufstellungen ... 9

Matthias Varga von Kibéd
Unterschiede und tiefere Gemeinsamkeiten der Aufstellungsarbeit mit Organisationen und der systemischen Familienaufstellungen ... 11

Gunthard Weber
Organisationsaufstellungen: Basics und Besonderes ... 34

Insa Sparrer
Vom Familien-Stellen zur Organisationsaufstellung ... 91
Zur Anwendung Systemischer Strukturaufstellungen im Organisationsbereich

Guni-Leila Baxa und Christine Essen
Prozessorientierte Organisationsaufstellungen ... 127

Franz Ruppert
Die unsichtbare Ordnung in Arbeitsbeziehungssystemen ... 156
Konflikthafte Strukturen und Hilfestellungen für ihre Auflösung

II Organisationsaufstellungen in speziellen Bereichen ... 175

Gudrun Kreisl
Organisationsaufstellungen für die Zielgruppe Unternehmensberater ... 177

Friedrich Wiest
Organisationsaufstellungen als Werkzeug der Unternehmensberatung ... 185
dargestellt am Beispiel der Nachfolgeregelung in Familienunternehmen

Marianne Franke-Gricksch
Systemisches Denken und Handeln in der Schule ... 195

Gerd Metz und Werner Messerig
Die Aufstellung des „Inneren Teams": ein Vorgehen für Persönlichkeitsentwicklung, Gruppencoaching und Organisationsberatung ... 207

Heidi Baitinger
**Organisationsaufstellungen in der Einzelberatung –
Notlösung oder gute Lösung in der Not? ... 223**

Gunthard Weber, Hanne Mertz und Thomas Schumacher
Organisationsaufstellungen und „Mobbing" ... 232
Systemische Sichtweisen zum Thema und zwei Aufstellungsbeispiele

Hans Baitinger
**Systemische Organisationsberatung in der Arztpraxis
und Aufstellungsarbeit als Element homöopathischer Praxis ... 250**
Zur Einschätzng der Grenzen der Aufstellungsarbeit
und der Arzneitherapie

Friedrich Wiest und Matthias Varga von Kibéd
**Homöopathische Systemaufstellungen –
Anwendung und Analogien zu Organisationsaufstellungen ... 264**

III Wissenschaftliche Untersuchung zu Organisationsaufstellungen ... 277

Franz Ruppert
**Das Aufstellen von Arbeitsbeziehungen in Wirtschaftsunternehmen –
Erfahrungen und Ergebnisse empirischer Untersuchungen ... 279**

IV Interviews mit Bert Hellinger ... 305

Organisationsberatung und Organisationsaufstellungen ... 307
26 Fragen an Bert Hellinger von Johannes Neuhauser

Loyalität durch Ordnung – Erfolg durch Loyalität ... 320
Ein Interview von Humberto del Pozo mit Bert Hellinger

Gesamtliteraturverzeichnis ... 330
Über die Autoren ... 337

Vorwort

Im Jahre 1998 fand in Wiesloch mit etwa 300 Teilnehmern, die in und mit Organisationen arbeiten, die erste Tagung „Werkstatt Organisationsaufstellungen" über diesen Beratungsansatz statt. Damals war noch nicht abzusehen, dass die Übertragung der Prinzipien des Familien-Stellens, wie sie Bert Hellinger entwickelt hatte, auf Organisationen ein so großes Interesse finden würde, wie es sich jetzt abzeichnet. Zu wenig anschlussfähig schien diese wissenschaftlich noch wenig fundierte Methode für die Managementwelt, zu fremd in ihren Vorgehensweisen und zu weich, was die Lösungen angeht, die die systemische Aufstellungsarbeit der Arbeitswelt anzubieten in der Lage ist. In der Welt der Manager ist sie bis jetzt auch noch nicht oder wenig angekommen.

Eine Vermittlerfunktion haben hier die betriebsinternen und die freischaffenden Unternehmens- und Organisationsberater übernommen. Sie sind es vor allem, die sich zu Lernwerkstätten und Intervisionsgruppen zusammenschlossen, um Aufstellungen mit nicht involvierten Repräsentanten durchführen zu können, und die kreative Wege fanden, das Aufstellen von Organisationen gemeinsam zu erlernen und weiterzuentwickeln.

Das 1997 gegründete „Netzwerk Organisationsaufstellungen", das lange Zeit von Thomas Siefer koordiniert wurde, versucht diese Aktivitäten zu unterstützen und einen überregionalen Austausch zu ermöglichen. Inzwischen werden überall im deutschsprachigen Raum Seminare mit Organisationsaufstellungen angeboten, und das Erscheinen vieler Bücher zum gleichen Thema spricht für das Interesse an diesem Ansatz.

Angefangen hatte alles 1995 in Kufstein in Österreich. Michael Wingenfeld und Thomas Siefer hatten die Initiative ergriffen und Bert Hellinger gefragt, ob er bereit sei, ein Aufstellungsseminar für Mitarbeiter aus Organisationen und Unternehmen durchzuführen.

Bert Hellinger lud noch einige Freunde hinzu, die Erfahrungen mit der Beratung von Organisationen hatten. Es wurde ein spannendes und vielversprechendes Seminar. Ich selbst stellte dort mein Arbeitssystem auf und wurde von dem Ergebnis dieser Aufstellung, die für mich später weitreichende und ausgesprochen gute Folgen hatte, völlig überrascht.

Dieser Band fasst nun die überarbeiteten Beiträge der Wieslocher Tagung zusammen. Die Leser nehmen damit Teil an der Entwicklung eines Beratungsansatzes in Statu Nascendi.

Einigen grundsätzlichen Beiträgen folgen Anwendungsberichte aus ganz unterschiedlichen Arbeitsfeldern, und man kann schon hier an der bunten Mischung sehen, in wie viele unterschiedliche Bereiche sich diese Arbeit auszudehnen beginnt. Zwei Interviews mit Bert Hellinger über das Aufstellen von Organisationen runden den Band ab.

Ich habe das Buch ganz bewusst in der Reihe *Werkstattschriften zu systemischen Lösungen nach Bert Hellinger* herausgegeben, weil ich der festen Überzeugung bin, dass wir hier ganz am Anfang einer Entwicklung dieses Ansatzes stehen, erst den Zipfel des Mantels in Händen halten und das Mitgeteilte oft noch vorläufig ist und auf begrenzten Erfahrungen aufbaut. Diese ersten Erfahrungen sind aber so ermutigend und befriedigend und so verschieden von bisher ausgeübten Organisationsberatungsmethoden, dass ich sicher bin, dass die Anwendung dieses Ansatzes sich weiterhin rasant verbreiten wird und noch ein ungeahntes Potenzial bereithält, gute Lösungen in Organisationen anzustoßen.

Vor allen Dingen könnte die systemische Aufstellungsarbeit dazu beitragen, dass es in der Arbeitswelt menschlicher zugeht, dass sich Mitarbeiter als Personen und für ihre Beiträge häufiger anerkannt und gewürdigt fühlen, dass Beziehungen und Strukturen klarer werden und alle Beteiligten sich häufiger frei von Verstrickungen und einengenden, belastenden Mustern ganz ihren Aufgaben widmen können.

Wiesloch, im Oktober 2000
Gunthard Weber

I Grundlagen, Prinzipien und Praxis der Organisations- und Strukturaufstellungen

Unterschiede und tiefere Gemeinsamkeiten der Aufstellungsarbeit mit Organisationen und der systemischen Familienaufstellungen[1]

Matthias Varga von Kibéd

A) GEMEINSAMKEITEN

1. Grammatik der systemischen Aufstellungsarbeit als gemeinsame Grundlage von Familien- und Organisationsaufstellungen

Die systemische Aufstellungsarbeit hat in den letzten Jahren ohne Zweifel ihr Herkunftsland, die Familientherapie, verlassen und sich in einer Reihe anderer Gebiete anzusiedeln begonnen. Am weitesten gediehen ist diese Erweiterung in der Anwendung systemischer Aufstellungsarbeit im Organisationsbereich. Bei der Entwicklung des Verfahrens der Systemischen Strukturaufstellungen haben Insa Sparrer und ich eine methodische Grundlage für die systemische Aufstellungsarbeit in Form eines umfangreichen (und ständig wachsenden) Fragments einer *Grammatik der systemischen Aufstellungsarbeit* angegeben, wie sie dies in ihrem Beitrag[2] in diesem Band (Literaturangaben s. dort) erläutert.

Es geht keineswegs darum, Organisationen wie verallgemeinerte Familienstrukturen zu sehen; wir versuchen vielmehr, eine gemeinsame Grundlage für die systemisch-phänomenologische Be-

---

1 Überarbeiteter Vortrag, gehalten auf der Tagung „Werkstatt Organisationsaufstellungen" in Wiesloch, April 1998.
2 Vgl. I. Sparrer: „Vom Familienstellen zur Organisationsaufstellung. Zur Anwendung systemischer Strukturaufstellungen im Organisationsbereich" im vorliegenden Band sowie Varga v. Kibéd u. Sparrer (2000); bei gemeinsam mit Insa Sparrer entwickelten Begriffsbildungen, Theorien und Methoden hebe ich dies im Folgenden mehrfach durch Pluralformulierungen wie „wir" hervor.

trachtung von Organisationen, Familien und anderen Systemen zu finden. Wir verwenden dazu eine syntaktische Beschreibung des Interventionsprozesses und seiner Grundannahmen und können so die Gemeinsamkeiten, aber auch die spezifischen Gesetzmäßigkeiten der jeweiligen Bereiche besser herausarbeiten. Ich werde im Folgenden Insa Sparrers Erörterungen unseres Entwurfes einer Grammatik durch Hinweise auf Gemeinsamkeiten und Unterschiede des Vorgehens in beiden Bereichen (Familie und Organisation) ergänzen.

2. Überlegungen zur Förderung des Dialogs mit anderen Richtungen der Therapie und Beratung

Die Entwicklung einer derartigen gemeinsamen theoretischen Grundlage der verschiedenen systemischen Aufstellungsformen dient der Verbesserung des Kontakts und des wechselseitigen kreativen Transfers von Ideen mit anderen therapeutischen und beraterischen Schulen. Die Gefahr dabei besteht in der Festschreibung eines sich gerade entwickelnden Verfahrens durch einen zu frühen Beschreibungsversuch. Wir können dem aber entgegenwirken, indem wir den ständigen Austausch mit der praktischen Anwendung betonen, die sich daraus laufend ergebenden neuen Einsichten, die Infragestellung bisheriger Sichtweisen und die ständigen Modifikationen ausdrücklich begrüßen und als Teil unserer Methode ansehen.

Für ein derartiges Vorgehen hat uns Bert Hellinger eine nachahmenswerte Haltung vorgelebt, da er kaum ein Prinzip der Aufstellungsarbeit nicht schon selbst wiederholt wieder in Frage gestellt hat. Streng genommen gibt es bei Hellinger eigentlich keine Prinzipien, die in Frage gestellt werden können; er betont immer wieder, dass seine Einsichten stets auf konkrete Einzelwahrnehmungen bezogen sind und eine beschreibende Verallgemeinerung daher unzulässig sei. Für den Dialog mit verwandten, wie auch scheinbar ganz entgegengesetzten therapeutischen und beraterischen Richtungen ist aber eine vorläufige Charakterisierung des eigenen Vorgehens durch methodische Grundprinzipien fast unerlässlich.

Es gibt (mindestens) einen Ausweg aus diesem Dilemma: Wir können die methodischen Grundprinzipien der systemischen Aufstellungsarbeit möglichst klar und präzise herausarbeiten, aber doch zugleich die Prinzipien nur als häufig hilfreiche heuristische Leitlinien der Praxis ansehen, als vorläufige Hypothesensysteme, und bereit bleiben, ihren deskriptiven Gehalt mit etwas Humor jederzeit wieder in Frage zu stellen und uns der Wahrnehmung in der jeweils konkreten Situation der Aufstellung jedes Mal wieder neu auszusetzen. Die Infragestellung sollte natürlich auf Beobachtungen beruhen, die zu einer abweichenden Betrachtung zwingen, oder auf der Angabe eines einfacheren oder umfassenderen theoretischen Vorannahmengerüsts als dem schon vorliegenden.

Für den Dialog mit KollegInnen aus anderen Richtungen sollten wir uns daran erinnern, dass es gar nicht so leicht ist, *nicht* aufzustellen. Wenn ich jetzt etwa eine Hand hebe, während ich Sie auffordere, sich vorzustellen, das, was Sie erreichen wollen, Ihr Ziel, sei hier, und wenn ich dann meine andere Hand hinter der ersten Hand auftauchen lasse, während ich Sie bitte, in Erwägung zu ziehen, es gäbe da vielleicht noch etwas anderes, um das es für Sie hier eigentlich (auch noch) geht – dann sind gerade eben schon meine beiden Hände zu Repräsentanten für innere Zustände und Aspekte von Ihnen geworden, und wir befinden uns mitten in einer Miniaturaufstellung. Etwas Ähnliches hätte auch ganz nebenbei, ohne eine deutliche Einführung der Hände als Repräsentanten stattfinden können; wir hätten sozusagen ganz nebenbei und vielleicht für uns selbst unbemerkt allein in der spontanen Gestik eines Gesprächs schon einen Teilablauf einer Aufstellung vollzogen.

Die Grenze zwischen dem auffälligen Ritual des Aufstellens einer Gruppe von Personen auf der Bühne und dem einfachen Miteinandersprechen ist in Bezug auf den Charakter als Aufstellung vielleicht doch fließender als vermutet. Wenn wir uns daran erinnern, dass etwas als Aufstellung zu betrachten eine (nur etwas ungewohnte) Betrachtungsweise vertrauter Prozesse sein kann, haben wir eine nützliche Perspektive für den Dialog mit FachkollegInnen gefunden, die das aufwendige Ritual einer systemischen Aufstellung befremdlich finden.

Für die Vermittlung des Aufstellungsverfahrens im Organisationsbereich ist die Nutzung aufstellungsähnlicher Aspekte der Gesprächsführung einerseits und die Möglichkeit schriftlicher Aufstellungen[3] andererseits, sowie die Arbeit mit symbolischen Gegenständen und Bodenankern[4] aus unserer Sicht von besonderer Bedeutung.

3 Vgl. dazu Varga v. Kibéd u. Sparrer (2000).
4 Vgl. dazu die Beiträge von Otto Brink, Jakob Schneider, Ursula Franke, Wolfgang Lenk und Barbara u. Hans Eberhard Eberspächer in Gunthard Weber (1998 op. cit.), sowie Varga v. Kibéd u. Sparrer (2000).

3. Zur Bedeutung grammatischer Ansätze für die Didaktik der Aufstellungsarbeit

Das grammatische Vorgehen hat auch seinen Wert für eine bessere Didaktik. Wenn jemand einen besonderen Zugang zu bestimmten Aspekten der menschlichen Wirklichkeit hat, wie etwa Milton H. Erickson, Carl R. Rogers, Jakob L. Moreno, Virginia Satir, Bert Hellinger[5] und andere Therapieschulengründer, dann sind für die Vermittlung ihrer Sicht anfangs manche theoretische Unterscheidungen der Praxis eindeutig untergeordnet. Diese Therapeuten lehrten zum Teil durch ihr unmittelbares Vorbild, und wer bei ihnen lernte, lernte oft gewissermaßen „osmotisch", lernte, als ob sich plötzlich die Poren geöffnet hätten, konnte und verstand plötzlich etwas ihr oder ihm zuvor Unzugängliches. Naheliegenderweise muss es aber später, insbesondere in Abwesenheit der SchulengründerInnen, andere Formen der Didaktik geben, die die Weitergabe dieser Einsichten und Fähigkeiten und die Entwicklung guter Trainingsformen ermöglichen.

Manche, wie Moreno und Satir, haben selbst differenzierte methodologische Weitergabeformen entwickelt; andere, wie Hellinger, betonen eher die Problematik normierter Beschreibungen ihrer Praxis. Und dieser Weitergabeprozess unterliegt eben genau dem Dilemma, dass methodische Prinzipien dafür erforderlich sind und doch zugleich etwas Lebendiges erstarren lassen können. An diese, wie mir scheint unausweichliche, Schwierigkeit sich zu erinnern, ist schon ein Teil der möglichen Prophylaxe für diese Gefährdung.

Für die Vermittlung des Verfahrens im Organisationsbereich ist eine Untersuchung der methodischen Grundprinzipien[6] und eine grammatische Analyse der Vorgehensweise – die aus der Grammatik der Systemischen Strukturaufstellungen folgt – unerläßlich, wenn die in diesem Bereich üblichen Standards der Vermittlung eingehalten werden sollen.

---

5 Dessen Aussage, er habe keine Schule gegründet, ich achte, aber sehe, dass positive und problematische Formen einer Schulbildung längst begonnen haben.
6 Die insbesondere für die klassischen Organisationsaufstellungen wesentlich vorangetrieben wurde durch Gunthard Weber u. Brigitte Gross (1998, S. 405–420), sowie Gunthard Webers Beitrag im vorliegenden Band.

4. Die Wichtigkeit der Erlaubnis, grammatische Unterscheidungen in der Praxis vergessen zu können

Grammatische Einteilungen sind also recht hilfreich, vorausgesetzt man glaubt nicht an sie. Von Steve de Shazer stammt die berühmte „grammatische" Einteilung (der Personen, die zur Beratung kommen) in *Besucher*, *Klage führende* und *Kunden*. Als wir de Shazer während eines Seminars einmal fragten, ob er diese Kategorien bei seiner Arbeit eigentlich immer oder meistens anwende, sagte er: "I never think in those categories. They're just for training."[7] So ähnlich sehen wir auch die Rolle der grammatischen Einteilungen für unsere Systemischen Strukturaufstellungen. Die wirkliche Aufstellungsarbeit geschieht eher durch ein unmittelbares körperliches Gewahrsein dessen, was in Aufstellungen stattfindet; die grammatischen Einteilungen sind hilfreich für didaktische Zwecke, aber nicht auf Dauer handlungsleitend.

Grammatische Strukturen werden angemessen verwendet, solange sie sich als kunstfertige Mittel zur Charakterisierung von Mustern bei Musterunterbrechungsprozessen erweisen. Das heißt aber natürlich nicht, dass es „da draußen" so wäre, oder gar, dass es da *nur* so ist; grammatische Formen sind vielmehr ein gelegentlich nützlicher Filter, um bestimmte Züge aus der Wirklichkeit herauszuholen. (Und bitte, erinnern Sie sich daran, sich zu erlauben, diese Formen immer wieder zu vergessen!)

Diese Haltung zur Grammatik des Aufstellens erlaubt auch eine engere Verbindung des systemisch-phänomenologischen Vorgehens mit systemisch-konstruktivistischen Auffassungen, die im Organisationsbereich bekanntlich besonders effektiv eingesetzt worden sind.

5. „Repräsentierende Wahrnehmung" statt „fremde Gefühle"

In systemischen Aufstellungen beobachten wir mit größter Regelmäßigkeit ein Phänomen, über das wir auch nach jahrelanger Praxis immer wieder zu Recht ins Staunen geraten. Denn offensichtlich verfügen wir in Aufstellungen als Repräsentanten gemeinsam über eine Form der Wahrnehmung für die Beziehungsstrukturen des dargestellten Systems. Es handelt sich dabei um eine Art von Wahrnehmung, über die wir offenbar nur als Mitglieder eines *repräsentie-*

---

[7] „Ich denke nie in diesen Kategorien. Die sind nur für Ausbildungszwecke da."

renden Systems verfügen, und die uns außerhalb der Aufstellung als Einzelpersonen nicht zugänglich ist. Diese Arten von Wahrnehmungen werden in der bisherigen Literatur über systemische Aufstellungen als *fremde Gefühle* bezeichnet.

Wir halten diese Terminologie aus verschiedenen Gründen für unangemessen und haben deshalb schon vor einigen Jahren vorgeschlagen, diese Phänomene künftig unter dem Begriff der *repräsentierenden Wahrnehmung*[8] zu behandeln. Das hohe Maß an Übereinstimmung der mitgeteilten Körperempfindungsveränderungen und anderer Mitteilungen der RepräsentantInnen mit Mustern des dargestellten Systems legt nämlich die Verwendung der Kategorie „Wahrnehmungsform" viel näher als die der Kategorie „Gefühl(sart)". Darüber hinaus sind die „fremden Gefühle" weder Gefühle im Sinne von Emotionen noch im Sinne von Kinästhetik. Beides kann natürlich in diesem Zusammenhang eine Rolle spielen, aber ebenso gut irrelevant sein. Wir verbinden außerdem mit dem Begriff des Gefühls ein höheres Maß an Irrtumsmöglichkeiten als mit dem der Wahrnehmung. Die neue Terminologie könnte dazu beitragen, größere Klarheit über das Phänomen zu gewinnen, da sie weniger Anlass zu verfehlten Vorannahmen bietet. Der Wert des Phänomens der repräsentierenden Wahrnehmung als *Simulationsinstrument für Beziehungsstrukturen in Systemen* kann jedenfalls für den Organisationsbereich meines Erachtens kaum hoch genug eingeschätzt werden.

6. Repräsentierende Wahrnehmung als zentrale Gemeinsamkeit der Aufstellungsformen

Die repräsentierende Wahrnehmung ist das zentrale gemeinsame Phänomen der verschiedenen systemischen Aufstellungsformen. Sie konstituiert daher auch die wesentlichen Gemeinsamkeiten zwischen Familien- und Organisationsaufstellungen. Wenn wir in einer Aufstellung als RepräsentantInnen stehen, so sind wir Mitglieder eines *repräsentierenden Systems*[9], das heißt eines Systems, das auf die Darstellung der Beziehungsstrukturen eines dargestellten Systems mittels der räumlichen Anordnung und der Körperempfindungen seiner Repräsentanten ausgerichtet ist. Hierbei scheint es im Prinzip ganz gleichgültig zu sein, ob das dargestellte System eine Familie,

---

8 Vgl. z. B. Varga von Kibéd (1998a).
9 Vgl. den in der vorhergehenden Fußnote zitierten Text.

eine Organisation, ein System innerer Anteile (wie Insa Sparrer das in ihrem Beitrag anhand der Teile einer Problemaufstellung mit Hindernissen, Ressourcen, Gewinn, Ziel und Aufgabe erläutert)[10] oder etwa bei Körperaufstellungen das System eines körperlichen Selbstbildes zum Beispiel mit Herz, Nieren, Zähnen und Füßen ist.[11] Die repräsentierende Wahrnehmung scheint sich also auf Systeme überhaupt richten zu können; sie ist keineswegs auf personale Systeme beschränkt. Die Vielzahl von Systemarten, für die wir Aufstellungsformen entwickelt haben, erlaubt uns, näher bei der Sprache der KlientInnen zu bleiben, da wir die Aufstellung näher bei der ursprünglichen Formulierung seines oder ihres Anliegens beginnen lassen können. Diese Vorgehensweise ist für die Kontraktgestaltung besonders hilfreich und daher in der Aufstellungsarbeit für Organisationen von erhöhter Bedeutung.

Darüber hinaus hat unseres Erachtens die „Vielsprachigkeit", die die Aufstellenden durch die verschiedenartigen Auswahlen der Elemente des aufgestellten Systems bei den Systemischen Strukturaufstellungen bekommen, auch für die Haltung der TherapeutInnen oder BeraterInnen, die so arbeiten, Vorteile. Sie erlaubt, einerseits mit Ernst und Achtung wirklich ganz beim Klienten zu sein, und andererseits etwas Spielerisches und eine gewisse humorvolle Leichtigkeit in die Aufstellungsarbeit zu bringen, indem wir die Grenzen des Verfahrens auf ungewöhnliche Weisen erweitern. Wir sehen darin auch eine Möglichkeit zur Verbindung mit Satir'schen Vorgehensweisen; Virginia Satir sagte einmal: „Manche Menschen meinen, Therapie müsse ein harte und bittere Arbeit sein. Das mag ja vielleicht wirklich so sein – aber nicht bei mir!!" Nur dadurch also, dass wir immer wieder die falsche Heiterkeit durch echtes Angerührtsein und das falsche Pathos durch die tiefere Heiterkeit unterbrechen, wird unsere Arbeit mit systemischen Aufstellungen etwas Lebendiges bleiben können.[12] Gerade im Organisationsbereich ist die Mög-

---

10 Vgl. I. Sparrer im vorliegenden Band, sowie Varga v. Kibéd u. Sparrer (2000).
11 Die Einsicht, dass Beziehungen der Körperteile ebenso gut von Repräsentanten nachempfunden werden können wie Familienbeziehungen, erschwert „animistische" Deutungen des Aufstellungsprozesses, ganz im Sinne von Bert Hellingers Bemerkungen zu derartigen Deutungstendenzen, die er mit dem Satz kommentierte: „Solange es diesseits vom Zaun Gras gibt, fresse ich hier."
12 Wer mit der Tetralemmaaufstellung vertraut ist, wird in diesen Bemerkungen unschwer Analogien zur fünften Nichtposition des negierten Tetralemmas erkennen; vgl. dazu insbesondere Varga v. Kibéd u. Sparrer (2000).

lichkeit, unterschiedlichste Tonlagen der Vermittlung anzuschlagen, eine der Vorbedingungen eines guten Rapports.

7. Der Körper als systemisches Wahrnehmungsorgan

Wenn wir sehen, dass wir als RepräsentantInnen der Elemente beliebiger Systeme in unserer körperlichen Selbstwahrnehmung unmittelbar beeinflusst werden können, wird uns deutlich, dass wir in systemischen Aufstellungen gewissermaßen zu *Wahrnehmungsorganen des repräsentierenden Systems*[13] werden, und dass dabei alle unsere Körperwahrnehmungen von Wahrnehmungen überlagert werden können, die auf die Beziehungsstrukturen des dargestellten Systems ausgerichtet sind. Hierbei wird also unser Körper zum *Wahrnehmungsorgan für Beziehungsstrukturen* eines fremden Systems. Dies geschieht – zumindest ist das die gegenwärtig von uns bevorzugte Annahme – durch die intentionale Ausrichtung der aufgestellten Gruppe über die Perspektive von KlientIn, TherapeutIn und der übrigen Aufgestellten auf das dargestellte fremde System.

Dieser Effekt ist, wie wir in einer Vielzahl von Experimenten immer wieder feststellten, in erstaunlichem Maße von inhaltlicher Information über das dargestellte System unabhängig; lediglich syntaktische Information im Sinne minimaler Strukturmerkmale und Kategorienzuordnungen sind offenbar wichtig[14]. Daher erleichtert die Arbeit mit den scheinbar abstrakteren Systemischen Strukturaufstellungen den Zugang zu den allgemeineren Grundprinzipien der systemischen Aufstellungsarbeit, da für Strukturaufstellungen *verdeckte Arbeit*, also Aufstellungsarbeit unter weitgehendem oder völligem Verzicht auf inhaltliche Informationen, ein ganz natürliches Vorgehen ist. Verdeckte Arbeit ist ebenfalls von erhöhter Bedeutung im Organisationsbereich, da sie den hier üblichen Formen des Beratungskontrakts besser entspricht.

Wir gehen dabei für die repräsentierende Wahrnehmung allerdings nicht von einem eigenen Wahrnehmungskanal aus[15]; unsere bisherigen Experimente scheinen uns eher für eine *superveniente*

---

13 Vgl. Varga v. Kibéd (1998a).
14 Wobei der genaue Umfang der relevanten syntaktischen Information noch nicht feststeht; zur Klärung dieser Frage führen wir noch weitere Vorversuche durch.
15 Im Gegensatz etwa zu Franz Ruppert, dessen Auffassungen wir in vielem sonst besonders schätzen; vgl. seinen Beitrag im vorliegenden Band!

Form der Wahrnehmung[16] zu sprechen, eine Wahrnehmungsform also, die wie ein Superzeichen die Zeichen der vertrauten Wahrnehmungsformen überlagert. Es scheint uns sinnvoll zu sein, wenn wir bei der repräsentierenden Wahrnehmung die Körper der RepräsentantInnen als systemische Wahrnehmungsorgane des repräsentierenden Systems auffassen. Wurde dieses Wahrnehmungsorgan bislang im Organisationsbereich nur selten bewusst eingesetzt, und beschränkte man sich auf wenig greifbare „intuitive" Zugänge, so bieten sich nun klare Kontextbedingungen für den Einsatz dieser erstaunlichen menschlichen Fähigkeit. Dabei erweist sich diese Methode erfreulicherweise nur bei einer achtungsvollen, sorgsamen Anwendung und einer allparteilichen[17], also die Würde und die Interessen aller Beteiligten einbeziehenden, Haltung als stabil.

8. Verfügbarkeit und Trainierbarkeit der repräsentierenden Wahrnehmung

Überraschenderweise ist die Fähigkeit der repräsentierenden Wahrnehmung, obwohl wir sie nicht explizit trainieren und nicht einmal über eine geeignete Terminologie dafür verfügen, bei praktisch jeder Person unmittelbar verfügbar;[18] dies spricht wohl für einen hohen Überlebenswert der Fähigkeit der repräsentierenden Wahrnehmung. Einerseits ist die Fähigkeit der repräsentierenden Wahrnehmung also offenbar ziemlich universell verfügbar; andererseits ist sie durchaus trainierbar in dem Sinne, dass diejenigen, die über längere Zeit immer wieder an Aufstellungen teilnehmen (etwa im Rahmen unserer mehrjährigen Experimental- und Trainingsgruppen) in aller Regel eine deutliche Verfeinerung ihrer Fähigkeit, zwischen eigenen und „fremden" (Gefühlen und) Wahrnehmungen zu unterscheiden, berichteten. Hier ist die Unterscheidung von „rein fremden" und „fremden eigenresonanten" (Gefühlen und) Wahrnehmungen hilfreich.[19] Als fremde eigen-resonante Wahrnehmung bezeichnen wir

16 Vgl. Varga v. Kibéd (1998a).
17 Im Sinne von Ivan Boszormenyi-Nagy.
18 Unter mehreren tausend Personen, die wir in Aufstellungen als Repräsentanten befragten, dauerte es bisher nur in vier Fällen mehr als zwei Aufstellungen, bis körperliche Veränderungen bemerkt wurden.
19 In unserer Grammatik der systemischen Aufstellungen differenzieren wir sehr viel detaillierter zwischen verschiedenen Wahrnehmungsarten und (Gefühls- oder) Wahrnehmungsebenen, worauf ich in diesem Rahmen nicht ausführlicher eingehen kann.

eine Veränderung der Körperbefindlichkeit eines Repräsentanten während einer Aufstellung, die sich (wie üblich) als klar auf Beziehungsmuster des dargestellten Systems bezogen auffassen lässt, aber darüber hinaus den Repräsentanten an etwas aus seiner eigenen (Familien-)Geschichte erinnert. Wie bei einem Film, der uns durch eine derartige Ähnlichkeit zu etwas in der eigenen Geschichte anrühren mag, behalten wir dabei sehr wohl die Fähigkeit, zwischen unserem eigenen Anteil und dem fremden wahrgenommenen Muster zu unterscheiden.

Die mit der Aufstellungsarbeit im Organisationsbereich verbundene Wirkung geht also deutlich über das spezifische Anliegen hinaus, da auch für die „RollenspielerInnen" ein nützlicher Effekt als Wahrnehmungstraining erzielt wird, der sich bei häufigerer Wiederholung als förderlich für die Teamentwicklung herausgestellt hat.

9. Der Zugang zum Unbewussten zwischen uns

Die repräsentierende Wahrnehmung ist schließlich ein Zugang zu dem Unbewussten zwischen uns (Martin Buber).[20] Die phänomenologische Schau des Therapeuten ist zu unterscheiden von der repräsentierenden Wahrnehmung; hier, im Kontakt mit dem „wissenden Feld" (Albrecht Mahr) wird das Unbewusste zwischen uns aperspektivisch oder multiperspektivisch berührt, während die einzelnen RepräsentantInnen perspektivische Versionen des Zugangs erfahren. Das Verhältnis der repräsentierenden Wahrnehmung zur phänomenologischen Schau ist zwar ein weiteres Thema, das grundlegende Gemeinsamkeiten der systemischen Aufstellungsformen verdeutlichen könnte, aber hier benötigen wir für klarere Aussagen noch längere Zeit für geduldige Beobachtungen. Es scheint uns jedenfalls nahe liegend zu sein, die Ansätze einer dialogischen Psychologie im Sinne von Buber mit dem systemisch-phänomenologischen Vorgehen Hellingers in einer Zusammenschau zu verbinden.[21]

In Organisationen wird bisher der Aspekt des Unbewussten zwischen uns weitgehend vernachlässigt; gerade daher kann sys-

---

20 „‚Aber meine Herren! Das Unbewußte ist doch nicht in, sondern zwischen uns!' (große Unruhe im Saal)." (Aus den Protokollen eines Vortrags von Martin Buber vor der amerikanischen psychoanalytischen Vereinigung.)
21 Vgl. dazu auch Sparrer (2001b).

temische Aufstellungsarbeit einen erstaunlich nachhaltigen Perspektivenwechsel und Umschwung bedeuten. Nachdem wir die Bedeutung der repräsentierenden Wahrnehmung für das Verständnis der inhärenten Gemeinsamkeiten systemischer Aufstellungsformen etwas verdeutlicht haben, kommen wir nun zu den Unterschieden der Organisationsaufstellungen zum Familien-Stellen.

B) Unterschiede

10. Wichtige Aspekte, in denen sich das Familien-Stellen und die Aufstellungsarbeit mit Organisationen unterscheiden

Gunthard Weber und Brigitte Gross haben eine ausführliche Liste relevanter Unterschiede zwischen dem Familienstellen und der Aufstellungsarbeit mit Organisationen dargelegt.[22] G. Weber hat diese Erörterungen in seinem Vortrag auf dieser Konferenz durch eine Reihe weiterer Punkte ergänzt.[23] Ich verzichte hier auf alle Wiederholungen; die folgenden Bemerkungen betreffen Metaprinzipien und sich daraus ergebende Gesichtspunkte, die in den Ausführungen von G. Weber und B. Gross[24] noch nicht erfasst sind.

Die Aspekte der Unterscheidung von Familien- und Organisationsaufstellungsarbeit, auf die ich hier kurz eingehen will, da ihre Beachtung mir für die praktische Arbeit mit Organisationskontexten als wichtig erscheint, sind:

1. Bei der Aufstellungsarbeit mit Organisationen besteht erhöhte Bedeutung der Verwendung von:

    a) Aufstellungen mit Strukturebenenwechsel,
    b) verdeckten Aufstellungen,
    c) systematisch ambigen Aufstellungen,

22 Vgl. G. Weber u. B. Gross (op. cit.)
23 Vgl. den Beitrag von G. Weber im vorliegenden Band; weitere Ergänzungen finden sich auch in den Beiträgen von G. Weber, I. Sparrer und M. Varga v. Kibéd zum Herrenberger IBM-Symposium „Wahrnehmung von Organisations- und Unternehmenswirklichkeiten" im Dezember 1998.
24 Mit deren Einsichten ich im übrigen, bis auf einige Punkte, die indirekt aus dem Folgenden ableitbar sind, übereinstimme.

d) schichtenweisem Aufbau von Aufstellungen, sowie von
e) mehr-perspektivischen Aufstellungen.

2. Zu den für systemische Aufstellungen relevanten grundsätzlichen Unterschieden von Familien und Organisationen zählen:

- f) unterschiedliche Formen der Zugehörigkeit und Bindung in Familien und Organisationen,
- g) andere Typen von Hierarchien und Rangordnungen, und damit auch von Reihenfolgeverletzungen, Zirkularitäten und anderen Problemtypen bei Organisationen,
- h) der unterschiedliche Status der konstruierten Wirklichkeit bei Familien und Organisationen, sowie
- i) die partielle Austauschbarkeit von Systemelementen in Organisationen.

3. Von methodologischer Relevanz bei der Aufstellungsarbeit im Organisationsbereich ist ferner:

- j) die Notwendigkeit der Verwendung mehrerer Strukturebenen bei der Aufstellungsarbeit mit Organisationen,
- k) die erhöhte Bedeutung der dritten und vierten Ebene der Metaprinzipien der Systemischen Strukturaufstellungen bei deren Anwendung im Organisationsbereich, und schließlich
- l) die unterschiedliche Kontraktsituation bei der Aufstellungsarbeit mit Organisationen und damit die Notwendigkeit, Formen der verdeckten Aufstellungsarbeit, der Aufstellungsarbeit mit Strukturebenenwechsel und der systematisch ambigen Aufstellungsarbeit zu verwenden.

11. Übergeordnete Muster für Systemische Strukturaufstellungen im Organisationsbereich

Die ersten fünf Punkte, 1 a)–e), der vorangehenden Liste betreffen Aufstellungsformen, die sich in der Arbeit mit Organisationen als besonders relevant, in bestimmten Situationen sogar als fast unvermeidlich erweisen. Es handelt sich dabei nicht um spezielle Aufstellungsarten (wie Familienaufstellungen, klassische Organisationsaufstellungen, Tetralemmaaufstellungen usw.), sondern um übergeordnete Muster des Aufstellens, die wir zur Modifikation Systemischer Strukturaufstellungen eingeführt haben und die im Prinzip auf jede systemische Aufstellungsform anwendbar sind, jedoch einer veränderten Methodik und manchmal auch einer veränderten Grundhaltung des Leiters entsprechen. Manche dieser Aspekte werden vielleicht aus der eigenen Praxis schon vertraut sein; der Wert derartiger Kategorisierungen liegt aber vor allem in der Wahrnehmung übergeordneter Muster, die es erlaubt, Einsichten von einem Anwendungsfall oder Bereich auf andere zu übertragen.

ad a) Wenn wir uns in einer Aufstellung einer bestimmten Art befinden, also zum Beispiel in einer klassischen Organisationsaufstellung, und es tauchen Motive, Themen, Elemente oder Symbole auf, die nahe legen, Beziehungszusammenhänge aus einer anderen Systemebene, einer anderen Beschreibungsform der Wirklichkeit, einzubeziehen, und rückt so diese andere Systemebene zunächst einmal in den Vordergrund, so sprechen wir von einem *spontanen Strukturebenenwechsel* bei der Aufstellung. Zugrunde liegt die Modellvorstellung, dass sich Symptome gleichzeitig auf verschiedenen Ebenen zeigen; wir sprechen hier von *Resonanzebenen*. Lassen wir diesen Ebenenwechsel implizit, verwenden ihn also nur für unser eigenes Verständnis des Aufstellungsprozesses und für die Hypothesenbildung, so sprechen wir von einer Aufstellung mit *implizitem spontanem Strukturebenenwechsel*.

So zeigten sich bei einer Tetralemmaaufstellung[25], die für den Leiter eines Teams durchgeführt wurde, der sich in einem Handlungsdilemma befand, beim Repräsentanten für eine der beiden dargestellten Handlungsalternativen in der Aufstellung Verhaltensweisen, die den Teamleiter an einen früheren Mitarbeiter erinnerten, der entlassen worden war, und dessen Platz er selbst eingenommen hatte. Der spontane Strukturebenenwechsel erforderte nun eine verdeckte Vorgehensweise von Seiten des Leiters, um einerseits geeignete Rituale der Würdigung und Einbeziehung des ehemaligen Mitarbeiters schon jetzt zu ermöglichen, andererseits aber dem Klienten die Möglichkeit zu geben, diese Einsichten erst später und in geeig-

---

25 Vgl. Insa Sparrers Beitrag im vorliegenden Band sowie Varga v. Kibéd u. Sparrer (2000).

neter Form für andere Teammitglieder, Vorgesetzte usw. durchsichtiger werden zu lassen. Im Anschluss daran war dem Teamleiter eine zügige und klare Wahl der anderen Entscheidungsalternative möglich, wobei eine entsprechende angemessenere Würdigung der Verdienste des entlassenen Vorgängers im beruflichen Umfeld erfolgte. Wir sehen in diesem Fall die Loyalität zu dem Vorgänger in der bisherigen Aufrechterhaltung einer Handlungsalternative ausgedrückt; diese Form des Ausdrucks wurde durch das Ritual und die folgenden Schritte in der Außenwelt überflüssig. Folgen im Anschluss an ein derartiges Ritual die entsprechenden Schritte in der Außenwelt nicht, so wird erfahrungsgemäß auch ein gutes Ergebnis der Aufstellung nachträglich entwertet.

Entscheiden wir uns dafür, den Strukturebenenwechsel explizit zu machen, so gehen wir zu einer Aufstellung einer anderen Beschreibungsebene des Anliegens und häufig zu einer anderen Aufstellungsart über. Da dieser explizite Wechsel in der Regel die Nachverhandlung und Vertiefung des Beratungskontrakts erfordert, und da bei der Aufstellungsarbeit mit Organisationen eine derartige Nachverhandlung oft unmöglich oder ausgesprochen kontraindiziert sein kann, hat die Arbeit mit Aufstellungen mit implizitem spontanem Strukturebenenwechsel in diesem Bereich eine erhöhte Bedeutung.

ad b und c) Von *verdeckten Aufstellungen* war schon zuvor mehrfach die Rede.[26] Von besonderem Wert ist eine spezifische Art des mehrfach verdeckten Vorgehens: die systematisch ambige Aufstellung. *Systematisch ambige Aufstellungen* sind schwieriger für den Leiter, aber in gewissem Sinne noch nützlicher für viele Organisationskontexte. Bei diesen arbeiten wir absichtlich simultan auf mehreren Deutungsebenen, wie etwa der Ebene der Mitglieder einer Projektgruppe, zu der die Klientin gehört, mit ihrem Familiensystem und mit dem System der Verhaltensweisen und der Körpersymptome, und wir lassen absichtlich offen, auf welcher Ebene wir arbeiten. (Deutungen von Seiten der KlientInnen akzeptieren wir und öffnen sie umgehend etwa durch eine Bemerkung wie: „Ja – genau das – und vielleicht noch etwas ganz anderes darüber hinaus".) Die Interventionen und die rituellen Sätze in der Prozessarbeit werden nun so

---

26 Vgl. auch Varga v. Kibéd u. Sparrer (2000).

gewählt, dass sie für alle implizit einbezogenen Ebenen simultan anwendbar sind. Diese Vorgehensweise stellt einen zusätzlichen Syntaktisierungsschritt dar, da hier nicht einmal die Deutungsebene als minimaler semantischer Rahmen vorausgesetzt wird. Für Organisationskontexte ist dies oft wünschenswert, da wir nun für den Aufstellungsprozess nicht mehr als Vorbedingung die Wahl der Elemente auf Personen in der Familie oder Organisation beschränken, sondern sie der Form, in der das Anliegen von den KlientInnen vorgebracht wird, unmittelbar angleichen können. Als BeraterInnen sind wir so nicht mehr diejenigen, die den KlientInnen die angemessene Deutungsebene des Anliegens vorgeben.

Das systematisch ambige Aufstellen ist auch der Erickson'schen Hypnotherapie verwandt, da wir hier so weit wie möglich die Sprache der KlientInnen sprechen und nach Möglichkeit entscheidende Teile des Lösungsprozesses unbewusst verlaufen lassen. Bei der systematisch ambigen Arbeit ist der Schutz einer Amnesieinduktion häufig überflüssig, da die Inhalte meist erst zu geeigneter Zeit nachträglich deutlich werden, wie die Erfahrung mit dieser Arbeitsweise zeigt. Die Methode ist in dieser Hinsicht auch auf Gunther Schmidts Auffassung von Widerstand als kooperativem Hinweis auf die Umgestaltung des kommunikativen Rahmens aufgebaut.

Die verdeckte und insbesondere die systematisch ambige Arbeit verbessert die Bedingungen für die Einhaltung des Beratungskontraktes, u. a. indem sie die Intensität des Aufstellungsprozesses besser zu regulieren gestattet und dadurch für den Leiter die Wahrung des Gesichts aller Teilnehmer erleichtert.

ad d) Unter dem *schichtenweisen Aufbau von Aufstellungen* verstehen wir die Arbeit mit Subsystemen des darzustellenden Systems, von denen wir von vornherein wissen, dass sie in relevanter Weise unvollständig sind, und die dann im weiteren Verlauf entsprechend ergänzt werden. Dies bedeutet eine Vermehrung der potentiell relevanten Unterschiede, die von den RepräsentantInnen geäußert werden, da das Aufstellungsbild in mehreren Zwischenphasen gestellt wird, sodass die Reaktionen der schon aufgestellten Systemelemente auf die Hinzunahme der zunächst weggelassenen Teile deutlich werden. Diese vorläufigen Ausblendungen sind natürlich nicht willkürlich, sondern folgen den Ausblendungen in der Schilderung des Anliegens von Seiten der KlientInnen oder des Systems der Klient-

Innen. Schichtenweiser Aufbau von Aufstellungen ist als Mittel der Komplexitätsreduktion für die Aufstellung besonders komplexer Systeme kaum verzichtbar. So kann die Ausblendung des Firmengründers Anlass sein, das Bild zunächst ohne diesen zu stellen, um dann nach seiner Hinzunahme die Reaktion der Aufgestellten darauf als relevanten Unterschied sichtbar zu machen.

ad e) Wir sehen manchmal in der systemischen Aufstellungsarbeit von der vielfachen *Perspektivenabhängigkeit des Aufstellungsbildes* vorübergehend ab. Das ist zwar praktisch sinnvoll, aber natürlich deskriptiv völlig inadäquat. Die Perspektiven der LeiterInnen von Aufstellungen haben natürlich einen Einfluss darauf, an welchen Anliegen KlientInnen in ihrer Gegenwart arbeiten können. Dagegen wird der Einfluss der persönlichen Perspektiven der RepräsentantInnen in Systemischen Strukturaufstellungen bewusst minimiert, indem Unterschiede statt absoluter Werte und Körperempfindungen statt Meinungen und Wünschen betont werden. In diesem Sinne ist jede Aufstellung multiperspektivisch[27]. Von einer *multiperspektivischen Aufstellung* sprechen wir jedoch nur, wenn mehrere intendierte KlientInnenperspektiven im Aufstellungsbild explizit repräsentiert werden.

Wenn etwa zwei Konfliktparteien zugleich im Raum sind, kann unter Umständen das Bild mit doppeltem Fokus (das heißt mit jeweils einer Repräsentantin für die Sichtweisen beider Seiten und ansonsten gemeinsam) gestellt werden (so etwa bei der komplexen Form der *simultanen Gruppenthemenaufstellung*[28]). In diesem Fall stellen wir häufig einen dritten gemeinsamen Fokus dazu, da die Betreffenden ja kaum gemeinsam gekommen wären, wenn es keinerlei gemeinsamen Fokus gäbe. *Supervisionsaufstellungen* sind multiperspektivisch, da hier der Fokus des beratenen Systems sowie der Fokus der BeraterInnen simultan aufgestellt werden. Auch die Berücksichtigung der Perspektive eines abwesenden Auftraggebers durch einen zusätzlichen Fokus in der Aufstellung ist eine typische Anwendung dieser Aufstellungsart im Organisationsbereich.

---

27 Auf das komplexe Thema der für systemische Aufstellungsarbeit relevanten Perspektiven gehen wir etwas weiter ein z. B. in Varga v. Kibéd u. Sparrer 2000 (op. cit.), sowie Sparrer (2001a).
28 Näheres dazu in Varga v. Kibéd u. Sparrer (2000).

12. (Einige) für systemische Aufstellungen relevante grundsätzliche Unterschiede von Familien und Organisationen und einige organisationsspezifische Überlegungen zur Aufstellungsmethodik

Die in der Liste zuvor[29] genannten Unterschiede zwischen dem Familien-Stellen und der Aufstellungsarbeit im Organisationsbereich seien hier noch kurz angedeutet (ad j) und ad l) betrachten wir als durch die schon weiter oben bei der Betrachtung der Aufstellungen mit Strukturebenenwechsel und der systematisch ambigen Aufstellungen gemachten Bemerkungen erledigt).

ad f) Zunächst scheint Zugehörigkeit im Familiensystem *universell schematisierbar* zu sein, unter anderem da jeder von uns Eltern hat, und zum Beispiel zwingende Gründe dafür sprechen,[30] die Geschwister als Systemmitglieder aufzufassen. Doch auch in einer Familie gibt es schon durchaus unterschiedliche Arten der Bindung. So sind Halbgeschwister von Halbgeschwistern der KlientInnen im allgemeinen überhaupt nicht mehr mit den KlientInnen verwandt. Die Frage der Einbeziehung von Stief-, Adoptiv- und Pflegefamilien und die Probleme von Patchwork-Familien erweisen sich manchmal als schwierige Aufgaben beim Familien-Stellen, und darüber hinaus gibt es Grenzfälle, wo zunächst geprüft werden muss, ob es hier angemessen ist, von einer Systemzugehörigkeit auszugehen. Personen, die einer Familie durch finanzielle Unterstützung das Überleben ermöglicht haben, Lebensretter und Personen, die einer verfolgten Familie, möglicherweise mit hohem Einsatz und Opfern, die Flucht ermöglichten, gehören zu diesen Grenzfällen.[31]

ad h) Doch ist die Familie im Großen und Ganzen mehr oder weniger deutlich als gegeben anzusehen, und der *Aspekt der konstruierten Wirklichkeit* ist in Bezug auf die Systemelemente jedenfalls wesentlich peripherer als bei Organisationen. (Es wäre schon ein seltsames Modell, bei dem jemand sich sozusagen einen anderen Vater konstruieren würde. Die Verneigung vor dem Gegebenen ist jedoch mit

---

29 In 10.2 f)–i) und 3 j)–l).
30 Wie die nahezu ausnahmslosen problematischen „Folgen" des Ausschlusses eines Geschwisters auf die verbleibenden Geschwister zeigen.
31 In all den genannten Fällen wäre in der systemischen Aufstellungsarbeit in der Regel von Systemzugehörigkeit auszugehen (wie Hellinger betonte, und wie die Aufstellungserfahrung bestätigt).

der Wahrnehmung, wie jemand gewesen wäre, wenn für sie oder ihn die Bedingungen besser gewesen wären, verträglich.)

nochmals ad f) Im Gegensatz dazu gibt es in Organisationen eine große Zahl *unterschiedlicher Bindungs- und Zugehörigkeitsarten.* So hängt es von der Fragestellung ab, ob etwa freie MitarbeiterInnen, HauptkundInnen, LieferantInnen, PraktikantInnen oder AuftraggeberInnen zum System gerechnet werden, und stets sind mehrere Beschreibungen des Systems möglich. Ausschluss ist im Familiensystem in der Regel folgenreich, während dies für Organisationen nur in etwas abgeschwächtem (wenn auch immer noch ziemlich relevantem) Maße gilt.

nochmals ad h) Während der Versuch einer anderen Rekonstruktion des Systems in Familien oft eher dem Versuch der Leugnung dessen, was ist, entspricht (und damit der elementarsten Grundannahme und Basis der Metaprinzipien der systemischen Aufstellungsarbeit[32]), ist ein derartiger Versuch für Organisationen oft ein hilfreicher und kreativer Ansatz. Schon die Frage, ob wir ein Subsystem (zum Beispiel eine Abteilung oder eine Hierarchieebene wie das mittlere Management) als Element und damit durch einen einzelnen Repräsentanten oder als Gesamtheit von Mitgliedern durch mehrere RepräsentantInnen darstellen, entspricht unterschiedlichen Rekonstruktionen des Ganzen.

nochmals ad f) In Organisationen gibt es im Gegensatz zu Familien auch abgestufte Intensitäten von Zugehörigkeit; so gehört ein für drei Monate angestellter Praktikant in anderer Weise dazu als ein freier Mitarbeiter oder eine fest Angestellte. Hier gibt es also *unterschiedliche Grade,* beim Beispiel der Lieferanten und Kunden *unterschiedliche Sorten der Zugehörigkeit* zum System (da die Notwendigkeit, die Kunden für bestimmte Fragen als Systemmitglieder zu behandeln, natürlich die Kunden nicht zu Mitgliedern der Firma werden lässt). Beides kommt beim Familien-Stellen praktisch nicht zur Geltung.

ad g) In Organisationen ist auch häufig jemand in einer Hinsicht, zum Beispiel in einer Projektgruppe, mit jemand anderem gleichran-

---

32 Vgl. dazu u. a. I. Sparrers Beitrag im vorliegenden Band sowie Sparrer (1997).

gig und zugleich in einer anderen Hinsicht derselben Person untergeordnet (nach dem Dienstrang) – in Familien ist kaum je der Großonkel zugleich der Bruder. Damit ergeben sich natürlich für Organisationsaufstellungen Umstellungsprobleme, die in dieser Weise in Familienaufstellungen praktisch nicht vorkommen. Die Arten von Hierarchieverletzungen in derartigen Systemen machen eine *typengerechte Rekonstruktion* des Systems (im Sinne einer logischen Typisierung wie bei Bateson oder Korzybski) unmöglich und führen damit zu zunächst inkonsistenten Anforderungen an die Beteiligten.

Ordnungsverletzungen sind oft, aber nicht immer folgenreich; ein verbreitetes Missverständnis von Bert Hellingers Aussagen dazu (bei den meisten Gegnern und sogar bei vielen Befürwortern) unterstellt ihm (und dem systemischen Aufstellungsverfahren) fälschlich eine Kausalhypothese über die Entstehung von Krankheiten, unter anderem aufgrund von Ordnungsverletzungen. Der *kurativen Auffassung*[33] von so genannten Ordnungsprinzipien entspricht jedoch deren Verwendung als Mittel, um bei einer vorliegenden Störung Ausschau zu halten, *nicht* nach einer Ursache, *sondern* nach einer geeigneten Muster unterbrechenden Intervention. In Organisationen sind Ordnungsverletzungen häufig im Zusammenhang mit schwerwiegenderen Problemen, zum Beispiel im betrieblichen Miteinander, festzustellen und erweisen sich dabei oft als günstiger Anlass einer entsprechenden Änderung (aber damit ist eben keine Kausalhypothese verbunden; Kopfschmerz ist und bleibt eben kein Aspirinmangel, und erfolgreiche Aspirineinnahme ändert daran nichts).

Organisationen zeigen jedenfalls auch *andere Arten von Rangordnungen* und damit komplexere Arten von Reihenfolgemissachtungen als Familien. Der in Familien eher ungewöhnliche Fall einer partiell zirkulären Rangordnung ist in komplexeren Unternehmen schon fast die Regel, da hier häufig jemand von unten oder außen an eine Position gebracht wird, in der er oder sie nun Personen vorgeordnet ist, die zuvor ihr oder ihm vorgeordnet waren (durch Rang oder Dienstalter).

Einander überlappende Systeme kommen im Organisationsbereich in viel komplexerer Form als bei Familiensystemen vor. Von besonderer Bedeutung ist gegenwärtig die Problematik der Unter-

---

33 Ausführlicher dargestellt in Varga v. Kibéd u. Sparrer (2000).

nehmensnachfolge,[34] doch sind Überlappungen von Subsystemen mit partiellen Inkonsistenzen der Anforderungen an die Systemmitglieder (im Sinne von zum Beispiel pathogenen Doppelbindungen) eher die Regel.

ad k) Gunthard Weber und Brigitte Gross haben auf die Aufgabenorientierung der Organisationen als aufstellungsrelevanten Aspekt hingewiesen; wir berücksichtigen diesen Aspekt systematisch für die Grammatik der Systemischen Strukturaufstellungen, indem wir für die Prinzipien des Aufstellens nach der Ebene der Zugehörigkeit und der zeitlichen Reihenfolge noch die Ebenen des Einsatzes und der Fähigkeiten ergänzen. Die Würdigung etwa des höheren Einsatzes für das Ganze noch vor der Würdigung der höheren Leistungen und Fähigkeiten spielt für Familien nur eine sehr untergeordnete, für Organisationen aber eine ziemlich zentrale Rolle.[35]

ad i) Besonders zentral für das Verständnis der Unterschiede zwischen Familien- und Organisationsaufstellungen ist schließlich der Umstand, dass in Organisationen eine *partielle Austauschbarkeit der Systemelemente* gegeben ist. Ein Fußballverein ist noch derselbe Verein, selbst wenn sämtliche Spieler inzwischen gewechselt haben, und eine Firma kann eine fortlaufende Unternehmenskultur haben, obwohl im Laufe der Zeit niemand mehr aus der ursprünglichen Besetzung dabei ist. Das heißt: Die Identität einer Organisation bleibt unter Umständen bei Austausch aller Systemelemente erhalten. Daraus folgt: *Unternehmen verhalten sich in gewisser Weise ähnlich wie Repräsentantensysteme bei Aufstellungen*, denn jedes Mitglied des Unternehmens befindet sich auf einer Stelle und ist damit in der Regel prinzipiell durch jemand anderen ersetzbar. In dieser Hinsicht ist eine Organisation völlig unähnlich zu einem Familiensystem, aber überraschend ähnlich zu dem System der Repräsentanten einer Aufstellung. In diesem Sinne sind Konflikte durch versehentliche aufstellungsartige Effekte, etwas, das wir versehentliche Aufstellun-

---

34 Vgl. dazu insbesondere die Beiträge von Rudolph Wimmer und Margit Oswald (Edition Graphic Consult, 1999), sowie F. Wiest beim Herrenberger IBM-Symposium „Wahrnehmung von Organisations- und Unternehmenswirklichkeiten" im Dezember 1998.
35 Eine Begründung für diesen Umstand findet sich in Sparrer, im vorliegenden Band.

gen[36] nennen (und durch Rekonstruktion der versehentlichen Aufstellung mittels einer sog. Konfliktaufstellung[37] lösen), in Organisationen zu erwarten, da in Firmen Personen sich auf Stellen befinden (im Sinne einer Stellenbeschreibung und Stellenstruktur des Unternehmens).

13. Einige persönliche Schlussbemerkungen

Aus den vorangehenden Überlegungen folgt: *Personen in Organisationen repräsentieren stets etwas und sind nie nur als Person im System.*

Die sich aus dieser Überlegung ergebenden Konsequenzen für das Verständnis von Organisationsaufstellungen sind erheblich und gegenwärtig noch nicht ganz abzusehen. Die tief verwurzelte Gewohnheit, wiederholtes Verhalten von Personen für eigenschaftsähnlich zu halten, wird dadurch jedenfalls nachhaltig in Frage gestellt. Die Konfliktaufstellung als Methode zur Klärung versehentlicher Aufstellungen findet wichtige Anwendungen bei politischen Aufstellungen[38] und der Aufstellung anderer großer Systeme.

Die Menschen, die gegenwärtig mit der systemischen Aufstellungsarbeit befasst sind, haben unseres Erachtens das große Glück, an der Entstehung von Formen der Problemlösung und Entwicklung von Zugängen zu Wahrnehmungsformen beteiligt zu sein, die für menschliche Gemeinschaften von großem Interesse sein könnten, und bei denen wir gemeinsam über etwas verfügen, das keinem von uns einzeln zugänglich ist. Systemische Aufstellungsarbeit gehört damit zu den besten Beispielen einer synergetischen Disziplin. Wir erlernen dabei eine außerordentlich wirkungsvolle Form der Kooperation und können die Ergebnisse (im Sinne eines Nichtanhaftungstrainings!) offensichtlich nicht uns selbst zuschreiben. Auch wenn zu erwarten ist, dass dieses Verfahren von uns, wie alles, das eine gewisse Kraft und Kostbarkeit besitzt, häufig unkritisch idealisiert oder auf dem Hintergrund mangelnder Eigenerfahrung pauschal abgewertet wird, dass Be- und Verurteilungen der an der Entstehung beteiligten Personen mehr Raum erhalten als das sorgfältige Schauen, das jeder Theoriebildung vorauszugehen hat, dass dogmatische Festlegungsversuche und technische Trivialisierungen entstehen

---

36 Vgl. zu den versehentlichen Aufstellungen Varga v. Kibéd u. Sparrer (2000).
37 Auch zu den Konfliktaufstellungen vgl. Varga v. Kibéd u. Sparrer (2000).
38 Vgl. dazu u. a. Sparrer & Varga v. Kibéd (1998a).

und Konkurrenz uns das gemeinsame Bemühen um ein „kunstfertiges Mittel zur Aufhebung menschlichen Leidens"[39] erschwert, und dass wir zu früh aufhören, zu staunen und uns gerade über das Offenkundige zu wundern, das uns dabei in einer neuen Form sichtbar wird, werden wir über einige Zeit doch immer wieder die Gelegenheit haben, aus der Wahrnehmung von Aufstellungen heraus diese Haltungen zu korrigieren. Und solange das geschieht, kann die systemische Aufstellungsarbeit trotz aller menschlicher Mängel eine nützliche Rolle beim Verschwinden von Problemen[40] spielen, an denen man die Lösung der Probleme bemerkt.

Literatur

Hellinger, B. (1994): Ordnungen der Liebe. Heidelberg (Carl-Auer-Systeme), 7. Aufl. 2001.

Hellinger, B. (1999): Organisationsberatung und Organisationsaufstellungen. Werkstattgespräch über die Beratung von (Familien-)Unternehmen, Institutionen und Organisationen [Video]. Heidelberg (Carl-Auer-Systeme).

Sparrer, I. (1997): Modifikationen der Grundprinzipien der systemischen Familienaufstellungen beim Übergang zu systemischen Strukturaufstellungen. *Hypnose und Kognition* 14 (1/2).

Sparrer, I. (2001a): Konstruktivistische Aspekte der Phänomenologie und phänomenologische Aspekte des Konstruktivismus. In: G. Weber (Hrsg.): Derselbe Wind lässt viele Drachen steigen. Beiträge zur systemischen Aufstellungsarbeit. Heidelberg (Carl-Auer-Systeme).

Sparrer, I. (2001b): Wunder, Lösung und System. Lösungsfokussierte Systemische Strukturaufstellungen für Therapie und Organisationsberatung. Heidelberg (Carl-Auer-Systeme).

Sparrer, I. u. M. Varga v. Kibéd (1998a): Körperliche Selbstwahrnehmung in systemischen Strukturaufstellungen. In: H. Milz u. M. Varga v. Kibéd (Hrsg.): Körpererfahrungen – Anregungen zur Selbstheilung. Zürich (Walter).

Varga v. Kibéd, M. (1998a): Bemerkungen über philosophische Grundlagen und methodische Voraussetzungen der systemischen Aufstellungsarbeit. In: G. Weber (Hrsg.) Praxis des Familien-Stellens. Heidelberg (Carl-Auer-Systeme), S. 51–60.

---

39 Im buddhistischen Sinne.
40 Der mit dem frühen Wittgenstein vertraute Leser erkennt die für die lösungsfokussierte Therapie bei Steve de Shazer typische Verwendung der Sätze 6.4321 „Die Tatsachen gehören alle nur zur Aufgabe, nicht zur Lösung" und 6.521 (a) „Die Lösung des Problems des Lebens merkt man am Verschwinden dieses Problems" aus dem *Tractatus logico-philosophicus*.

Varga v. Kibéd, M. (2001): Wie wir durch Handlungen Aufstellungen einladen, sich in uns zu manifestieren. In: G. Weber (Hrsg.): Derselbe Wind lässt viele Drachen steigen. Heidelberg (Carl-Auer-Systeme).

Varga v. Kibéd, M. u. I. Sparrer (2000): Ganz im Gegenteil. Tetralemmaarbeit und andere Grundformen Systemischer Strukturaufstellungen. Heidelberg (Carl-Auer-Systeme), 2. Aufl.

Weber, G. (Hrsg.) (1998): Praxis des Familien-Stellens. Heidelberg (Carl-Auer-Systeme), 3., überarb. Aufl. 2000.

Weber, G. u. B. Gross (1998): Organisationsaufstellungen. In: G. Weber (Hrsg.): Praxis des Familien-Stellens. Heidelberg (Carl-Auer-Systeme), S. 405–420.

Wimmer, R. u. M. Oswald (1999): Familienunternehmen. Auslaufmodell oder Erfolgstyp? Wiesbaden (Gabler).

Wittgenstein, L. (1963): Tractatus logico-philosophicus. Logisch-philosophische Abhandlung. Frankfurt (Suhrkamp).

Organisationsaufstellungen: Basics und Besonderes

Gunthard Weber

In diesem Beitrag werden Organisationsaufstellungen als eine eigenständige Beratungsmethode betrachtet, in Organisationen nützliche Veränderungen anzustoßen. Das Mitgeteilte beschränkt sich ausschließlich auf die Praxis der Organisationsaufstellungen selbst. Für die, die längere Zeit mit diesem Ansatz arbeiten, ist es aber offensichtlich, dass die Erkenntnisse und Einsichten, die durch das Aufstellen von Organisationen gewonnen wurden, auch in länger dauernden herkömmlichen Organisations- und Unternehmensberatungen nützliche Anwendung finden und gute Wirkungen entfalten können (siehe dazu Grochowiak und Castella 2001). In Organisationsaufstellungsseminaren wende ich immer wieder auch Aufstellungsformen und -elemente (z. B. Entscheidungsaufstellungen, Tetralemma- oder Problemaufstellungen) an, wie sie in ihren Grundlagen von Insa Sparrer und Matthias Varga von Kibéd als *Strukturaufstellungen* entwickelt und zunehmend verfeinert wurden (s. Sparrer und Varga von Kibéd 2000). Da sie in diesem Band selbst ausführlich zu Wort kommen, bleibt dieses Segment hier unberücksichtigt. In einem früheren Grundsatzartikel (Weber und Gross 1998) wurden bereits wesentliche Prinzipien und Vorgehensweisen des Aufstellens von Organisationen beschrieben. In den letzten zwei Jahren seitdem sind, neben ersten sehr ermutigenden Umsetzungen von Bert Hellingers Einsichten zu „Bewegungen der Seele" auf den Bereich der Organisationsaufstellungen, vor allem spezifische Fokussierungen und Vorgehensweisen im Prozess des Aufstellens und Übertragungen auf spezielle Anwendungsbereiche (s. auch Ruppert 2001) hinzugekommen.

Die Leitidee dieses Beitrages ist es einerseits, Basiskenntnisse über die Praxis der Organisationsaufstellungen zu vermitteln und darzustellen, welche Unterschiede zu dem jeweils Vorhandenen in den Phasen einer Organisationsaufstellung auf welche Weise angeregt werden.

I. Zwei Zugangsweisen zur Wirklichkeit in Organisationen

Die systemisch-konstruktivistische *und* die systemisch-phänomenologische Zugangsweise bewähren sich in der Beratung von Organisationen und in Seminaren mit Organisationsaufstellungen für mich gleichermaßen und erweisen sich, in einem sich gegenseitig ergänzenden und potenzierenden Sowohl-als-auch, als besonders wirksam (s. auch Madelung 1998 und 2000; Sparrer 2001a; Hellinger 2000, S. 209 „Das Können").

Die systemisch-konstruktivistische Sichtweise stellt uns ein den Gesetzmäßigkeiten lebender Systeme gemäßes, theoretisches Gerüst zum Verständnis und zur Beeinflussbarkeit wechselwirksam vernetzter Strukturen zur Verfügung, und die in der systemischen Therapie und Beratung entwickelten Vorgehensweisen haben sich als vermittelbare und nützliche Methoden erwiesen, Veränderungen in Organisationen anzuregen. Das „zirkuläre Fragen" (Tomm 1994, Simon u. Rech-Simon 1999) ermöglicht es uns zum Beispiel, im Fluss von Gesprächsprozessen, den jeweils nächsten Schritt der Anregung von Unterschieden dosiert und in Abstimmung mit den verbalen Rückmeldungen und den averbalen Reaktionen der Kunden vorzunehmen.

Der phänomenologische Erkenntniszugang hingegen schärft unsere Präsenz, Wahrnehmungsfähigkeit und Beziehungssensibilität und bringt auf ganz unterschiedliche Weise vorher Unbekanntes, nicht oder bis dahin noch nicht so Gesehenes ans Licht und führt uns auf anderen Wegen zu guten Lösungen. Bert Hellinger hat 1999 in seinem Vortrag „Einsicht durch Verzicht" (Hellinger 2001a, s. auch Mahr 1998 zu „wissendem Feld") die Unterschiede zwischen dem wissenschaftlichen und dem phänomenologischen Erkenntnisweg sehr klar und dicht benannt. Er schreibt: „Die zweite Bewegung entsteht, wenn wir während des ausgreifenden Bemühens innehalten, und den Blick nicht mehr auf ein bestimmtes Fassbares, sondern auf ein Ganzes richten. Der Blick ist also bereit, das Viele vor ihm gleichzeitig aufzunehmen. Wenn wir uns auf diese Bewegung einlassen, zum Beispiel im Angesicht einer Landschaft oder einer Aufgabe oder eines Problems, merken wir, wie unser Blick zugleich füllig wird und leer. Denn sich der Fülle aussetzen und sie aushalten kann man nur, wenn man zunächst vom Einzelnen absieht. Dabei halten wir in der ausgreifenden Bewegung inne und ziehen uns etwas zurück, bis wir jene Leere erreichen, die der Fülle und Vielfalt standhalten kann ... Die phänomenologische Haltung erfordert gespannte Handlungsbereitschaft, doch ohne Vollzug. Durch diese Spannung werden wir in höchstem Maße wahrnehmungsfähig und wahrnehmungsbereit. Wer die Spannung aushält, erfährt nach einer Weile, wie sich das Viele innerhalb des Horizontes um eine Mitte fügt, und er erkennt plötzlich einen Zusammenhang, vielleicht eine Ordnung, eine Wahrheit oder den weiterführenden Schritt. Diese Einsicht kommt gleichsam von außen, wird als Geschenk erfahren und ist, in der Regel, begrenzt". Hellinger betrachtet den wissenschaftlichen und den phänomenologischen Erkenntnisweg als zwei unterschiedliche, sich aber ergänzende und gleich sinnvolle Zugänge zur Wirklichkeit. „Diese zuerst innehaltende und dann sich zurücknehmende Bewegung nenne ich phänomenologisch. Sie führt zu anderen Einsichten als die ausgreifende Erkenntnisbewegung. Dennoch ergänzen sich beide. Denn auch bei der ausgreifenden, wissenschaftlichen Erkenntnisbewegung müssen wir zuweilen innehalten und unseren Blick vom Engen auf das Weite richten, und vom Nahen auf das Ferne. Und auch die phänomenologisch gewonnene Einsicht bedarf der Überprüfung am Einzelnen und Nächsten."

Was mir als der einzige grundsätzliche Unterschied erscheint, ist, dass Bert Hellinger davon ausgeht, dass es einen Zugang zum Seienden hinter dem Sichtbaren gibt, und dass es Gesetzmäßigkeiten und Ordnungen gibt, die für ihn wie naturgegeben sind, also gefunden und nicht erfunden werden, und denen man seiner Einsicht gemäß deshalb besser zustimmt und folgt. Was er ablehnt, ist die Erkenntnistheorie des Konstruktivismus, wobei er besonders die Leitidee des radikalen Konstruktivismus, wir konstruierten unsere Wirklichkeit in Sprache gemeinsam, angreift. Dabei übersieht er meines Erachtens, dass es bei diesem Wirklichkeitszugang in keiner Weise um willkürliche und beliebige Konstruktionen geht, sondern darum, ob die Bedeutungsgebungen und die sich daraus ergebenden Handlungen viabel sind und passen, also dem Leben gemäß (s. von Glasersfeld 1991). Die Vertreter des Konstruktivismus dagegen erklären, dass wir keine objektiven Erkenntnisse über das Sein an sich gewinnen können und dass die Regeln und Muster, die sich im mitmenschlichen Bereich ausbilden, in weiten Bereichen konsensuell vereinbart sind und gemeinsam aufrechterhalten werden (s. Maturana und Varela 1987). Das heißt aber nicht, dass es für das Überleben und das Gedeihen von Beziehungen und Organisationen nicht mehr und weniger nützliche Muster und Regeln oder, in der für Aufstellungen passenderen Raummetapher ausgedrückt, bessere oder schlechtere Plätze gibt. Bert Hellinger selbst sieht die Ordnungen, die er beschreibt, in einem Fluss. Sie sind für ihn nicht in steinerne Tafeln gehauen als ewig und generalisiert gültige Gewissheiten, sondern als sich entfaltende und gleichzeitig Grenzen setzende und Raum gebende Lebensprinzipien (s. Hellinger 1998, S. 45 über Ordnung und Fülle, Madelung 1998 und 2001, S. Essen 2001, Mücke 2000).

1. Raum und Sprache als Dimensionen und Mittel, Unterschiede zu erzeugen

Auch wenn wir in und durch Sprache sind, stehen bei Organisationsaufstellungen die räumlichen Repräsentationen und die Nutzung dargestellter Raumbilder und deren Veränderungen ganz im Vordergrund. Das hat den großen Vorteil, dass durch die innerhalb kürzester Zeit aufgestellten inneren Bilder eines Systems eine für alle gleichzeitig erfahrbare, systemische Repräsentation eines Systems entsteht, deren Veränderungen alle Anwesenden abwechselnd aus der Innen- und der Außenperspektive wahrnehmen und körpernah erleben können. Die Evidenz der dann entwickelten Lösungsbilder wird durch diesen kollektiv gestalteten Prozess gegenseitiger Bestätigungen wesentlich erhöht. Eine gemeinsame, intersubjektive Wirklichkeit ist wirklicher als eine nicht geteilte. Die analogen Raumbilder werden zudem später leichter wieder abrufbar und haltbarer gespeichert.

Vertieft, bestärkt und ergänzt werden in den Organisationsaufstellungen besonders wichtige Lösungsvollzüge durch kurze und kraftvolle Sätze, mit denen besonders veränderte Haltungen ausgedrückt werden. „Jetzt erkenne ich Sie an als …", „Ich danke dir für …", „Es tut mir leid, dass …", „Du hast hier die älteren Rechte …" (siehe unten und Hellinger 1995, „Sätze der Kraft"). So ergänzt sich in der Aufstellungsarbeit im Prozess der Unterschiedserzeugung die Nutzung von Raum- und Sprachbildern, und alle Sinne werden dabei aktiviert.

II. Basisunterscheidungen bei Schwierigkeiten in Organisationen

Wer als Berater mit Schwierigkeiten in Organisationen oder Unternehmen konfrontiert wird, sollte sich folgende Fragen stellen:

1. In welchem Maße wird die Situation, über die berichtet wird, durch persönliche Muster der Mitarbeiter mitgeprägt, die ihren Ursprung in deren lebensgeschichtlichen Erfahrungen oder in Dynamiken ihrer Herkunftsfamilien haben? Wie werden diese Muster eventuell in der Organisation reinszeniert, oder wie spiegeln sie sich in den beschriebenen Situationen?
2. In welchem Maße hängen die geschilderten Organisationsprobleme mit Beziehungskonflikten oder dysfunktionalen Kommunikationsmustern unter den Mitarbeitern oder Abteilungen zusammen (durch Rivalitäten und Positionskämpfe um Einfluss, um bevorzugte Beziehungen zu wichtigen Personen oder um Status oder Privilegien; durch gegenseitige Abwertungen, Koalitionsbildungen, Triangulierungen oder Rachedynamiken wegen vermeintlicher oder tatsächlicher Benachteiligungen oder ausgebliebener Würdigungen; durch Kontextvermischungen zwischen privatem und dienstlichem Bereich etc.)?
3. Werden Leitungs- und Führungsaufgaben und -funktionen adäquat ausgeübt?
4. Sind die Organisationsstrukturen funktional aufgebaut oder sind auftretende Beziehungsschwierigkeiten eventuell Ausdruck dysfunktionaler Strukturen?
5. Hat es Veränderungen in der Umwelt (z. B. des Marktes) gegeben, an die sich die Organisation (noch) nicht hinreichend anpassen konnte, oder stehen solche bevor?

Oft sind mehrere dieser Faktoren in derselben Situation beteiligt und verstärken sich unter Umständen gegenseitig, und der Berater muss abwägen, welche Veränderungen in welchem Bereich die weitreichendsten Lösungen anzuregen in der Lage sind. Zu all diesen Fragen können Organisationsaufstellungen wichtige Hinweise und oft zentrale Einsichten bereitstellen. Später werden einige dieser Bereiche gesondert betrachtet.

III. Settings, in denen Organisationsaufstellungen durchgeführt werden

1. Das Gruppensetting in Form von Aufstellungsseminaren

Für diejenigen, die die Aufstellungsarbeit und ihre unterschiedlichen Anwendungsformen gut kennen, ist es eindeutig, dass Organisationsaufstellungen mit Stellvertretern in einer Gruppe, deren Mitglieder sich vorher nicht kannten, und die danach wieder in ihre unterschiedlichen Arbeitsfelder zurückkehren, die intensivste, aussagekräftigste und auch effektivste ist, vorausgesetzt natürlich, der Aufstellungsleiter hat hinreichende Erfahrung im Umgang mit Gruppen und mit der Aufstellungsarbeit. In diesem Setting sind alle Teilnehmer gleich wertig und können sich frei und hinreichend unbeeinflusst durch einschränkende Kontextfaktoren des eigenen Arbeitssystems zeigen. Die Aufstellenden können in diesem Setting ihre inneren Bilder unverfälscht „entäußern", und sich mit den Lösungsbildern so auseinandersetzen und sie wirken lassen, wie es für sie gut und richtig ist. Und die Repräsentanten ihrerseits können das mitzuteilen, was sie wirklich an den ihnen jeweils zugewiesenen Plätzen empfinden. In einer Gruppe, die sich neu zusammensetzt, ist es auch leichter, ein Klima gegenseitiger Wertschätzung, Achtung und wechselseitigen Vertrauens zu etablieren, als in einem länger zusammenarbeitenden Arbeitssystem, in dem sich vielleicht schon verfestigte Zuschreibungen und Beziehungsmuster eingeschliffen oder sich gegenseitig abgrenzende und argwöhnisch beobachtende Untergruppen gebildet haben. Als ein Element lassen sich Organisationsaufstellungen natürlich auch in unterschiedlichsten Weiterbildungs- oder themenzentrierten Gruppen gut anwenden (in Supervisionsgruppen, Seminaren zu Führungsthemen etc.). Würden wir die Aufstellungsarbeit aber auf solche Gruppensettings beschränken, engten wir ihre Anwendungsmöglichkeiten unnötig ein, denn wo hat man außer in Aus- und Fortbildungssettings schon regelmäßig Gruppen von 15 bis 20 Mitgliedern zu Verfügung. OA-Seminare können aber auch einen Nachteil haben: Wer sich zu einem solchen Seminar angemeldet hat, erwartet auch, dass er eine Aufstellung machen kann. Es ist aber immer zu prüfen, ob eine Aufstellung die geeignete Vorgehensweise für ein Anliegen ist. Wie sagte doch Watzlawick: Wer nur einen Hammer hat, sucht die Welt nach Nägeln ab.

2. Lernwerkstätten und Intervisionsgruppen für Organisationsaufstellungen

Da es bisher nur sehr wenige Trainer gibt, die Weiterbildungen zu Organisationsaufstellungen anbieten, haben sich Lernwerkstätten und Intervisionsgruppen inzwischen als eine kreative Alternative zu Weiterbildungsgruppen herausgestellt. Im deutschsprachigen Raum existieren schon etwa 20 solcher Gruppen, manche schon über mehrere Jahre hinweg (Adresse des Netzwerks Organisationsaufstellungen s. Anhang). Sie bestehen bisher überwiegend aus Unternehmens- und Organisationsberatern und solchen, die es werden wollen. Gelegentlich nehmen auch Manager und in psychosozialen Kontexten Arbeitende an diesen Gruppen teil. Die Lernwerkstätten dienen vor allem dem Erfahrungsaustausch über die Methode der Organisationsaufstellungen und deren Grundlagen und dazu, das Aufstellen von Organisationen und Strukturen unter gegenseitiger Anleitung zu erfahren und zu erlernen. Um in diesen gleichgestellten Gruppen ein Konkurrieren und ein Zuständigkeitsdurcheinander zu vermeiden, geben sich diese Gruppen meist klare Regeln, damit die Aufstellungsprozesse in der Gruppe sinnvoll und strukturiert ablaufen können, ohne dass sie zu oft unterbrochen oder durch ausgedehnte Diskussionen und Nachbesprechungen paralysiert werden. So wählt sich zum Beispiel einer, der etwas aufstellen möchte, einen Teilnehmer aus der Gruppe, der seine Aufstellung anleitet, und dieser kann seinerseits jemand aus der Gruppe bitten, ihn im Verlauf der Aufstellung bei Bedarf zu unterstützen. Diese Gruppen dienen auch zur Supervision eigener Beratungsfälle, das heißt, sie werden genutzt, um Fragestellungen aus den Organisationsberatungen, die sie selbst durchführen, aufzustellen. Lerngruppen mit erfahreneren Teilnehmern laden inzwischen Manager und andere, die Konflikte in oder Fragestellungen zu einer Organisation haben, ein, die Gruppe für das Aufstellen ihrer Anliegen zu nutzen, oder es werden aus den Unternehmen, die Teilnehmer beraten, Leitende mit in diese Gruppe gebracht und stellen dort ihre Anliegen selbst auf. Solche Lerngruppen haben noch einen großen Vorteil: Durch fortwährende Erfahrungen als Stellvertreter nehmen die Teilnehmer zunehmend schneller und präziser wahr, welche Empfindungen mit einem Platz verbunden sind.

3. Aufstellungen in der Einzelberatung

Hier werden von dem Aufstellenden in Einzelberatungen oder Coachingsituationen Anliegen mit Hilfe von Figuren, Gegenständen,

Teppichstücken, Kissen, Schuhen, Karten etc. auf einem Tisch oder auf dem Fußboden „aufgestellt". Über dieses Vorgehen gibt es bezogen auf Familienaufstellungen an anderen Orten schon ausführliche Beschreibungen, und die Übertragung auf die Arbeit mit Organisationen kann leicht vollzogen werden (Schneider 1998, Franke 1998, Lenk 1998, Assländer 2000, Heidi Baitinger in diesem Band). Auch hier haben sich die Vorgehensweisen zunehmend verfeinert. Ursula Franke, Sieglinde Schneider und andere lassen zum Beispiel Figurenaufstellungen in imaginierte Situationen übergehen, in denen sie die Aufstellenden reale Personen, die in der Aufstellung vorkommen und mit denen noch etwas zu lösen ist, vergegenwärtigen und eventuell zu diesen lösende Sätze sagen lassen. Besonders wichtig ist bei Aufstellungen in der Einzelberatung, dass ein Raum zur Verfügung steht, in dem man ungestört arbeiten kann. Unterbrechungen durch Telefonanrufe, hereinkommende Mitarbeiter etc. reißen die Aufstellenden meist abrupt aus der vorgestellten Welt.

4. Aufstellungen innerhalb von Organisationen

Weiterbilder, Personalentwickler und Unternehmensberater reagieren oft enttäuscht, wenn ihnen vermittelt wird, dass die Anwendungsmöglichkeiten von Organisationsaufstellungen dieser Art innerhalb von Unternehmen und Organisationen eher begrenzt sind und ihre Durchführung in einem solchen Kontext besonders großer Erfahrung bedarf. Gerade für diese Situationen erhofften sie sich aber oft Anregungen und eine Erweiterung ihres Repertoires. Brisante Krisenlagen eignen sich wenig, um mit den Mitarbeitern einer Organisation selbst ihr System aufzustellen. Es ist leicht nachzuvollziehen, dass es in Konfliktsituationen für Aufstellende besonders heikel ist, ihr inneres Bild der Organisation im Rahmen des eigenen Arbeitssystems zu veröffentlichen. Abhängigkeitsgefühle, hierarchischen Gefüge und Gefälle, Ängste vor nachteiligen Konsequenzen, eine oft angekratzte Vertrauensbasis und Zweifel, ob man mit dem Wohlwollen der Anderen rechnen kann, beeinflussen solche Situationen. Die Wahrnehmungen der Repräsentanten an ihren Plätzen werden durch die aktuellen Beziehungen, Vorstellungen und Bewertungen übertüncht, und alle sind vorsichtig, vermiedene Themen anzusprechen oder Geheimnisse zu lüften. Die Kunst, sich bedeckt zu halten, ist da eher gefragt, und die Angst, durch präzise Wahrnehmungen ins Kreuzfeuer zu geraten oder Auslöser für weitere Auseinandersetzungen zu liefern, lässt Teammitglieder in solchen Situationen oft harmonisierende Bilder aufstellen und als Stellvertreter an ihren Plätzen vage, „unverdächtige" oder ausweichende Äußerungen machen. Ein mildes Beispiel dafür kann man in dem Artikel von Friedrich Assländer finden (Assländer 2000, S. 29, Bild 1). Hier formen, in einer firmeninternen Aufstellung eines der Geschäftsführer, die Abteilungsleiter einen ebenmäßigen Kreis um die traut in der Mitte des Runds beieinander stehenden Geschäftsführer. Offensichtlich wurde hier durch den Aufstellenden vermieden, die Unterschiede in den Beziehungen der Beteiligten darzustellen. Das Bild spricht eher dafür, dass der aufstellende Geschäftsführer gezielt seine Vor- oder Unterstellung darstellte: Alle Mitarbeiter schauen erwartungsvoll auf die Geschäftsführer. In diesem Fall wurde kreativ mit dem Bild weitergearbeitet, in konfliktbeladenen Teams ist das aber wesentlich prekärer. Leichter ist es, innerhalb eines Unternehmens Teile, Elemente oder Beziehungen eines Bereiches zu einem anderen (Außen-)Bereich (zum Markt, zum Vertrieb, zu Kunden, zu einer anderen Abteilung, zu einem Problem, zu Ressourcen, zu Zielen etc.) aufzustellen, weil dadurch Einzelne nicht direkt infrage- oder bloßgestellt werden können. Tut man das, ist es jedoch sehr wichtig, darauf zu achten, dass in solchen Aufstellungen aus Teilen oft beteiligte Menschen werden (man achte aufmerksam auf die Äußerungen der Stellvertreter/innen). Ein Teil, dessen Repräsentant sich beiseite geschoben fühlt, kann dann zum Beispiel einen im System Ausgeschlossenen repräsentieren.

Ein Beispiel:
Eine Kollegin wählte in ihrer Aufstellung als eine ihrer möglichen Zukunftsperspektiven „die Wissenschaft", suchte dafür einen mittelalterlichen Mann aus und stellte ihn direkt hinter ihre Stellvertreterin. So, wie sie standen, sah das eher wie ein Ausschnitt aus einer Familienaufstellung aus. Die „Wissenschaft" wäre dort am ehesten der Vater oder ein Vorfahre gewesen. Ihre Stellvertreterin fühlte sich sofort von der „Wissenschaft" bedroht, unangenehm bedrängt und ausgenutzt. Es kam heraus, dass die Kollegin eine private Beziehung zu ihrem Professor und Doktorvater hatte, sich dann aber von ihm trennte, da sie sich ausgenutzt fühlte. Dieser hatte daraufhin versucht, ihre weitere wissenschaftliche Laufbahn zu erschweren. Interessant war noch, dass der Stellvertreter für die Wissenschaft hinterher aussagte, dass er sofort, nachdem er ausgesucht worden sei,

gewusst habe, dass er einen Mann und nicht die Wissenschaft vertreten würde. In gewisser Weise vertrat er beide.

Insa Sparrer und Matthias Varga von Kibéd haben die Kunst des verdeckten Arbeitens in solchen Situationen besonders entwickelt (s. auch Sparrer und Varga von Kibéd 2000 und in diesem Band).

IV. Für welche Situationen eignen sich Organisationsaufstellungen?

Es ist ratsam, Organisationsaufstellungen nur sparsam anzuwenden. Aufstellungen werden heute manchmal inflationär und wie ein Gesellschaftsspiel benutzt, nach dem Motto: Lass uns doch mal sehen, was herauskommt, wenn wir es aufstellen! Die Erfahrung zeigt, dass eine Aufstellung umso aussagekräftiger wird, je mehr der Aufstellende ein ihm wichtiges Anliegen hat, das ihm unter den Nägeln brennt, und für dessen Lösung er auch bereit ist, etwas einzusetzen. Lässt es ein Aufstellungsleiter zu, dass jemand in einem wenig gesammelten Zustand eine weitgehend unklare Fragestellung oder aus Neugier aufstellt, schwächt er sich selbst, den Aufstellenden und die ganze Gruppe. Die Aufmerksamkeit diffundiert, die erwartungsvoll gerichtete Spannung geht in eine allgemeine Unruhe über, und die Konzentration ist zumindest für eine Weile dahin. Dasselbe geschieht, wenn man eine Aufstellung nicht früh genug abbricht, wenn jemand ein vorher ausgedachtes oder harmonisierendes Bild aufstellt, und man ihn nicht früh genug nachfragend konfrontiert. Bert Hellinger selbst sagte in einem Interview: „Ich würde Organisationsaufstellungen nur einsetzen, *wo es notwendig ist und um ein unmittelbares Problem zu lösen*" (Bert Hellinger in diesem Band, S. 318)

Da der Rahmen dieses Buches eine ausführliche Darstellung der vielen Situationen und Fragestellungen, für die sich Organisationsaufstellungen eignen, nicht zulässt, habe ich im Anhang einige der möglichen Anwendungsbereiche und -felder aufgezählt (s. Anhang I).

V. Der Prozess des Aufstellens von Organisationen – Hypothesenentwicklung und Generierung von Unterschieden

Dieses Kapitel verfolgt zwei Absichten. Es soll der Ablauf von Organisationsaufstellungen beschrieben und besonders auf einige Kulminationspunkte im Verlauf von Organisationsaufstellungen aufmerksam gemacht werden. Die Entscheidungen, die an diesen Kreuzungs- oder Verzweigungspunkten vom Aufstellungsleiter gefällt werden, haben, was die gute Spannung, die Zentrierung auf das Wesentliche, die Wirkungspotenz einer Aufstellung und ihren weiteren Verlauf betrifft, einen prägenden Einfluss. Die zweite Absicht ist, die Phasen einer Aufstellung gleichzeitig schwerpunktmäßig mit der Frage zu begleiten, wann und wie in einer Aufstellung welche Unterschiede zum Vorhandenen angeregt werden.

1. Der Beginn eines Organisationsaufstellungs-Seminares

Es ist eindrucks- und wirkungsvoller, Organisationsaufstellungen direkt zu erfahren, als über sie zu berichten. Deshalb ist es gut, in einem Aufstellungsseminar so früh wie möglich mit dem Aufstellen zu beginnen. In Gruppen, deren Mitglieder bis dahin wenig Gruppenerfahrungen hatten und für die die Aufstellungsarbeit noch sehr fremd ist, beginne ich ein Seminar meist mit 20- bis 30-minütigen Wahrnehmungsübungen in Kleingruppen. Ich lasse zum Beispiel Vierergruppen bilden. In diesen nehmen nacheinander drei Teilnehmer/innen den jeweils Vierten in den Blick, lassen das Wahrgenommene auf sich wirken und teilen ihm in kurzen Sätzen mit, was sie wahrnehmen. Dieser nimmt währenddessen zu dem Mitgeteilten keine Stellung und lässt es auf sich wirken. Am Ende der Runde, wenn sich die vier darüber ausgetauscht haben, in welchem Maße das Wahrgenommene mit dem Tatsächlichen übereinstimmt, staunen sie oft darüber, wie zutreffend ihre Wahrnehmungen waren.

Sonst beginne ich in solchen Gruppen meist mit einer Runde, in der einer nach dem anderen erzählt, wer er ist, wo er arbeitet, was seine Anliegen für dieses Seminar sind und wie ein gutes Ergebnis des Seminars für ihn aussähe. Mit eingestreuten, konkretisierenden und herausfordernden Fragen kann der Seminarleiter schon in dieser Runde eine Atmosphäre gespannter Aufmerksamkeit erzeugen und bestimmte Grundhaltungen vermitteln (Lösungsorientierung, Achtsamkeit, Respekt oder Wertschätzung des Vorhandenen). Solche Fragen können zum Beispiel sein: „Woran werden Sie / werden andere merken, dass die Lösung erfolgt ist?"; „Was könnte das Gute an Ihrer Situation / Ihrem Problem sein?"; „Angenommen, heute Nacht käme eine Fee zu dir und brächte dir die Lösung, wie würdest du (würden andere) das dann Morgen früh feststellen, und was würdest du dann anders machen?"; „Darf ich dich etwas zu deiner Herkunftsfamilie fragen? – Der wievielte bist du dort in der Geschwisterreihe?" oder: „Wann in deinem Leben hast du begonnen, so viel Verantwortung für andere zu übernehmen/es anderen recht machen zu wollen?"

Meist schon vor der ersten Pause erfolgt die erste Aufstellung, nachdem ich nur kurz etwas zu dem Aufstellen selbst (gesammeltes Aufstellen des *inneren* Bildes, ohne zu sprechen; nur der Platz gilt; keine weiteren Anweisungen an die Stellvertreter etc.) und den Aufgaben der Stellvertreter (gesammeltes Stehen, geraffte Mitteilung des an dem Platz Empfundenen, keine ichbezogenen und Gefälligkeitsaussagen, „Entrollung" nach der Aufstellung etc.) mitgeteilt habe.

2. Wie viel Informationen braucht man vor dem Aufstellen?

Über das Ausmaß der Informationen, die sich der Seminarleiter vor der Aufstellung einholen sollte, gibt es unterschiedliche Vorstellungen. Während zum Beispiel Guni-Leila Baxa und Christine Essen (Essen und Baxa 1998, Baxa und Essen 2000) für eine ausführlichere Informationsphase (Kontextklärung nach dem Modell der Neuen Heidelberger Schule, s. Simon und Weber 1987) plädieren, um über den Arbeits- oder Aufstellungskontext und dessen Umfeld genügend Informationen zu haben, beschränke ich heute die Phase der Informationsgewinnung vor der Aufstellung auf das Nötigste. Ich lasse weder längere Problembeschreibungen noch ausführliche Schilderungen der beruflichen Situation zu, weil ich nicht möchte, dass die Wahrnehmungen der Stellvertreter durch solche Schilderungen zu stark beeinflusst werden. Die Stellvertreter sollen möglichst ungetrübt von den Vorstellungen und Wertungen des Aufstellenden an ihren Plätzen stehen. Ich erfrage das Anliegen, wie sich der Aufstellende die Lösung konkret vorstellt, und ich stelle einige Fragen zur Zusammensetzung des Systems, das aufgestellt werden soll. Wenn ich zusätzliche Informationen (z. B. über besondere Ereignisse in der Vergangenheit) benötige, erfrage ich diese während der Aufstellung.

Hier kommen wir nun zum *ersten der drei für mich zentralen Punkte* einer Aufstellung.

3. Die Wahl der Aufstellungsart und die Wahl des aufzustellenden Systems

Der Aufstellungsleiter hat zu diesem Zeitpunkt die Entscheidung zu fällen, welche Art Aufstellung er nutzen will (eine Entscheidungsaufstellung, eine Problemaufstellung, eine Organisations- oder Familienaufstellung etc.), und wer aufgestellt werden soll. *Das Anliegen und die angestrebte Lösung bestimmen sowohl das aufzustellende System als auch die Art der Aufstellung,* und die Entscheidung wird in Abstimmung mit dem Aufstellenden gefällt. Der Seminarleiter macht vielleicht einen Vorschlag und fragt, ob der Aufstellende damit einverstanden ist, oder er fragt ihn, welches System er gerne aufstellen will, und schlägt, wenn er es für angebracht hält, Modifizierungen vor.

Die Kunst der angemessenen und verdichtenden Komplexitätsreduktion ist hier gefragt, das heißt, eine gute Balance zwischen zu stark vereinfachenden und zu komplexen und ausufernden Darstellungen zu finden. Wen brauche ich auf alle Fälle für die Abbildung des Anliegens und für die Lösung, und wen kann ich ungestraft weglassen? Wie viele Hierarchieebenen sollten einbezogen werden, und welche die Situation stark beeinflussenden Umweltfaktoren zum Kernsystem sollten vertreten sein? etc. Welche Personengruppe kann ich eventuell von einem Stellvertreter repräsentieren lassen? Als ein Richtmaß hat es sich bewährt, wenn nicht mehr als fünf bis sieben Stellvertreter, einschließlich des Stellvertreters für den Aufstellenden, in der ersten Aufstellung stehen.

4. Das Aufstellen

Die Wahl der Stellvertreter und das Aufstellen selbst sollte gesammelt und zügig geschehen. Zieht sich dieser Prozess hin, ist das meist ein Hinweis dafür, dass der Aufstellende noch nicht hinreichend gesammelt und innerlich ausgerichtet ist. Hier können unterstützende Aufforderungen hilfreich sein („Es hat sich herausgestellt, dass es nicht wichtig ist, wen man auswählt" – „Sie passen alle nicht ganz" – „Es ist gut, nicht viel zu überlegen und sich einfach vom inneren Bild leiten zu lassen und ganz dem Gefühl nach zügig und gesammelt aufzustellen"). Ändert sich aber auch dadurch nichts im Verhalten des Aufstellenden und erscheint das Energieniveau weiterhin flau, ist immer zu erwägen, ob ein Abbruch der Aufstellung (der sich meist auf die Konzentration aller gut auswirkt), nicht der nächste, angemessene Schritt ist. Dazu gehören Fingerspitzengefühl und Mut. Ein Abbrechen einer Aufstellung ist auch richtig, wenn ein Aufstellender die Stellvertreter ohne innere Führung schnell und wie mechanisch an vorher ausgedachte Plätze abstellt. Wer als Stellvertreter ausgewählt wird, ist nicht zufällig. Die Erfahrungen zeigen aber, dass mehrere Personen, nacheinander an denselben Platz gestellt, an dem Platz Ähnliches wahrnehmen. Je klarer und gesammelter die Stellvertreter an ihre Plätze gebracht werden, um so besser können sie mit den anderen Stellvertretern und dem aufgestellten Gesamtsystem in Resonanz treten.

5. Der Prozess der Hypothesenbildung bis zu diesem Zeitpunkt

Ähnlich wie systemische Beratungsgespräche kann eine Aufstellung als ein simultaner Prozess fortwährender Informationsgewinnung und Informationserzeugung für alle Beteiligten (für den Aufstellenden, den Aufstellungsleiter, die Repräsentanten, die beobachtenden Teilnehmer und unter bestimmten Bedingungen offensichtlich auch für die nicht anwesenden Mitglieder des aufgestellten Systems) verstanden werden.

a) Der erste Eindruck und die Eingangsrunde

Erste Hinweise für eine Hypothese über mögliche sinnstiftende Zusammenhänge, Wechselwirkungen und Beziehungsmuster erhalten wir manchmal schon durch die Art und Weise der Anmeldung zu dem Seminar (z. B. wie drängend, sich rückversichernd, oder wie ambivalent meldet sich jemand an?). Dann bekommen wir neue Informationen, wenn wir die Teilnehmer im Seminar zu Gesicht bekommen und ihre Erscheinung und ihren Ausdruck auf uns wirken lassen. Wie emotional genährt wirken sie, geht von ihnen Fülle oder Kargheit aus? Zeigen Sie sich jünger oder älter als sie sind? Wirken sie eher wie Vater- oder Müttersöhne bzw. Mutter- oder Vatertöchter (siehe dazu Weber 1993, S. 106), Verantwortung an sich ziehend oder gerne abgebend, kommunikationsbereit oder Abstand haltend? Zu welchen Verhaltensweisen fühlte man sich von ihnen eingeladen? ... Schon durch den ersten Eindruck und die Beobachtungen während der Eingangsrunde können wir wichtige Hinweise über ihre Grundannahmen („Weltanschauungen") und gewohnheitsmäßigen Verhaltensmuster gewinnen.

b) Wie beschreiben die Klienten ihre Probleme und ihre Anliegen?

Spezifischer und konkreter werden die Hypothesen und damit auch die Interventionsmöglichkeiten, wenn die Teilnehmer/innen sich vorstellen und ihre Anliegen schildern. Erzählen sie eine problem-

oder eine lösungsorientierte Geschichte? Haben sie darin eine Opferrolle, oder beschreiben sie eigene Mitgestaltungsanteile? Welche Schlüsselworte oder -sätze fallen? Welche Ergebnisse werden befürchtet oder antizipiert? Welche Rolle wird in dem „Stück" dem Seminarleiter zugewiesen? In welchem Ausmaß ist der Erzählende (siehe narrativer Ansatz, White und Epston 1990, Grossmann 2000, Schneider und Gross 2000) in der Lage, eine Außenperspektive zum Vorhandenen einzunehmen? Die Art und Weise, wie wir uns dann auf diese Muster beziehen oder wie wir auf sie reagieren (z. B. nachfragen), kann schon in dieser Phase nützliche Veränderungen anstoßen.

c) Informationen, die durch das Aufstellen und das aufgestellte Bild ans Licht kommen

Die nächste Verdichtung der Hypothesenbildung geschieht durch das Aufstellen. Einerseits ist es aufschlussreich, wie aufgestellt wird. Wessen Stellvertreter wird zuerst gewählt, zuerst aufgestellt, wer zuletzt? Wie wird aufgestellt? Noch wichtiger ist aber das Bild der Aufstellung selbst. Mit zunehmender Zahl von Aufstellungen, die ein Aufstellungsleiter erlebt und angeleitet hat, und je mehr er gelernt hat, sich dem phänomenologischen Zugang zu Wirklichkeiten zu öffnen und zu überlassen, um so klarer, spezifischer und schneller kommen ihm anhand des Aufstellungsbildes Wahrnehmungen grundlegender Muster und besondere Aspekte jeder Aufstellung entgegen. Er bekommt ein Gefühl dafür, wie brisant die Situation im aufgestellten System ist, und welche Tendenzen sich bei Einzelnen und im Gesamtsystem zeigen. Wer schaut aus dem System nach draußen? Ist es eher ein aufeinander bezogenes, kohäsives oder ein auseinanderstrebendes System? In welchem Bereich ballt sich und kulminiert die Dynamik, und in welchem Maß und welcher Weise ist der Aufstellende hier involviert oder betroffen?

d) Die Bedeutung der Wahrnehmungen der Stellvertreter an ihren Plätzen und die Unterschiede, die ihre Äußerungen machen

Das hochaufmerksame phänomenologische Erfassen der Aufstellung als Ganze auf der einen Seite, und die Mitteilungen der einzelnen Stellvertreter an ihren Plätzen andererseits sind die wichtigsten

Quellen, aus denen Informationsströme oft wie zu etwas Neuem zusammenfließen. Sie bringen häufig für alle Beteiligten überraschend plausible und qualitativ völlig neue Einsichten hervor. Die, die nicht selbst in der Aufstellung stehen, liegen mit ihren Vermutungen, was die Stellvertreter an ihren Plätzen empfinden, oft völlig daneben. Anders ausgedrückt: Die Stellvertreter bekommen auf eine uns nicht erklärliche Weise an ihren Plätzen Zugang zu Informationen über das aufgestellte System, (oft auch über Ereignisse in deren Geschichte), die aus der Außenperspektive nicht zu erschließen waren. Indem sie ihre Empfindungen und Wahrnehmungen äußern, bekommen alle Anwesenden jetzt geballt zusätzliche Informationen, die ihnen vorher nicht zugänglich waren. Dieser neue Wirklichkeitszugang zum Verständnis zentraler Vorgänge in Systemen bereichert das Repertoire der systemischen Beratung von Organisationen und Unternehmen um eine wesentliche Dimension. Solche Prozesse laufen auch im Alltag fortwährend ab, werden dort aber nicht wahrgenommen und beachtet, oder es wird ihnen keine Bedeutung geschenkt. Hier treten sie in Erscheinung, können sich entfalten, und ihnen wird eine besondere Bedeutung beigemessen. Die „Choreographie" zielt im ersten Akt der Aufstellung auf diesen Punkt hin.

6. Das Befragen der Stellvertreter

Bevor man die Stellvertreter befragt, gibt man ihnen am besten eine Weile Zeit, damit sie sich an dem zugewiesenen Platz einfühlen und die systemischen Wechselwirkungen spüren können („Ich gebe euch eine Weile Zeit, um nachzuspüren und wahrzunehmen, was ihr in euren Rollen und eurer Funktion an dem zugewiesenen Platz fühlt"). Folgende Reihenfolge der Befragung der Repräsentanten hat sich bewährt: Man wendet sich zuerst denen zu, die an ihren Plätzen besondere Reaktionen zeigen, um sie gegebenenfalls, wenn die Plätze für sie zu belastend sind, an sicherere Plätze (meist etwas außerhalb des Systems) zu bringen, oder man beginnt mit denen, an deren Plätze sich Konflikte zu kumulieren scheinen. Andernfalls ist die Orientierung die, mit der Person anzufangen, die im System die hierarchisch höchste Position einnimmt, und dann „nach unten" weiterzufragen. Zu erwägen ist immer, (besonders auch nach ersten Umstellungen) nicht immer alle Aufgestellten nach ihren (veränderten) Reaktionen zu befragen, sondern, wenn zentrale Dynamiken zutage treten, sofort mit Umstellungen zu beginnen.

7. Der zweite zentrale Moment in einer Aufstellung

Der Moment, an dem die Stellvertreter konzentriert mitgeteilt haben, was sie an ihren Plätzen fühlen, markiert den *zweiten zentralen Punkt*. Dieses ist oft ein Moment gesammelter und gebündelter Energie. Die nächsten Fokussierungen und die ersten weiterführenden Schritte entscheiden oft darüber, ob dieses Energie- und Spannungsniveau aufrechterhalten werden kann.

Was ist die nächste, kraftvolle Bewegung?

An diesem Punkt innezuhalten und mutig zu warten, bis ein nächstfälliger, schlüssiger Schritt Gestalt annimmt, ist entscheidend. Ein guter Aufsteller ist auch ein guter Dramaturg, der in der Lage ist, mit möglichst sparsamen Mitteln das Wesentliche darzustellen, die Spannung jederzeit zuzuspitzen oder zum Beispiel durch Humor herauszunehmen und der gleichzeitig bestrebt ist, das höchstmögliche Aufmerksamkeitsniveau zu halten und die größtmögliche Wirkung zu erzielen. Je erfahrener ein Aufstellungsleiter ist, desto weniger Personen lässt er gewöhnlich aufstellen, desto weniger Stellvertreter befragt er und desto kraftvollere und direktere Schritte leitet er ein.

8. Die Übergänge zur Lösungsaufstellung

In dieser Phase kann man zwischen Unterschieden unterscheiden, die durch Umstellungen der Stellvertreter und deren jeweilige Reaktionen bewirkt werden, Unterschieden, die angebotene Gesten und Sätze erzeugen, und Unterschieden, die es für die Aufstellenden macht, wenn sie selbst ihren Platz einnehmen.

Es gibt nicht *den* richtigen Schritt und den richtigen und einzig wichtigen Unterschied, der angeregt werden sollte, wenn die Stellvertreter befragt worden sind. Im Verlaufe jeder Aufstellung werden auf unterschiedliche Weise fortwährend andere Unterschiede zum Vorhandenen angeregt, und man kann nicht voraussehen, welche davon auf einen fruchtbaren Boden fallen und welche zu anhaltenden Veränderungen führen und welche nicht. Auch wenn es wiederkehrende Muster und Ähnlichkeiten gibt, gleicht kein System dem anderen. Die Erfahrung, welche Vorgehensweisen und Schritte mit größerer Wahrscheinlichkeit wann mehr bewegen können als andere, kann ein Aufsteller nur mit wachsender Anzahl angeleiteter Aufstellungen erwerben, und auch dann ist sein Vorangehen oft wie ein tastendes Probehandeln im Dunkeln, und Umwege gehören immer dazu. Jeder Aufsteller entwickelt auf die Dauer auch von ihm bevorzugte spezifische Fokussierungen, Sprachwendungen, Unterschiedsbildungen und Vollzüge.

Hier können nur einige Grundmuster und Möglichkeiten in der Phase der Umstellungsarbeit bis zur Lösungsaufstellung beschrieben werden. Die Grundorientierung ist immer: Welcher folgende Schritt hat, bezogen auf das eingebrachte Anliegen und hinsichtlich der Struktur und Organisation des aufgestellten Systems als Ganzes, die meiste Potenz, etwas zu bewegen. Eine Aufstellung steht zuallererst im Dienste des Aufstellenden. Der Aufstellungsleiter fühlt sich aber auch im Dienst des Gesamtsystems, das aufgestellt wird, und erwägt gleichzeitig die Wechselwirkungen und die Konsequenzen von Veränderungen für alle Beteiligten.

a) Vorhandene Tendenzen vollziehen oder verstärken

Wird in einer Aufstellung deutlich, dass es ein relevantes, nach außen stehendes Systemmitglied, wohin auch immer, fortzieht, führen wir es oft aus dem System und achten dann auf seine Reaktion und die der Verbleibenden. Diese Reaktionen bestimmen dann den nächstfolgenden Schritt. Will es sich dann umdrehen, hat es oft noch Bindungen an das System, die Angst vor dem Neuen ist vielleicht zu groß. Die Trennung bzw. Loslösung erfolgte vielleicht zu früh und unvorbereitet, oder es hat dort noch etwas zu erledigen, bevor es geht. Geht es ihm draußen viel besser, und alle anderen fühlen sich auch erleichtert und wieder arbeitsfähig, kann das schon die Lösung sein.

Ein Beispiel: Ein Mitarbeiter des Sozialdienstes einer großen Autofirma stellte seine Abteilung mit dem Anliegen auf, er kenne sich dort nicht mehr aus. Nacheinander seien mehrere Mitarbeiterinnen gegangen, und er wäre sich seines Platzes nicht mehr sicher. Aufgestellt wurden: der Leiter der Abteilung und vier Mitarbeiter (drei Männer und eine Frau).

Der hier relevante Ausschnitt: Die Mitarbeiter standen etwa im Halbkreis wenig aufeinander bezogen. Der Leiter stand rechts, aber mit dem Rücken zum Team, den Blick in die Ferne gerichtet. Er hatte die Tendenz, sich umzudrehen. Der Seminarleiter jedoch hatte den Eindruck, dass er dies nur aus Neugier tun wollte. Er führte ihn stattdessen in die Richtung, in die er anfangs ausgerichtet war, aus dem System. Ihm ging es dort deutlich besser und den Mitarbeitern auch. Ihre „Bleifüße" wurden leichter, und sie fühlten sich wieder beweglich und aktiv. Außergewöhnliche Mitarbeiterfluktuationen in einer Abteilung weisen oft darauf hin, dass es dort ungerechte Behandlungen oder ungute Kündigungen gegeben hat. Hier gab es gleich mehrere ungute Kündigungen. Als eine Stellvertreterin für die ungut Gekündigten aufgestellt wird, wird es für fast alle noch leichter, und als ihnen gegenüber anerkannt wird, dass ihnen Unrecht geschehen ist, fällt auch etwas von deren Stellvertreterin ab. Der Druck in ihrer Magengegend schwindet. Auch dem stellvertretende Leiter gelingt es in der Aufstellung nicht, sich den ungut gekündigten Frauen zuzuwenden, und sein Stellvertreter meinte selbst, er müsse wohl auch noch gehen. Als auch er nach draußen gestellt wurde, geht es allen anderen noch besser.

In der Nachbesprechung stellte einer der teilnehmenden Beobachter eine wichtige Frage. Ihn beschäftigte das Ausmaß des Einflusses des Aufstellungsleiters auf den Verlauf einer Aufstellung. Der Leiter habe den Repräsentanten des Abteilungsleiters daran gehindert, sich umzudrehen. Er fragte sich, ob die ganze Aufstellung nicht völlig anders verlaufen wäre, wenn man dem Stellvertreter des Abteilungsleiters erlaubt hätte, sich umzudrehen. Der Seminarleiter nahm die Frage auf und ließ alle Repräsentanten noch einmal in ihre Anfangspositionen zurückkehren, sich wieder einfühlen und forderte dann den Repräsentanten des Leiters auf, seiner Tendenz sich umzudrehen, zu folgen. Er drehte sich um und den Mitarbeitern zu, und das Bild erschien von außen gesehen wesentlich geordneter und funktionaler. An den Gesichtern der Repräsentanten der Mitarbeiter/in war aber ein zunehmendes Unbehagen abzulesen. Der Seminarleiter forderte nun alle Stellvertreter auf, ihren inneren Tendenzen zu folgen. Das Resultat war, dass der Leiter an seinem Platz stehen blieb und alle Mitarbeiter in unterschiedliche Richtungen auseinander stoben.

Das bestätigte eindrucksvoll, dass es besser wäre, wenn der Leiter ginge, und dass es andernfalls zu weiteren Fluktuationen kommen könnte. Die unterschiedlichen Schritte regten zwar Unterschiedliches an, das Ergebnis war aber ähnlich: Es wurde deutlich, dass eine gedeihliche Zusammenarbeit zwischen dem Abteilungsleiter und seinen Mitarbeitern nicht mehr möglich schien.

b) Das (Wieder-)Einbeziehen Fehlender oder Ausgeklammerter
In dieser Aufstellung wurde ein weiterer, lösend wirkender Schritt vollzogen: die Einbeziehung auf ungute Weise Ausgeschlossener. Wie Familieneinheiten scheinen auch Arbeitssysteme ein Gewissen zu haben, das sich der zu früh Vergessenen (z. B. nicht mehr erwähnter Mitgründer einer Firma), derjenigen, die große Verdienste für den Aufbau oder die Aufrechterhaltung einer Organisation haben und die nicht gewürdigt wurden, ungerecht Behandelter, ungut Gekündigter und grob Benachteiligter, annimmt. Wenn ich es in Organisationen (außer in Familienunternehmen) auch nur selten gesehen habe, dass Mitarbeiter konkret mit einer früher ausgeschlossenen oder benachteiligten Person des Arbeitssystems identifiziert waren, das heißt, deren Schicksal ganz konkret nachahmten, so kann man doch immer wieder sehen, dass solche Ausklammerungen auch in Arbeitssystemen lang dauernde Beunruhigungen im System zur Folge haben. Die Loyalitätsbindungen werden geschwächt, diffuser Ärger auf „die Verantwortlichen" persistiert, die Mitarbeiter fühlen sich verunsichert, es gibt mehr Krankmeldungen und Mitarbeiterfluktuationen. Die den Ausgeklammerten auf deren Arbeitsplätzen Nachfolgenden fühlen sich dort oft besonders unruhig und belastet. Meist genügt es, wenn die Ausgeklammerten mit aufgestellt werden, ihnen gegenüber das Unrecht anerkannt oder ihr Beitrag gewürdigt wird. Günter Schricker schickte mir vor einiger Zeit einen Beitrag aus der Süddeutschen Zeitung zu, in dem beschrieben wurde, dass die Massenentlassungen in Großunternehmen oft gar nicht die gewünschten und erwarteten wirtschaftlichen Vorteile erzielen, die vorher errechnet wurden, und dass die Arbeitnehmer, die bleiben durften, sich danach keinesfalls dankbar und motivierter, sondern eher verunsichert, weniger einsatzbereit, und so verdeckt loyal mit den Gekündigten verbunden zeigen. Auch die Ausbeutung von Arbeitskräften (siehe „Sklaven in Amerika", „Fremdarbeiter" in der Nazizeit oder beim Bau von Eisenbahn- und Autostraßen Eingesetzte, von denen viele diese Arbeit mit dem Tode bezahlten), kann dazu führen, dass es sich Nachkommen in den Besitzerfamilien, die davon profitierten, schlecht gehen lassen oder den Besitz verspielen. Bert Hellinger berichtete über eine Aufstellung in Amerika, in der eine solche Dynamik offenbar wurde. Ich selbst erinnere mich an eine Aufstellung mit einer ähnlichen Geschichte: Der Großvater eines Aufstellenden hatte eine Müllentsorgungsfirma aufgebaut und war

vielleicht auch dadurch reich geworden, dass er Müll illegal verschob. Sein Enkel musste die Firma weit unter Wert verkaufen und arbeitete schließlich in dem Pförtnerhaus einer Müllentsorgungsanlage eben dieser Firma. Nach der Aufstellung wählte er einen völlig anderen Beruf.

c) Fehlende oder ergänzende innere Bewegungen, die lösend wirken, werden vollzogen

Zu Lösungsbewegungen gehört oft, dass Systemmitglieder und besonders der Aufstellende bestimmte neue und ungewohnte innere Bewegungen vollziehen und alte gewohnheitsmäßige Vorstellungen und Verhaltensweisen loslassen. Um solche Bewegungen zu ermöglichen, lässt man die Stellvertreter und besonders den Aufstellenden, wenn er am Ende selbst in der Aufstellung steht, oft Sätze (s. auch Hellinger 1995) zu bestimmten Personen sagen, um diese neuen Bewegungen anzustoßen oder zu vollziehen und sie die befreiende Wirkung an sich selbst erleben zu lassen. Solche Vollzüge können sein:

- Anerkennen dessen, was ist (z. B.: „Ich stimme dem allen jetzt zu, wie es geschehen ist, und schaue in die Zukunft"), statt zu haften und zu hadern.
- Würdigungen und Anerkennungen aussprechen (z. B.: „Ich erkenne jetzt Ihren Beitrag an und achte Sie als Mitbegründer des Unternehmens/als ehemaliges Teammitglied ..."), statt Abwendung und Abwertung.
- Danken, Nehmen, Bitten („Ich danke dir (der Firma) für das, was ich bei dir gelernt habe und halte es in Ehren, und schau bitte wohlwollend, wenn ich demnächst etwas Eigenes gründe" oder zum Vorgesetzten: „Um meine Arbeit hier gut machen zu können, brauche ich Ihre Unterstützung, und ich bitte Sie darum), statt Fordern und Verweigern.
- Anerkennung von eigener Schuld und Unrecht (z. B.: „Es tut mir jetzt leid, dass ich Ihnen Unrecht zugefügt habe, und ich bin bereit, für Sie etwas zu tun, was diesem Unrecht entspricht" oder: „Ich nehme meinen Teil der Verantwortung für das Geschehene und gebe Ihnen Ihren, und jetzt lasse ich los"), statt Verleugnung und Verschiebung der Schuld.
- Sicheinmischen in die Angelegenheiten anderer beenden und Fremdes zurückgeben (z. B.: „Ich kann die Last/die Verant-

wortung nicht für Sie tragen. Sie gehört zu Ihnen, und ich gebe sie Ihnen zurück" oder: „Ich lasse Ihr Schicksal bei Ihnen und achte es. Schauen Sie bitte freundlich, wenn ich meines in seiner ganzen Fülle nehme und Erfolg habe"), statt Identifizierung und Übernahme von Schwerem.
- Sich aufrichten und in seine Würde gehen (z. B.: „Sie haben mich nicht verdient. Meine Würde bleibt. Ich gehe aufrecht"), statt sich beschämt und gedemütigt zu verdrücken.
- Sich verabschieden (z. B.: „Ein wichtiger Lebensabschnitt geht für mich zu Ende. Ich habe gerne hier gearbeitet und danke euch allen für die gemeinsame Zeit und werde euch in guter Erinnerung behalten. Und jetzt gehe ich"), statt wortlos zu verschwinden.
- Sich aggressiv abgrenzen (z. B.: „Das vergess ich Ihnen nie, und Sie müssen die Folgen tragen"), statt zu dulden.
- Vom angemaßten zum gemäßen Platz. Wurde über einen längeren Zeitraum ein angemaßtes Verhalten gezeigt und ein angemaßter Platz im Arbeitssystem eingenommen, ist eine Verneigung vor den vorher von ihm Abgewerteten und abschätzig Behandelten ein wichtiger und manchmal notwendiger lösender Vollzug (z. B. leichte Verneigung und: „Du warst vor mir da, mein Platz ist hier der Dritte, und ich nehme ihn jetzt ein. Ich achte dich jetzt als den, der vor mir da war und die älteren Rechte hat").

Man könnte hier viele weitere Unterschiedsbildungen beschreiben.

d) Auf die andere Seite gehen
Gelegentlich wird in einer Aufstellung deutlich, dass von dem Aufstellenden ein lösender Schritt (noch) nicht vollzogen werden kann. Jemand kann eine Schuld nicht anerkennen, eine gemäße Verneigung nicht vollziehen, nicht danken, bitten, nehmen oder loslassen. Um die Dynamik und die möglichen Konsequenzen zuzuspitzen, ist es dann manchmal nützlich, auf die Gegenseite zu gehen, die Nichtveränderung zu betonen, das Ganze dadurch eventuell ad absurdum zu führen oder den Teufel an die Wand zu malen. Solche Sätze könnten zum Beispiel sein: „Lieber verzichte ich auf …, als dass ich …" Oder: „Lieber gehe ich mit unter, als dass ich das Schiff verlasse". Oder: „Bevor ich etwas von euch annehme/um Unterstützung bitte, neh-

me ich lieber das Risiko einer Krankheit auf mich" oder: „Sie werden mich nicht los. Ich werde Sie mit Prozessen verfolgen, und wenn es mich mein Vermögen kostet".

e) „Ordnung schaffen"
Aufstellungen zeigen oft unmittelbar, dass etwas in einem Arbeitssystem in Unordnung ist. Die Leitenden können von ihren Plätzen aus nicht adäquat leiten, die Mitarbeiter sind nicht aufeinander bezogen oder haben die Aufgabe, das Ziel oder die Kunden aus den Augen verloren, verdiente, ältere Mitarbeiter sind an den Rand geraten, jüngere maßen sich Plätze an, die ihnen nicht zustehen, etc. Die folgenden Prinzipien, die uns bei den Umstellungen in Organisationsaufstellungen zu einer Lösungsaufstellung hin leiten, basieren zum großen Teil auf Einsichten Bert Hellingers (1994), wurden aber für Arbeitssysteme teilweise erweitert, modifiziert und spezifiziert. Alle folgenden Prinzipien sind Leitlinien, und im Zweifelsfalle sind anders gerichtete Rückmeldungen der Stellvertreter mitzuberücksichtigen. Hier bin ich etwas anderer Meinung als Bert Hellinger, der den Äußerungen der Stellvertreter immer weniger Bedeutung beimisst.

Das Recht auf Zugehörigkeit:
Alle Mitarbeiter haben das gleiche Recht dazuzugehören, vorausgesetzt, der Ausgleich von Nehmen und Geben zwischen Arbeitgeber und Arbeitnehmer stimmt und der Arbeitnehmer füllt den Platz und die damit verbundene Aufgabe hinreichend gut aus. Anders als in Familien ist das Recht auf Zugehörigkeit in Organisationen also an Bedingungen geknüpft und zeitlich begrenzt (s. auch Varga von Kibéd in diesem Band). Die Erhaltung einer Organisation hat aber in einer Notsituation Vorrang vor dem Recht der Zugehörigkeit des Einzelnen.

Leitung hat Vorrang:
Die Berufsgruppe hat Vorrang in einer Organisation, die die meiste Verantwortung trägt und die am wichtigsten für den Erhalt und das Weiterbestehen des Systems ist.

Bei Gleichrangigen gilt allgemein:
der Vorrang derjenigen, die früher da waren, und dann: der Vorrang der Älteren.

Leistung und Innovation müssen anerkannt werden:
Besondere Verdienste und besonderer Einsatz für eine Organisation müssen besonders unter gleichrangigen Mitarbeitern von den Leitenden anerkannt werden, ebenso Mitarbeiter mit besonderen Kompetenzen oder besonderer Kreativität. Die Anerkennung geschieht in einer Organisationsaufstellung nicht durch die Zuweisung eines besonderen Platzes, sondern durch eine verbale Anerkennung, und in Realität eventuell auch durch besondere Gratifikationen (Weiterbildungsurlaub oder andere Förderungen).

Die Anerkennung der Vergänglichkeit:
Organisationen haben die Tendenz, sich selbst zu erhalten. Verliert ein Arbeitssystem aber seine Aufgabe, muss auch die Möglichkeit bestehen, es aufzulösen.

Gemäß dieser Prinzipien stellt der Seminarleiter die Stellvertreter in der zweiten Phase der Aufstellung um, bietet ihnen gute und gemäße Plätze an und modifiziert die Abstände und die Plätze eventuell nach den Rückmeldungen der Stellvertreter. Wer Vorrang vor einem anderen oder die älteren Rechte hat, steht in der Lösungsaufstellung rechts von dem, der nach ihm kommt.

f) Die Aufstellung der Kunden, der Aufgabe, der Ziele ...

Organisationen und Unternehmen sind durch ihre Aufgaben definiert. Besonders wenn ausgeprägte Beziehungskonflikte längere Zeit bestehen, geraten die Ziele, Aufgaben und Kunden oft aus dem Blickfeld. In Organisationsaufstellungen ist es deshalb in diesen Fällen oft nützlich, nach der Befragung der Stellvertreter die Aufgabe (oder jemand für die Kunden oder die Ziele) aufzustellen. Dieses fokussiert die Mitarbeiter sofort auf das, wofür sie in der Organisation bezahlt werden.

g) Alternativen durchspielen:
Antizipieren und Probehandeln

Organisationsaufstellungen eignen sich hervorragend, alternative Lösungsmöglichkeiten nacheinander durchzuspielen. Für die Aufstellenden wirkt das wie ein Probehandeln, ohne dass daraus gleich Konsequenzen für sie entstehen. Solche Fragestellungen können sein: Gehen oder Bleiben? Sich innerhalb des Unternehmens verändern oder außerhalb etwas Neues suchen? Einen angebotenen Leitungsplatz übernehmen oder nicht? In ein vorhandenes Team einsteigen oder nicht? Einen bestimmten Menschen einstellen oder nicht? Wen von den drei Bewerbern nehmen für die Nachfolge des Geschäftsführers im Familienunternehmen? etc.

h) Personen hinzustellen, die unterstützend und kräftigend wirken

Oft mangelt es in Arbeitssystemen besonders Leitenden an Unterstützung aus dem Hintergrund. Sie stehen dann wackelig und unsicher. Hier fehlt dann oft entweder die Unterstützung durch übergeordnete Vorgesetzte oder Rückendeckung aus der Herkunftsfamilie. Nimmt man dann zum Beispiel einen Elternteil hinzu – und überwiegend stelle ich bei männlichen Mitarbeitern Stellvertreter für die Väter und bei weiblichen Mitarbeiterinnen Repräsentantinnen der Mütter hinter die Aufstellenden –, hat das gleichzeitig noch die Wirkung, dass zusätzlich deren Geschlechtsidentität gestärkt wird.

i) Einbeziehen von Dynamiken aus dem Familienbereich und Einfügen von Elementen aus Familienaufstellungen

Hierüber wird später ausführlich berichtet.

j) Den Bewegungen der Seele folgen lassen

Bert Hellinger ist in den letzten Jahren immer öfter dazu übergegangen, die Repräsentanten, nachdem sie aufgestellt sind, gar nicht mehr zu befragen, sondern sie aufzufordern, ohne etwas zu sagen ihren inneren Bewegung zu folgen. Er greift dann solange nicht ein, wie ein intensives Beziehungsgeschehen und ein sinnstiftender autonomer Lösungsprozess abläuft. Geraten diese Bewegungen ins Stocken, gibt er manchmal weitere Anstöße. Der Prozess kann länger als eine halbe Stunde, aber auch nur wenige Minuten dauern. Es spielen sich dann oft tiefe und unerwartete Vollzüge ab, so als führte eine übergeordnete, weise Instanz Regie und als stünden diese Vollzüge in einem größeren Zusammenhang (Hellinger 2001b).

In Organisationsaufstellungen hat sich für mich diese Vorgehensweise besonders in folgenden Situationen bewährt: In Entscheidungsaufstellungen, wenn ich den Eindruck gewinne, dass die Stellvertreter schon eine Reaktions- oder Bewegungsbereitschaft ausdrücken, das heißt schon erste, oft auch nur angedeutete Bewegungen der Stellvertreter sichtbar werden. In hochbrisanten Situationen, in denen Lösungen unumgänglich und, um Schlimmes zu verhindern, bald notwendig erscheinen. Überlässt man die Stellvertreter hier ihren Bewegungen, zeigt sich in den unmittelbar einsetzenden Reaktionen die bis dahin unterdrückte Sprengkraft in dem System. Anschließend jedoch auch, dass das Rettende nah ist, wenn die Not am größten ist. Schließlich: Wenn ich mich entschieden habe, nur zwei oder drei Personen aufzustellen und dann eine Betroffenheit oder ein Berührtsein wahrnehme, überlasse ich sie jetzt auch häufiger als früher ihren inneren Bewegungen. Das ist eine eher intuitive und aus der Situation entstehende Entscheidung, deren Merkmale ich noch nicht konkreter beschreiben kann.

9. Die Phase der Beendigung der Aufstellung

Die Beendigung einer Aufstellung zu einem guten Zeitpunkt ist für mich ein dritter wichtiger Faktor im Verlauf einer Organisationsaufstellung. Die Erfahrung zeigt, dass Organisationsaufstellungen, die nicht bis zu einem abgerundetem Lösungsbild ausgeführt werden, oft eine ähnlich gute Wirkung entfalten wie Aufstellungen mit einer geschlossenen Gestalt. Unvollendete Aufstellungen lösen intensive Suchprozesse aus, und häufiger als nach Familienaufstellungen finden die Aufstellenden dann Lösungen, die ganz andersartig scheinen als die, die in der Aufstellung aufleuchteten. Wenn ein gutes Maß an erhellender Informationen besonders hinsichtlich des Anliegens des Aufstellenden generiert wurde oder einige Lösungsstränge aufleuchteten, beende ich Organisationsaufstellungen oft frühzeitig. Ich beobachte immer wieder, dass Organisationsaufsteller zu viel auf einmal mit einer Aufstellung erledigen und möglichst für alle in der Aufstellung eine gute Lösung aufzeigen wollen oder mit immer neuen Umstellungen zu lange doch noch eine Lösung zu erreichen versuchen. Das zerfasert die Aufstellungen oft, die Aufmerksamkeit lässt nach, und die Stellvertreter bekommen schwere Beine. Eine frühzeitig abgebrochene Aufstellung hat meist viel bessere Effekte als eine sich zu lang hinziehende und ausufernde. So etwas geschieht auch häufig, wenn man allen Stellvertretern im Prozess zu viel Raum gegeben hat, alle ihre Eindrücke und Wünsche immer wieder zu äußern. Verständlicherweise werden Aufstellungen von allen aber als besonders befriedigend und eindrucksvoll erlebt, wenn für möglichst viele der Beteiligten eine gute Lösung gefunden wurde. Auch hier zeigt sich die Beschränkung der Meister. Eine Aufstellung sollte meines Erachtens höchstens 30 bis 40 Minuten dauern.

a) Wann lässt man die Stellvertreter die Lösungsschritte in der Aufstellung machen, und wann lässt man den Aufstellenden selbst an seinen Platz treten?

Dieses ist eine häufig gestellte Frage. Mich leiten dabei folgende Überlegungen: Ich lasse bevorzugt die Repräsentanten die Lösungsschritte und Lösungsbewegungen vollziehen, wenn ich davon ausgehe, dass sie dem Aufstellenden selbst viel schwerer fielen, oder er sie (noch) nicht vollziehen kann, und wenn sich der Stellvertreter einfühlsam und präsent in die Rolle hineinbegeben hat und weiterführende Schritte sensibel und anrührend ausführt. Dieses Vorgehen schützt den Aufstellenden, konfrontiert ihn aber auch. Er kann den Prozess aus der Außenperspektive verfolgen und ist gleichzeitig frei, nur so viel an sich herankommen zu lassen, wie es für ihn gut und richtig ist. Manchmal lasse ich ihn dann, wenn er selbst in der Aufstellung steht, einige Schritte, die der Stellvertreter schon für ihn vollzogen hat, noch einmal wiederholen. Es gibt aber auch Situationen, in denen ich den Aufstellenden schon sehr früh in die Aufstellung nehme, zum Beispiel wenn ich Elemente aus Familienaufstellungen mit einbeziehe, wenn ich ihn als sehr bereit erlebe, oder ich zu dem Schluss komme, dass er sich einer Konfrontation selbst aussetzen sollte (z. B. bei einem Rückgaberitual, oder wenn es darum geht, zu den Folgen eigenen Tuns zu stehen). Rundet sich eine Aufstellung nicht ab und bleibt zum Beispiel zu viel offen, weil Informationen fehlen, stelle ich die Aufstellenden nicht selbst in das Bild.

b) Die Besprechung nach der Aufstellung

Für das Gruppengespräch nach einer Aufstellung bewähren sich folgende Regeln: Demjenigen, der aufgestellt hat, können von den Repräsentanten in seiner Aufstellung aus der eigenen Betroffenheit und leibnahen Erfahrung noch wichtige Aspekte nachgetragen werden. Diese müssen aber in seinem Dienst stehen und dürfen die inneren Bewegungen dessen, der aufgestellt hat, nicht stören. Der, der aufgestellt hat, kann entscheiden, ob er sich danach eine Viertelstunde aus der Gruppe zurückziehen möchte, um sich den Prozess der Aufstellung noch einmal zu vergegenwärtigen und ungestört in sich nachwirken zu lassen, oder ob er der Nachbesprechung lieber beiwohnen möchte. Ich beziehe ihn dann nur ganz begrenzt und meist überhaupt nicht mehr in die Diskussionen mit ein. Da in solchen Seminaren viele der Teilnehmer Interesse daran haben, die

Methode zu lernen, können in diesen Nachbesprechungen Fragen zu den Hypothesen, Prinzipien und den Vorgehensweisen gestellt werden. Aber auch hier ist darauf zu achten, dass diese zeitlich begrenzt werden. Das Grundprinzip ist immer: Anstoßen statt Durcharbeiten. Ich weise die Teilnehmer auch immer darauf hin, dass es eher störend ist, wenn sich Helfer in der Pause auf einen zustürzen, der gerade vorher eine belastende Situation aufgestellt hat.

c) Vom Umgang mit dem, was in den Aufstellungen geschah

Was in einer Aufstellung herauskam, und was als Lösung erschien, ist ein Bild, dessen Einzelheiten von den Aufstellenden nicht als konkrete Handlungsanweisung missverstanden werden dürfen. Es wäre ein Missbrauch der Aufstellung, wenn jemand an seinen Arbeitsplatz zurückkäme und mitteilte, seine Aufstellung habe gezeigt, dass die Probleme der Abteilung ihren Ursprung in familiären Verstrickungen eines bestimmten Mitarbeiters haben oder der Leiter gehen müsse etc. Gut ist es, in der Gruppe mitzuteilen, dass ein angemessener Umgang mit einer Aufstellung der ist, dass man ihr, wenn sie stimmig war, Bedeutung beimisst, sich immer wieder einmal das Lösungsbild und die Lösungsschritte, die dorthin führten, vergegenwärtigt und nicht gleich handelt. Sich das Lösungsbild aufzuzeichnen oder ein Gruppenmitglied zu bitten, während der Aufstellung ein kleines Protokoll anzufertigen, erweist sich für viele als hilfreich. Aufstellungen entfalten oft ihre Wirkung über einen Zeitraum von zwei bis drei Jahren, und haltbare, konkrete und kraftvolle Lösungsschritte darf man dann nicht zu sehr wollen. Sie stellen sich dann ein, wenn die Zeit reif ist, und die anstehenden Veränderungen geschehen dann oft wie unmerklich und oft, ohne dass man dann noch weiß, woher die Impulse kamen. Gut ist es auch, etwas zu warten, bis man anderen über konkrete Einzelheiten der Aufstellung berichtet. Unbeteiligten sofort ausführlich und missionarisch getönt von einer Aufstellung zu berichten, ist eine gute Methode, diese eher zu irritieren und abzuschrecken.

10. Die Aufstellung als ein gemeinsames (Kunst-)Werk

Sicherlich kommt dem Seminarleiter im Rahmen des Aufstellungsgeschehens ein besonderer Einfluss und eine besondere Verantwortung zu (s. auch Klein 1998, S. 171 f.), und da die Verläufe oft eindrucksvoll und auch berührend sind, besteht die Gefahr, dass er

Grandiositätsideen entwickelt und von den Seminarteilnehmern idealisiert wird. Er hat zwar als Leiter faktisch immer wieder die Möglichkeit zu entscheiden, welchen Informationen er besondere Bedeutung beimisst, in welche Richtung er weiterarbeitet, und welche Schritte er dabei wählt. Handelt er aber nicht im Einklang, wirkt sein Vorgehen mechanisch und flach. Die Seele schwingt nicht mit, und die Aufstellung erhält nicht die Tiefe und Dichte, die sie haben könnte. Was die Aufstellungsarbeit kennzeichnet und seine Wirkung ausmacht, ist, dass sie ein gemeinsames Werk ist. Die Gruppe ist der bergende und unterstützende Rahmen und das schwingende Feld, innerhalb dessen sich alle Beteiligten in immer wieder wechselnden Rollen, aussetzen, wechselseitige Beiträge leisten und die Anliegen der einzelnen Gruppenmitglieder und deren Bemühung, etwas zu lösen, mittragen. Gleichzeitig werden sie auch selbst immer wieder durch neue Einsichten und Anstöße bereichert. Dass Aufstellungen wie ein neuzeitliches Übergangsritual betrachtet werden können, ist in anderen Zusammenhängen schon ausführlich erörtert worden (Weber 1995, Klein 1998, Glöckner 1999, Baxa 2000).

11. Die Rundenarbeit

Solange Bert Hellinger noch Aufstellungskurse mit 25 Teilnehmern/ innen anbot, arbeitete er auch regelmäßig mit „Runden" (s. Weber 1993, Hellinger 1999), das heißt, er ließ während seiner Seminare alle Teilnehmer immer wieder einmal im Uhrzeigersinn nacheinander mitteilen, was sie gerade bewegte und wo sie mit ihren Anliegen standen. Diese Runden nutzte er, um ergänzende Informationen zu erhalten und kurze Erläuterungen zu geben, um alltägliche, gewohnheitsmäßige Muster zu stören, Geschichten zu erzählen oder Fragen zu beantworten. Diese Rundenarbeit eignet sich auch für Organisationsaufstellungs-Seminare. Dem Seminarleiter dienen die Runden auch dazu sich ein Bild über die Entwicklungen in der Gruppe zu machen und auch diejenigen Teilnehmer/innen anzusprechen und einzubeziehen, die sich lange nicht äußerten. Außerdem wird in den Runden deutlich, wer bald „reif" für eine Aufstellung ist. Die Äußerungen der Teilnehmer können auch Anlass sein, das umfangreiche Repertoire der Vorgehensweisen der systemischen Beratung oder anderer Beratungsmethoden zu nutzen, um ergänzende Anstöße zu geben, um zu bestätigen, zu unterstützen oder herauszufordern.

VI. Grundsätzliche Haltungen und Orientierungen in der Aufstellungsarbeit mit Organisationen

Die Beschreibungen über Haltungen und Einstellungen, mit denen sich Berater bzw. Aufsteller mit Menschen, die zu ihnen kommen, in Beziehung setzen, ähneln sich in den konstruktivistisch-systemischen (z. B. Rotthaus 1989, Ludewig 1992) und den phänomenologisch-systemisch orientierten Konzeptualisierungen in erstaunlicher und nicht zufälliger Weise. Diese Grundorientierungen können hier nur zusammengefasst dargestellt werden.

1. Anerkennung des Vorhandenen

Es wird davon ausgegangen, dass die bisher in einem Klientensystem gefundenen Lösungen die unter den gegebenen Bedingungen bisher bestmögliche sind, und dass alle Beteiligten Anerkennung für das verdienen, was sie eingesetzt und geschaffen haben. Die Anerkennung des Vorhandenen fördert Motivation und Einsatz, schafft eine bejahende Gesprächsatmosphäre und unterstützt die Bereitschaft, sich mit Verbesserungsschritten und Veränderungsmöglichkeiten zu befassen.

2. Respekt und Achtung

Alle Mitglieder des Klientensystems werden als Personen, ganz gleich, ob sie an- oder abwesend sind, als gleichwertig und gleich gültig angesehen, und ihnen wird die gleiche Achtung entgegengebracht (Allparteilichkeit und soziale Neutralität in der systemischen Beratung, siehe Simon und Weber 1988). Infragestellungen bestimmter Prämissen und Verhaltensweisen werden ihnen jedoch gleichzeitig oft „respektlos" zugemutet (s. Cecchin et al. 1996). Einladungen zu negativen Eigenschaftszuschreibungen wird kein Raum gegeben.

3. Ressourcenorientierung

Es wird davon ausgegangen, dass alle für sinnvolle Lösungen notwendigen Fähigkeiten schon im System vorhanden sind (s. auch Berg und Miller 2000). Fokussiert wird nicht auf Defizite, Mängel und Fehler, sondern auf die schon vorhandenen und nicht genutzten Kompetenzen und Entwicklungsmöglichkeiten, und es geht vor allem um die „Entzündung des Möglichkeitssinnes"[1] und die Ausrichtung auf Zukünftiges (Penn 1986, Simon und Weber 1988).

4. Lösungsorientierung

Die Aufmerksamkeit der Berater ist ganz auf Lösungen gerichtet. In Einklang mit den Klienten verbünden sie sich mit deren nächstmöglichen Schritten. Deshalb werden meist keine langen Problembeschreibungen der Klienten zugelassen. Diese kann man als Einladungen an die Berater verstehen, die oft defizitorientierten Einstellungen und Überzeugungen (die bisher schon nicht zu den erwünschten Ergebnissen führten) zu teilen, und sie bewirken oft Energiemangel, Einfallslosigkeit und Belastungsgefühle bei allen Beteiligten. Erleben Kunden einen Berater als achtungsvoll, ressourcen- und lösungsorientiert, fühlen sie sich sofort in guten Händen, geben ihm leichter einen Vertrauensvorschuss und nehmen es auch großzügiger hin, wenn er einmal einen Umweg macht oder eine Weile seine Neutralität verliert oder nicht weiter weiß.

5. Absichtslosigkeit und Zurückhaltung

Phänomenologisches Wahrnehmen ist nur aus einer Haltung des Verzichtes auf Gewohntes und Wertendes, der Absichtslosigkeit und der Zurückhaltung möglich. Erst dann kommen den Beteiligten, wenn sie sich in der Aufstellungsarbeit dem Ganzen aussetzen, Einsichten und Informationen über oft überraschend neue Wirkzusammenhänge zu, und nur so kann ein aufgestelltes System aus sich heraus auf mögliche Lösungsrichtungen aufmerksam machen.

Aber auch aus einem anderen Grund ist es sinnvoll, Absichten absichtslos zu vertreten. Verfolgen Berater explizit eigene Veränderungsvorstellungen und -intentionen und nicht mit den Kunden vorher ausgehandelte, konkrete und erreichbare Ziele, und beginnen

---

1 „Wenn es aber Wirklichkeitssinn gibt, und niemand wird bezweifeln, daß er seine Daseinsberechtigung hat, muß es auch etwas geben, das man Möglichkeitssinn nennen kann. Wer ihn besitzt, sagt beispielsweise nicht: Hier ist dies oder das geschehen, wird geschehen, muß geschehen; sondern er erfindet: Hier könnte, sollte oder müßte geschehn, und wenn man ihm erklärt, daß es so sei, wie es sei wichtiger zu nehmen als das, was nicht ist. Man sieht, daß die Folgen solcher schöpferischen Anlage bemerkenswert sein können ..." (Robert Musil 1952).

sie, die Klienten möglicherweise noch mit einer defizitorientierten Grundüberzeugung aktiv in diese Richtung zu beeinflussen oder zu drängen, erzeugt dieses bei den Kunden oft Gegenreaktionen, die dann gerne als „Widerstand" verstanden werden. Wir haben dieses Vorgehen einmal den „Königsweg in die Klemme" genannt (siehe auch das Konzept der Verantwortungs- und Veränderungsneutralität, Simon und Weber 1999; von Schlippe und Schweitzer 1996; Sparrer 2001a).

Von einer Beratungsmethode postulierte, und auf der Suche nach Lösungen in Unternehmen und Organisationen als gedeihlich angesehene Grundhaltungen wirken besonders überzeugend, wenn sie von Beratern/innen schon von Anfang an in den Beratungssituationen selbst eingenommen und durch eigenes Handeln vermittelt werden. Dieses gelingt in Seminaren mit Organisationsaufstellungen ganz überwiegend besonders gut. Die Teilnehmer staunen oft selbst, wie überraschend leicht es ihnen in solchen Seminaren innerhalb kurzer Zeit gelingt, alle Anwesenden mit ihren Besonderheiten so zu nehmen und zu wertschätzen, wie sie sich zeigen. Die Basis der Beziehungsgestaltung in der Arbeit mit Organisationsaufstellungen ist Respekt, Anerkennung und ein Verzicht darauf, es besser zu wissen (s. Expertise des Nicht-Wissens, Buchinger 1998).

VII. DIE AUSWIRKUNGEN FAMILIÄRER VERSTRICKUNGEN, SPEZIELLER FAMILIENDYNAMIKEN UND -KONSTELLATIONEN SOWIE PERSÖNLICHER MUSTER AUF PROZESSE IN ORGANISATIONEN

Bei der Beschreibung der Anliegen oder der als problematisch angesehenen Situationen geben oft Schlüsselworte gute Hinweise, ob Familiendynamiken in den Arbeitskontext hinüberschwappen. Tauchen zum Beispiel vermehrt Beschreibungen und Begriffe aus dem Bereich persönlicher Beziehungen auf, wie Sehnsucht, Sich-verlassen-Fühlen, Einsamkeit, die eher im Privatbereich benutzt werden, kann das schon ein Hinweis dafür sein, dass im Hintergrund eine im Beziehungsbereich (sei es im Gegenwarts- oder in der Herkunftsfamilie) ungelöste Dynamik eine Rolle spielt. Tonfall und Ausdrucksweise können zusätzlich Hinweise dafür geben, dass unverarbeitete Erfahrungen aus der Vergangenheit in die Gegenwart hineinspielen.

Ein Beispiel:
In einer Aufstellung klagte eine etwa 30-jährige Frau über Schwierigkeiten mit ihrem Chef, dem Leiter einer Beratungsstelle, von dem sie sich bevormundet und abgelehnt fühlte. Wir stellten ihr Arbeitsteam auf. Ihre Stellvertreterin fühlte sich ängstlich und zugleich trotzig an ihrem Platz und drückte dieses Gefühl in einer Weise aus, kindlich wirkte. Auf Nachfragen stellte sich heraus, dass die aufstellende Frau nach dem Tod ihrer Mutter bei ihren Großeltern aufgewachsen war und die ganze Kindheit über Angst vor ihrem für sie unberechenbaren Großvater hatte, der sie ihren Angaben zufolge nicht bei sich haben wollte.

Da der private Bereich und das Arbeitsleben zwei zentrale Lebensbereiche der Menschen sind, ist es unumgänglich, dass sie sich beide gegenseitig beeinflussen und positive Entwicklungen, ebenso wie Schwierigkeiten, in dem einen Bereich unweigerlich Folgen in dem anderen Bereich haben. Das betrifft sowohl die gegenseitigen Einflüsse beider Bereiche in der Gegenwart als auch die Folgen bestimmter Konstellationen und Verstrickungen in der Vergangenheit. Dass das besonders in Familienunternehmen so ist, leuchtet unmittelbar ein. Ich unterscheide Dynamiken, die ihren Ursprung in generationsübergreifenden Verstrickungen haben, solche, die auf ungelösten Eltern-Kind-Konflikten beruhen, und solche, die mit bestimmten Geschwisterkonstellationen stehen.

1. Wie sich Eltern-Kind-Dynamiken in Organisationen widerspiegeln können

Autoritätskonflikte haben zum Beispiel häufig einen familiären Hintergrund. Es gibt aber auch ganz andere Zusammenhänge.

Einige Beispiele:

a) Der nicht geachtete Vater

Es ging in dieser Aufstellung um ein Beratungsunternehmen, das entstand, als sich zwei interne Berater, die in einem großen Energieunternehmen gearbeitet hatten, selbständig machten. Aufgestellt wurden die Beiden und ihre Firma. Der Aufstellende war einer der beiden Gründer der Firma. In der Aufstellung stand sein Stellvertreter wie auf einem guten Leitungsplatz, er fühlte sich jedoch schwach wie ein Junge. Herauskam, dass er sehr stolz auf den Unternehmer-

Großvater war, seinen Vater aber völlig abgewertet hatte. Wertet jemand seine Eltern ab, so stellen wir immer wieder fest, führt das oft dazu, dass Derjenige geschwächt ist, sich kraftlos fühlt oder sich oft auch scheitern lässt.

Nachdem er in der Aufstellung seinen Vater achtete und „nahm", stand er in der Lösungsaufstellung mit seinem Vater und Großvater im Rücken gelassen und kraftvoll, und der dann neben ihm stehende Repräsentant des Mitgesellschafters war froh, nun mit ihm gemeinsam die anstehenden Dinge anpacken zu können.

b) Nicht noch einmal einen „Vater" verlieren

In Amerika brachte eine etwa 55-jährige Frau folgendes Anliegen ein: Ihr Chef gehe demnächst in den Ruhestand, und sie könnte das nur sehr schwer verkraften. Ob ihr eine Aufstellung in dieser Situation helfen könne? Die Trauer, die sich auf ihrem Gesicht zeigte, ließ sofort an eine Verlusterfahrung in ihrer Herkunftsfamilie denken. Sie berichtete dann auch auf Nachfragen, dass sich ihre Eltern früh trennten, sie bei der Mutter geblieben sei und nach der Scheidung der Eltern den Vater sehr lange Zeit nicht gesehen und schmerzlich vermisst habe. Ich bot der Klientin in dieser Situation statt einer Organisations- eine Familienaufstellung an, und sie willigte gerne ein. Wir fanden eine gute Lösung. Ich hätte auch versuchen können, die Problematik mit einer Organisationsaufstellung einer Lösung näher zu bringen, doch neige ich grundsätzlich dazu, Anliegen, wenn immer möglich, an den Ort zurückzuführen, und sie dort zu lösen, wo ich ihren Ursprung sehe.

c) Ich kann die Chefin (Mutter) doch nicht mit all dem (Arbeit, Geschwister) zurücklassen

Eine etwa 40-jährige Frau wollte ihren Platz im Arbeitssystem überprüfen. Sie überlegte, sich selbständig zu machen, und traute sich das auch zu, schob aber den Zeitpunkt, sich zu verselbständigen immer wieder hinaus. In der Aufstellung stand ihre Chefin, die Besitzerin eines Handelsunternehmens, etwas zur Seite gerichtet vor ihr, und sie selbst nahm den zentralen Platz im System ein. Als ihre Stellvertreterin im Prozess der Aufstellung nach außen gewendet aus dem System gestellt wurde, fühlte sie sich kraftvoll und erleichtert, ihre Chefin aber verlassen. Die Aufstellende fehlte auch den Mitarbeitern/innen (sie berichtete, dass sie für viele von denen schon lange die Ansprechpartnerin war), diese begannen aber bald, sich neu zu formieren. Der Hintergrund war, dass die Aufstellende in ihrer Herkunftsfamilie die Älteste von sieben Geschwistern war und die Mutter unter Verzicht auf eigene Lebenspläne lange bei der Erziehung und Versorgung der jüngeren Geschwister unterstützt hatte. Dieses Muster der Parentifizierung übertrug sie auch auf die Arbeitssituation. Das Wichtigste war also die Erlaubnis, ihre eigenen Bedürfnisse wichtig nehmen zu dürfen.

d) So etwas nur nicht noch einmal erleben

Eine 37-jährige Beraterin wollte wegen folgenden Anliegens eine Organisationsaufstellung machen: Ein Ehepaar (beide um die 50 Jahre alt) habe eine Beratungsfirma, und in dieser Firma arbeitete sie bisher als freie Mitarbeiterin. Das Ehepaar hatte ihr nun angeboten, als Mitgesellschafterin (zu 10 %) in die Firma mit einzusteigen. Sie war sich nicht sicher, ob sie dieses tun sollte. Ich gehe hier nicht auf Einzelheiten der Aufstellung ein. Der Stellvertreter des Mannes äußerte an seinem Platz, dass er sich von der Mitarbeiterin angezogen fühle und sie gerne in der Firma hätte (wie er es sagte, hatte die Anziehung nicht nur dienstlichen Charakter), während die Stellvertreterin der Frau eher skeptisch war und meinte, die Vertreterin der Aufstellenden stünde zu sehr auf der Seite ihres Mannes. Die Stellvertreterin der aufstellenden Beraterin fühlte sich an ihrem Platz stark belastet und äußerte das Gefühl, ausgenutzt zu werden. Als ich sie langsam rückwärts gehend Abstand zu dem Ehepaar nehmen lasse, fühlt sie sich deutlich besser. Die Beraterin selbst bestätigte diese Gefühle weitgehend. Da sie vom äußeren Aspekt her wie eine „Vatertochter" (Tochter im Bannkreis des Vaters, siehe Weber 1993, S. 106) aussah, fragte ich sie, ob sie so eine Situation schon einmal in ihrem Berufsleben erfahren hätte, und sie berichtete von einer ganz ähnlichen Situation mit einem Professor während ihres Studiums. Ich wagte, da sich in der Gruppe ein gutes, gegenseitiges Vertrauen entwickelt hatte, sie zu fragen, ob ich jemanden aus ihrer Familie der Aufstellung hinzufügen dürfe. Sie stimmte zu. Ich ließ die Aufstellende selbst an ihren Platz treten, stellte einen Stellvertreter für ihren Vater auf, und forderte sie auf, den Vater anzuschauen. Ich sah sofort ihre Sehnsucht, ihre Traurigkeit und ihre Panik in ihren Augen, sagte aber nichts dazu, sondern ließ sie nur ein paar Sätze zu dem Vater sagen, die sie sehr entlasteten, und beendete die Aufstellung. In der anschließenden Pause erzählt sie mir, dass sie ihren Vater sehr liebte, sich als Kind immer für ihn zuständig fühlte, sie eine besondere Beziehung zueinander hatten, und er sich dann umbrachte, als sie 14 Jahre alt war und sich mehr von ihm zurückzog. Nun machte ihr Verhalten gegenüber ihren Chefs Sinn. Sie wollte nicht noch einmal erleben, dass sich einer umbringt oder etwas Schlimmes passierte, wenn sie ihre eigenen Bedürfnisse wichtiger nahm als die von Vaterfiguren.

Vatertöchter, so kann man sehen, arbeiten in Organisationen oft als einsatzbereite und tüchtige „Assistentinnen" ihrer Chefs.

2. Die Auswirkungen ungelöster Paardynamiken in Organisationen

Ein Beispiel:

Der Platz war noch nicht frei
Der Geschäftsführer einer größeren, gemeinnützigen Organisation befasste sich intensiv mit seiner beruflichen Zukunft. Er wollte sich im Rahmen des Organisationsaufstellungs-Seminares darüber klar werden, welche von mehreren Möglichkeiten für ihn die meiste Kraft hätte. Hier wird nur die für die Verquickung von Paar- und Organisationsdynamik wichtige Facette hervorgehoben: Eine der Möglichkeiten in der durchgeführten Entscheidungsaufstellung war die, mit der ebenfalls anwesenden Partnerin eine Beratungsfirma zu gründen. In der Aufstellung fühlte sich die Teilnehmerin, die für diese Beratungsfirma in der Aufstellung stand, von der ebenfalls aufgestellten Partnerin des Mannes missbraucht. Alle Versuche, der Partnerin in Bezug auf die Arbeit mit dem Mann, und auch als seine Partnerin, einen guten Platz zu geben, misslangen anfangs. Ihre Stellvertreterin nahm immer wieder von ihm Abstand, und auch der Repräsentant des Mannes nahm sie nicht wirklich wahr. Hier war eine Information des Mannes weiterführend und für die Lösung entscheidend: Heraus kam, dass der Platz als Frau neben ihm noch nicht frei war. Er war noch nicht von seiner ersten Frau, von der er getrennt lebte, geschieden. Erst die Einbeziehung seiner Frau, ihre Würdigung und der faire Abschied von ihr ermöglichte in der Aufstellung, dass die jetzige Partnerin den Platz neben ihm einnehmen konnte.

3. Einflüsse von Geschwisterkonstellationen in Organisationen

Das, worauf man stärker achtet, tritt für eine Weile besonders in den Vordergrund, findet eine größere Aufmerksamkeit und kommt dann auch häufiger vor. Seit einem Jahr habe ich mehr darauf geachtet, wie sich Geschwisterkonstellationen in den Herkunftsfamilien in Organisationen wiederholen, und mir wurde immer deutlicher, dass neben den Mustern der Eltern-Kind-Beziehungen in der Ursprungsfamilie in Organisationen sehr häufig Geschwisterkonstellationen reinszeniert werden.

Zwei Beispiele:

a) „Zu Hause war ich der Vierte, hier bin ich der Zweite"

Das Anliegen eines etwa 45 Jahre alten Psychologen war es, herauszufinden, ob er sich wieder stärker in einem Institut für spirituelle Psychologie engagieren oder sich ganz selbständig machen sollte. Wir stellten folgende Stellvertreter auf: einen für den Gründer des Instituts, der sich wünschte, dass er dort wieder mehr Verantwortung und Aktivitäten übernehmen möge, einen für ihn, zwei für jüngere Trainer und eine Teilnehmerin für die Kunden des Instituts.

Auffallend war, dass der Klient in der Aufstellung von allen anderen willkommen geheißen wurde, dass er aber selbst eine Lücke zwischen sich und dem rechts von ihm stehenden Stellvertreter des Gründers ließ. Er berichtete, dass er sich bald entscheiden müsse, denn es profilierten sich Jüngere und diese würden seinen Platz gerne einnehmen. Mir schien, als ob er darauf wartete, dass sich die anderen zwei zwischen ihn und den Gründer stellten. Auf die Frage, ob er Geschwister habe und wenn, an welcher Stelle er dort stehe, hörten wir, dass er in seiner Herkunftsfamilie der Vierte von vier Kindern ist. Ich ließ ihn dann neben den Gründer treten und zu den anderen sagen: „Zu Hause war ich der Vierte, hier bin ich der Zweite, und ich nehme diesen Platz jetzt ein." Das war für alle eine gute Lösung.

b) Der Bruder blieb zurück

In dieser Aufstellung ging es um ein Sportgeschäft. Der etwa 45 Jahre alte Besitzer, der hauptamtlich noch ein florierendes Beratungsunternehmen führte, das für ihn beruflich im Zentrum stand, hatte den Laden mit einem drei Jahre jüngeren Sportler auf dessen Wunsch hin gegründet. Dieser schied aber nach einiger Zeit überraschend aus. Der Aufstellende übernahm damals bereitwillig alle Schulden und setzte einen neuen Geschäftsführer ein. Jetzt war er sich nicht mehr sicher, ob er das Sportgeschäft noch weiterführen wollte. Seine Frau hatte die buchhalterische Seite des Geschäftes in Händen. Im Geschäft arbeiteten noch zwei Mitarbeiter, von denen der eine nebenher eine weitergehende Schule besuchte und wohl in absehbarer Zeit ausscheiden würde.

Auffällig war, dass der Sportler, der das Geschäft mitgegründet hatte, dem Klienten in der Anfangsaufstellung direkt gegenüberstand und die Mitarbeiter des Geschäftes eher abseits und mehr im Gesichtsfeld seiner Frau. Der Stellvertreter des Besitzers berichtete über eine enge Bindung zu dem Sportler, dieser seinerseits aber erklärte sich als desinteressiert und die Beziehung für beendet. Da eine starke Bindung des Besitzers zu dem Sportler sichtbar wurde, deren Intensität nicht nur aus der Organisation und der Geschichte der beiden erklärbar schien, fragte ich ihn, ob er einen Bruder habe. Heraus kam, dass er seine Herkunftsfamilie nach der Scheidung der Eltern im Alter von 17 Jahren verließ, sich sein vier Jahre jüngerer Bruder von ihm verlassen fühlte und es diesem Bruder danach bei der Mutter und dem Stiefvater ziemlich schlecht ging. Jetzt sorgte der Klient, so schien es, stellvertretend für jüngere „Brüder", wie den Sportler oder den jüngeren der Angestellten, der eine schwere Krankheit zu überwinden hatte. Schuldgefühle gegenüber Geschwistern, denen es schlechter erging, führen oft dazu, dass die, die ein besseres Los im Leben zogen und erfolgreicher waren, in Organisationen für andere wie für Geschwister sorgen (siehe auch 5. in diesem Abschnitt).

4. Die Auswirkungen familiärer Verstrickungen auf den Arbeitsbereich

Familiäre Verstrickungen, z. B. Identifizierungen mit Ausgeklammerten oder Familienmitgliedern mit schweren Schicksalen wirken sich oft ebenfalls im Arbeitsbereich aus. Immer, wenn Mitarbeiter/innen intensive Gefühle zeigen, die in dem Kontext, in dem sie gezeigt werden, übertrieben erscheinen oder schwer einzuordnen sind, sollte man an eine solche Dynamik denken. Auch wenn über einen langen Zeitraum ein außergewöhnliches Engagement gezeigt wird, das weit über das Geforderte hinausgeht, oder jemand als „Gerechtigkeitsfanatiker" gilt, können solche Verstrickungen vorliegen.

Zwei Beispiele:

a) Eine Chefin, die auszog, ihre Mitarbeiter zu retten

Es handelte sich um eine kleine Abteilung der staatlichen Forstbehörden in Kanada mit sechs Mitarbeiter/innen, die einerseits die Aufgabe der Feuerbekämpfung bei Waldbränden hat, und die andererseits Feuerlöschmaschinen baut und wartet. Zur Hälfte waren die Mitarbeiter indianischer Herkunft. Geleitet wurde diese Abteilung von einer etwa 45-jährigen Frau, die ihr Arbeitssystem aufstellte und außergewöhnlich engagiert über ihre Mitarbeiter und deren private Sorgen und Schwierigkeiten erzählte, so, als müsste sie sie alle vor dem Untergang retten. Die Männer gerieten, wenn sie Waldbrände löschten und zum Beispiel mit Fallschirmen über Feuern absprangen, tatsächlich oft in lebensgefährdende Situationen.

In der Aufstellung fühlte sich ihre Stellvertreterin ganz für die Mitarbeiter zuständig. Dieses Engagement schien dem Aufstellungsleiter so außergewöhnlich, dass er an einen familiären Hintergrund dachte. Seine Frage an sie lautete etwa: „Wen hätten Sie gerne in ihrer Herkunftsfamilie gerettet?" Sie berichtete bewegt, dass ihre etwas ältere Schwester sie, als sie selbst 18 Jahre alt war, besuchen wollte, und sie das Treffen abgesagt hatte. An diesem Wochenende sei die Schwester bei einem Autounfall tödlich verunglückt, und sie machte sich Vorwürfe, sich damals nicht um die Schwester gekümmert zu haben. Die Lösung in der Aufstellung ging dann über die Würdigung des Schicksals der Schwester, für die eine Stellvertreterin aufgestellt wurde. Schließlich stand in der Lösungsaufstellung die Schwester rechts neben ihr, und sie selbst sagte freundlich und bestimmt zu ihren Mitarbeitern: „Jetzt rette ich euch nicht mehr, jetzt bin ich nur noch euer Boss."

b) „Ich möchte mich einfach nur hinlegen"

Ein Berater hatte in seinem beruflichen Netzwerk ganz verschiedene Kooperationspartner und empfand, dass diese breit gefächerte Palette von Möglichkeiten inzwischen eher zu einer Belastung geworden war. Da er sich oft matt und kraftlos fühlte, überlegte er sich, welche der Aktivitäten er aufgeben könnte, und wohin es sich lohnen würde, seine Kräfte auszurichten. Sein Stellvertreter zeigte an dem, ihm in der Aufstellung zugewiesenen, Platz eine außergewöhnliche Reaktion: Er fühlte sich sehr schwach und hatte nur den Wunsch, sich hinzulegen. Er wurde aufgefordert, dieser Tendenz nachzugeben, und er legte sich mit geschlossenen Augen wie ein Toter reglos auf den Rücken. Der Seminarleiter dachte sofort an einen Gefallenen und fragte nach. Es stellte sich heraus, dass der Berater einen Onkel väterlicherseits hatte, der im letzten Krieg umkam, und er dessen Vornamen trug. Dieser Onkel, mit dem der Aufstellende identifiziert war, wurde in die Aufstellung miteinbezogen, und als am Ende die Stellvertreter für den Vater und den Onkel in der Lösungsaufstellung hinter ihm standen, konnte er sich sein Stellvertreter viel energiereicher und entschiedener den Arbeitsfeldern vor ihm zuwenden und Prioritäten setzen.

Diese Aufstellung ließ mich weiterführende Überlegungen anstellen. Die Frage, die mich beschäftigte, war, ob Arbeits- und Familiensysteme unterschiedliche und sich überschneidende Felder (im Sinne der morphogenetischen Felder Sheldrakes; siehe Mahr 1998, Hellinger et al. et al. 1999, Sheldrake et al. 2000) entstehen lassen und ob durch die Art der Aufstellungen oder der Themenfokussierungen jeweils mehr das eine oder das andere Feld intensiver aktiviert werden könnte. In dem Seminar hatte ich vor dieser Aufstellung schon mehrfach Familiendynamiken in eindrücklicher Weise einbezogen. Hatte ich vielleicht bei dem aufstellenden Berater dadurch die Ausrichtung und den Anschluss an das Feld seiner Herkunftsfamilien gefördert und so dazu beigetragen, dass diese familiäre Verstrickung überraschenderweise in einer Organisationsaufstellung ans Licht kam?

5. Sich beruflichen Erfolg nicht gönnen und nehmen können, weil andere Familienmitglieder ihn auch nicht haben konnten

Wenn sich jemand den beruflichen Erfolg versagt, obwohl er alle Voraussetzungen dafür hätte, ist immer daran zu denken, dass er mit jemand in der Familie solidarisch sein könnte, dem der berufliche Erfolg und Glück, aus welchen Gründen auch immer, versagt geblieben war. Oft erfährt man dann auf Nachfragen, dass jemand in der Familie durch ein schweres Schicksal daran gehindert wurde (z. B. durch die Kriegszeit oder eine Behinderung), sich beruflich zu entfalten oder sich altersgemäß zu entwickeln. Aus Schuldgefühlen, und um sich nicht zu weit von der Familie oder den vermeintlich Benachteiligten zu entfernen und dadurch eventuell seine Zugehörigkeit zu gefährden, oder wie zum Ausgleich für das Glück, dass sie selbst hatten, verzichten dann später Geborene oft auf ihren vollen Erfolg und halten ihr Glück in Grenzen (siehe auch Bert Hellingers frühe Einsichten über Schuld und Unschuld in menschlichen Beziehungen (Hellinger 1998, S. 19–42), ein Beitrag, der richtungsweisend in der Entwicklung der Aufstellungsarbeit war).

6. Stärkung oder Schwächung?

Bei allen geplanten Maßnahmen und nächsten Schritten ist es auch im Arbeitsbereich nützlich, sich zu vergegenwärtigen und nachzuspüren, ob sie stärkend oder schwächend wirken. Stellt man den Klienten diese Frage, macht die Frage allein oft schon einen wesentlichen Unterschied. Die schwächenden Muster haben oft ihre Wurzeln in alten Beziehungserfahrungen und eingeschliffenen emotionalen Reaktionsweisen.

Manche Menschen reinszenieren am Arbeitsplatz auch Situationen, in denen sie schwächende („Lieblings"-)Gefühle wiederholen, die sie schon seit ihrer Kindheit gut kennen, und die vor allem dazu dienen, Probleme aufrechtzuerhalten und anderen die Verantwortung zu geben und eigenes Handeln zu vermeiden (s. Abschnitt über Sekundärgefühle in Weber 1993, S. 259–273; Hellinger 2001).

Zwei Beispiele:

a) „Ich komme immer zu kurz"

Eine Seminarteilnehmerin berichtete, dass es in der Stadt, in der sie arbeitete, zwei psychosoziale Vereine gebe, die in dem selben Arbeitsbereich tätig seien. Sie selbst arbeitete für den Verein, den sie als weniger innovativ erlebte und der in ihrer Wahrnehmung weniger Aktivitäten entfaltete. Aus Loyalitätsgefühlen traue sie sich aber nicht, in den anderen überzuwechseln, obwohl sie die Möglichkeit dazu habe.

In der Aufstellung stand sie dem eigenen Verein den Rücken zuwendend nahe bei diesem und schaute zu dem anderen Verein hinüber. Ihre Stellvertreterin begann an dem Platz zu weinen und fühlte sich belastet und benachteiligt. Jetzt erinnerte sich der Seminarleiter, dass die Teilnehmerin sich schon zweimal vorher in der Gruppe benachteiligt fühlte. Schon in der Eingangsrunde hatte sie dieses Gefühl vorwurfsvoll gezeigt, weil sie zu den Teilnehmern zählte, die vorher nicht erfahren hatten, dass es in dem Seminar auch Beobachterplätze zu reduzierten Preisen gab. Die Lösung in der Aufstellung war ganz einfach: Sie wechselte zu dem anderen Verein über, und die Mitarbeiter hießen sie dort willkommen. Aber würde es die Aufstellende auf die Dauer aushalten, wenn sie sich so entschiede und dann zu den Privilegierten gehörte und etwas bekäme, was anderen nicht vergönnt wäre, oder gäbe es auch dort vielleicht wieder Haare in der Suppe zu finden und gute Anlässe, einer Fraktion Benachteiligter beizutreten?

Nach diesem Rückfall in Defizitdenken und Unkenrufe wechsele ich wieder auf die Seite der Zuversicht und Lösungsorientierung und gehe davon aus, dass sie in der Zwischenzeit eine dauerhaft gute Lösung für sich gefunden hat, und stelle mich hinter sie.

b) Schon wieder werde ich „im Regen stehen gelassen"
Elisabeth beklagte sich, man habe sie in die Abteilung einer Firma gelockt und dann „im Regen stehengelassen". Wie sie es mitteilte, klang es nach einem alten Gefühl. Herauskam, dass die Eltern heiraten mussten, dass die Mutter drei Monate nach ihrer Geburt wieder schwanger wurde, und sie sich nach der Geburt des Bruders ganz diesem zuwandte. In der Familienaufstellung stand ihre Stellvertreterin weit draußen, und der Bruder und die Mutter standen sich ganz nah gegenüber. Durch diese Information bekam ihr Gefühl, „im Regen stehengelassen" worden zu sein, einen tieferen Sinn.

7. In welchem Maße sollte man in Organisationsaufstellungs-Seminaren Familiendynamiken mitberücksichtigen und auch Familienaufstellungen durchführen?

Dieser lange Abschnitt über mögliche Einflüsse von Familien- und lebensgeschichtlich bedingten Mustern auf Vorgänge in Unternehmen und Organisationen könnte nahe legen, dass ich deren Verflechtung und gleichzeitige Berücksichtigung in solchen Seminaren allgemein befürworte. Dies ist so nicht der Fall. Der Abschnitt diente erst einmal dazu, Organisationsaufsteller/innen und solche, die es werden wollen, für solche Dynamiken und Zusammenhänge zu sensibilisieren. Ich meine auch, dass es für die, die Organisationsaufstellungen anleiten und anbieten wollen, sehr nützlich ist, wenn sie sich

Grundkenntnisse in Entwicklungspsychologie und Familiendynamik aneignen und wenn sie vorher ihre eigenen Familiensysteme aufstellen. Ich halte es auch für sinnvoll, wenn sie als teilnehmende Beobachter/innen an ein paar Familienaufstellungsseminaren teilnehmen, um ihre Wahrnehmungsfähigkeit für diesen Bereich zu vertiefen und um gegebenenfalls, wenn sie selbst nicht über ausreichende Erfahrungen im Familien-Stellen verfügen, Seminarteilnehmer diskret auf die Möglichkeit hinweisen zu können, dass es gut sein könnte, ihr Familiensystem in einem dafür vorgesehenen Rahmen aufzustellen. Ich selbst gehe zunehmend dazu über, Seminare für den Familien- *und* den Arbeitsbereich anzubieten, weil ich dann freier bin, jeweils in Abstimmung mit dem Aufstellenden zu entscheiden, auf welchen Bereich wir uns bei seinem Anliegen mit der Aufstellung mehr konzentrieren wollen. Ich stelle auch fest, dass es für Manager leichter ist, zu einem solchen Seminar zu kommen, wenn sie gerne etwas in ihrem privaten Bereich lösen möchten. Offiziell und am Anfang kommen sie dann oft mit einem beruflichen Anliegen und dem Ziel, eine Arbeitssituation aufzustellen, um dann im Seminar selbst, wenn sie Vertrauen gefasst haben, ihre Familie aufzustellen. Aufpassen muss man aber, dass die Familienseite in solchen Seminaren nicht ein zu starkes Gewicht bekommt, weil durch die oft größere emotionale Intensität und Dichte des Familien-Stellens leicht ein Sog dorthin entsteht, und sich die, die mehr über Organisationsaufstellungen erfahren wollten, dann manchmal nicht mehr trauen zu fordern, dass auch diese Seite eine adäquate Berücksichtigung findet.

Für den Bereich der Organisationsaufstellungen und ganz besonders bei firmeninternen Aufstellungen gilt, dass der Auftrag und Vertrag ist, dass Arbeitssysteme aufgestellt werden. Alle darüber hinaus gehenden Fokussierungen besonders auf den privaten Bereich bedürfen immer der vorherigen und ausdrücklichen Erlaubnis durch die Aufstellenden, und eigentlich auch der der anderen Gruppenmitglieder, weil sie damit auch ins Vertrauen gezogen und mit einem Bereich konfrontiert werden, mit dem sie nicht rechneten.

VIII. Führung und Organisationsaufstellungen

Anhand von Aufstellungen von Unternehmen und Organisationen wird eindrücklich offenbar, welche Bedeutung der Leitungsqualität und dem Führungsverhalten für die Funktionsfähigkeit von Organisationen und Unternehmen zukommt, und dass diesbezügliche Mängel eine der häufigsten Ursachen für Schwierigkeiten in Arbeitskontexten zu sein scheinen. Es lohnt sich meiner Erfahrung nach bei der Aufstellung von Organisationen immer, der Positionierung dessen, der die offizielle Leitungsfunktion hat, und den Äußerungen seitens deren Repräsentanten in der Aufstellung besondere Aufmerksamkeit zu schenken. Nimmt der Leitende einen Platz ein, von dem aus er auch leiten kann, ist damit ein wichtiger Beitrag geleistet, dass in dem Arbeitssystem ein Gefühl von Sicherheit und „in Ordnung" besteht. In einer Lösungsaufstellung steht ein Leiter immer gemeinsam mit seinem Stab rechts. Je mehr Autorität er hat, um so eher steht er seinen Abteilungen / Mitarbeitern gegenüber. Ein Leiter, der aus dem Kreis der Mitarbeiter aufgestiegen ist, deren Vorgesetzter er jetzt ist, steht in einer Lösungsaufstellung zum Beispiel als Primus inter Pares auch rechts, aber näher an seinen Mitarbeitern. Im Anhang II werden einige Hinweise gegeben, wie auf unterschiedliche Weise Leitungsprobleme in Organisationsaufstellungen sichtbar werden können.

IX. Dysfunktional gebaute Organisationsstrukturen und Aufstellungen

Bei Schwierigkeiten in Organisationen ist immer zu erwägen, dass die Organisation dysfunktional aufgebaut sein kann. Solche Widersprüche fördern Konflikte und erschweren eine reibungsarme Erfüllung der Aufgaben. Organisationsaufstellungen geben hier oft wichtige Hinweise auf solche Widersprüche oder nicht gut aufeinander abgestimmte Strukturen.

Ein Beispiel:

Der Leiter (AL) einer Vertriebsabteilung eines großen Maschinenherstellers kam etwas nervös und unter Druck stehend in ein Aufstellungsseminar, weil er mit seiner Arbeitssituation nicht mehr zufrieden war, ohne genau benennen zu können, was er konkret lösen wollte. Seine Ausstrahlung war für den Seminarleiter so, dass er ihn als gesundheitlich gefährdet einschätzte. Dieser Manager stellte schließlich Vertreter für sich, für seinen Vorgesetzten (HAL), einen Vertreter für seine Mitarbeiter und einen für die Aufgaben der Abteilung auf. Als er alle aufgestellt hatte, berichteten die Stellvertreter übereinstimmend über eine konflikthafte Situation zwischen dem aufstellenden Abteilungs- und dem Hauptabteilungsleiter, einen Konflikt, der vorher überhaupt nicht angesprochen worden war. Herauskam, dass der Hauptabteilungsleiter nur zwei Abteilungen vorstand: der großen und wichtigen Abteilung des Aufstellenden und einer weiteren kleinen und im Gesamtkontext unbedeutenden, und dass der Abteilungsleiter immer wieder das Gefühl hatte, der Hauptabteilungsleiter regiere zu oft und zu direkt in seine gut funktionierende Abteilung hinein. Diese Aufstellung zeigte dem Aufstellenden den zentralen Konflikt auf.

In der Pause nach der Aufstellung brach sein ganzer, lange unterdrückter Ärger erst richtig aus ihm heraus. In der Aufstellung war die Streichung der Stelle des Hauptabteilungsleiters die adäquate Lösung. Als sein Stellvertreter aus dem System genommen wurde, ging es allen anderen besser. Das tatsächliche Ergebnis war aber, dass sich der Abteilungsleiter in ein anderes Werk versetzen ließ, und er sich dort dann wesentlich freier und arbeitsfähiger fühlte. Es passiert relativ oft, dass Aufstellungen andere Lösungen anstoßen, als die, die das Lösungsbild nahe legte. Es scheint so zu sein, dass durch Aufstellungen bei den Klienten die allgemeine Zuversicht, dass es eine Lösung für ihre Anliegen geben wird und dass sie die Lösung selbst mitgestalten können, zunimmt, sich besonders durch das Durchspielen von Alternativen ihr Möglichkeitshorizont erweitert, und intensive Suchprozesse und auch Handlungsimpulse bei ihnen ausgelöst werden.

X. Gefahren der Aufstellungsarbeit

Die Aufstellungsarbeit ist eine hochwirksame und eingreifende Methode und bedarf deshalb eines besonders achtsamen Vorgehens und genügender Vorerfahrung. Auch wenn in Organisationsaufstellungen meist nicht so bewegende und betroffen machende emotionale Prozesse in Gang gesetzt werden wie beim Familien-Stellen, kommt es doch auch hier immer wieder einmal zu heftigeren Gefühlsreaktionen und stärkeren Belastungen, sowohl der Aufstellenden als auch als Stellvertreter. Die, die Organisationsaufstellungs-Seminare anbieten wollen, sollten deshalb darüber informiert sein, wie man zum Beispiel mit drohenden Ohnmachten oder Kreislaufschwierigkeiten, mit Hyperventilationstetanien, Asthma- oder Migräneanfällen, Selbstmordgefährdungen, einem abrupten Verlassen der Gruppe und Gefühlseskalationen (z. B. Panikattacken, Weinanfällen etc.) umgehen kann. Ich will damit keine Angst machen, aber doch mahnen, für solche Situationen gewappnet zu sein. Kürzlich kam eine Kollegin zu mir in eine Supervision, bei der eine Teilnehmerin innerhalb eines Aufstellungsseminares einen Herzinfarkt entwickelt hatte. Die ersten deutlichen körperlichen Symptome wurden sowohl von der Seminarleiterin als auch von der Teilnehmerin selbst als Nachwirkungen einer Aufstellung fehlinterpretiert, in der die Teilnehmerin an einem sehr belasteten Platz stand.

XI. Abschliessende Bemerkungen

Ich hatte vor, in diesem Beitrag noch die Verläufe einiger Organisationsaufstellungen mit graphischen Darstellungen und eingefügten Kommentaren darzustellen, habe mich aber entschieden, dieses Vorhaben auf eine weitere Veröffentlichung zu verschieben, um den Beitrag nicht zu ausführlich werden zu lassen.

Diese Art, mit Aufstellungen für den Organisationsbereich zu arbeiten, ist – sehen wir von den Strukturaufstellungen ab – noch nicht einmal fünf Jahre alt. Für diesen kurzen Zeitraum sind die Vorgehensweisen heute schon erstaunlich differenziert und die Rückmeldungen über die Wirkungen nach den Aufstellungen mehr als ermutigend. Die Aufstellungsarbeit kann aber in keiner Weise die bewährten Ansätze bisheriger Organisationsberatungen ersetzen, vor allem nicht dort, wo eine längerfristige Begleitungen hoch komplexer Veränderungsprozesse angezeigt sind.

Anhang:

I. ANWENDUNGSBEREICHE FÜR ORGANISATIONSAUFSTELLUNGEN

1. Zum Sichtbar-werden-Lassen und zur Analyse struktureller „Klemmen"
Organisationsaufstellungen geben Hinweise auf
- strukturelle Widersprüche in Organisationen,
- unklare Organisationsstrukturen, z. B. ungenaue Abgrenzung und Überschneidungen oder unpassende Zuordnungen von Kompetenz- und Aufgabenbereichen; Passen von Struktur und Aufgabe?
- unklare Rollen- und Arbeitsplatzbeschreibungen,
- mangelhafte Kommunikation und Koordination.

Ein Beispiel: Sichtbar wurde das in der Aufstellung einer Abteilung, die kürzlich aus zwei Abteilungen zusammengesetzt worden war, in der *alle* sieben Mitglieder in unterschiedliche Richtungen schauten, und in der alle Stellvertreter äußerten, sie hätten so gut wie keinen Kontakt zu den übrigen Mitarbeitern.

- zuviel Arbeit bei zu wenigen Mitarbeitern und umgekehrt (Über- oder Unterbesetzungen, Unterforderungen oder Überforderungen).

Ein Beispiel: In einer Organisationsaufstellung äußerte eine Stellvertreterin, dass sie das Gefühl habe, in der Abteilung nicht wirklich gebraucht zu werden. Es stellte sich heraus, dass nach einer Umstrukturierung und dem Ausscheiden eines Vorgesetzten für vier gleichgestellte Mitarbeiterinnen in diesem Arbeitsbereich nicht mehr genügend Arbeit vorhanden war und die Mitarbeiterinnen die Lösung gefunden hatten, dass immer eine von ihnen abwesend (krank, in Kur etc.) war.

2. Zur Vorbereitung und Begleitung von Maßnahmen (Analyse und Probehandeln)
- von Zielfindungsprozessen,
- in Planungsphasen (Antizipieren von Auswirkungen möglicher Maßnahmen),

- von Umstrukturierungsvorgängen (z. B. Neuzuordnungen), Organisationsentwicklungsmaßnahmen und Projektgruppen etc.,
- von Teamentwicklungsmaßnahmen,
- von Firmengründungen oder Firmenfusionen, wenn es (z. B. bei Institutsgründungen) darum ging, wer Mitgesellschafter oder Mitgründer werden sollte und wer nicht,
- von Verhandlungen.

3. Zur Vorbereitung von Personalentscheidungen
- Personalauswahl (z. B. bei Einstellungen, Abschätzung der Eignung für bestimmte Positionen; für Assessments; im Rahmen von Nachfolgeregelungen; zur Überprüfung der Folgen möglicher personeller Versetzungen oder geplanter Kündigungen). Hier lässt man z. b. den Stellvertreter des Mitarbeiters, dessen Kündigung geplant ist, in der Aufstellung aus dem System treten und überprüft seine Reaktionen und die der verbleibenden Mitarbeiter.
- Personalauswahl im Rahmen von Personalentwicklungsmaßnahmen.

4. Zur Überprüfung der Leitungsqualität und des Führungsverhaltens
(siehe auch Anhang II)
Adäquate Besetzungen der Leitungspositionen und der Übernahme von Leitungsfunktionen? (Verhältnis von Verantwortungabgabe und Verantwortungsübernahme, von Position und Fähigkeiten, von Leistung und Bezahlung, von Leistungsanforderung und Unterstützung etc.)

5. Zur Erzeugung sinnstiftender Hypothesen und Förderung von Lösungen in konfliktreichen Beziehungssituationen
Organisationsaufstellungen geben Hinweise für

- mangelnde Achtung und Würdigungen,
- Koalitionsbildungen (z. B. über Hierarchiegrenzen) und Triangulierungen,
- Kontextvermischungen zwischen privatem und dienstlichem Bereich.

Ein Beispiel: In einer Organisationsaufstellung zur Supervision einer Beratungssituation äußerte der Repräsentant des Beraters, dass er sich viel zu unfrei und zu nah beim Geschäftsführer der beratenen kirchlichen Organisation fühle. Auf Nachfragen stellte sich heraus, dass der Berater häufige private Kontakte zu dem Geschäftsführer hatte, und so als Berater die Position eines allparteilichen und außen stehenden Dritten nicht einnehmen konnte. Dieses war aber von niemandem angesprochen worden, obwohl es alle Beteiligten wussten.

- für angemaßtes Verhalten und Verweigerung. Angemaßtes Verhalten wird sichtbar, wenn ein Stellvertreter einen, verglichen mit seiner Stellung im System, unangemessen zentralen Platz einnimmt, sich dort besonders wichtig fühlt oder sich rücksichtslos verhält.
- für nicht eingenommene Plätze, nicht in Anspruch genommenen Aufstieg, innere Kündigungen, Tendenzen zu gehen, Berentungs- und Aussteigerwünsche.

Ein Beispiel: In einer Aufstellung äußerte die Repräsentantin einer stellvertretenden Abteilungsleiterin, die den aufgestiegenen Abteilungsleiter seit einem Jahr kommissarisch vertrat, dass sie sich müde fühle und am liebsten in Rente ginge. Es stellte sich heraus, dass sich diese Frau zu der Zeit tatsächlich schon sechs Wochen in einer Kur befand und bereits einen Antrag zur frühzeitigen Berentung eingereicht hatte.

- für Ausklammerungen, Mobbingdynamiken etc.

6. Zu Klärungen und Bahnungen von Lösungen in Familienunternehmen

Organisationsaufstellungen dienen hier z. B.

- zur Verdeutlichung der Beziehungen innerhalb einer Unternehmerfamilie oder zwischen mehreren Familiensystemen, zur Klärung der Wechselwirkungen von Familien- und Managementrollen oder zum Ausgleich von Verdienstkonten,
- der Entflechtung von Familienkultur und Unternehmenskultur,
- der Klärung von Nachfolgefragen.

7. Unternehmenskultur und Arbeitsklima
Organisationsaufstellungen geben Hinweise auf

- das Energieniveau in einer Organisation,
- (De-)Motivationen, Boykottierungen, innere Kündigungen, Ausbeutungen oder Benachteiligungen,
- Gemeinschaftsgefühl, Zusammenhalt etc.,
- Hintergründe und Zusammenhänge für anhaltende Mitarbeiterfluktuationen oder hohe Krankenstände in Arbeitseinheiten.

8. Informationsgewinnung über fehlenden Rückhalt und mangelnde Unterstützung
- von Seiten der Organisation und/oder
- von Seiten der Familie.

9. Zur Ausrichtung von Organisationen (Mitarbeitern) auf Aufgaben, Ziele, Kunden
z. B. auch Hinweise der Beziehung von Produktion, Lieferanten, Vertrieb und Kunden zueinander.

10. Zur Überprüfung des eigenen Platzes in der Organisation/ im Unternehmen
Ist es ein klarer, energiereicher oder geschwächter oder vorbelasteter Platz (z. B. durch eine ungute Behandlung eines Vorgängers)?

11. Zur Beratung von Beratern
als Instrument der Supervision (s. auch Schneider 1998) oder im Rahmen eines Coachingprozesses.

12. Zur Hilfe in Entscheidungssituationen
z. B. bei Fragestellungen wie: Gehen oder Bleiben? Beförderung annehmen oder nicht? Das Eine und/oder das Andere, diese Richtung und Gewichtung oder eine andere? etc.

13. Für Hinweise auf gesundheitliche Gefährdungen

Zeigen Stellvertreter an ihren Plätzen ausgeprägte Schwäche- oder Krankheitsgefühle oder auch stärkere körperliche Symptome, wie Atemnot, Herzdruck oder Kopfschmerzen, ist es gut, eine körperliche Belastung und Gefährdung desjenigen, den sie vertreten, zumindest mit in Betracht zu ziehen.

Ein Beispiel: In einer Aufstellung zeigt der Stellvertreter des Leiters einer Entwicklungsabteilung heftige Herzbeschwerden. Dem Aufstellenden war keine solche Tendenz bekannt. Nach dem Seminar berichtete er, dass der Mitarbeiter während der Zeit des Seminares mit einem Herzanfall in eine Klinik eingewiesen worden war.

Anhang II: Leiterbilder in Organisationsaufstellungen

1. Leiter ist unter seinen Mitarbeitern „versteckt" oder „untergetaucht"

Diese Leiter stehen in Aufstellungen ohne Überblick mitten unter den oft desorientierten und wenig aufeinander bezogenen Mitarbeitern, als wollten sie nicht auffallen, und von außen kann man nicht feststellen, dass sie eine Leitungsfunktion haben.

Ein Beispiel: In einer Aufstellung stand der Leiter der Abteilung einer großen Telekommunikationsfirma mitten unter den Mitarbeitern. Die meisten von ihnen standen in seinem Rücken, und er schaute durch eine Lücke zwischen zwei Mitarbeitern ins Freie. Die Information war, dass der Abteilungsleiter diese Position wegen bestimmter fachlicher Qualitäten erhalten hatte und nicht wegen seiner Führungsqualitäten und dass er sich in seiner Arbeit ganz auf den Entwicklungsbereich konzentrierte. Von den Leitungsaufgaben fühlte er sich völlig überfordert und hatte diese ganz seinem Stellvertreter überlassen. Dieser stand auch in der Aufstellung an einem wesentlich kraftvolleren Platz. Wenn so genannte „demokratische Teams" aufgestellt werden, entstehen oft ähnliche Bilder.

2. Aufschauende Leiter

Diese Leiter blicken in Aufstellungen den Mitarbeitern abgewandt, oder manchmal ihnen sogar den Rücken zukehrend, zu ihren Vorgesetzten. Entweder suchen sie dort Unterstützung, wollen sich rückversichern oder orientieren sich aufschauend an ihnen, und versuchen, es ihnen recht zu machen. Die Mitarbeiter fühlen sich vernachlässigt und ohne Halt.

3. Herakles oder Atlas?

Diese Leiter stehen in Aufstellungen im Zentrum einer Aufstellung mitten im System, und die Mitarbeiter blicken alle auf sie. Es sind meist Workaholics, die sich um alles selbst kümmern, schlecht delegieren können, keine Übersicht und keinen Abstand haben, schlecht Prioritäten setzen können und der Ansicht sind, sie müssten alles selbst machen und könnten es auch am besten (s. auch Robinson 2000).

4. „Halbleiter"
Diese Leiter haben nur einen Teil der Mitarbeiter im Blick. Nach Fusionen kann man solche Konstellationen oft in Aufstellungen beobachten, aber auch bei Teamspaltungen (in Alte und Neue; in „Konservative" und „Progressive" etc.).

5. Graue Eminenzen und unernannte Leiter in „leiterlosen" Teams
Durch die Aufstellung eines „leiterlosen" Teams, oder wenn es zwei gleichgestellte Leiter gibt, wird oft sofort klar, wer oder welches Subsystem Einfluss besitzt, und wer mehr oder weniger heimlich leitet.

6. Galionsfiguren und Drahtzieher im Hintergrund
Manche Leiter werden als Galionsfiguren benutzt. Sie haben offiziell Leitungsfunktionen, werden aber aus dem Hintergrund von Anderen, Einflussreicheren gelenkt.

Ein Beispiel: Ein Beratungsteam riet dem Geschäftsführer einer Firma zu einer Umorganisierung. Der Rat war, eine neue Hierarchieebene von Abteilungsleitern einzuziehen und fünf Abteilungen zu bilden. Ein weiterer Berater wurde später engagiert, weil die Zusammenarbeit in einer der Abteilungen nicht klappte. Er stellte zu seiner eigenen Supervision diese Abteilung und sich als deren Berater auf. Das Aufstellungsbild verriet sofort, dass der frisch ernannte Abteilungsleiter diesen Arbeitsbereich aus seiner Position nicht leiten konnte. Er stand am weitesten links der etwa in einem Halbkreis stehenden Mitarbeiter, und der Stellvertreter des Geschäftsführers des Unternehmens stand auf dem Leiterplatz ganz rechts und ganz dicht an diesem Subsystem. Auf Nachfragen wurde deutlich, dass der Geschäftsführer zwar formal die Umstrukturierung durchgeführt hatte, sich aber weiter ganz für die Leitung der Abteilungen zuständig fühlte. So hatte er zum Beispiel entschieden, dass in dieser Abteilung zwei verdiente Mitarbeiter (von fünf!) weiterhin nur ihm unterstellt sein sollten.

Bei Leitern, deren Stellvertreter sich in Aufstellungen stark fühlen, von den Mitarbeitern aber als schwach eingeschätzt werden, ist es gut, ebenfalls nach einflussreichen Verbündeten zu fahnden.

7. Mangelnde Unterstützung im Hintergrund

Anerkennen die Mitarbeiter in einer Aufstellung ihren Leiter, und fühlt sich dieser dennoch wenig stabil und standfest an seinem Platz, ist es gut, die nächste(n) Hierarchieebene(n) mit aufzustellen. Oft wird dann offenbar, dass Leiter von ihren Vorgesetzten nicht unterstützt oder sogar behindert und geschwächt werden. Eventuell fehlt in solchen Fällen aber auch die Unterstützung einer wichtigen Beziehungsperson aus der Familie (z. B. eines Elternteils), und wenn diese in der Aufstellung hinter ihn gestellt wird, steht er als Leiter kraftvoller da.

8. Berater als Manager

In Aufstellungen, in denen wir auch die Berater von Unternehmen mit aufstellen, wird oft deutlich, dass Berater häufig Managementfunktionen wahrnehmen, und dann keine Außenperspektive mehr zum Gesamtgeschehen einnehmen können. Sie sind Handelnde und Involvierte geworden, stehen in Aufstellungen meist mit im Innenkreis des Systems, und ihre Stellvertreter fühlen sich zuständig und aktionsbereit.

Beispiel: Die Stellvertreterin einer Beraterin eines großen Sozialamtes, die in der Aufstellung mittendrin stand, sagte, als sie nach ihrem Befinden an ihrem Platz gefragt wurde: „Hier muss bald etwas geschehen, und ich würde sofort die Ärmel aufkrempeln!"

9. Demotivierte Leiter

Enttäuschte Leiter, deren Blütenträume nicht reiften, oder solche, die zurückgestuft wurden oder sich ungerecht behandelt fühlen, sitzen oft nur noch ihre Zeit ab, warten auf die Pensionierung und boykottieren verdeckt neue Entwicklungen. In Aufstellungen schauen sie oft gelangweilt oder uninteressiert nach draußen. Organisationsaufstellungen unterstützen die Auffassung, dass es weder für das Arbeitssystem noch für die Betroffenen selbst gut ist, wenn jemand nach einer Degradierung oder Herabstufung weiterhin in dem System arbeitet, in dem er Leitungsfunktionen innehatte, es sei denn, das Zurücktreten ins Glied wurde von ihm selbst angestrebt. Besser, so stellt es sich auch in Aufstellungen heraus, ist es, wenn die Betroffen ganz gehen oder zumindest in eine andere Abteilung der Organisation versetzt werden, aber auch das schwächt sie schon.

Adresse: Netzwerk Organisationsaufstellungen, z. Hd. Jörg Bitzer, 72074 Tübingen, Schwabstr. 47, Tel. 07071-27835, Fax 07071-550930, E-Mail jbitzer@supra-net.net

Literatur:

Assländer, F. (2000): Aufstellungen während einer firmeninternen Arbeitstagung. *Praxis der Systemaufstellung* 1: 28–32.

Berg, I. K. u. S. D. Miller (2000): Kurzzeittherapie von Alkoholproblemen. Ein lösungsorientierter Ansatz. Heidelberg (Carl-Auer-Systeme), 4. Aufl.

Cecchin, G., G. Lane u. W. A. Ray (1996): Respektlosigkeit. Eine Überlebensstrategie für Therapeuten. Heidelberg (Carl-Auer-Systeme), 2. Aufl.

Baxa, G.-L. u. C. Essen (i. Vorb.): Prozessorientierte Organisationsaufstellungen. In: G. Weber (Hrsg.): Derselbe Wind lässt viele Drachen steigen. Beiträge zur systemischen Aufstellungsarbeit. Heidelberg (Carl-Auer-Systeme).

Essen, C. u. G.-L. Baxa (1998): Hilfe! Was ist Hilfe? Zur Anwendung systemischer Aufstellungsarbeit bei Supervisionen und Konsultationen größerer Helfer-Systeme. In: G. Weber (Hrsg.): Praxis des Familien-Stellens. Heidelberg (Carl-Auer-Systeme), 3., überarb. Aufl. 2000, S. 377–393.

Essen, S. (2001): Die Ordnungen und die Intuition. Konstruktivismus und Phänomenologie im Einklang? In: G. Weber (Hrsg.): Derselbe Wind lässt viele Drachen steigen. Beiträge zur systemischen Aufstellungsarbeit. Heidelberg (Carl-Auer-Systeme).

Förster, H. v. u. B. Pörksen (1998): Wahrheit ist die Erfindung eines Lügners. Gespräche für Skeptiker. Heidelberg (Carl-Auer-Systeme), 3. Aufl. 1999.

Franke, U. (1998): Stellen Sie sich vor, Sie stehen vor Ihrem Vater und schauen ihn an – Systemische Interventionen in der Imagination. In: G. Weber (Hrsg.): Praxis des Familien-Stellens, Heidelberg (Carl-Auer-Systeme), 3., überarb. Aufl. 2000, S. 194–198.

Glasersfeld, E. v. (1991): Abschied von der Objektivität. In: P. Watzlawick u. P. Krieg (Hrsg.): Das Auge des Betrachters. München (Piper).

Glöckner, A. (1999): Lieber Vater, liebe Mutter ... Freiburg (Herder).

Grochowiak, K. u. J. Castella (2001): Systemdynamische Organisationsberatung. Übertragung der Methode Hellingers auf Organisationen und Unternehmen. Handlungsleitfaden für Unternehmensberater und Trainer. Heidelberg (Carl-Auer-Systeme).

Grossmann, K. P. (2000): Der Fluss des Erzählens. Narrative Formen der Therapie. Heidelberg (Carl-Auer-Systeme).

Hellinger, B. (1994): Ordnungen der Liebe. Ein Kursbuch. Heidelberg (Carl-Auer-Systeme), 6. überarb. und erg. Aufl. 2000.

Hellinger, B. (1995): Verdichtetes. Sinnsprüche – kleine Geschichten – Sätze der Kraft. Heidelberg (Carl-Auer-Systeme), 5. Aufl. 2000.

Hellinger, B. (1998): Schuld und Unschuld in menschlichen Beziehungen. In: B. Hellinger: Die Mitte fühlt sich leicht an. München (Kösel), S. 19–46.

Hellinger, B. (1999): Wie Liebe gelingt. Die Paartherapie Bert Hellingers. [5 Videocassetten]. Heidelberg (Carl-Auer-Systeme).

Hellinger, B., R. Sheldrake, u. A. A. Schützenberger (1999): Re-Viewing Assumptions. Eine Debatte [Video-Cassette]. Heidelberg (Carl-Auer-Systeme).

Hellinger, B. (2000): Religion, Psychotherapie, Seelsorge. Gesammelte Texte. München (Kösel).

Hellinger, B. (2001a): Einsicht durch Verzicht. Der phänomenologische Erkenntnisweg in der Psychotherapie am Beispiel des Familien-Stellens. In: G. Weber (Hrsg.): Derselbe Wind lässt viele Drachen steigen. Beiträge zur systemischen Aufstellungsarbeit. Heidelberg (Carl-Auer-Systeme).

Hellinger, B. (2001b): Die Quelle braucht nicht nach dem Weg zu fragen. Ein Nachlesebuch. Heidelberg (Carl-Auer-Systeme).

Klein, R. (1998): Profanisierungen und Sakralisierungen. Zur Bedeutung von Familienaufstellungen in der Systemischen Therapie. *Zeitschrift für systemische Therapie* 16/3: 164–175.

Lenk, W. (1998): Aufstellungsarbeit mit Einzelnen und Hypnotherapie. In: G. Weber (Hrsg.): Praxis des Familien-Stellens. Heidelberg (Carl-Auer-Systeme), 3. Auf., S. 199–202.

Ludewig, K. (2000): Systemische Therapie mit Familien. Probleme, Lösungen, Reflektionen, Praxis. *Familiendynamik* 25 (4): 450–484.

Luhmann, N. (1984): Soziale Systeme. Frankfurt am Main (Suhrkamp).

Madelung, E. (1998): Die Stellung der systembezogenen Lösungen nach Bert Hellinger im Spektrum der Kurztherapien. In: G. Weber (Hrsg.): Praxis des Familien-Stellens. Heidelberg (Carl-Auer-Systeme), 3., überarb. Aufl. 2000.

Madelung, E. (2001): Ökologie des Geistes und Ordnungen der Liebe – zwei systemische Sichtweisen im Vergleich. In: G. Weber (Hrsg.): Derselbe Wind lässt viele Drachen steigen. Beiträge zur systemischen Aufstellungsarbeit. Heidelberg (Carl-Auer-Systeme).

Mahr, A. (1998): Die Weisheit kommt nicht zu den Faulen. Vom Geführt-Werden und von der Technik in Familienaufstellungen. In: G. Weber (Hrsg.): Praxis des Familien-Stellens. Heidelberg (Carl-Auer-Systeme), 3., überarb. Aufl. 2000, S. 30–39.

Maturana, H. u. F. Varela (1987): Der Baum der Erkenntnis. Die biologischen Wurzeln des menschlichen Erkennens. Bern u. a. (Scherz).

Mücke, K. (2000): Bert Hellinger oder: Wer verfügt über die Wahrheit? Systemische Betrachtungen. *Zeitschrift für systemische Therapie* 18 (3): 171–182.

Musil, R. (1952): Der Mann ohne Eigenschaften. Hamburg (Rowohlt), 6. Aufl. 1965, S. 16.

Penn, P. (1986): „Feed-Forward" – Vorwärtskoppelung: Zukunftsfragen, Zukunftspläne. *Familiendynamik* 11 (3): 206–222.

Robinson, B. (2000): Chained to the desk. *Networker* 24 (7): 26–35.

Rotthaus, W. (1989): Die Auswirkungen systemischen Denkens auf das Menschenbild des Therapeuten und seine therapeutische Arbeit. *Praxis der Kinderpsychologie und Kinderpsychiatrie* 38: 10–16.

Ruppert, F. (2001): Berufliche Beziehungswelten. Das Aufstellen von Arbeitsbeziehungen in Theorie und Praxis. Heidelberg (Carl-Auer-Systeme).

Schlippe, A. v. u. J. Schweitzer (1996): Lehrbuch der Systemischen Therapie und Beratung. Göttingen (Vandenhoeck und Ruprecht).

Schneider, J. (1998): Supervision mit Hilfe von Aufstellungen. In: G. Weber (Hrsg.): Praxis des Familien-Stellens. Heidelberg (Carl-Auer-Systeme); 3., überarb. Aufl. 2000, S. 366–376.

Schneider, J. (1998): Familienaufstellungen mit Einzelklienten mit Hilfe von Figuren. In: G. Weber (Hrsg.): Praxis des Familien-Stellens, Heidelberg (Carl-Auer-Systeme), 3., überarb. Aufl. 20002, S. 182–193.

Schneider, J. u. B. Gross (2000): Ach wie gut, wenn man es weiß. Märchen und andere Geschichten in der Therapie. Heidelberg (Carl-Auer-Systeme).

Sheldrake, R., B. Hellinger a. H. Beaumont (2000): Family Systems, Morphogenetic Fields and the Soul [Video-Cassette]. Berlin (Movement of the Soul – Video Production Harald Hohnen).

Simon, F. B. u. G. Weber (1987): Vom Navigieren beim Driften. Die Bedeutung des Kontextes der Therapie. *Familiendynamik* 12: 355–362.

Simon, F. B. u. G. Weber (1988): Konjuktivitis. Über die Entzündung des Möglichkeitssinnes und die Erfindung bekömmlicherer Wirklichkeiten. *Familiendynamik* 13: 364–372.

Simon, F. B. u. G. Weber (1990): Rien ne va plus. Wie man in therapeutische Klemmen gerät und (eventuell) wieder herauskommt. *Familiendynamik* 15: 62–68.

Simon, F. B. u. C. Rech-Simon (1999): Zirkuläres Fragen. Heidelberg (Carl-Auer-Systeme), 3. Aufl. 2000.

Sparrer, I. (i. Vorb. a): Konstruktivistische Aspekte der Phänomenologie und phänomenologische Aspekte des Konstruktivismus. In: G. Weber (Hrsg.): Derselbe Wind lässt viele Drachen steigen. Beiträge zur systemischen Aufstellungsarbeit. Heidelberg (Carl-Auer-Systeme).

Sparrer, I. (i. Vorb. b): Wunder, Lösung und System. Lösungsfokussierte Systemische Strukturaufstellungen für Therapie und Organisationsberatung. Heidelberg (Carl-Auer-Systeme).

Tomm, K. (1994): Die Fragen des Beobachters. Schritte zu einer Kybernetik zweiter Ordnung in der systemischen Therapie. Heidelberg (Carl-Auer-Systeme), 3. Aufl. 2000.

Varga von Kibéd, M. u. I. Sparrer (2000): Ganz im Gegenteil. Tetralemmaarbeit und andere Grundformen systemischer Strukturaufstellungen. Heidelberg (Carl-Auer-Systeme), 2. Aufl.

Weber, G. (1993): Zweierlei Glück. Die systemische Psychotherapie Bert Hellingers. Heidelberg (Carl-Auer-Systeme), 13. Aufl. 2000.

Weber, G. (1995): Familien-Stellen als Übergangsritual. Vortrag im Rahmen des Internationalen Hypnotherapie-Kongresses München. Bochum (Video Cooperative Ruhr).

Weber, G. (Hrsg.) (1998): Praxis des Familien-Stellens. Heidelberg (Carl-Auer-Systeme), 3., überarb. Aufl. 2000.

Weber, G. (Hrsg.) (2001): Derselbe Wind lässt viele Drachen steigen. Beiträge zur systemischen Aufstellungsarbeit. Heidelberg (Carl-Auer-Systeme).

White, M. u. D. Epston (1998): Die Zähmung der Monster. Der narrative Ansatz in der Familientherapie. Heidelberg (Carl-Auer-Systeme), 3., überarb. Aufl.

Vom Familien-Stellen zur Organisationsaufstellung
Zur Anwendung Systemischer Strukturaufstellungen im Organisationsbereich

Insa Sparrer

Um von den Familienaufstellungen zu den Organisationsaufstellungen zu gelangen, ist es wichtig, auf eine tiefere, beiden gemeinsame Basis zurückzugreifen. Meistens wird von Ähnlichkeiten der Familienstruktur zur Organisationsstruktur ausgegangen und versucht, die systemischen Aufstellungsprinzipien von der Familie auf Organisationen zu übertragen. Unseres Erachtens ist es jedoch notwendig, hier auf eine grundlegendere Basis zurückzugehen, die beiden, der Familienaufstellung und der Organisationsaufstellung, zugrunde liegt. Erst von einer derartigen Basis aus kann es gelingen, Strukturen und Prinzipien zu entdecken, die beiden gemeinsam sind und die darüber hinaus auch noch auf andere Bereiche ausgedehnt werden können. Eine solche Basis finden wir in einer systemischen Betrachtungsweise der Entstehung, des Wachstums und der Replikation von Systemen.

I. Grundprinzipien für den Systemerhalt

Die folgenden Grundannahmen liefern uns vier Grundprinzipien für den Systemerhalt.

Die **Existenz eines Systems** erfordert die Festlegung seiner Grenzen, denn wenn wir wissen wollen, wer dazugehört und wer nicht, so muss durch eine Grenze festgelegt sein, wo der eine Bereich aufhört und der andere beginnt. Diese Einführung einer Unterscheidung bestimmt erst die Grenzen eines Systems und die Zugehörigkeit zu einem System. Hieraus leitet sich das erste Grundprinzip ab, nämlich *das Prinzip der Gleichwertigkeit der Zugehörigkeit*, das schon vom Familien-Stellen her bekannt ist.[1]

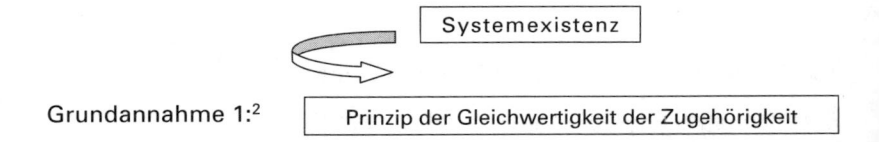

Grundannahme 1:[2] | Systemexistenz
| Prinzip der Gleichwertigkeit der Zugehörigkeit

Dieses Prinzip besagt, dass alle Teile eines Systems gleichwertig sind in Bezug auf die Zugehörigkeit (in Bezug auf anderes können sie natürlich unterschiedliche Werte haben). Dies gilt auch für Organisationen. (Gleichwertig heißt hier natürlich nicht, dass alle Systemmitglieder gleiche Aufgaben und gleiche Funktionen hätten; ebenso können Zugangs- und Austrittsbedingungen vertraglich unterschiedlich geregelt sein.) Wenn dieses Prinzip verletzt wird, kommt es zu Konflikten, Unzufriedenheiten und manchmal zu Nachfolgetendenzen. Letzteres bedeutet, dass ein Mitarbeiter durch sein Verhalten einen zum Beispiel unrechtmäßig gekündigten Mitarbeiter repräsentieren kann.

So wie die Klarheit über die Zugehörigkeit die Systemexistenz sichert, so ist es wichtig für die Sicherung des **Systemwachstums** das *Prinzip der direkten Zeitfolge* zu berücksichtigen.

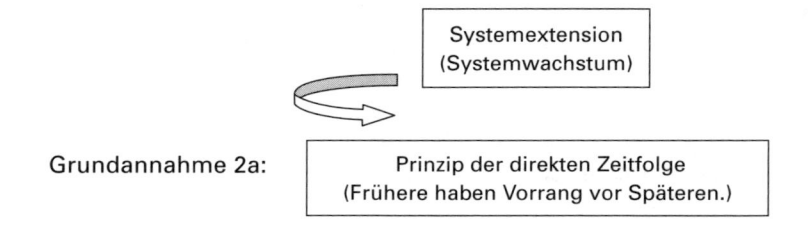

Grundannahme 2a: | Systemextension (Systemwachstum)
| Prinzip der direkten Zeitfolge (Frühere haben Vorrang vor Späteren.)

---

[1] Zu diesem und den folgenden Prinzipien vgl. Sparrer (1997).
[2] A ⤵ B: „Sicherung von A erfordert die Beachtung von Prinzip B."

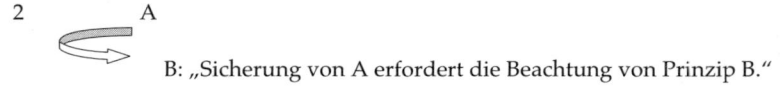

Wenn Systeme wachsen, verlieren diejenigen Mitglieder des Systems, die schon länger dazugehören, Raum gegenüber denen, die später kommen und diesen Raum miteinnehmen. Ein Ausgleich für diesen Raumverlust kann dadurch geschehen, dass den Früheren gegenüber gewürdigt wird, dass diese zuerst da gewesen sind, dass sie in diesem Sinne Vorrang vor den Späteren haben. In Organisationen kann das nun wiederum dadurch ausgedrückt werden, dass denen, die früher in die Organisation eingetreten sind, Achtung entgegengebracht wird und gewürdigt wird, dass sie die ersten sind. So kann zum Beispiel, wenn ein neuer Chef die Abteilung übernimmt und versucht, ohne Rücksprache mit seinen Mitarbeitern die Organisation sehr stark umzustrukturieren, er sich dadurch sehr viel Ärger von denen, die bereits vor ihm in der Organisation waren, zuziehen. Auf diese Weise wird oft die Saat für bewusste oder unbewusste Sabotage des Erfolgs gesät. Hier wäre dann das Prinzip der direkten Zeitfolge missachtet worden. Es ist hier wichtig, dass die, die zuerst dagewesen sind, gefragt werden, dass ihre Erfahrungen mit einbezogen und ihre Erkenntnisse berücksichtigt werden. Erst danach können von demjenigen, der später kommt, Vorschläge angenommen werden.

Für die **Systemfortpflanzung** gilt das umgekehrte Prinzip, denn hier ist das neue System das schwächere, es hat die schwächeren Grenzen. Damit dieses schwächere System in seiner Bildungsphase geschützt werden kann, ist es wichtig, dass ihm Vorrang gegeben wird in Bezug auf das ältere System. Hieraus leiten wir die nächste Grundannahme ab, nämlich *das Prinzip der inversen Zeitfolge* zwischen Systemen: Neue Systeme haben Vorrang vor den älteren.

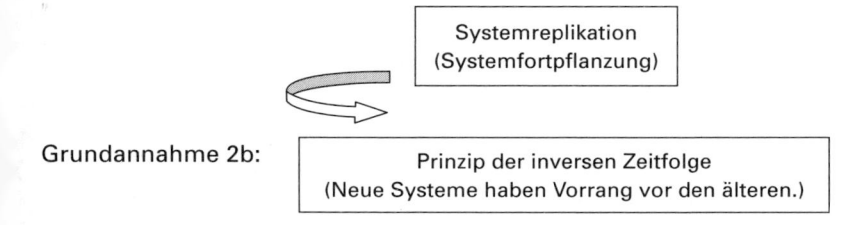

Grundannahme 2b:

Systemreplikation
(Systemfortpflanzung)

Prinzip der inversen Zeitfolge
(Neue Systeme haben Vorrang vor den älteren.)

Für Organisationen hat das zum Beispiel eine Bedeutung bei der Gründung von Tochterfirmen. Wird eine Tochterfirma gebildet, so ist es wichtig, dass dieser eine gewisse Autonomie gegeben wird und die Mutterfirma sich zunächst nicht in zu viele Belange einmischt. Die Tochterfirma muss sich erst bewähren können; ihr muss sozusagen eine Schonzeit gegeben werden. Die Mitglieder der Tochterfirma müssen auch zunächst dieser Tochterfirma vollkommen loyal sein und dürfen sich nicht mehr dem Muttersystem gegenüber primär verpflichtet fühlen. Das heißt, für sie muss das neue System, die Tochterfirma, Vorrang haben vor dem älteren System, der Mutterfirma.

Als nächstes möchte ich auf die **Immunkraftbildung** eines Systems eingehen. Diese ist nur dann möglich, wenn der Einsatz der einzelnen Systemelemente gewürdigt wird. Ist dies nämlich nicht der Fall, dann entstehen Kämpfe zwischen den Systemelementen um den Vorrang. Für das Gedeihen eines Systems ist es daher nötig, dass stabilisierende Kräfte sich ausbilden können, und dies ist eben die Ausbildung der Immunkräfte des Systems. Auf diese Weise kommen wir zur dritten Grundannahme, nämlich *dem Prinzip des Vorrangs des höheren Einsatzes*.

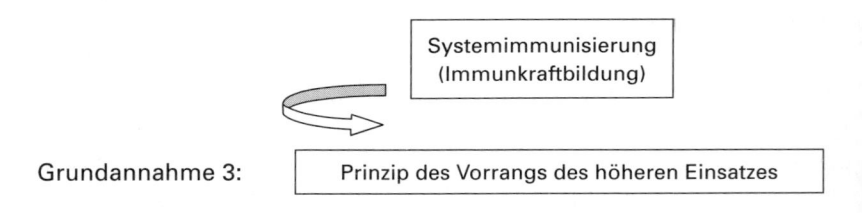

	Systemimmunisierung (Immunkraftbildung)
Grundannahme 3:	Prinzip des Vorrangs des höheren Einsatzes

Bei Organisationen spielt dieses Prinzip etwa dann eine Rolle, wenn sich bestimmte Mitglieder besonders eingesetzt haben. Hier ist es nötig, dass dieser Einsatz bei ihnen gewürdigt wird, etwa durch Belohnungen, durch Auszeichnungen oder manchmal auch nur dadurch, dass dieser Einsatz erwähnt wird. Ist das nicht der Fall, werden diese Mitglieder weniger motiviert sein; im Falle einer Krise werden dem System dadurch weniger stabilisierende Kräfte zur Verfügung stehen.

Das Prinzip des Vorrangs des höheren Einsatzes kann allgemein auch gesehen werden als Prinzip zur Regelung des Energieflusses. Unter dieses Prinzip fallen in Organisationen noch zwei Aspekte, nämlich die Unterscheidung von

- systemischer und offizieller Hierarchie, sowie von
- internen und externen Einflüssen.

Während die systemische Hierarchie den Einsatz der (im Sinne der beiden ersten Systemprinzipienebenen) systemisch relevanten Personen (und damit auch derjenigen, die inoffiziell die Führung haben) würdigt und damit die Synergien im System sichert, sichert die offizielle Hierarchie das Erscheinungsbild der Organisation nach außen. Der Einsatz systemisch Zugehöriger muss auch dann gewürdigt werden, wenn sie nicht zur offiziellen Hierarchie gehören; aus diesem Grunde berücksichtigen wir auch die systemische Hierarchie.

Die Berücksichtigung der internen Einflüsse schützt vor Sabotage, die Würdigung der externen Einflüsse hilft zur Umweltadaptation. Bei internen und externen Einflüssen muss jeweils unterschieden werden, ob diese gerechtfertigt oder angemaßt sind. Selbstverständlich geht es bezüglich der Würdigung nur um die gerechtfertigten Einflüsse.

Wir kommen nun zur vierten Rahmenbedingung, nämlich der **Individuation** von Systemen. Damit ein System die in ihm angelegten besonderen individuellen Qualitäten manifestieren kann, muss die Unterschiedlichkeit der einzelnen Systemteile anerkannt werden; das heißt, dass die unterschiedlichen Fähigkeiten, die Vielfalt im System, eine Würdigung erfahren. Sonst könnte das pure Weiterbestehen das Einzige sein, das die Systemausrichtung bestimmt. Daraus leiten wir unsere vierte Grundannahme, nämlich *das Prinzip des Leistungs- und Fähigkeitsvorrangs* ab; d. h. dass derjenige, der größere Leistungen und Fähigkeiten einbringt, Vorrang hat vor demjenigen, der geringere Leistungen und Fähigkeiten zeigt. Während der Leistungsvorrang die Leistungsbereitschaft sichert, sichert der Fähigkeitsvorrang den Zugang zu den Ressourcen.

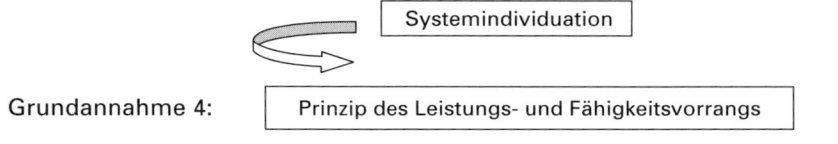

	Systemindividuation
Grundannahme 4:	Prinzip des Leistungs- und Fähigkeitsvorrangs

Dies ist ein Prinzip, das in Organisationen meist berücksichtigt wird. Hier ist jedoch interessant, dass dieses Prinzip oft an erster Stelle steht und in Firmen diesem Prinzip häufig Vorrang gegeben wird vor den zuvor genannten Grundannahmen. Dies führt jedoch zu Konflikten, wie wir später sehen werden, wenn ich das zweite Metaprinzip behandle.

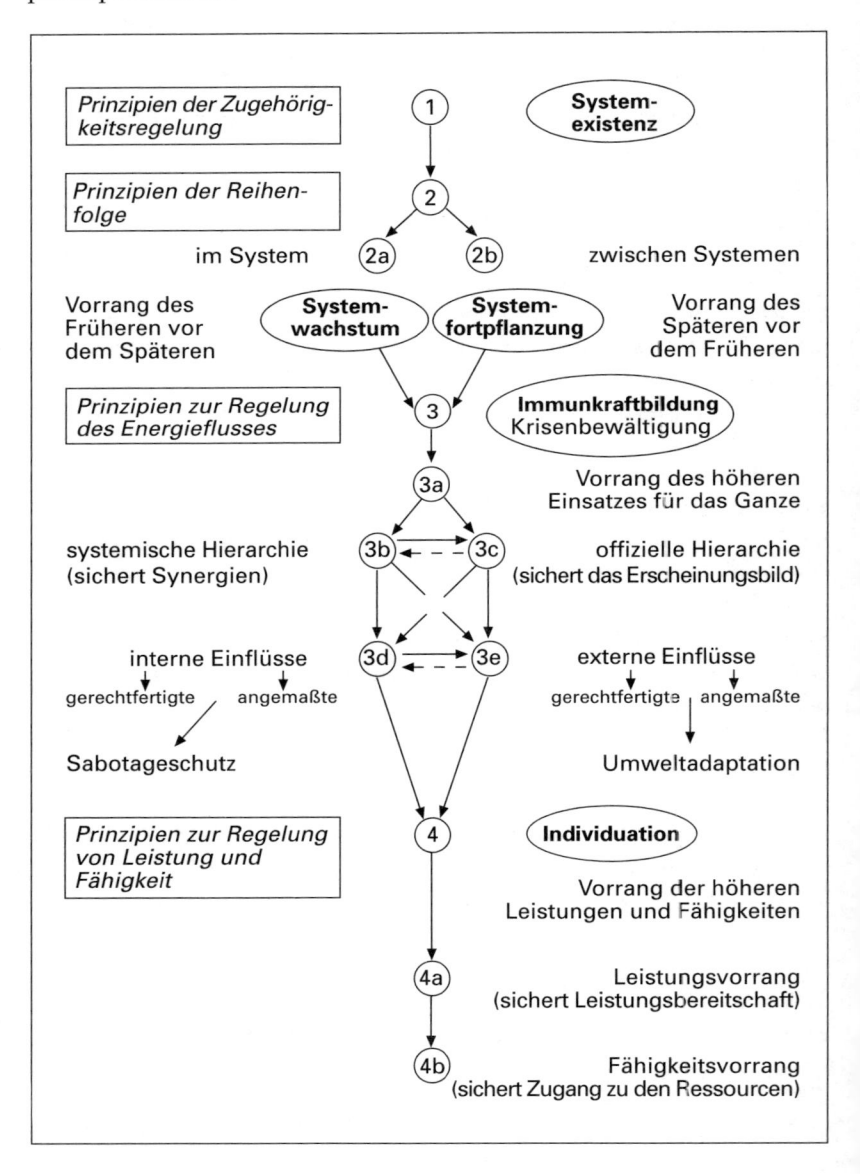

```
┌─────────────────────────────────────────────────────────────────────┐
│                                                                     │
│  ┌──────────────────────┐      ①         ⎛ System-    ⎞             │
│  │ Prinzipien der Zugehörig-│                ⎝ existenz  ⎠             │
│  │ keitsregelung        │                                            │
│  └──────────────────────┘       ↓                                   │
│  ┌──────────────────────┐                                           │
│  │ Prinzipien der Reihen-│      ②                                    │
│  │ folge                │                                            │
│  └──────────────────────┘                                           │
│         im System       ②a    ②b         zwischen Systemen         │
│  Vorrang des      ⎛ System-  ⎞ ⎛ System-    ⎞   Vorrang des        │
│  Früheren vor     ⎝ wachstum ⎠ ⎝ fortpflanzung⎠  Späteren vor       │
│  dem Späteren                                    dem Früheren       │
│  ┌──────────────────────┐                ⎛ Immunkraftbildung ⎞      │
│  │ Prinzipien zur Regelung│    ③          ⎝ Krisenbewältigung ⎠     │
│  │ des Energieflusses   │                                           │
│  └──────────────────────┘                                           │
│                                ③a        Vorrang des höheren       │
│                                          Einsatzes für das Ganze    │
│  systemische Hierarchie    ③b ←--→ ③c    offizielle Hierarchie     │
│  (sichert Synergien)                     (sichert das Erscheinungsbild)│
│                                                                     │
│     interne Einflüsse      ③d ←--→ ③e    externe Einflüsse         │
│          ↓                                      ↓                  │
│  gerechtfertigte / angemaßte             gerechtfertigte | angemaßte│
│          ↓                                      ↓                  │
│  Sabotageschutz                          Umweltadaptation           │
│  ┌──────────────────────┐                                           │
│  │ Prinzipien zur Regelung│    ④         ⎛ Individuation ⎞          │
│  │ von Leistung und     │                                            │
│  │ Fähigkeit            │                 Vorrang der höheren       │
│  └──────────────────────┘                 Leistungen und Fähigkeiten│
│                                                                     │
│                                ④a        Leistungsvorrang           │
│                                          (sichert Leistungsbereitschaft)│
│                                                                     │
│                                ④b        Fähigkeitsvorrang          │
│                                          (sichert Zugang zu den Ressourcen)│
└─────────────────────────────────────────────────────────────────────┘
```

In Organisationen spielen alle vier Ebenen eine Rolle, besonders hervorgehoben sind Ebene 3 und 4, da Organisationen aufgabenorientierte Systeme sind. Allerdings müssen die Ebenen 1 und 2 immer mitberücksichtigt werden. Es gibt in Firmen jedoch verschiedene Subsysteme, für die in erster Linie andere Ebenen von Wichtigkeit sind.

Systeme, für die nur die erste Ebene der **Systemexistenz** bedeutend ist, sind solche Systeme, die durch ein nicht wiederholbares Einzelereignis bestimmt sind. Ein Beispiel in Firmen sind hierfür die Gründungsmitglieder. Zu ihnen kann später niemand mehr hinzukommen, sie können in ihrer Anzahl nicht wachsen und keine neuen Gründungsmitglieder bilden. Auch Wahlrecht bestimmt häufig rein zugehörigkeitsorientierte Systeme.

Systeme, für die es in erster Linie nur um **Systemwachstum** geht, sind in Firmen z. B. meinungsbildende Initiativen. Sie wollen in ihrer Anzahl wachsen. In ihrer Absicht liegt es hingegen nicht, sich fortzupflanzen, denn im Allgemeinen sind Abspaltungen nicht beliebt.

Subsysteme in Organisationen, die vorwiegend für **Systemfortpflanzung** sich einsetzen, sind Gruppen zur Weitergabe von Spezialfähigkeiten an den Nachwuchs. Sie wollen nicht unbedingt wachsen, es ist oft auch unwichtig, wer dazugehört. Es geht in erster Linie um die Weitergabe von Wissen.

Subsysteme, bei denen die **Immunkraftbildung** in Form von Einsatzwürdigung im Mittelpunkt steht, sind Vereine, in denen das Miteinander und Füreinander besonders wichtig ist.

Subsysteme, in denen die **Individuation** gefördert wird, sind in Firmen manchmal Trainingsgruppen. Die Prinzipien der anderen Ebenen spielen hier weniger eine Rolle. Sie treten erst bei Verletzung in Kraft, wenn etwa jemandem der Zutritt zu einer Trainingsgruppe untersagt wird.

Ich gehe nun auf die Metaprinzipien zu den genannten vier Grundannahmen ein. Das **erste Metaprinzip** besteht in der Einsicht, dass Systeme gefährdet werden, wenn das Gegebene nicht anerkannt beziehungsweise geleugnet wird. Als übergeordnetes Muster, aus dem die zuvor genannten vier Grundannahmen erschlossen werden können, lautet es: *Das Gegebene muss anerkannt werden.*

Erstes Metaprinzip für Systemerhalt:

| Das Gegebene muss anerkannt werden |

Jetzt kommen wir zum **zweiten Metaprinzip** für die Erhaltung von Systemen. Systeme, die zu sehr um ihre Existenz kämpfen müssen, können nicht ausreichend für Wachstum und Fortpflanzung sorgen. Systeme, bei denen Wachstum und Fortpflanzung gefährdet sind, können nicht ausreichend ihre Immunkraftbildung gewährleisten. Systeme, bei denen die Immunkraftbildung geschwächt ist, müssen sich erst darum kümmern, ehe sie mehr für die Individuation tun können. Daraus leitet sich das zweite Metaprinzip ab, nämlich, dass die Förderung der Systemexistenz Vorrang hat vor der Förderung der Systemextension beziehungsweise der Systemreplikation. Diese beiden wiederum haben Vorrang vor der Systemimmunisierung, und diese hat schließlich Vorrang vor der Systemindividuation.

Zweites Metaprinzip für Systemerhalt:

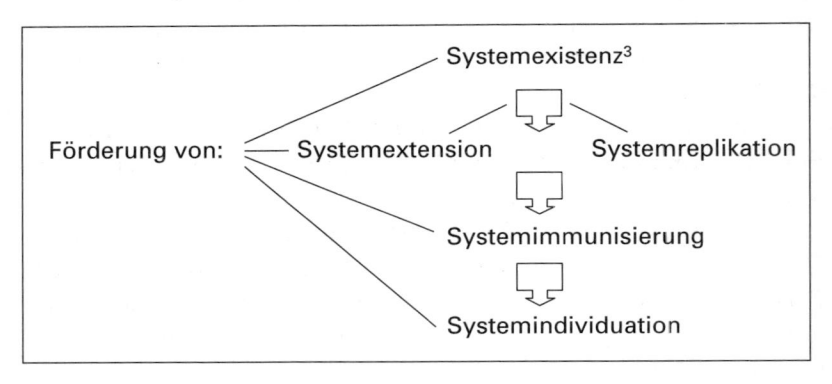

Förderung von: Systemexistenz[3] / Systemextension / Systemreplikation ⇩ Systemimmunisierung ⇩ Systemindividuation

Dies besagt also, dass die Grundannahmen in der angegebenen Reihenfolge jeweils den Vorrang voreinander haben. Dies bedeutet auch, dass die Verletzung der ersten Grundannahme am meisten schadet, das heißt die gravierendsten Konsequenzen zeigt. Daher

[3] A ⇩ B = hat Vorrang vor

beginnen wir bei Aufstellungen erst mit der Frage, wer ausgeschlossen ist, und fügen als Erstes die Ausgeschlossenen hinzu. Bei dieser Intervention können wir systemisch die größte Wirkung erwarten. Als Nächstes gilt es, die Prinzipien der direkten Zeitfolge und der inversen Zeitfolge zu berücksichtigen. Verletzung der Zeitreihenfolge wäre die nächstschwerwiegendste Verletzung der Grundprinzipien für den Systemerhalt. Erst danach gehen wir bei Aufstellungen auf das Prinzip des Vorrangs des erhöhten Einsatzes und der höheren Leistung ein. Das letzte Prinzip wird in Organisationen am häufigsten berücksichtigt, jedoch steht es aus dieser systemischen Sicht erst an vierter Stelle. Durch die vorrangige Berücksichtigung dieses Prinzips können Konflikte entstehen. Die Auflösung dieser Konflikte geschieht in der systemischen Organisationsarbeit etwa mit Organisationsaufstellungen dadurch, dass den vorrangigen Prinzipien zuerst Rechung getragen wird; das heißt, dass sie bei einer Aufstellung als Erstes berücksichtigt werden, und das Prinzip des Vorrangs der Leistung erst als Letztes unter den genannten Beachtung findet.

II. Drei Grundkategorien von Interventionsformen

Als Nächstes möchte ich kurz auf einige Aspekte der Grammatik der systemischen Strukturaufstellungen eingehen. Generell unterscheiden wir bei der Aufstellungsarbeit drei Grundkategorien von Interventionsformen: die *Stellungsarbeit*, die *Prozessarbeit* und die *Tests*. Unter *Stellungsarbeit* verstehen wir Anordnungsänderungen, wie das Umstellen und Dazustellen von Systemteilen, mit dem Ziel der Befindlichkeitsverbesserung bei den Repräsentanten. Unter *Prozessarbeit* verstehen wir Interventionen, die anschließend dieselbe Anordnung mit einer Befindlichkeitsverbesserung bei den Repräsentanten erleben lassen. Hierunter fallen zum Beispiel Gesten, rituelle Sätze, Ausgleichs- und Rückgaberituale, Änderung der Blickqualität, Richtigstellung von Bezeichnungen, Aufladen durch die gleichgeschlechtliche Linie und Rituale zur Würdigung.

Die *Prozessarbeit* könnte man auch *Energiearbeit* nennen, oder *Arbeit mit Information*, je nachdem, welchen Aspekt man betonen möchte. Bei der Bezeichnung *Prozessarbeit* wird der zeitliche Aspekt hervorgehoben gegenüber dem eher räumlichen Aspekt bei der Stellungsarbeit. Bezeichnen wir diese Interventionsform als *Energie-*

arbeit, so betonen wir dabei die Veränderung des energetischen Zustands bei den Repräsentanten. Eine andere Möglichkeit ist, den Aspekt der *Information* hervorzuheben. Wir können hier unterscheiden zwischen dem *Was-Wissen* und dem *Wie-Wissen*. Bei den rituellen Sätzen wird das *Was-Wissen* kaum verändert, etwa, wenn man den Repräsentanten eines Kindes zu den Eltern sagen lässt: *Du bist mein Vater* bzw. *du bist meine Mutter*. Hier bleibt die *Was-Information* die Gleiche, jedoch ändert sich die *Wie-Information*. Wir erfahren, *wie* es ist, dass das Gegenüber der Vater bzw. die Mutter ist. Die Tatsache, dass es sich um Vater und Mutter handelt, ist bekannt, aber das Empfinden dazu ist etwas Neues. Es ist eine Information darüber, *wie* es ist, einen Vater und eine Mutter zu haben. Das bezeichne ich hier als *Wie-Information*, während der Inhalt dessen, was gesagt wird, bekannt ist. In diesem Sinne kann man hier statt von *Prozess*- oder *Energiearbeit* auch von Arbeit mit *Informationen* sprechen. Je nachdem, welchen Aspekt man betonen möchte, kann man die Befindlichkeitsverbesserung ohne eine feste Anordnungsveränderung eben als Prozess-, Energie- oder als Informationsarbeit bezeichnen.

Als dritte Grundkategorie der Interventionsformen arbeiten wir noch mit Tests. Diese verdeutlichen implizite Veränderungsdynamiken von Systemen, z. B. eine Nachfolgedynamik oder das Prüfen einer Identifikation (bei der wir den Terminus „partielle Repräsentation eines fremden (Schicksals-, bzw. Verhaltens-)Musters" präziser finden). Hier wird eine Anordnungsveränderung der Repräsentanten zum Zwecke der Testung vollzogen, und es kommt lokal nicht auf die Verbesserung der Befindlichkeit der RepräsentantInnen an; dies ist der Unterschied zur Stellungsarbeit. Getestet werden Hypothesen, z. B. ob jemand mit einer Krankheit einem anderen Familienmitglied nachfolgt. Dies kann sich dann darin zeigen, dass der Platz hinter demjenigen, der gegangen ist, also in diesem Fall gestorben ist, für den Kranken der angenehmere Platz ist. Eine andere Möglichkeit von Tests ist die Prüfung von Identifikationen, also ob ein später Geborener einem früher Geborenen nachtendiert und ihn repräsentiert. Dies kann z. B. dadurch getestet werden, dass der später Geborene an den Platz gestellt wird, der der richtige ist für den früher Geborenen. Wenn sich der später Geborene an diesem unpassenden Platz besser fühlt als an dem Platz, der für ihn der gemäße ist, dann kann man versuchsweise davon ausgehen, dass es sich um eine teilweise Muster-Repräsentation dieser anderen Person handelt. Repräsentation heißt hier die Identifikation mit Teilaspekten dieser anderen Person, die dann nachgelebt werden und nicht ins eigene Schicksal gehören. Unter diesen genannten Interventionsformen können nun alle Vorgehensweisen bei Aufstellungen eingeordnet werden.

An **Symbolen** unterscheiden wir bei den systemischen Strukturaufstellungen drei Grundkategorien, nämlich *Orte, Repräsentanten* und *freie Elemente*. *Orte* verhalten sich in gewissem Sinne analog zu Konstanten in der formalen Sprachanalyse. Ihre Stellung ist invariant von Aufstellungsbild zu Aufstellungsbild, das heißt, ihr Platz ist immer der Gleiche. *Repräsentanten* verhalten sich in diesem Sinne analog zu Parametern, ihre Stellung ist innerhalb eines Kontextes fest, sie können jedoch vom Leiter der Aufstellung im nächsten Aufstellungsbild umgestellt werden, aber sie verändern sich nicht von selber. *Freie Elemente* verhalten sich analog zu Variablen: Ihre Stellung variiert innerhalb eines Aufstellungsbildes, und sie können als Einzige der Symbole sich frei bewegen. Wir haben Aufstellungsformen entwickelt, die nur Repräsentanten beinhalten, aber auch Aufstellungsformen, die sowohl Orte und Repräsentanten als auch freie Elemente haben. Bei der folgenden Beschreibung einzelner Aufstellungsformen gehe ich darauf kurz ein.

III. Aufstellungsformen

Als Nächstes möchte ich einen Überblick über Aufstellungsformen geben, die für Organisationen besonders geeignet sind. An erster Stelle stehen die **Organisationsaufstellungen im engeren Sinne**, das heißt Aufstellungen, bei denen wir Teile einer Organisation aufstellen. Die aufgestellten Teile können dabei sein:

- Einzelpersonen, die zum Beispiel im Streit miteinander liegen oder gegensätzliche Interessen vertreten, wenn man einen bestimmten Konflikt betrachten möchte,
- ein Team, das ein besonderes Anliegen hat,
- eine Projektgruppe,
- mehrere Projektgruppen,
- unterschiedliche Hierarchieebenen der Organisation, sowie
- Mischungen aus den genannten Systemaspekten von Organisationen.

Auch die Interaktion zwischen den Projektgruppen könnte in einer Aufstellung angesehen werden. Hier stellt man dann zum Beispiel pro Projektgruppe den Leiter und je eine Person für die Gruppe der Mitarbeiter auf. Ferner gibt es Aufstellungen, in denen die Gesamtheit der Prozesse innerhalb der Organisation betrachtet wird. Hierfür wäre zum Beispiel die Aufstellung der hierarchischen Ebenen geeignet, etwa für jede Ebene und für jede relevante Abteilung eine Person. Eine andere Möglichkeit ist das Aufstellen verschiedener Organisationen, die miteinander vernetzt sind, so dass man sich ein Bild davon machen kann, wie die Vernetzung hier ist, und was man verändern könnte, damit sie besser gelingt. Eine weitere Form ist das Aufstellen des Systems: Lieferanten, Organisation und Kunden. Dies alles sind Formen von Organisationsaufstellungen im engeren Sinne. Sie finden dann Anwendung, wenn es

- um Klärung von Fragen der Organisationsstruktur geht,
- um Personalfragen, wie Einstellung, Nachfolgeregelung, oder
- zur Aufdeckung vergessener Perspektiven und Systemelemente (was ist ausgeschlossen worden?) oder
- zur Klärung von Reihenfolgen und Zugehörigkeiten, sowie
- zur Verdeutlichung von Beziehungsstrukturen innerhalb einer Organisation und zwischen Organisationen, Kundensystem und Lieferantensystem.

Auf die Organisationsaufstellungen im engeren Sinne wird Gunthard Weber in seinem Beitrag näher eingehen, daher möchte ich diese Aufstellungsform hier nur kurz streifen. Genauer eingehen werde ich hier im Anschluss an den folgenden Überblick auf die Anwendung von systemischen Strukturaufstellungen[4], wie Tetralemmaaufstellungen, Glaubenspolaritätenaufstellungen, Problemaufstellungen, Aufstellungen des eigentlichen Themas und Neunfelderaufstellungen jeweils im Kontext der Aufstellungsarbeit für Organisationen.

Weiterhin sind für Organisationen noch **gemischte symbolische Aufstellungen** sehr gut verwendbar. Die Teile, die man bei dieser Aufstellungsform aufstellt, sind: der *Fokus*, das heißt die Person oder

---

4 Entwickelt von Insa Sparrer und Matthias Varga von Kibéd.

die Personen, die das Anliegen hat beziehungsweise haben, dann verschiedene *Werte*, um die es bei dem Anliegen geht, *Teams* und / oder auch *Organisationen* und *Personen*. Die aufgestellten Aspekte und Personen sind hier sehr inhomogen. In dieser Aufstellungsform werden Symbole für Elemente verschiedener Systemebenen, oft aus der Sicht unterschiedlicher Beschreibungssysteme, sozusagen gemischt, also etwa Werte, Personen, der Anliegensträger, Teams und Organisationen. Auch die Komplexität der aufgestellten Teile ist sehr unterschiedlich. Diese Aufstellungsform ist insbesondere dann geeignet, wenn man an Firmenwerten arbeiten möchte, oder auch zur Klärung von Beziehungsgefügen und von spezifischen Themen, oder etwa auch für die Modifikation von Grundprinzipien sowie für heterogene Beschreibungsaspekte von einem Anliegen. Bei dieser Aufstellungsform akzeptieren wir die präsentierte Form des Anliegens durch den Auftraggeber gründlicher, ohne ihm erst unser (oder ein anderes) Beschreibungsmodell aufzuoktroyieren (Pacing!).

Für Fragestellungen der Supervision sind multiperspektivische **Supervisionsaufstellungen** besonders geeignet. Hier werden gegenwärtige und frühere Berater der Organisation samt den Systemen der Beratungsorganisation und den diversen Auftraggebern als zusätzliche Foki (Perspektiven der Systemrekonstruktion) zur Organisationsaufstellung gestellt. Eine ganz andere Möglichkeit bieten die **sprachlichen Oberflächenstrukturaufstellungen**. Hier werden Sätze aufgestellt, die das Anliegen in knapper Form umfassen. Oder anders ausgedrückt, das Anliegen wird in einem Satz verdichtet. Die einzelnen Teile des Satzes können dann zusammen mit dem Fokus, nämlich demjenigen, der das Anliegen hat, aufgestellt werden. Diese Aufstellungsform ist dann besonders geeignet, wenn ein Anliegen sehr heterogen beschrieben wird.

Eine weitere Aufstellungsform stellt die **Wertpolaritätenaufstellung** dar. Hier stellen wir Fokus und verschiedene Grundwerte auf. Insbesondere dann, wenn an der „Firmenphilosophie" gearbeitet werden soll, ist diese Aufstellungsform geeignet. Wenn wir es eher mit einem Problem zu tun haben, bei dem ein Problem unzulässig generalisiert wurde, stellt die **syllogistische Aufstellung** eine mögliche Wahl dar. Hier werden neben dem Fokus noch die Aspekte *immer*, *nie*, *manchmal* und *manchmal nicht* aufgestellt. Diese vier Aspekte werden als Orte aufgestellt, die in einem Viereck zueinander stehen. (Diese Aufstellung wendet die Grundmuster der aristotelischen Syllogistik an.) Eine ganz andere Möglichkeit bietet noch die **mehrperspektivische Aufstellung**. Hier können verschiedene Perspektiven aufgestellt werden. Wir verwenden bei der Aufstellung einen Fokus 1 und einen Fokus 2, oder auch einen Fokus 3, wenn es sich um drei verschiedene Perspektiven zu einem Anliegen handelt. Zusätzlich werden dann noch verschiedene Teile aufgestellt, die das Anliegen betreffen. Geeignet ist diese Aufstellungsform zur Klärung von Konfliktsituationen; sie erlaubt oft sogar simultane Arbeit mit Auftraggebern, die sich im Konflikt miteinander befinden.

Die Tetralemmaaufstellung

Nach diesem kurzen Überblick über verschiedene Möglichkeiten, Aufstellungen zu Organisationsfragen zu gestalten, möchte ich jetzt auf einige Aufstellungsformen etwas näher eingehen. Ich beginne mit der Tetralemmaaufstellung, die insbesondere zur Hilfe für Entscheidungsfindungen geeignet ist, sowie für die Zielarbeit, für die Entdeckung kreativer Kontextbedingungen für neue Lösungen und zur Konfliktklärung.

Das Tetralemma oder *čatuškoṭi*, zu deutsch Vierkant, stammt aus der indischen Logik. Hier wurde es zunächst in der Rechtssprechung verwendet. Es behandelt die Frage, welche Standpunkte in Bezug auf zwei gegnerische Parteien eingenommen werden können. Es kann der Standpunkt der einen oder anderen Partei eingenommen werden; eine dritte Möglichkeit wäre, zu sagen, dass beide Recht haben und eine vierte Möglichkeit, dass keine von beiden Recht hat. Dies sind die vier Positionen des Tetralemmas, dessen Anwendung später auf metaphysische Kontexte erweitert wurde. Nagarjuna, der Begründer des Madhyamika-Buddhismus hat kritisiert, dass diese vier Positionen nicht die einzigen Betrachtungsweisen sind, sondern es darüber hinaus noch eine fünfte Betrachtungsweise gibt, die jedoch nicht ein Standpunkt ist, sondern sich selbst reflexiv verneint. Auf eine Frage an Nagarjuna, dass er doch wieder einen Standpunkt einnehme, antwortete er: *Hätte ich jemals Behauptungen aufgestellt, hättet ihr recht. Allein, das habe ich niemals getan.* Wir haben es also bei der fünften Betrachtungsweise mit einer Nicht-Position zu tun. Der Madhyamika-Buddhismus spricht hier von der vierfachen Verneinung.

Aus diesen fünf Betrachtungsweisen haben wir nun ein Ablaufschema und eine Aufstellungsform entwickelt. Dabei stellen die vier Positionen Orte da, die mit Personen repräsentiert werden, und die fünfte Nicht-Position ist ein freies Element, das sich, sobald es aufgestellt ist, frei bewegen kann. Zusätzlich verwenden wir noch einen Fokus, nämlich die Person(en), aus deren Perspektive das Anliegen dargestellt wird. Der Fokus repräsentiert also die KlientInnen, deren Anliegen mit dem Tetralemma bearbeitet werden.

Im Tetralemma können wir vier Phasen unterscheiden. Die erste Phase besteht im Hin- und Herpendeln zwischen Position 1 und Position 2, also dem *Einen* und dem *Anderen*. Dieses Hin- und Herpendeln zeigt sich in einem mehrfachen Hin- und Hergehen des Fokus von Position 1 zu Position 2 und wieder zurück. Solange die KlientInnen zwischen den beiden Polen gefangen bleiben, befinden sie sich gewissermaßen in einer hypnotischen Tunnelsicht, dem Dilemma, und bleiben Gefangene der beiden Positionen.

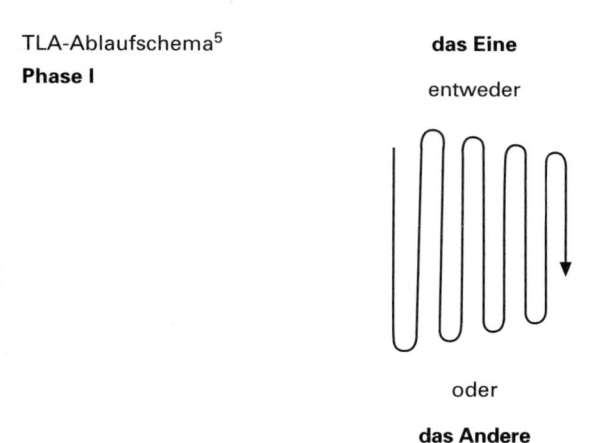

TLA-Ablaufschema[5] **das Eine**
Phase I
entweder

oder

das Andere

Abb.: Das Dilemma (die Tunnelsicht)

Der nächste Schritt ist eine Kontexterweiterung, nämlich die Erweiterung auf eine Position 3: *Beides*. Hier beginnt die zweite Phase, nämlich das **Einführen der übersehenen Vereinbarkeit**.

---

[5] Die folgenden Phasen der Tetralemma-Arbeit stammen von Matthias Varga von Kibéd und Insa Sparrer.

Phase II
(Internes Reframing)

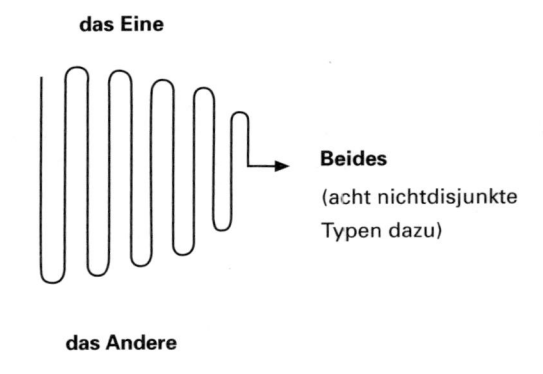

das Eine

Beides
(acht nichtdisjunkte
Typen dazu)

das Andere

Abb.: Die erste Rahmenerweiterung: die übersehene Vereinbarkeit

„Beides" kann hier auf verschiedene Weise zustande kommen. Ich möchte dies an einem Beispiel für Organisationen zeigen. Nehmen wir den Gegensatz zwischen *Bewahren* und *radikalem Wandel*, den wir häufig in Organisationen finden. Eine Form von *Beides* kann hier einmal ein *Kompromiss* sein, das heißt, bestimmte Strukturen werden bewahrt und andere flexibel gehandhabt und geändert. Dies könnte geschehen etwa durch einen gleich bleibenden Führungsstil in einer Organisation und durch verschiedene Projektgruppen, in denen Änderungen vorgenommen werden.

Eine zweite Möglichkeit von *Beides* ist die *Iteration*. Diese finden wir in Organisationen häufig in folgender Form vor: In guten Zeiten wird bewahrt, in Krisenzeiten radikal geändert. Ein Problem kann dabei sein, dass die Änderung dann zu spät ist. Eine Lösung könnte hier für Organisationen sein, eine innovative Krise einzuführen, so dass in guten Zeiten integrierte Krisenformen rechtzeitig Veränderungen einleiten können. Während der *Kompromiss* eher eine räumliche Variante von *Beides* darstellt, ist die *Iteration* eine zeitliche Integrationsform.

Eine nächste Form von *Beides* ist der *Scheingegensatz*. Hierzu eine Geschichte: Ein junger Chef wurde gefragt, warum er die Firma so anders führe als sein Vater, obwohl er sich immer sehr lobend über ihn äußere. Der junge Chef antwortete: Ich mache es genau wie er. Mein Vater hat sich und das Unternehmen beständig gewandelt – und genauso mache ich es auch. Wir gehen beide mit dem Fluss des Wandels.

Eine vierte Form von *Beides* ist die *Thesenverschiebung*. Ein Beispiel für Firmen wäre hier, wenn durch natürliche Autorität Flexibilität mit Hilfe von Vertrauen möglich wird; wenn also die These, mit Autorität etwas durchzusetzen, dahingehend verändert wird, dass natürliche Autorität Flexibilität gewährleistet und damit aus dem Gegensatz etwas Gemeinsames wird.

Eine fünfte Form von *Beides* ist die *paradoxe Verbindung*; hier wird das Unvereinbare zugleich aufrechterhalten und dadurch eine neue Systemdimension entdeckt. Dies bedeutet in unserem Beispiel etwa gleichzeitig bewahren wie auch verändern. Ein vertieftes Verständnis von Verschiebungen in Fließgleichgewichten bei Systemen, etwa bei Organismen, liefert Beispiele für ein derartiges Verständnis von Gegensätzen. Eine sechste Form von *Beides*, die *übersummative Zusammensetzung*, besteht darin, dass in der Interaktion der Pole des Dilemmas neue Qualitäten entstehen, die nicht in den Polen für sich genommen entdeckt werden konnten. Etwas Derartiges finden wir etwa dann, wenn bewahrt wird und Neues hinzugefügt wird, das heißt, es wird bewahrt und durch Hinzufügung und Ergänzung gleichzeitig verändert. Eine siebte Form von *Beides* ist die *Prämissenverschiebung*. Dies bedeutet ein ähnliches Handeln, aber mit einer neuen Haltung, zum Beispiel: Es wird bewahrt und gleichzeitig der Führungsstil verändert. Schließlich sei noch als achte Form die *Absorption* erwähnt, die Bert Hellinger durch die Formulierung „die Kraft des Nichtgewählten in das Gewählte hineinfließen lassen" so kraftvoll ausdrückte. All diese Formen von *Beides* stellen ein internes Reframing dar, eine interne Form der Umdeutung (intern, da im alten Beschreibungsrahmen des Dilemmas): Die Umdeutung des Gegensatzes zu etwas Vereinbarem.

Eine zweite Form der Rahmenerweiterung ist das Einführen der vierten Position: *Keines von Beiden*. Sie weist auf den **übersehenen Kontext des Dilemmas** hin. An dieser Stelle können wir zwischen vergangenem, gegenwärtigem, zukünftigem und zeitlosem Kontext unterscheiden. Aber das ist nur eine von zahllosen möglichen Kontexttypologien – allerdings eine, die sich in unserer Arbeit mit Organisationen als nützlich erwiesen hat.

Phase III
(Externes Reframing)

das Eine

Keines von Beiden

Beides

das Andere

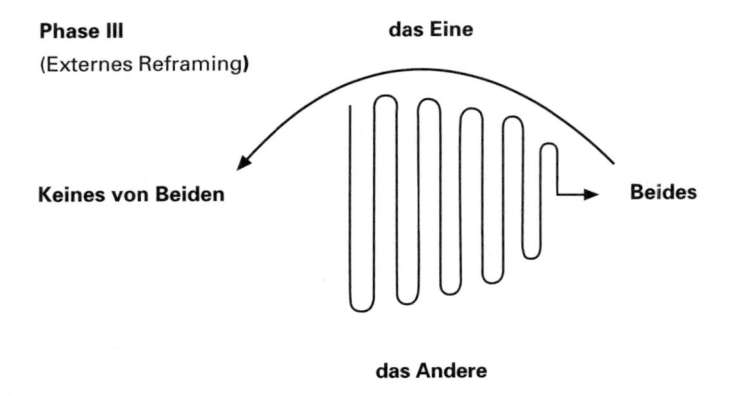

Abb.: Die zweite Rahmenerweiterung: der übersehene Kontext des Dilemmas – das Tetralemma

Die vierte Position als *vergangener Kontext* beantwortet die Frage: Wie kam es zum Dilemma? Wofür war es gut? Sie weist also oft auf den Gewinn durch das Bestehen des Dilemmas bzw. des Problems hin. In unserem Beispiel könnte die Frage von Bewahren und radikalem Wandel in einer Krisensituation entstanden sein oder dadurch, dass ein neuer Chef alles umstrukturiert und das Bewährte ausschließt. Dann kommt es zu der Frage: Bewahren oder radikaler Wandel?

Hinsichtlich des *zukünftigen Kontextes* gibt die vierte Position die Antwort auf die Frage: Was wäre nach der Lösung dran? Dies ist auch eine Antwort auf die Frage nach einer künftigen Aufgabe. In unserem Beispiel könnte eine solche Antwort etwa sein, die Krise als Chance zu betrachten, beziehungsweise eine integrierte, innovative Krise einzuführen, um rechtzeitig mit Veränderungen beginnen zu können.

Hinsichtlich des *gegenwärtigen Kontextes* antwortet die vierte Position auf die Frage: Was lässt das Dilemma aktuell sein? Sie gibt damit auch eine Antwort auf die Frage, was der blinde Fleck ist. In unserem Beispiel könnte eine solche Antwort etwa lauten, dass es um das Überleben der Organisation geht. Als Letztes kann die vierte Position, *Keines von Beiden*, auch eine Antwort auf den *zeitlosen Kontext* geben, nämlich auf die Frage: „Was wird durch das Dilemma sinnvoll?", also eine Frage nach der Sinngebung. In unserem Beispiel könnte dies heißen, dass sich mein Blick nicht nur auf das pure Überleben richtet, sondern auch auf die Frage, wie ich *gut* überlebe. Der übersehene Kontext des Dilemmas stellt ein externes Reframing da, denn wir verlassen hierbei den Kontext des Beschreibungsrahmens des ursprünglichen Dilemmas.

Nun kommen wir zur dritten Rahmenerweiterung, nämlich dem *Einführen der Nicht-Position*, also dem negierten Tetralemma. Die fünfte, Nicht-Position ist gewissermaßen eine reflexive Musterunterbrechung. Die fünfte, Nicht-Position nennen wir oft: „Und auch dies nicht – und selbst das nicht". („Dies" bezieht sich hierbei auf die vier Positionen, nämlich das *Eine*, das *Andere*, *Beides* und *Keines von Beiden*, und das „das" bezieht sich auf die Nicht-Position 5 selbst, sagt also: „Und ich selbst als 5., Nicht-Position auch nicht".) Zu den reflexiven Prinzipien der Musterunterbrechung zählen wir u. a.: Humor, Ernst, Synergie, Allparteilichkeit. Doch lassen sich diese Prinzipien durch Worte weder herbeiführen noch dauerhaft wirksam beschreiben. (Humortheorien können knochentrocken werden – was allerdings wieder komisch ist.)

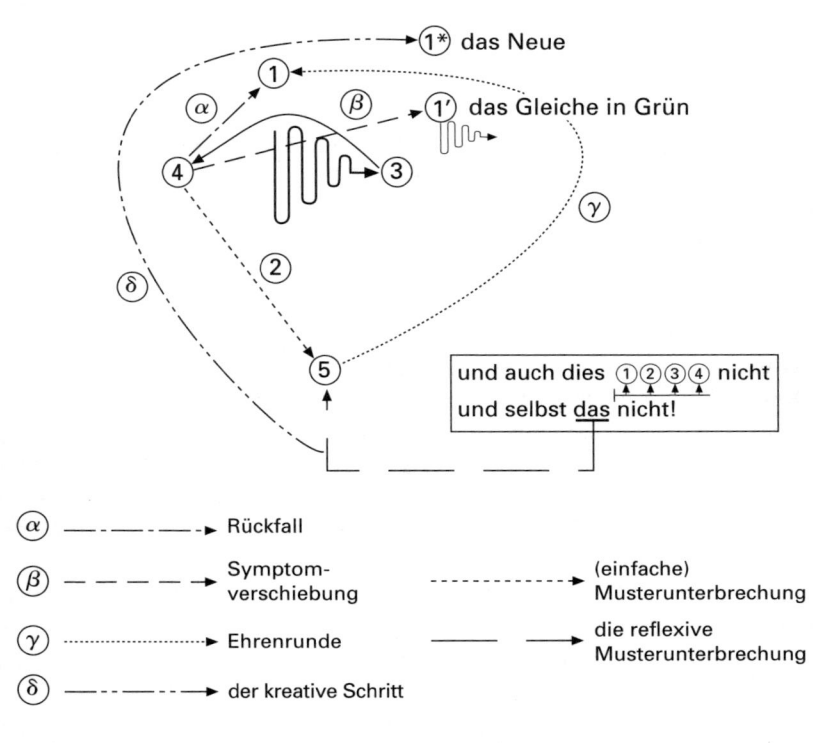

Abb.: Die dritte Rahmenerweiterung: Die reflexive Musterunterbrechung – das negierte Tetralemma

Von Position 4 gibt es nun verschiedene Möglichkeiten, weiterzugehen. Wir können von Position 4 wieder in Position 1 gehen, also in die Position das *Eine*, und danach wieder in 2, 3 und 4. Wenn dies ohne Erinnerung an den ersten Durchlauf geschieht, nennen wir dies *Rückfall*.

Eine weitere Möglichkeit nach Position 4 besteht in dem Schritt zu einer veränderten Form von Position 1, nämlich 1'. Dabei wird 1' oft „von innen" als großer Unterschied erlebt, der sich aber „von außen" als „das Gleiche in Grün" entpuppt. Wenn Position 1 das Bewahren ist, könnte Position 1' die Fixation auf das sein, was sich in der letzten Krise bewährt hat. Auf diese Weise geht man den ganzen Kreislauf nochmal durch und macht sozusagen ganz analog weiter wie zuvor, ohne es zu bemerken, das heißt, das Gleiche in Grün. Wir nennen dies eine *Symptomverschiebung*, bei der wir an einem neuen Inhalt anhaften.

Eine dritte Möglichkeit nach 4 besteht in dem Schritt von 4 auf 5. Dies nennen wir eine Musterunterbrechung. Beispiele dafür sind: die Verwendung von Humor und Ernst, das Prinzip der Allparteilichkeit und Synergie.

Eine Möglichkeit von 5 weiterzugehen, ist, nochmals die Position 1 einzunehmen, diesmal aber mit der Erinnerung daran, die Positionen 1, 2, 3 und 4 durchlaufen zu haben. Wir nennen dies eine *Ehrenrunde*. Diese Ehrenrunde ist quasi ein Überprüfen, ob wir wirklich jetzt etwas Neues machen wollen, oder ob das Alte nicht doch (zunächst noch) günstiger ist.

Eine zweite Möglichkeit nach 5 besteht darin, von 5 aus auf eine Position 1* zu gehen, auf etwas, das wir das Neue nennen können. Dies ist ein *kreativer Schritt*, nämlich zum ganzen Prozess eine Distanz und auf eine neue Weise wieder einen neuen Standpunkt einzunehmen (und dies letztlich immer wieder). Der kreative Schritt verwendet die Musterunterbrechung reflexiv, also unter Einbeziehung des „– und auch das nicht". Das Muster der Musterunterbrechung wird so nicht zum neuen Prinzip. Wir können uns das negierte Tetralemma als eine große Spirale vorstellen, in der wir langsam fortschreiten.

Bei diesem Schema geht es nicht darum, eine bestimmte Position oder Nichtposition zu erreichen, sondern um den Prozess, den Verlauf zwischen den einzelnen Positionen. So stellt auch jede Position nicht eine Art letzter Lösung dar, sondern nur immer eine jeweilige Lösung zu einem bestimmten Zeitpunkt. Aus dem Dilemma zwischen dem *Einen* und dem *Anderen* kann zum Beispiel die Position 3, *Beides*, eine momentane Lösung sein. Später wird man manchmal weitergehen müssen zu Position 4, die zu einem späteren Zeitpunkt wiederum eine Lösung darstellt. Danach gibt es die erwähnten vier Möglichkeiten, von 4 aus fortzuschreiten. Auch ein Rückfall kann manchmal die richtige Lösung sein, nämlich dann, wenn ein Fortschritt zu früh wäre. Ein Fortschritt zum falschen Zeitpunkt stellt ein Problem dar. Ebenfalls kann die Symptomverschiebung manchmal die Form einer Lösung sein. Sie führt uns auf eine andere Weise zu einem nächsten Schritt. Wir machen hier noch einmal einen ähnlichen Lernprozess durch. Die Ehrenrunde können wir als eine Überprüfung sehen, ob wir wirklich jetzt schon etwas anderes wollen. Der kreative Schritt ist ein Fortschritt, aber gleichzeitig auch ein Wagnis, da wir nicht wissen, was er für Konsequenzen hat. Ein kreativer Schritt kann natürlich auch darin bestehen, nach den vorangegangenen ständigen Restrukturierungen hier einmal ausnahmsweise nichts zu ändern.

Die Tetralemmaaufstellung ist in erster Linie ein Prozessschema, das wir in allen Entwicklungsprozessen wiederfinden können. Jede Veränderung und jeden Fortschritt können wir als eine Art Weiterbewegung innerhalb dieses Schemas sehen.

Die Problemaufstellung

Als nächste Aufstellungsform betrachten wir die Problemaufstellung etwas detaillierter. Diese beschreibt gewissermaßen den Weg von der Position 1 zur Position 2 im Tetralemma. Wenn wir in einer Welt sind, in der es nur das *Eine* gibt, dann ist das Auftauchen von etwas Neuem, dem *Anderen*, bereits eine Kontexterweiterung. In diesem Sinne ist das Dilemma bereits oft eine Art von Lösung. In diesem beschriebenen Zeitraum ist die Problemaufstellung angesiedelt, nämlich in der Bewegung vom momentanen Zustand zu einem künftigen Ziel.

Die Teile der Problemaufstellung finden wir, wenn wir die Grammatik des Wortes *Problem* betrachten – Grammatik hier im Sinne des späten Wittgenstein verstanden. Zu jedem Problem muss es einen *Fokus* geben, nämlich jemanden, der Träger des Problems ist. Dann muss es ein *Ziel* geben: Wenn wir nicht auf ein Ziel ausgerichtet sind, wären wir mit dem jetzigen Zustand zufrieden und würden nichts ändern wollen. Es wäre kein Motiv da, auf etwas Neues zuzugehen.

Weitere Teile einer Problemaufstellung sind die *Hindernisse*. Hindernisse müssen vorhanden sein, sonst hätten wir es nicht mit einem Problem zu tun, sondern es läge ein unproblematisch erreichbares Ziel vor uns. Wir verwenden zur Komplexitätsreduktion meist ein bis drei (eventuell geclusterte) Hindernisse. Diese erfahren während der Aufstellung beim Umstellen sowie bei der Prozessarbeit Umdeutungen. Sie verändern sich dabei oft von Hindernissen zu Schutzwällen und dann zu Helfern. Hier geschieht ein implizites Reframing während der Aufstellungsarbeit vom Ausgangsbild zum Lösungsbild. Weitere Teile der Problemaufstellung sind *ungenützte Ressourcen*, von denen wir meist ein oder zwei verwenden. Ungenützte Ressourcen müssen vorhanden sein, denn sonst wäre es nicht möglich, das Problem zu lösen. Wenn wir alle Fähigkeiten, die wir haben, bereits genützt hätten, gäbe es nichts, was weiterhilft, den Schritt zur Lösung zu tun, und das Anliegen wäre schlicht eine falsche Frage. Gibt es jedoch noch ungenützte Ressourcen, so liegt die Veränderungskraft auch in uns selber. Ein Problem, das prinzipiell unlösbar ist, könnte man eben eine falsch gestellte Frage nennen. Wenn etwa jemand sagt, er wolle durch die Wand gehen, würden wir das nicht als ein Problem bezeichnen, sondern als ein ungeeignetes Anliegen, da der Fragende nur irrtümlich annimmt, dass es eine Lösung genau im geforderten Sinne gäbe.

Ein fünfter Teil bei den Problemaufstellungen ist der *verdeckte Gewinn*. Dieser weist darauf hin, wofür es gut war, dass das Problem bis jetzt noch nicht gelöst ist. Wäre es für nichts gut, dass das Problem noch nicht gelöst ist, dann wäre es bereits verschwunden oder als Anliegen aufgegeben worden. Der verdeckte Gewinn gibt also eine Antwort auf die Frage, was der Nutzen des bisherigen Problems ist. Manchmal besteht der Nutzen nur darin, dass unser Verhalten eine Gewohnheit ist und daher den Vorteil einer Routinetätigkeit bietet, die wie von selbst, beziehungsweise schneller abläuft.

Ein sechster Teil der Problemaufstellung ist die *zukünftige Aufgabe*, nämlich das, was nach dem Lösen des Problems dran ist. Manchmal nennen wir diesen Teil auch: „das, was danach dran ist". Dieser Teil gibt Hinweise darauf, ob eventuell die versuchte Problemlösung selbst das eigentliche Problem ist (hier geht es also um die klassischen Lösungen zweiter Ordnung). Das wäre etwa dann der Fall, wenn beim Lösen des Problems ein noch schwierigeres Problem auftaucht, so dass das jetzige Nicht-Lösen zunächst eine Lösung darstellt.

Betrachten wir nun Beispiele für die einzelnen Teile, damit diese Aufstellungsform für den Organisationskontext etwas anschaulicher wird. Das Ziel könnte zum Beispiel die Einführung einer neuen Technologie, etwa die Verwendung des Internets sein. Hindernisse, die in Organisationen bei diesem Ziel auftreten, könnten etwa sein: die Ängste der Mitarbeiter vor der Mehrarbeit, vor der Umschulung, oder der Widerstand gegen den Abbau der alten Technologie, sowie auf Seiten des Betriebes der Kostenaufwand für die Einführung der neuen Technologie. Auch Mitarbeiter, die durch die Einführung der alten Technologie ihre Positionen verlieren und deshalb der Einführung der neuen Technologie nicht positiv zugewandt sind, stehen dem Ziel entgegen. Ungenützte Ressourcen können in diesem Beispiel für die Mitarbeiter die Freude am Lernen sein, sowie das spielerische Kennenlernen der neuen Technologie, Flexibilität oder eine überraschende Fähigkeit. Manchmal stellen wir auch eine dritte Ressource auf, ohne dass wir sie benennen. Der verdeckte Gewinn könnte in unserem Beispiel die Loyalität zu den alten Strukturen sein oder die Routine, die mit der alten Technologie verbunden ist. Eine zukünftige Aufgabe könnte hier darin bestehen, besser wettbewerbsfähig zu sein, eventuell eine mit der neuen Technologie verbundene neue Marktorientierung und die Einführung neuer Produkte zu fördern. Bei der Problemaufstellung werden diese Teile aufgestellt und dann ein Lösungsbild gesucht mit Hilfe von Umstellung der Teile, Hinzufügung eventuell neuer Teile, zum Beispiel einer weiteren Ressource, und Prozessarbeit mit symbolischen Sätzen oder ganzen Ritualen.

Die Aufstellung des eigentlichen Themas

Eine weitere Aufstellungsform, die sich für Organisationen besonders gut eignet, ist die Aufstellung des eigentlichen Themas. Hier haben wir nur drei Teile bei der Aufstellung: Den *Fokus*, also die Perspektive desjenigen, der das Anliegen hat, dann das *offizielle Thema* und das *eigentliche Thema*, das wir manchmal auch „worum es hier eigentlich (auch noch) geht" nennen. Diese drei Teile werden von demjenigen, der die Frage hat, zunächst aus der Gruppe ausgewählt und dann im Raum gestellt. Hier zeigt sich oft, dass das eigentliche Thema etwas ist, was ausgeschlossen wurde. Wir brauchen hier nicht unbedingt vorher inhaltlich zu wissen, was das eigentliche Thema ist. Die Art der Stellung und die Art, wie es sich zu den anderen Teilen verhält, lässt Rückschlüsse darauf zu, um was es sich handeln könnte, und man bekommt Ideen, was eventuell ausgeschlossen war. Auch wenn die Aufstellung dieses nicht klärt, ist es hilfreich, diesen Prozess bis zum Lösungsbild durchzuführen. Das Unbewusste kann dann neue Lösungen kreieren, auch wenn wir vielleicht nicht sofort bewusst wissen, worum es eigentlich geht. Hier muss den KlientInnen im Organisationsbereich häufig eine vorläufige Ergebnisformulierung, die einen ergänzenden Suchprozess offen lässt, angeboten werden – ein ohnedies für Systemische Strukturaufstellungen höchst empfehlenswertes Vorgehen (mit Erickson'schen Akzenten).

Das *offizielle Thema* dieser Aufstellungsform kann häufig dem *Ziel* der Problemaufstellung entsprechen oder *dem Anderen* in der Tetralemmaaufstellung. Das *eigentliche Thema* entspricht häufig dem *verdeckten Gewinn* in der Problemaufstellung und der vierten Position, *Keines von Beiden* im Tetralemma. Es weist auf den *übersehenen Kontext* hin und ist häufig etwas *Ausgeschlossenes*. In der folgenden Tabelle finden Sie eine Aufführung der Entsprechungen von Teilen in verschiedenen Aufstellungsformen zueinander. Sie finden einen Vergleich zwischen Familienaufstellung, Aufstellung des eigentlichen Themas, Problemaufstellung und Tetralemmaaufstellung.

FA Familienaufstellung Gegenwartsfamilie bzw. Ursprungsfamilie	AET Aufstellung des eigentlichen Themas	PA Problemauf- stellung	TLA Tetralemma- aufstellung
KlientIn	Fokus	Fokus	Fokus
Gegenwartsthema bzw. Elternteil 1 (offene Loyalität)	offizielles Thema	Ziel	das Eine
Ursprungsfamilienthema oder früherer Partner bzw. Elternteil 2 (verdeckte Loyalität)	eigentliches Thema	künftige Aufgabe oder verdeckter Gewinn	Keines von Beiden
Ausgeschlossenes	eigentliches Thema	verdeckter Gewinn	Keines von Beiden

Tab.: Einige Übersetzungsmöglichkeiten für verschiedene Formen Systemischer Strukturaufstellungen

Manchmal findet, wenn wir mit einer bestimmten Aufstellung beginnen, ein *Strukturebenenwechsel* zu einer anderen Aufstellung statt: Dies kann implizit geschehen und auch explizit. Wenn zum Beispiel innerhalb einer Problemaufstellung ein Strukturebenenwechsel zu einer Familienaufstellung stattfindet, bedeutet *implizites Vorgehen*, dass wir diesen Wechsel nicht benennen, sondern Sätze und Rituale, die für beide Aufstellungsformen passend sind, auswählen und sonst gleichzeitig auf zwei verschiedenen Strukturebenen arbeiten. Unser Unbewusstes kann die Prozesse auf beiden Ebenen gleichzeitig verstehen. Von einem *expliziten* Strukturebenenwechsel spreche ich dann, wenn ich die Teile explizit umbenenne, zum Beispiel das *Eine* aus der Tetralemmaaufstellung als mütterlichen Aspekt bezeichne oder das *Andere* als väterlichen Aspekt. Systemische Strukturaufstellungen geben die Möglichkeit, abstrakt zu bleiben und nicht explizit umbenennen zu müssen. Das hat den Vorteil, dass wir verdeckt und gleichzeitig auf verschiedenen Ebenen arbeiten können, die Ebenen weder benannt werden müssen, noch wir darauf Einfluss nehmen, auf welcher Ebene die Prozesse und das Umstellen vom Klienten gedeutet werden. Für Organisationsaufstellungen ist die verdeckte Arbeit wegen der erhöhten Schutzbedürftigkeit der Kontraktpartner von eminenter Bedeutung.

Die Glaubenspolaritätenaufstellung

Als Nächstes möchte ich hier eine Aufstellungsform vorstellen, die sich für die Arbeit mit Werten in Organisationen besonders eignet: Es handelt sich um die *Glaubenspolaritätenaufstellung*. Diese Aufstellungsform geht zurück auf eine Einteilung der Religionsformen innerhalb der französischen Religionsphilosophie im Werk von Frithjof Schuon bezüglich der Pole *Erkenntnis*, *Liebe* und *Ordnung*. Diese Einteilung stammt aus der Systematik des Yoga und betrifft die Unterscheidung von *Jnana*-Yoga, *Bhakti*-Yoga und *Karma*-Yoga als den drei, alle anderen Yoga-Arten implizit umfassenden, Grundformen. Die drei Pole sind in der Aufstellung Orte, die durch Personen repräsentiert werden. Die Orte stehen im Dreieck zueinander.

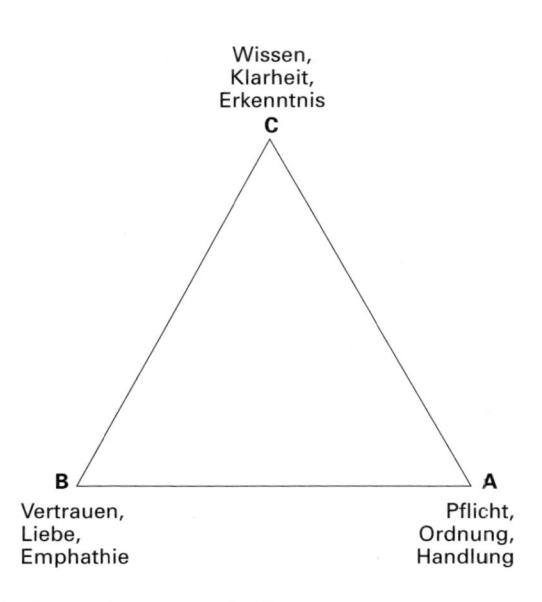

```
          Wissen,
          Klarheit,
          Erkenntnis
              C
             /\
            /  \
           /    \
          /      \
         /        \
        /          \
       /            \
      /              \
     B ──────────────── A
Vertrauen,           Pflicht,
Liebe,               Ordnung,
Emphathie            Handlung
```

Abb.: Die Glaubenspolaritätenaufstellung

Wir haben dann noch einen vierten Teil, nämlich den *Fokus* als Repräsentant für denjenigen, der das Anliegen hat. Dieser wird in dieses von den drei Polen aufgespannte Dreieck hineingestellt. Für Organisationen können wir unter *Karma* so etwas verstehen, wie Pflichten, Ordnung und Handlung. Der Pol *Jnana* ist hier zu verstehen als Erkenntnis, Klarheit und Wissen, der Pol *Bhakti* als Vertrauen, Einsatz für das Wohl der Mitarbeiter und Empathie. Diese drei Pole stellen starke Ressourcen dar. Innerhalb der Aufstellung können wir den Zugang zu diesen Ressourcen wieder öffnen und feststellen, welche davon zugänglich sind und welche nicht. Mit Hilfe der Prozessarbeit können wir zu den verloren gegangenen Ressourcen wieder Kontakt aufnehmen.

Wenn in einer Organisation der *Karma-Aspekt* vernachlässigt wird, dann kann es zum Beispiel zu Konflikten zwischen Mitarbeitern kommen oder zu Nachfolgetendenzen bei Ausschluss, etwa, wenn einem ungerecht behandelten Mitarbeiter nachgefolgt wird, also ein anderer Mitarbeiter sich ähnlich wie dieser zu verhalten beginnt. Weitere Folgen können Unzufriedenheit und auch ein erhöhter Krankenstand im Betrieb sein. Die Vernachlässigung des *Bhakti-Aspektes* kann zu Loyalitätsverlust bei den Mitarbeitern im Betrieb führen und zur Demotivation, wie auch zu einem schlechten

Betriebsklima. Wird in einer Organisation der *Jnana-Aspekt* nicht beachtet, so kann es zu kurzsichtigen Entscheidungen kommen, zu Fehlinvestitionen, zu Fehlbesetzungen, und auf Seiten der Mitarbeiter zu blindem Gehorsam. Auf all diese Schwächen kann eine Glaubenspolaritätenaufstellung hinweisen und erste Hinweise geben, wie wir sie überwinden können.

Die Neunfelderaufstellung

Als letzte Form unserer systemischen Strukturaufstellungen für den Organisationsbereich stelle ich die **Neunfelderaufstellung** dar. Sie ist insbesondere dann geeignet, wenn wir nicht viele Personen als Repräsentanten zur Verfügung haben. Bei der Neunfelderaufstellung haben wir eine Zeitlinie, die in drei diskontinuierliche Bereiche eingeteilt ist, nämlich: *Gegenwart, Zukunft* und *Vergangenheit*. Diese drei Bereiche ergeben drei Felder. Außer der Zeitachse haben wir auch noch eine Achse, die den Bereich, auf den sich der zeitliche Kontext bezieht, einteilt. Diese zweite Achse ordnet die Kontexte ein in *internen Kontext, Grenze* und *externen Kontext*. Die Person wird dabei verstanden als Grenze zwischen dem internen und externen Kontext. (Diese Arbeit integriert Ideen der Zeitlinienarbeit von R. Dilts, T. James, W. Woodsmall und verbindet sie mit Methoden der Systemischen Strukturaufstellungen.)

Zukunft Woran erkenne ich, dass das Problem gelöst ist?			
Gegenwart Was bewährt sich gegenwärtig?			
Vergangenheit Welche vergangenen erfolgreichen Lösungen gibt es?			
Zeit / Bereich	**interner Kontext**	**Grenze**	**externer Kontext**

Abb.: Die Neunfelderaufstellung

Beide Achsen spannen einen Bereich auf, der nun neun Felder beinhaltet. Diese *neun Felder* sind Orte, die im Raum durch die Raumfelder repräsentiert werden, also diesmal nicht durch Personen. Ein weiterer Teil ist der *Fokus*, der durch eine Person repräsentiert wird. Dieser Fokus kann sich auf diesen neun Orten bewegen. Wenn auf einem dieser Felder etwas auftaucht, das heißt der Klient auf diesen Feldern etwas visualisiert, können wir dies durch eine *Hand* der TherapeutIn repräsentieren oder auch durch eine Person. Diese Aufstellungsform bietet die Möglichkeit auch nur mit einer Person zu arbeiten, nämlich derjenigen, die das Anliegen hat. Sie nimmt dann für sich einen symbolischen Gegenstand, der sie repräsentiert. Um zu spüren, wie es sich auf den einzelnen Orten und an ihrem Platz anfühlt, stellt sich die KlientIn auf diese Orte und kann dann die Wahrnehmungen schildern. Tauchen weitere Personen im inneren Bild der KlientIn auf, können diese wiederum durch eine Hand der TherapeutIn repräsentiert werden. Die TherapeutIn hält auf Augenhöhe an dem entsprechenden Ort ihre Hand und die KlientIn kann in ihre Hand blicken und zu der vorgestellten Person sprechen.

Bei der Neunfelderaufstellung ist es auch möglich, zusätzlich mit einer kontinuierlichen Zeitachse zu arbeiten. Dann sind die Felder in der Zukunft und im Vergangenheitsbereich offen und nicht abschlossen. Abgeschlossene Felder haben wir dann nur in der Gegenwart. Diese Aufstellungsform erleichtert zum Beispiel einen Strukturebenenwechsel in eine Familienaufstellung, beziehungsweise in eine Aufstellungsform, die mehr auf vergangene Ereignisse eingeht. Die Familienmitglieder oder die Personen aus der Vergangenheit können in der Vergangenheit auftauchen und mit ihnen können Prozesse durchgeführt werden, die zur Aussöhnung führen und helfen, mit dem Vergangenen abzuschließen, so dass sich die KlientInnen der Zukunft zuwenden können.

Entwickelt habe ich die Neunfelderaufstellung aus dem Wunsch, eine Verbindung zwischen lösungsfokussierter Kurzberatung und Aufstellungsarbeit zu schaffen. Die Zeitbereiche: *Gegenwart, Zukunft* und *Vergangenheit* können hier aufgefasst werden als Bereiche für zukünftige, gegenwärtige und vergangene Lösungen, die im lösungsfokussierten Interview erfragt werden. Fragen zur Gegenwart beantworten, was sich im Moment bewährt. Fragen zu vergangenen Lösungen zeigen auf, welche vergangenen Lösungen es gibt, und welche Ausnahmen zum Problem bestehen. Zukünftige Lösungen bekommen wir auf die Frage, woran wir erkennen würden, dass das

Problem gelöst ist, oder etwas ausführlicher: Woran würde ich es merken, wenn über Nacht ein Wunder geschieht und alles, weswegen ich hier hergekommen bin, gelöst ist? Wenn mir am nächsten Morgen niemand sagt, dass das Wunder eingetreten ist, woran kann ich wahrnehmen, dass es eingetreten ist? (Man glaube bitte nicht, dass durch eine derartige kurze Wiedergabe der subtile und differenzierte Prozess der Verwendung der Wunderfrage adäquat beschrieben wäre. Die meisten angeblichen Verwendungen dieser Frage, zu denen de Shazer sagte: „Ich war entsetzt, als ich hörte, dass das die Wunderfrage sein sollte – für mich bestand nicht einmal eine Ähnlichkeit" – vergessen die ausführliche Einbettung der Frage in den Alltagskontext samt den darin enthaltenen Aspekten Ericksonscher Amnesieinduktion, die Elizitierung unbewusster Suchprozesse durch geeignete Sprechpausenrhythmen usw. usw.)

Im Bereich *innerer Kontext* können nun alle inneren Dialoge, inneren Maßnahmen in einem Betrieb, inneren Werte, Denkmuster usw. auftreten, die hilfreich sind für Lösungen in Vergangenheit, Gegenwart und Zukunft. Innerhalb des *externen Kontextes* können Kunden, Berater, Partner auftauchen, die hilfreich sind für eine Lösung.

Ich möchte nun für die verschiedenen Felder einige Beispiele nennen. Meistens stellt der Klient seinen Repräsentanten auf das mittlere Feld, also das Feld *Gegenwart* und *Grenze*. Hier können wir beginnen mit den Fragen:

- Was ist das gegenwärtige Anliegen?
- Wie sieht die momentane Situation aus?

Fragen zu den Feldern *Gegenwart, externer Kontext* können sein:

- Welche Kunden sind zufrieden?
- Was macht Sie zufrieden?
- Wer sind vertrauenswürdige Partner oder Berater?
- Welches Outsourcing bewährt sich im Moment?
- Welche Marktorientierung verspricht Erfolg?

Fragen zum *internen Kontext* dagegen wären:

- Welche Strukturen, Maßnahmen, Mitarbeiter bewähren sich zur Zeit im Betrieb?
- Was ist im Moment im Betrieb hilfreich?

Fragen zur *Vergangenheit* sind:

- Wann lief der Betrieb gut, wann hatten wir schon einmal eine Lösung des Problems?

Fragen zum *vergangenen externen* Kontext sind:

- Welche Berater, Partner waren hilfreich?
- Zu welchen Zeiten waren die Kunden zufrieden?
- Was hatte sie zufrieden gemacht?
- Wofür wurde die Organisation geschätzt?

Fragen zum *vergangenen internen* Kontext sind:

- Was war früher erfolgreich?
- Welche Slogans, Maßnahmen, Rituale, Umstrukturierungen innerhalb der Organisation waren hilfreich?
- Welche Firmenkultur hat sich bewährt?

Wenn bei diesen Fragen etwas Überraschendes auftaucht, ist es immer möglich, Repräsentanten aus der Gruppe für die entsprechenden Personen, Werte oder Maßnahmen aufzustellen und mit ihnen in einen Dialog zu gehen. Arbeiten wir nur mit einer einzelnen Person, so kann der Berater seine Hand zur Verfügung stellen.

Als Fragen zum zukünftigen Bereich wären etwa die folgenden möglich:

- Welche Visionen haben Sie?
- Woran würden Sie merken, dass all Ihre Probleme gelöst sind?

Zum Beispiel ist das Business-Reengineering auch eine Methode, diesen Bereich zu betreten.

Fragen zum *zukünftigen externen Kontext* wären:

- Welche Kunden, Berater, Partner werden hinzukommen, wenn das Problem gelöst ist?
- Mit welcher neuen Marktausrichtung sollten wir dann rechnen?

Fragen zum *zukünftigen internen Kontext* könnten sein:

- Welche Veränderungen wären dann in der Organisation möglich?
- Was erhöht die Einsatzbereitschaft der Mitarbeiter?

Bei der Beantwortung der Fragen zu dem Bereich Zukunft und Grenze kann der Klient in den Bereich hineintreten und die Lösung direkt erfahren. Auch wäre es zum Beispiel möglich, aus diesem Bereich zu sich selbst in der Gegenwart Ratschläge sprechen zu lassen, beziehungsweise etwas zu sagen, was man jetzt weiß und was auf dem Wege dahin hilfreich ist. Dieses Schema ermöglicht Antworten auf Fragen, also die Lösungen, selber zu erleben, indem man auf die entsprechenden Felder tritt. Aus dieser Erfahrung ist manchmal ein anderes Handeln möglich, als wenn der ganze Prozess nur im Gespräch verläuft. Aus meiner Sicht ist die Neunfelderaufstellung ein sehr effektives Instrument des Coachings durch Anleitung zum Selbst-Coaching.

Wie werden aus den möglichen Lösungen in Aufstellungen Wirklichkeiten?

Es bleibt im Rahmen dieses Textes noch eine besonders zentrale Frage zu beantworten, nämlich: Wie werden aus den möglichen Lösungen in Aufstellungen Wirklichkeiten? Die in den Aufstellungen erfolgten Umstellungen und Prozesse, die zu einer Lösung führen, stellen Möglichkeiten dar und sind natürlich im Moment noch nicht verwirklicht – außer im Erleben des Fokus und am Schluss, wenn der Klient an seine Stelle tritt, durch die dann gegenwärtige Erfahrung. Damit eine Aufstellung wirken kann, muss aus unserer Sicht Folgendes gegeben sein:[6]
1. Die gefundene *Lösung muss zum Gegebenen ähnlich* sein und zwar hinsichtlich ihrer *Mannigfaltigkeit* und ihrer *Beziehungsstruktur*. Den Begriff Mannigfaltigkeit verwende ich hier im Sinn des frühen Wittgenstein. Wenn zum Beispiel in einer Organisation drei Hierarchieebenen durch fünf Repräsentanten repräsentiert werden, dann entsteht berechtigterweise die Frage, wieso fünf Repräsentanten und nicht nur drei? Repräsentieren wir dagegen fünf Hierarchieebenen durch fünf Repräsentanten, so haben wir hier die gleiche Mannigfal-

[6] Näheres dazu in Varga von Kibéd und Sparrer (2000).

tigkeit. Im ersteren Fall haben wir nicht die gleiche Mannigfaltigkeit und das Bild wird daher schwer verstanden. Wir können nur dann reduzieren oder differenzieren, wenn wir einen Grund dafür angeben. Die Ähnlichkeit in der Beziehungsstruktur ist durch den Aufstellungsprozess am Beginn gegeben, nämlich dann, wenn die Teile im Raum aufgestellt werden, sodass ihre Abstände und ihre Winkel zueinander ein Abbild der Beziehungsstruktur der einzelnen Teile untereinander wiedergeben.

2. Die Lösung muss *wahrgenommen* werden. Dies stellen wir dadurch sicher, dass wir die KlientInnen am Ende in das Aufstellungsbild hineintreten lassen, an die Stelle ihrer RepräsentantInnen, und sie hier bewusst wahrnehmen, wie die einzelnen Teile nun anders stehen und sich erinnern, wie die Prozessarbeit abgelaufen ist.

3. Die Lösung muss *erinnert* werden. Dies kann dadurch erfolgen, dass ein weiterer Termin vereinbart wird. Bei einem nächsten Termin können dann auch Aufgaben gegeben werden, die helfen, sich an lösende Prozesse und das Lösungsbild zu erinnern.

4. Die Lösung muss *angewendet und verwendet* werden. Dabei spielen einmal die *Häufigkeit* und *Wichtigkeit* eine Rolle und auch die *Zeitdauer* der Verwendung. Nach einer Aufstellung wird zunächst keine Aufgabe gegeben, aber gesagt, dass dieses Bild nachwirken kann und sich daraus eine Handlung ergibt. Führt ein Aufstellungsbild im Laufe einer nächsten längeren Zeit nicht zu einer Handlung, dann wird sie nicht in den Alltag integriert werden können, dann wird sie sozusagen verpuffen. Die Handlung sollte aus dem Lösungsbild heraus beim Klienten selber entstehen. Es ist günstiger, sie aus dem Bild selbst entstehen zu lassen, als dass der Berater sie vorschlägt. Wenn sich eine solche Handlung gezeigt hat, dann ist es natürlich möglich, sie durch Aufgaben zu unterstützen. (Die Aufgabe sollte, wenn die Kontraktart einen derartigen Vorschlag verlangt, mindestens offene Aspekte enthalten.)

Wir haben allen Grund dazu, optimistisch zu sein, dass die immer wieder überraschende und anrührende Erfahrung der repräsentierenden Wahrnehmung, des Wissens aus dem Unbewussten zwischen uns, der Verbindung mit dem wissenden Feld und der systemischen Resonanz sich noch auf viele weitere Weisen und auf vielen weiteren Gebieten als kraftvoll und hilfreich erweisen wird.

Anhang

Aufstellungsform	- aufgestellte Teile	- Anwendungsbereich
Organisationsaufstellungen im engeren Sinne	- Einzelpersonen - Teams - Projektgruppen - hierarchische Ebenen - Verschiedene Organisationen, die miteinander vernetzt sind - System Lieferanten, Organisation, Kunden	- Klärung von Fragen zur Organisationsstruktur - Personalfragen (Einstellung, Nachfolgeregelung ...) - Aufdeckung vergessener Perspektiven und Systemelemente - Klärung von Reihenfolgen und Zugehörigkeiten - Sichtbarmachen von Beziehungsstrukturen innerhalb einer Organisation und zwischen Organisationen, Kundensystem und Lieferantensystem
Tetralemmaaufstellung	- Fokus - das Eine - das Andere - Beides - Keines von Beiden - 5., Nicht-Position	- Konfliktklärung - Entdeckung kreativer Kontextbedingungen für neue Lösungen - Zielarbeit - Hilfe für Entscheidungsfindung
Glaubenspolaritätenaufstellung	- Fokus - Ordnung - Vertrauen - Erkenntnis	- Konstruktion neuer Visionen - Aufhebung von Blockaden - Stärkung von Ressourcen
Problemaufstellung	- Fokus - Ziel - Hindernisse 1–3 - Ungenützte Ressourcen 1–2 - Verdeckter Gewinn - Zukünftige Aufgabe	- Aufhebung von Blockaden - Zielarbeit - Auffinden von Stärken von Ressourcen - Konfliktlösung

Tab. 1: *Überblick über für Organisationen geeignete Aufstellungsformen*

Aufstellung des eigentlichen Themas	- Fokus - offizielles Thema - eigentliches Thema	- Zielarbeit - Konfliktklärung
Neunfelderaufstellung	- Fokus - 9 Felder als Orte - Zeitlinie - Hände als Repräsentanten	- Zielarbeit - Visionsarbeit - Auffinden von Ressourcen
gemischte symbolische Aufstellung	- Fokus - Werte - Personen - Teams - Organisation	- Arbeit an Firmenwerten - Klärung von Beziehungsgefügen zu spezifischen Themen - Modifikation von Grundprinzipien - für heterogene Beschreibungsaspekte von einem Anliegen
Supervisionsaufstellung	- Berater - Teile der beratenen Organisation	- Supervision
sprachliche Oberflächenaufstellung	- Fokus - Teile eines Satzes	- Modifikation von Grundprinzipien - für heterogene Beschreibungsaspekte eines Anliegens
Wertpolaritätenaufstellung	- Fokus - verschiedene Werte	- Arbeit an Firmenwerten
syllogistische Aufstellung	- Fokus - immer - nie - manchmal - manchmal nicht	- Modifikation von Generalisierungen
mehrperspektivische Aufstellung	- Fokus 1 - Fokus 2 - verschiedene Teile, die das Anliegen betreffen	- Klärung von Konfliktsituationen

Tab. 1 (Forts.): Überblick über für Organisationen geeignete Aufstellungsformen

Zukunft Woran erkenne ich, dass das Problem gelöst ist?	Welche Veränderungen werden dann möglich?	Vision Business-Reengineering Was ist statt des Problems da?	Welche Kunden, Berater, Partner kommen hinzu? neue Marktausrichtung
Gegenwart Was bewährt sich gegenwärtig?	Welche Strukturen, Maßnahmen, Mitarbeiter im Betrieb bewähren sich?	gegenwärtige Situation Was ist ihr Anliegen?	Welche Kunden sind zufrieden? Wer sind vertrauenswürdige Partner oder Berater? Welches Outsourcing bewährt sich? Welche Marktausrichtung verspricht Erfolg?
Vergangenheit Welche vergangenen erfolgreichen Lösungen gibt es?	Was war früher erfolgreich? Welche Slogans, Rituale, Maßnahmen, Umstrukturierungen waren hilfreich? Welche Firmenkultur hat sich bewährt?	Zu welchen Zeiten lief der Betrieb gut? Ausnahmen vom Problem	Welche Berater, Partner waren hilfreich? Wann waren die Kunden zufrieden? Wofür wurden wir geschätzt?
	interner Kontext	**Grenze**	**externer Kontext**

Tab. 2: Die Neunfelderaufstellung

Literatur

de Shazer, S. (1989): Der Dreh. Heidelberg (Carl-Auer-Systeme).
de Shazer, S. (1997): „... Worte waren ursprünglich Zauber". Dortmund (Modernes Lernen).
Hellinger, B. (1994): Ordnungen der Liebe. Ein Kursbuch. Heidelberg (Carl-Auer-Systeme), 6. erw. Auflage 2000.
Hellinger, B. u. Ten Hövel, G. (1996): Anerkennen, was ist. München (Kösel), 9. Aufl. 1999.

Hellinger, B. (1999): Organisationsberatung und Organisationsaufstellungen. Werkstattgespräch über die Beratung von (Familien)-Unternehmen, Institutionen und Organisationen. [Video]. Heidelberg (Carl-Auer-Systeme).

Milz, H. u. M. Varga v. Kibéd (1998): Körpererfahrungen – Anregungen zur Selbstheilung. Zürich (Walter).

Sparrer, I. (1997): Modifikationen der Grundprinzipien der systemischen Familienaufstellungen beim Übergang zu systemischen Strukturaufstellungen. *Hypnose und Kognition* 14 (1/2).

Sparrer, I. (1998a): Lösungsaufstellung, Neunfelderaufstellung und Zielannäherungsaufstellung: drei Formen der Verbindung von systemischer Aufstellungsarbeit und de Shazers lösungsorientierter Kurztherapie. In: G. Weber (Hrsg.): Praxis des Familien-Stellens. Heidelberg (Carl-Auer-Systeme), S. 360–364.

Sparrer, I. u. M. Varga v. Kibéd (1995): Systemische Familientherapie: Strukturaufstellungsarbeit. In: B. Schwertfeger u. K. Koch (Hrsg.): Der Therapieführer. München (Heyne).

Sparrer, I. u. M. Varga v. Kibéd (1996): Theorie und Praxis der systemischen Strukturaufstellungen [2 Videocassetten]. Dortmund (VCR).

Sparrer, I. u. M. Varga v. Kibéd (1998a): Körperliche Selbstwahrnehmung in systemischen Strukturaufstellungen. In: H. Milz u. M. Varga v. Kibéd (Hrsg.): Körpererfahrungen – Anregungen zur Selbstheilung. Zürich (Walter).

Sparrer, I. u. M. Varga v. Kibéd (1998): Vom Familien-Stellen zur Systemischen Strukturaufstellungsarbeit. In: G. Weber (Hrsg.): Praxis des Familien-Stellens. Heidelberg (Carl-Auer-Systeme), S. 394–404.

Varga v. Kibéd, M. (1998a): Bemerkungen über philosophische Grundlagen und methodische Voraussetzungen der systemischen Aufstellungsarbeit. In: G. Weber (Hrsg.): Praxis des Familien-Stellens. Heidelberg (Carl-Auer-Systeme), S. 51–60.

Varga v. Kibéd, M. (1998b): Systemisches Kreativitätstraining, Tetralemmaaufstellungen und Aufstellungsarbeit mit Drehbuchautoren. In: G. Weber (Hrsg.): Praxis des Familien-Stellens. Heidelberg (Carl-Auer-Systeme), S. 504–509.

Varga v. Kibéd, M. (1998c): Grundlagen systemischen Denkens [2 Audiocassetten]. Münsterschwarzach (Vier Türme).

Varga v. Kibéd, M. u. I. Sparrer (2000): Ganz im Gegenteil. Tetralemmaarbeit und andere Grundformen Systemischer Strukturaufstellungen. Heidelberg (Carl-Auer-Systeme), 2. Aufl.

Weber, G. (Hrsg.) (1993): Zweierlei Glück. Die systemische Psychotherapie Bert Hellingers. Heidelberg (Carl-Auer-Systeme), 13. Auflage 2000.

Weber, G. (Hrsg.) (1998): Praxis des Familien-Stellens. Heidelberg (Carl-Auer-Systeme), 3., überarb. Aufl. 2000.

Weber, G. u. B. Gross (1998): Organisationsaufstellungen. In: G. Weber (Hrsg.): Praxis des Familien-Stellens. Heidelberg (Carl-Auer-Systeme), S. 405–420.

Wiest, F. u. M. Varga v. Kibéd (1998): Homöopathische Systemaufstellungen. In: G. Weber (Hrsg.): Praxis des Familien-Stellens. Heidelberg (Carl-Auer-Systeme), S. 446–459.

Prozessorientierte Organisationsaufstellungen

Guni-Leila Baxa und Christine Essen

In diesem Beitrag beschäftigen wir uns mit Vorgehensweisen, die uns bei Organisationsaufstellungen und beim Stellen größerer sozialer Systeme dienlich geworden sind. Wir ordnen diese einem Phasenmodell zu, das ursprünglich aus der Anthropologie stammt und dort zur Beschreibung von Übergangsritualen verwendet wird. Mehrere Fallbeispiele werden die Darstellung erläutern.

Systeme-Stellen als Übergangsritual

Mit dem Begriff „Ritual" umfasst unsere Alltagssprache ein weites Feld. Der Bedeutungsbogen spannt sich von täglich wiederholten, einfachen Gewohnheiten über jahreszeitlich wiederkehrende Feste, das Durchführen alter Bräuche, das zeremonielle Feiern bestimmter Lebensabschnitte oder einmaliger Lebensereignisse, bis hin zu religiösen Vollzügen. So verstanden, bilden Rituale ein wesentliches Gestaltungselement in allen menschlichen Kulturen.

Im psychotherapeutischen Bereich wird Ritualen zunehmend mehr Beachtung geschenkt. Das geschieht zum einen im Hinblick auf die Kraft und die Bedeutung, die ihnen von Klienten in verschiedenen Lebenszusammenhängen zugeschrieben wird, zum anderen als Nutzung einer unterstützenden und vielseitig einsetzbaren Interventionsform. Über Rituale können bestimmte Veränderungsschritte im therapeutischen Prozess angeregt, durchgeführt und begleitet werden. J. Roberts schreibt – auf Grundlage von Definitionen verschiedener Anthropologen – Ritualen unter anderem folgende Wirkweisen zu (Imber-Black, Roberts und Whiting 1993, S. 20–35):

- Rituale stellen einen „Erwartungsrahmen zur Verfügung, in dem durch den Gebrauch von Wiederholung, Vertrautheit

und der Umwandlung des schon Bekannten neue Verhaltensweisen, Handlungen und Bedeutungen entstehen können".
– Rituale sprechen „nicht *über* Rollen, Regeln, Beziehungen und Weltbilder, sondern *in* Rollen, Regeln, Beziehungen und Weltbildern, während sich diese im Ritual verwandeln".
– Rituale enthalten sowohl offene, als auch geschlossene Teile, die „zusammengehalten werden durch eine führende Metapher".
– Rituale können „beide Seiten eines Widerspruchs enthalten und mit einschließen, wie z. B. die grundlegenden Paradoxa von Leben und Tod, von Nähe und Distanz, von Ideal und Wirklichkeit, von Gut und Böse". Sie vermögen mehrere Sichtweisen zu integrieren, widersprüchliche Emotionen können nacheinander ausgedrückt, tiefe Gefühle zugelassen und gleichzeitig in Zaum gehalten werden.
– Rituale wirken gleichzeitig auf verschiedenen Ebenen, kognitiv, sensorisch und affektiv.
– Rituale „sind über das Gewöhnliche hinaus von Bedeutung durchdrungen". Sprache, Handlungen oder Gegenständen wird die Dichte und Vieldeutigkeit von Symbolen zugewiesen.

Es sind das Beschreibungen von Strukturen und Funktionen, durch die sich auch ein psychotherapeutischer, ein supervisorischer oder ein beraterischer Prozess *als Ganzes* sehr umfassend charakterisieren lässt. Für Aufstellungen scheint uns das in besonderem Maße zuzutreffen. Wir setzen Rituale seit vielen Jahren in verschiedenen Gruppenkontexten ein und sind immer wieder berührt von der Ähnlichkeit des Systeme-Stellens mit solchen Prozessen. Diese Ähnlichkeit lässt sich über verschiedene Aspekte aufzeigen (vgl. auch G. Weber 1995 und I. Sparrer 1998). In diesem Beitrag beziehen wir uns hauptsächlich auf die Verwandtschaft in der formalen Struktur. In einem für Rituale – insbesondere Übergangsrituale – vorgeschlagenen Phasenmodell lässt sich, wie wir glauben, der Aufbau und Ablauf von Aufstellungen gut abbilden. Es kann als Leitbild für die Prozessbeschreibung der Aufstellungsarbeit dienen, in das die einzelnen methodischen Schritte gut einzuordnen sind und in dem das Vorher und Nachher, also Rahmenbedingungen und Kontext von Aufstellungsarbeit, mitberücksichtigt sind.

Das Phasenmodell

Übergangsrituale initiieren, gestalten und begleiten Übergänge. Die sich dem Ritual unterziehende Person/Personengruppe (z. B. Pubertierende bei einem Initiationsritual) wird auf eine innere und/oder äußere Reise geschickt. Sie wird von alltäglichen Lebensbezügen, vertrauten Kontakten und Orten, gewohnten Schlaf- und Wachrhythmen, vertrauten Geräuschen usw. getrennt, Ungewohntem ausgesetzt, über eine Schwelle geführt in einen für die Reisenden nicht klassifizierbaren Bereich. Altes wird abgelegt, neue Rollen und Identitäten versucht. Häufig geschieht das über die Öffnung für bestimmte Erkenntnisse und über die Weitergabe „heiliger" Informationen. Ein weiterer Schritt leitet die Rückkehr ein, den Wiedereintritt in das tägliche Leben; doch jetzt mit dem neuen Status, der neuen Identität. Van Gennep (1908) gliedert den Ablauf eines solchen Rituals in drei Phasen:

- die Trennungs- oder Ablösungsphase,
- die Schwellen- oder Durchführungsphase und
- die Wiedereingliederungsphase.

Dieses Modell wurde von Imber-Black, Roberts und Whiting (1993) als Strukturierungsmöglichkeit für die „Konstruktion therapeutischer Rituale" aufgegriffen, und Retzer et al. (1997) benutzen es zur Beschreibung der formalen Struktur von „Supervision als Praxis des Übergangsrituals". Sie bringen es in die folgende graphische Darstellung – eine Darstellung, die uns auch für Aufstellungen sehr geeignet erscheint.

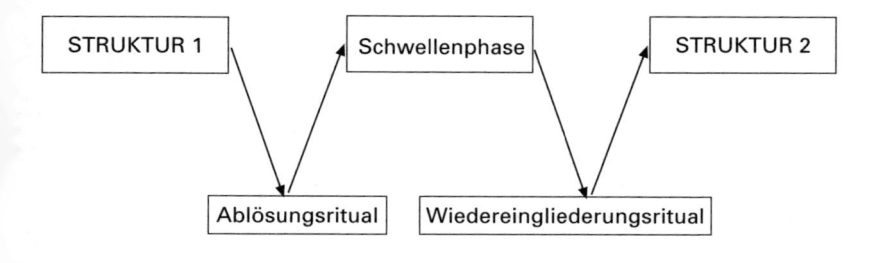

Abb. 1

Angestrebte Veränderungen in psychotherapeutischen Prozessen, Aufstellungen oder Supervisionen lassen sich demnach als eine Bewegung sehen, die sich in mehreren, aufeinander folgenden Schritten vollzieht. Ein Zustand, Struktur 1, soll in einen anderen, Struktur 2, übergeführt werden. Erste ablösende Prozesse bahnen einen Weg in die Schwellen- oder Durchführungsphase, in einen Raum, in dem sich Altes und Neues auf nicht vorhersehbare Weise begegnen können, einen Raum, in „dem eine gewisse Freiheit zum Jonglieren mit den Faktoren der Existenz besteht" (Turner 1967, zit. nach Retzer et al. 1997). Eine weitere Stufe: Unterschiedliche Wiedereingliederungsprozesse leiten das (teilweise noch begleitete) Sichwiedereinfinden im alltäglichen Geschehen ein – mit dem Geschenk, das aus dem Prozess erwachsen ist.

Viele der grundlegenden, für jede der beschriebenen Phasen relevanten, Vorgangsweisen sind aus der Arbeit mit dem Stellen von Familien bekannt. Organisationen und andere soziale Systeme folgen jedoch anderen Gesetzmäßigkeiten: Familien z. B. kennen keine Mitgliedschaft auf Zeit, wie das bei Organisationen der Fall ist. Auch gibt es bei Familien keine Abstufungen im Grad der Zugehörigkeit, was bei Organisationen durch freie Mitarbeit, feste Angestellte, Aushilfen, Praktikanten etc. durchaus möglich ist und sich zudem innerhalb kurzer Zeit ändern kann. Das Stellen von Organisationen fordert daher zu Variationen in Methodik und Schwerpunktsetzung auf.

SCHRITTE IM VORFELD DER AUFSTELLUNG: DIE ABLÖSUNGSPHASE

In einigen Sufitraditionen heißt es:
Bevor du einen neuen Raum betrittst, mach dich bereit für ihn. Zieh deine Schuhe aus, und halte etwas inne. Lass draußen, was nicht hineingehört und was du nicht mit hineinnehmen willst.

Diese Anregung betrifft einen wichtigen Aspekt der Vorbereitung beim Stellen von Systemen. Alle Teilnehmenden betreten ein neues Gebiet. Sie bringen etwas mit und müssen etwas hinter sich lassen, wenn sie ihr Denken, Fühlen und Handeln dem Neuen öffnen wollen. Und alle brauchen etwas Zeit, sich darin zu orientieren, sich auf das System einzustimmen und mit ihm in Resonanz zu treten.

Als notwendige Schritte im Vorfeld zu Organisationsaufstellungen betrachten wir:

- das Klären des Anliegens der FragestellerIn,
- das Klären seines/ihres Tätigkeitskontextes – wir verbinden es öfter auch mit dem Anfertigen einer *Systemzeichnung*,
- die Überprüfung, ob eine Aufstellung dem Anliegen überhaupt angemessen ist, und wenn ja, welche: eine Organisations- oder Strukturaufstellung, eine Aufstellung „innerer Teams" oder etwa eine Familienaufstellung?, und
- Fragen, die dem Eingrenzen der Komplexität dienen: das Erfragen des vermuteten *Problemsystems* und der für die Fragestellung wichtigen *Subsysteme*.

Für diese Schritte der Kontextklärung steht die ganze Palette fokussierender, zirkulärer und reflexiver Fragen der systemischen Therapie und der lösungsorientierten Kurzzeittherapie zur Verfügung. Dazu gibt es in der systemischen Fachliteratur viele und reichhaltige Beiträge (z. B. Andersen 1990, C. Essen und Baxa 1998, Imber-Black 1990, von Schlippe und Schweitzer 1996, Schmidt 1985, Simon und Weber 1987, de Shazer 1989, 1992, 1996, Tomm 1994). Daher gehen wir hier nicht näher darauf ein.

1. Systemzeichnung

Oft bewährt sich in der Vorbereitung zu einer Organisationsaufstellung das Erstellen einer Systemzeichnung, besonders dann, wenn FragestellerInnen ihr System, ihre Organisation unklar, sehr gefühlsbetont oder verwirrt beschreiben. Sie besteht aus einem Organigramm oder/und aus anderen Elementen (z. B. Genogramm/en bei der Beratung größerer Helfersysteme oder der Beratung von Familienunternehmen).

Frau Berger leidet unter stärkeren Atembeschwerden, die mit der Übernahme ihrer Position im Unternehmen einsetzten. Niemand im Unternehmen weiß, dass sie mit dessen Direktor und gleichzeitigem Eigentümer verwandt ist. „Denn", so meint sie, „am Arbeitsplatz

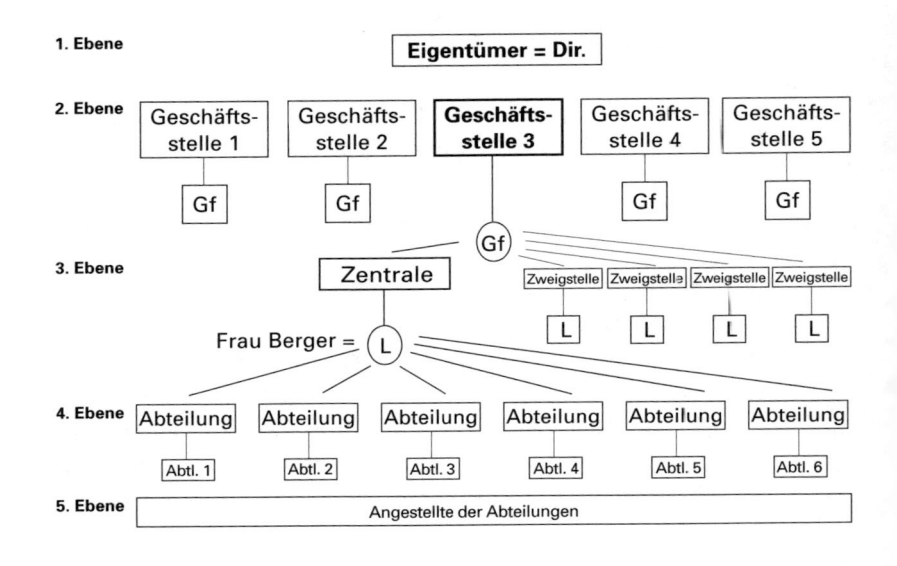

1. Ebene			Eigentümer = Dir.			
2. Ebene	Geschäfts-stelle 1	Geschäfts-stelle 2	**Geschäfts-stelle 3**	Geschäfts-stelle 4	Geschäfts-stelle 5	
	Gf	Gf	(Gf)	Gf	Gf	
3. Ebene			Zentrale	Zweigstelle	Zweigstelle	Zweigstelle	Zweigstelle
	Frau Berger =		L	L	L	L	L
4. Ebene	Abteilung	Abteilung	Abteilung	Abteilung	Abteilung	Abteilung
	Abtl. 1	Abtl. 2	Abtl. 3	Abtl. 4	Abtl. 5	Abtl. 6
5. Ebene	Angestellte der Abteilungen					

Abkürzungen:
Dir.   Direktor   L   Leiter/in
Gf   Geschäftsführerin   Abtl.   Abteilungsleiter/in

Abb. 2: Beispiel: Ein Dienstleistungsunternehmen

sollen wir alle gleich sein". Über das Organigramm vergegenwärtigt sich Frau Berger erstmals den doch eher hierarchischen Aufbau des Unternehmens, die volle Anzahl an Geschäftsstellen und insbesondere ihre zum Teil schwierige und widersprüchliche Doppelfunktion als gleichzeitige Geschäftsführerin von Geschäftsstelle 3 (2. Hierarchieebene) und Leiterin der Zentrale (3. Hierarchieebene).

Die Systemzeichnung (z. B. ein Organigramm) gibt die formale Struktur eines Systems wieder. Sie grenzt Fakten von persönlichen Meinungen und Bewertungen der FragestellerInnen ab, schafft einen ersten Überblick und Klarheit und macht damit eine Aufstellung eventuell unnötig.

Beispiel

Ein Magistratsbeamter wird, wie er sagt, von zwei seiner Kollegen vollkommen ignoriert. Die Systemzeichnung lässt ihn schlagartig erkennen, dass diese seine unmittelbaren Vorgesetzten sind, nicht seine Kollegen. Und als Vorgesetzte ignoriert er sie, indem er wichtige Fragen und Arbeitspläne mit einem wesentlich höheren Vorgesetzen, seinem langjährigen Freund, bespricht. „Kein Wunder", lacht er, „dass die beiden mir Breitseite zeigen."

2. Problemsysteme

Mit ihren vielfältigen Vernetzungen und Verzweigungen, verschiedenen Hierarchieebenen, Rollenüberschneidungen, unterschiedlichen Funktionen liefern Organisationen eine Fülle an Informationen. Was davon ist als relevant für die Fragestellung im Auge zu behalten? Was kann in den Hintergrund treten, verwirrt oder lenkt ab? Was schafft Übersicht und Klarheit und führt zu nützlichen Lösungen?

Ein wichtiger Wegweiser in Bezug auf diese Fragen ist uns der Begriff des Problemsystems geworden (Essen 1990, Goolishian und Anderson 1988, Ludewig 1992). Soziale Systeme bilden sich, so H. Goolishian, über Kommunikation zu einem Thema. Ein problemdefiniertes System besteht nicht aus Personen, sondern aus einem Muster von Kommunikationen zu Verhaltensweisen, die zumindest von einem Beteiligten als veränderungsbedürftig oder veränderungsfähig gehalten werden. Das systemische Interview dient nicht nur dem Klären des Anliegens und des Arbeitskontextes, sondern auch dem Erschließen des Problemsystems. Das heißt, wir tasten uns im Befragen an *den* Ausschnitt und *die* Muster des Systems heran, durch die das Problem vermutlich aufrechterhalten wird. Gleichzeitig versuchen wir zu erkunden, wer oder was für eine Lösung relevant sein könnte. Dieses vermutete Problemsystem mit eventuellen Lösungsträgern bestimmt dann den Ausgangspunkt für die Auswahl derer, mit denen die Aufstellung begonnen wird. Wir gehen bei Aufstellungen davon aus, dass der Aufstellende sein inneres Bild zu seinem Anliegen stellt, dass „Seelen-Bilder" gestellt werden, auch wenn in ihnen soziale Systeme sehr lebendig repräsentiert sein mögen. Trifft das zu, so können wir uns auch in der Wahl der zu stellenden Systemteile danach richten, wie innere Bilder zusammengesetzt sind. Früher dachten wir etwa, man müsste sich bei Aufstellungen an *eine* logische Ebene halten. Doch unser Denken, unser Fühlen funktioniert so nicht. Vielmehr nimmt unser inneres Problemsystem den Menschen X, verknüpft ihn mit einem Ereignis Y und dem Begriff A, und sagt: Das sind die wesentlichen Teile für das Problem, das ich habe.

3. Repräsentation von Subsystemen

Subsysteme verschiedener Art sind in Organisationen die Regel. So bilden z. B. Mitarbeiter mit den gleichen Aufgaben ein solches Subsystem, oder alle Mitarbeiter mit derselben Rolle oder aus derselben betrieblichen Instanz oder derselben hierarchischen Ebene oder desselben Teams usw. Solche Subsysteme können in der Aufstellung durch einen einzelnen Stellvertreter repräsentiert werden. Das ermöglicht eine wesentliche Reduktion der Vielfalt.

Beispiel

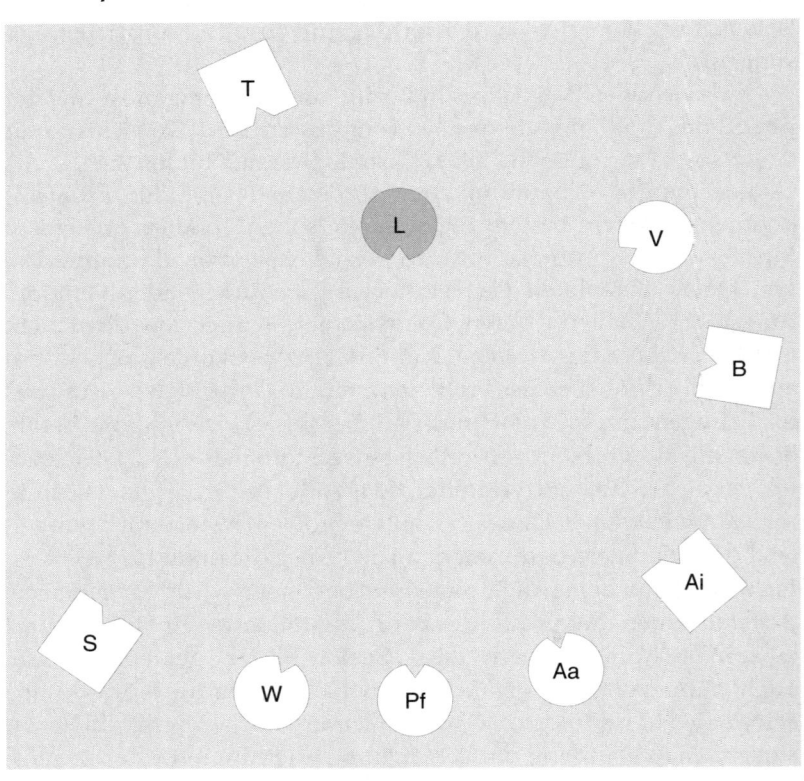

T Träger	B Betriebsrat	Pf Pflege
L Leiterin	Ai Ärzte innen	W Wirtschaft
V Verwaltung	Aa Ärzte außen	S Sozialpädagogik

Sie sehen das Lösungsbild einer Organisationsaufstellung. Gestellt hat die Leiterin einer Privatklinik mit der Frage nach einem passenden Führungsstil und ihrem stimmigen Platz. Repräsentiert durch jeweils einen einzelnen Stellvertreter wird für jeden Aufgabenbereich und jede wesentliche Funktion in der Klinik (wie z. B. das Pflegepersonal, die Ärzte, den sozialpädagogischen Bereich, den Trägerverein, die Verwaltung, den Betriebsrat) ein passender Platz gefunden. Das ermöglicht es der Leiterin, ihren eigenen Platz gut wahrzunehmen und klare Rückmeldungen zu einem der Situation angemessenen Führungsstil zu bekommen.

Es kann sein, dass sich innerhalb eines größeren sozialen Systems Gruppierungen um bestimmte Wertfragen, um verschiedene politische Positionen oder andere, als gegensätzlich und einander ausschließend wahrgenommene, Tendenzen bilden. Wir berücksichtigen sie in Aufstellungen dann, wenn sich über sie ein Konflikt im System zu manifestieren scheint. Auch sie können durch jeweils einen einzelnen Stellvertreter repräsentiert sein.

Beispiel

Die Leiterin einer Privatschule kommt in eine Aufstellungsgruppe wegen heftigster Auseinandersetzungen innerhalb des Lehrpersonals. Eine Gruppe, „die Alten", wehrt sich gegen jede Veränderung, während eine andere Gruppe, „die Revolutionäre", lautstark um Veränderungen kämpft. Eine dritte Gruppe, „die Neutralen", zieht sich wegen der Auseinandersetzungen immer mehr zurück. Die Schulleiterin ist seit zwei Jahren an der Schule und hat die Situation von Beginn an so erlebt.

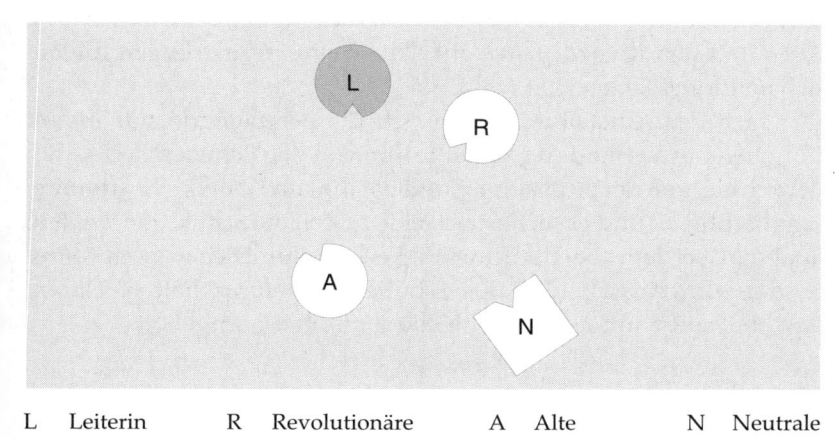

| L Leiterin | R Revolutionäre | A Alte | N Neutrale |

1. Bild

In der Problemaufstellung geht der Blick der so genannten *Alten*[1] an der Leiterin vorbei nach hinten, wo es die Leiterin auch hinzieht. Gefragt, wer vor ihr die Schule geleitet habe, sagt die Schulleiterin, sie wisse wenig. Es sei ein Mann gewesen, der sehr plötzlich und, wie sie vermute, im Unguten von der Schule gegangen sei.

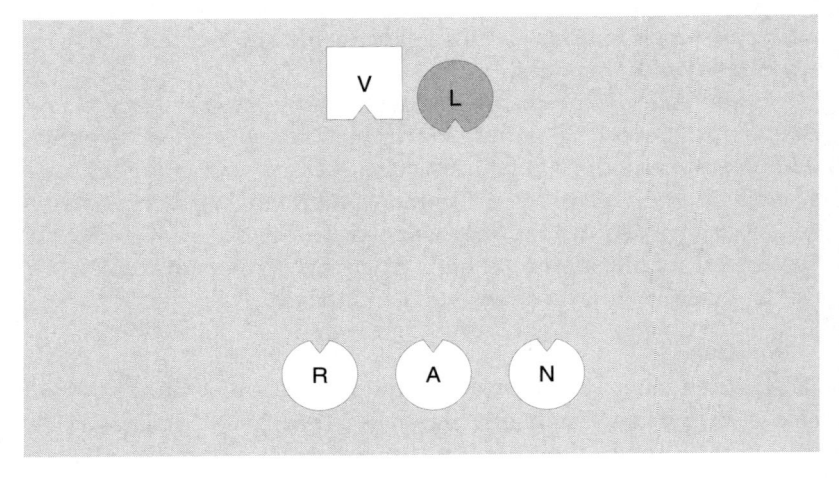

L   Leiterin   V   Vorgänger

2. Bild

Ein Repräsentant für den *Vorgänger* an die rechte Seite der *Schulleiterin* gestellt und von ihr gewürdigt, löst die Spannung zwischen den *Alten* und den *Revolutionären* auf. Alle drei Gruppierungen fühlen sich an ihren Plätzen jetzt wohl.

Nach der Aufstellung setzte sich die Schulleiterin mit ihrem Vorgänger in Verbindung, erzählte ihm von den Schwierigkeiten an der Schule, von der Aufstellung und bat ihn um Kontakt. Er stimmte sehr berührt zu und besuchte nach einiger Zeit die Schule. Ein Treffen fand statt, bei dem über die Schwierigkeiten gesprochen werden konnte, die zum Ausscheiden des Schulleiters geführt hatten. Daran anschließend wurde ein Abschiedsfest mit ihm nachgeholt.

---

1 Im folgenden Text werden bei den Beschreibungen von Aufstellungen die entsprechenden *Stellvertreter* immer durch *Kursivschrift* gekennzeichnet.

UMSTELLUNGEN UND NEU-EIN-STELLUNGEN – DIE SCHWELLENPHASE

Die Schwellenphase in Übergangsriten initiiert einen Prozess, in dem Menschen an der Entfaltung des eigentlichen Rituals teilhaben. Bisher gültige Strukturen werden zerlegt, verändert und transformiert. Neuen Bildern, Bedeutungsgebungen, Rollen und Identitäten wird Platz gegeben. Es wird ein Bewusstseinsraum geschaffen, der uns aus alltäglichen Gewissheiten und gewohnten Denk- und Wahrnehmungsschemata heraushebt. Der Mensch, der sich einem solchen Ritual unterzieht, wird ins Chaos gestürzt oder zumindest ins Ungewisse, ins Unbekannte.

Beim Versuch, Interventionsformen zu kategorisieren, die in dieser Phase für (Organisations-)Aufstellungen relevant sein können, sind wir auf die folgenden Elemente gestoßen.

- 1.) **Stellungsarbeit** (Sparrer und Varga v. Kibéd 1998): Umstellungen und (Wieder-)Einführungen ausgelassener oder ausgeschlossener Systemmitglieder.
- 2.) **Einsatz nichtpersonaler Strukturelemente** Darunter verstehen wir die Repräsentation von Vorgängen, Bedeutungsgebungen und Qualitäten in der Aufstellung.
- 3.) **Prozess-, Informations- und Energiearbeit** (Sparrer u. Varga v. Kibéd 1998): Angebote zu quasirituellen Handlungen. Sie können helfen, mit ambivalenten Tendenzen zu spielen und Übergänge zu vollziehen, oder weisen auf etwas hin, das bisher nicht wahrgenommen wurde.

1. Stellungsarbeit: Umstellen und Hereinnehmen nicht beachteter Systemmitglieder

Die Prinzipien des Umstellens, des Einführens und Hereinnehmens ausgelassener oder ausgeschlossener Systemmitglieder gleichen sich bei allen Aufstellungsformen. Sie dienen dem Ziel, neue Bilder und Geschichten zum Zusammenspiel von Personen und anderen relevanten Instanzen und Kräften einer Organisation anzubieten: Wer leitet? Wer war zuerst da? Wer trägt welche Verantwortungen? Welche und wessen Beiträge werden gesehen bzw. nicht gesehen? An welchem Platz fühlt sich wer angemessen wahrgenommen und wohl in seinen/ihren Handlungsspielräumen? Welche Beziehungschoreographie berücksichtigt Ereignisse in der Geschichte einer Organisation auf angemessene Weise? Und insbesondere: Wer oder was fehlt hier?

Von ausgelassenen Systemmitgliedern sprechen wir, wenn die Existenz oder bestimmte Interaktionsbeiträge von Personen / Instanzen einer Organisation nicht beachtet werden, die für die Fragestellung jedoch relevant sind, z. B. indem sie abgewertet, mit Tabus belegt, durch Geheimnisse verhüllt oder aktiv ignoriert werden. Und so lohnt es sich zu achten auf:

- Vorgänger – vor allem in Leitungspositionen – die im Konflikt oder im Unguten aus der Organisation gegangen sind;
- Gründer, die verschwiegen oder auf andere Weise nicht gewürdigt werden;
- Kunden oder Zielgruppen, die man „vergisst";
- Personengruppen in Funktionen oder Aufgaben, die abgewertet werden (z. B. soziale Kontrolle in Helfersystemen, Verwaltungsaufgaben, Mitarbeiter im Außendienst).

2. Einsatz nichtpersonaler Strukturelemente

Bei diesem Vorgehen werden Ereignisse, Kommunikationsabläufe, Handlungen, ideelle Werte u. a. wie eigenständige und interaktionsfähige Wesen in die Aufstellung hineingenommen, benannt und angesprochen.

Angeregt, in Organisationsaufstellungen mit solchen Elementen zu experimentieren, wurden wir durch das Stellen „innerer Teile" (Satir u. Baldwin 1988, S. 202 f.; C. Essen 1998), das von M. White und D. Epston beschriebene „Externalisieren" von Problemen (White u. Epston 1990, S. 55–82) und das „Internalisieren" von Ressourcen bei K. Tomm (Tomm 1994, S. 216–224). Im Konzept der Strukturaufstellungen von I. Sparrer und M. Varga v. Kibéd fanden wir dann ähnliche und erweiterte Ansätze wieder.

Das 18. Kamel

In einer Geschichte trifft ein alter, erfahrener Mann bei seinem Ritt durch die Wüste auf drei junge Burschen. Sie stehen verzweifelt, hilflos und traurig vor einer kleinen Herde von Kamelen. „Was ist geschehen, meine Freunde", fragt der Alte, „was bedrückt euch?" Die drei jungen Männer beginnen verwirrt durcheinander zu reden. Es dauert eine Weile, bis der Reiter versteht: Der Vater der Burschen, drei Brüdern, ist gestorben. Er hat seinen Söhnen diese Herde von Kamelen hinterlassen, siebzehn an der Zahl. Sein letzter Wille bestimmte, dass der älteste der Söhne die Hälfte, der zweite ein Drittel und der jüngste ein Neuntel bekommen solle. Nun haben die drei schon alles versucht, doch es gelingt nicht, die Kamele dem Wunsch des Vaters entsprechend aufzuteilen. Der Alte schaut eine Weile nachdenklich vor sich hin und meint dann: „Hier, nehmt mein Kamel dazu und lasst uns sehen, was passiert. Die Hälfte von 18, denn so viele Kamele sind es jetzt, die Hälfte von 18 ist neun. Die sind für den Ältesten von euch. Sechs Kamele, ein Drittel, gehen an den Zweiten und ein Neuntel, zwei Kamele, sind für den Jüngsten. Neun und sechs und zwei sind siebzehn. Mein Kamel bleibt für mich." Mit diesen Worten steigt der Alte auf sein Kamel und setzt seinen Weg fort.

Bei nichtpersonalen Strukturelementen handelt es sich um die Repräsentation von prozesshaften Vorgängen: um „etwas, das gerade geschieht", um „etwas, das so oder so beschrieben, erklärt oder bewertet wird", um „etwas, das irgendwie Bedeutung zu haben scheint" oder „das vielleicht für eine Lösung hilfreich sein könnte" usw. Sie sind wie der Joker beim Kartenspiel oder wie das 18. Kamel – sie können helfen, einen Übergang oder eine (Durch-)Querung zu vollziehen, dem Spiel eine neue Wendung zu geben, oder dienen als „Krücke", wie Heinz von Foerster sagt, „die man wieder wegstellt, wenn man sich über alles klar ist".

Beispiel: Die Kündigung

Es geht um eine Frage der, im Beispiel zur Systemzeichnung schon erwähnten, Frau Berger in ihrer Funktion als Geschäftsführerin. Einer der Abteilungsleiter verweigert sich schon des Längeren einer Fortbildung, die wegen einer grundlegenden Umstrukturierung des Unternehmens notwendig wurde. In seiner Abteilung herrscht Chaos, und effektive Arbeit ist nicht mehr möglich. Die Mitarbeiter der Abteilung drohen mit Streik und Weggehen aus dem Betrieb. Die Geschäftsführerin hält eine Kündigung des Abteilungsleiters für notwendig, scheut gleichzeitig davor zurück und fürchtet auch deren Konsequenzen für sich, ihre Position und die anderen Mitarbeiter im Unternehmen.

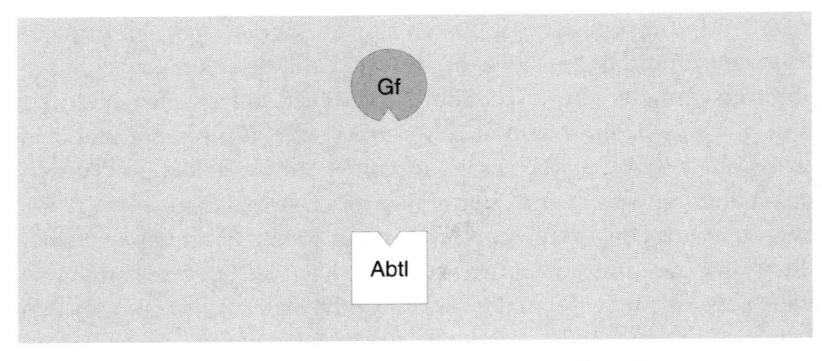

Gf   Geschäftsführerin   Abtl   Abteilungsleiter

1. Bild

Die Geschäftsführerin wird gebeten, vorerst für sich selbst und für den Abteilungsleiter Repräsentanten zu stellen. Die beiden stehen sich direkt gegenüber. Die *Geschäftsführerin* fühlt sich kraftlos und klein, der *Abteilungsleiter* eher gelassen, mit einem etwas herausfordernden „Na, was machst du jetzt?" zur *Geschäftsführerin*.

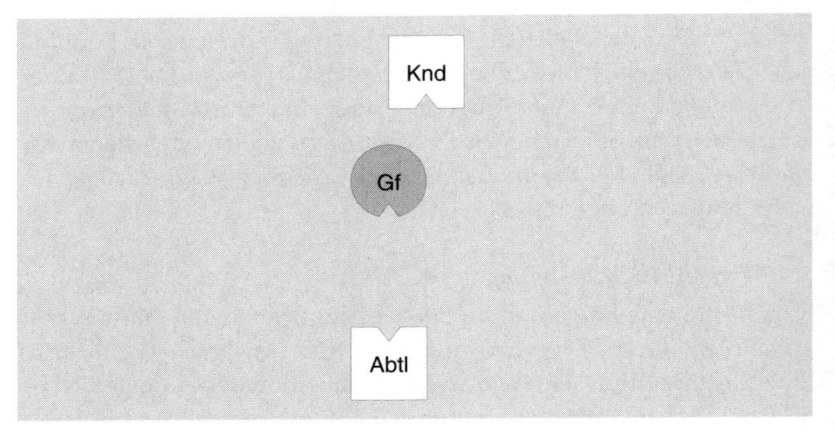

Knd   Kündigung

2. Bild

Das Hereinnehmen eines Repräsentanten für die *Kündigung*, den die Geschäftsführerin ihrer *Stellvertreterin* direkt in den Rücken stellt, verschärft die Situation. Der *Abteilungsleiter* fühlt sich sehr mächtig, die *Geschäftsführerin* bricht beinahe zusammen.

140

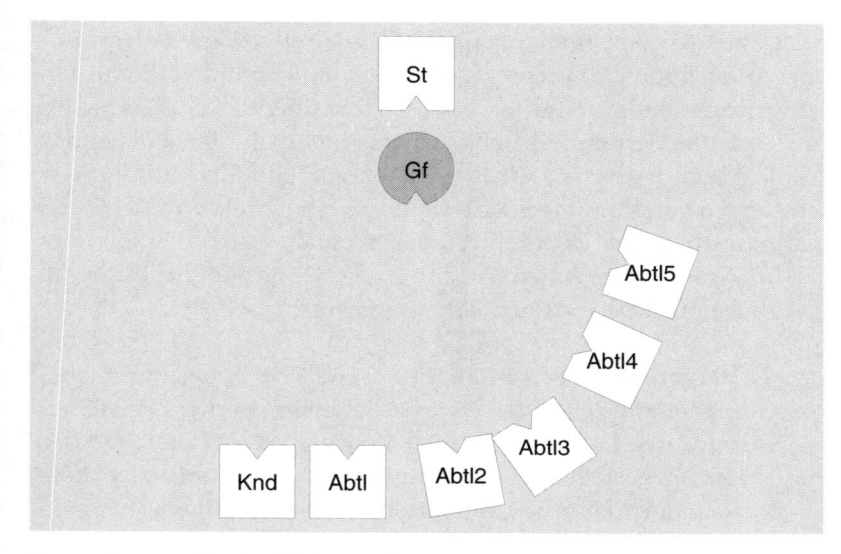

St   das, was ihr den Rücken stärkt

3. *Bild*

Die *Kündigung* wird an die linke Seite des *Abteilungsleiters* gestellt. Das hat enorme Wirkung. Der *Geschäftsführerin* geht es um vieles besser. Sie fühlt sich aber noch schwach. Der *Abteilungsleiter* ist ernst und akzeptiert, wenn auch nicht leicht, die *Kündigung*.

Die *Geschäftsführerin* strahlt und fühlt sich stark, als sie „*das, was ihr den Rücken stärkt*" hinter sich spürt. Um die Haltung der anderen Abteilungsleiter zu überprüfen, werden diese dazugestellt. Sie meinen einhellig: „Solange wir nicht für die Stärke unserer Geschäftsführerin zuständig sind und sie hätscheln müssen, ist die Kündigung für uns problemlos. Sie, die Geschäftsführerin, bekommt in unseren Augen mehr Kraft dadurch."

Die praktische Umsetzung des Prozesses brachte eine für alle Seiten befriedigende Lösung: Im Gespräch mit dem Abteilungsleiter stellte Frau Berger fest, dass dieser mit einer Kündigung rechnete. Er fragte jedoch, ob nicht eine Versetzung in eine der Landfilialen möglich wäre, die noch, und wohl auch noch für eine Weile, nach dem alten System strukturiert waren. Dies ließ sich gut machen, da einer der Filialleiter vor seiner Pensionierung stand und sein Platz noch nicht nachbesetzt war.

Dissoziiert von ihren inneren Bildern können Fragesteller durch eine Aufstellung ihr System in seiner Dynamik und dessen Auswirkungen anschaulich erfahren, erfassen und überblicken. Das Stellen prozesshafter Strukturelemente scheint innerhalb der Aufstellung Ähnliches zu bewirken. Als Repräsentanten gestellt, sind die Auswirkungen von Vorgängen unmittelbarer, spürbarer und sichtbarer wahrzunehmen, als es durch Worte je möglich wäre.

Im Wesentlichen sehen wir drei Anwendungsmöglichkeiten für das Stellen nichtpersonaler Strukturelemente:

- **Energetische Leerstellen besetzen.** Manchmal nimmt der Aufstellungsleiter so etwas wie energetische Leerstellen, „schwarze Löcher" im Aufstellungsfeld wahr. Diese werden von den gestellten Systemmitgliedern wohl empfunden, können jedoch keinem bestimmten Geschehen zugeordnet werden. Der Aufstellungsleiter besetzt damit etwas, was innerhalb einer Ganzheit zu „fehlen" scheint und benennt es vorläufig mit Namen, wie z. B.: *Geheimnis, Das-worum-es-geht, Hindernis*. Oder seine Intuition führt ihn zu mehr interpretierenden Namen von unbeachteten Werten und bisher nicht genutzten Ressourcen, wie etwa: *der Firmenname, ein Produkt, ein bestimmtes Wissen, die Rückenstärkung, die berufliche Heimat, der Ausbildungshintergrund* etc. Solche Repräsentationen können zu einer Art Kristallisationsfigur für den weiteren Prozess werden. Die Bedeutung dieses „Etwas" kann eventuell noch oder überhaupt im Dunkeln bleiben und sich außerdem im Verlauf des Aufstellungsprozesses präzisieren oder verändern.
- **Verfestigte Bedeutungsgebungen verflüssigen.** Wenn der Aufstellungsleiterin auffällt, dass gewisse Phänomene in einer Organisation auf bestimmte Art und Weise erklärt, bewertet oder behandelt werden, kann sie ein Schlagwort dafür aufstellen: *der Konflikt, die Konkurrenz, die Unklarheit, die Sorge, die mangelnde Kooperationsbereitschaft* etc. Hier handelt es sich um verfestigte Bedeutungsgebungen, die auf diese Art hervorgehoben, sichtbar gemacht und im weiteren Prozess wieder verflüssigt werden können.
- **Auswirkungen überprüfen (Tests).** In einer Organisationsaufstellung dazugestellt, lassen sich auch Vorhaben, Entschei-

dungsalternativen, Ereignisse auf ihre Auswirkungen hin überprüfen und testen. Z. B. die Delegation eines *Auftrages*, die *Auflösung* einer Abteilung, die Eröffnung einer *neuen Dienstleistung* bzw. eines *neuen Produkts*, eine vielleicht notwendige *Fremdunterbringung* von Kindern, etc.

Beispiel: Pioniere
Der für die Software-Versorgung verantwortliche Mitarbeiter eines nicht-europäischen Unternehmens stellt seine Organisation auf: Es gibt Probleme in der Kooperation mit einer anderen Abteilung, die an einem gemeinsamen Projekt beteiligt ist und deren leitender Mitarbeiter vor kurzer Zeit innerbetrieblich degradiert wurde. In der Organisationsaufstellung stehen alle Stellvertreter wie ein Menschenzug, der in eine Richtung, ja sogar auf einen Punkt schaut. Allen voran der *Aufsichtsrat*, die *Generaldirektorin*, hinter ihr *Direktoren* und *Chefs verschiedener Niederlassungen*, dahinter die *Abteilungsleiter* und zuletzt schließlich die Reihe der *Mitarbeiter*. Kampfimpulse um die vorderen Plätze machen sich breit. Wir stellen an den Platz, auf den alle schauen, den *Firmennamen* (der unter anderem das Wort „Pioneer" enthält). Er wirkt extrem verlockend, aber unerreichbar. Als erste Veränderung werden alle gebeten, sich um 180° zu drehen. Sie haben nun die Firma im Rücken – sie gibt jetzt Kraft. Vorne bekommen die *Produktpalette* und die *Kunden* einen Platz. Die Konkurrenzstimmung wandelt sich zu mehr Interesse an der gemeinsamen Aufgabe. Der folgende Prozess ergibt weitere Ideen zu möglichen Konfliktlösungen.

3. Prozess-, Informations- und Energiearbeit

Übergänge werden auf verschiedene Weise vollzogen. Manchmal ist die Bereitschaft dafür da, und eine Veränderung fällt jemandem fast wie ein reifer Apfel in den Schoß. Oder die Situation lässt keine andere Wahl mehr. Manchmal erfordert es großen Mut, einen bewussten Entschluss oder einen heftigen Anstoß von außen, um sich in unbekannte Gebiete zu wagen. Vielleicht aber erscheint das Risiko zu hoch. Oft muss wohl Vertrautes oder wohl Behütetes zurückgelassen werden, um einen nächsten Schritt zu tun. Das damit verbundene Verwirrtsein, Abwägen und Ringen sind Teil einer jeden Chaosreise. In Aufstellungen wird diese Reise durch Prozessarbeit begleitet. Sie ist zum einen beschreibbar als ein Set möglicher *Inter-*

ventionen und zum anderen als ein *Arbeitsstil*, der Zeit, Raum und Anstoß gibt, damit Lösungen von Herz *und* Kopf angenommen werden können.

Angemessen ungewöhnliche Zumutungen
In der systemischen Therapie gibt es das Konzept der angemessen ungewöhnlichen Fragen (Andersen 1989). Zu gewohnte Fragen erzeugen keine Spannung oder Anregung in Richtung eines Perspektivenwechsels. Zu ungewöhnliche Fragen verstören in einer Weise, die die Offenheit für Lösungen eher beschränkt als fördert. Dass beim Systeme-Stellen Lösungsbilder und Lösungsschritte in ihrer Auswirkung als angemessen ungewöhnlich erlebt, also „genommen" werden können, erreicht man unter anderem durch *Verlangsamung* des Prozesses an manchen Stellen. Es kann so eine affektiv-kognitive Koppelung mit dem Geschehen stattfinden. Wir vertrauen auf die nachhaltige Wirkung von Lösungsbildern, machen jedoch gleichzeitig die Erfahrung, dass es sich lohnt, den Lösungsprozess für Protagonisten so zu gestalten, dass er für diese einsichtig und emotional nachvollziehbar wird. Aus der hypnotherapeutischen Arbeit ist bekannt, dass sich die ganzheitliche Wirkweise von Lösungsmetaphern auch dann entfalten kann, wenn sie nicht „verstanden" wurde. Wird jedoch in den Lösungen ein für die Betroffenen zu ungewöhnlicher Veränderungsschritt angedeutet, beginnen diese unter Umständen, sich der Lösungsentwicklung zu verschließen.

Stilfragen: Kraft/Prägnanz und Einsicht
Vielleicht könnte man sagen, dass die Betonung des prozesshaften Arbeitens einen „weiblichen Stil" des Systeme-Stellens andeutet. Virginia Satir, die Erfinderin der „Familienrekonstruktion" und der „Parts Party" (Satir u. Baldwin 1988, S. 199 f.), und in gewisser Weise Vorgängerin des „Systeme-Stellens", hat in ihrer Arbeit dem Ausdruck von Gefühlen, dialogischen Vorgehensweisen und der Entwicklung von ressourcengebenden Prozessen einen breiten Raum gegeben. Manchmal scheint dies auf Kosten von Prägnanz und Kraft zu gehen. Sich-Zeit-Lassen für Einsicht und emotionale Nachvollziehbarkeit kann jedoch sowohl im Sinne des Pacings (z. B., wenn es beim Fragesteller große Angst vor Veränderung gibt) als auch im Sinn einer Musterunterbrechung (z. B., wenn in einem System Entweder-oder-Muster vorherrschen) wirken.

Wann in einer (Organisations-)Aufstellung eher ein knapper, durch direktiveres Handeln des Aufstellungsleiters geprägter Stil angebracht scheint und wann wir prozessorientiertes Vorgehen, geprägt durch dialogbetontere Einbindung der Stellvertreter und einen Stil des Sich-Zeit-Lassens, bevorzugen, hängt (neben persönlichen Vorlieben der AufstellungsleiterInnen) vor allem von der Art der Fragestellung ab und von den sich in der Aufstellung entwickelnden energetischen Mustern: Konfrontieren oder auf der Seite des Bewahrens stehen? Mit der Ambivalenz spielen oder (vorübergehend) eine eindeutige Position einnehmen? Eine Aufstellung abbrechen oder Verhandlungsmodelle anbieten? – Zwischen diesen Positionen zu pendeln und sie den Erfordernissen der Situation anzupassen, ist ein Teil der Kunst des Systeme-Stellens, und verleiht ihr eine eigene Art von Schönheit.

Wichtig ist dabei, herauszufinden, in welchen Stadien einer Aufstellung prozesshaftes Vorgehen angebracht ist. Wir wenden es z. B. nicht während der Problemaufstellung und des ersten Erfragens der Rückmeldungen an, sondern erst, wenn die Möglichkeiten der (Um)-Stellungsarbeit ausgeschöpft und in ihrer Auswirkung überprüft worden sind, also in der Phase der Lösungsentwicklung. Es ist schon darauf hingewiesen worden, dass weniger oft mehr ist, dass es günstig ist, eine Zeit von etwa 30 bis 40 Minuten für Aufstellungsprozesse nicht zu überschreiten (Weber und Groß 1998, S. 415) und dass Unvollständigkeit eine den Suchprozess anregende Wirkung haben kann. Wir stimmen dieser Einschätzung in der Tendenz zu. Bei zeitlich ausgedehnteren Organisationsaufstellungen erleben wir jedoch, dass es durch bestimmte Stilmittel (z. B. kleine rituralähnliche Prozesse, siehe unten) durchaus möglich ist, auch bei längeren Aufstellungen die Aufmerksamkeit und emotionale Präsenz von Stellvertretern und teilnehmenden Beobachtern zu erhalten.

Interventionen

Mögliche Interventionen für die Prozess- und Energiearbeit sind an anderer Stelle schon vielfach erwähnt worden (Essen 1998, C. Essen und Baxa 1998, Glöckner 1998, Hellinger 1994, Sparrer und Varga v. Kibéd 1998, Weber 1993). Eher beispielhaft beschreiben wir einige, die sich nach unserer Erfahrung im Rahmen von Organisationsaufstellungen bewährt haben, und gliedern sie in *a) kleine, ritualähnliche Prozesse* und *b) Dialoge und Verhandlungsmodelle*.

a) Kleine, ritualähnliche Prozesse
– Vorschläge zu lösenden und/oder aufklärenden Sätzen: Diese Vorgehensweise ist vom Familien-Stellen hinlänglich bekannt. Zusammen mit dem rituellen Vollzug von Gesten können dabei Tatsachen betont, Klarheiten geschaffen, bisher fehlende Anerkennung oder Würdigung ausgesprochen, Abschiede vollzogen, unangemessen Übernommenes zurückgegeben werden, usw. Dabei werden die rituellen Sätze entweder vom Aufstellungsleiter vorgeschlagen oder der Protagonist bzw. die Stellvertreter dazu angeregt, eigene Worte zu finden.

Beispiel
Der neue Geschäftsleiter einer Bankfiliale kommt zur Beratung. Die Mitarbeiterschaft in seinem Betrieb ist gespalten: in die „Neuen", die sich ihm gegenüber eher kooperativ verhalten, und die „Alten", die sich bremsend zeigen und seine Projekte nicht mittragen. Der *jetzige* stellvertretende Geschäftsleiter war *vorher* erster Geschäftsleiter und ist auf eigenen Wunsch mit Eintritt des neuen Kollegen an den zweiten Platz getreten. Der früher stellvertretende Geschäftsleiter (wir nennen ihn hier den „Vorgänger") war gekündigt worden, nachdem es zu Ungenauigkeiten, oder auch mehr, gekommen war. Wir stellen die Organisation auf und holen im Lösungsbild den *geschiedenen Vorgänger* herein. Der *Geschäftsleiter* dreht sich zu ihm um und sagt: „Ich kann hier sein, weil du gegangen bist. Und ich habe kein Recht, ein Urteil über dich zu fällen." Dem *Vorgänger* stehen vor Rührung Tränen in den Augen, und er äußert Wohlwollen gegenüber seinem Nachfolger. Dann dreht sich der *Geschäftsleiter* wieder um, wendet sich zum *2. Geschäftsleiter* und sagt zu ihm: „Du warst vor mir da. Du kommst zuerst, und ich bin jetzt der Chef." Dieser nickt zustimmend. Die *Stellvertreter für die verschiedenen Mitarbeitergruppen* entspannen sich und äußern, man könne jetzt beginnen, zusammenzuarbeiten und an einem Strang zu ziehen. Die *Kunden* stimmen zufrieden zu.

– Gesten: z. B. Hinwendung, Abwendung, Berührung, Verneigen, Blickkontakt usw. als Ausdruck oder Stärkung von Geben und Nehmen, von Verbindung, Zustimmung, Abgrenzung, usw.

– Männer- bzw. Frauenreihen und das Nehmen personifizierter Ressourcen: Durch das Dazustellen des Vaters/Großvaters bzw. der Mutter/Großmutter hinter oder neben den Fragesteller in der Lösungsaufstellung kann oft die Verbindung zu Kraftquellen bestärkt werden, die jemand zur Bewältigung einer Aufgabe oder Einnahme einer Position in einer Organisation benötigt. Dabei muss der Kontext, in dem die Aufstellung stattfindet, berücksichtigt werden. Oft ist es in Organisationsaufstellungen nicht möglich, derart „private" Ressourcen offen ins Spiel zu bringen. Dann erweist es sich als günstiger, unspezifischere Bezeichnungen, z. B. *die Rückenstärkung, die Kraft im Hintergrund,* eine passende *innere Stimme* oder andere Namen, zu wählen.
– Einsatz von Symbolen: Vor allem übernommene Gefühle, Belastungen, Schulden oder Verdienste können durch Gegenstände symbolisiert und in Form von Rückgabe-Ritualen an ihre „ursprünglich rechtmäßigen Besitzer" zurückgegeben werden (s. Essen 1998). Wenn ein solches Symbol am rechten Platz, also bei der rechten Person bzw. Personengruppe angekommen ist, verwandelt es sich oft in eine Ressource, also in etwas, das Kraft, Energie oder ein Gefühl von Vollständigkeit gibt. Dadurch werden verschobene Aufträge und Ordnungen oder unangemessene Aufgabenverteilungen wieder zurechtgerückt. Das, was das Symbol vertritt, kann konkret benannt oder auch nur vage als *die Belastung* bezeichnet werden: Die Qualität davon wird dann eher gespürt als gewusst. Oft ändert sie sich auch im Zurückgeben und bedeutet für jeden „Zwischenbesitzer" etwas anderes.

Beispiel: Die Brille[2]

In einer Supervision beschäftigt sich eine Sozialarbeiterin mit der Situation rund um eine Familie, bei der es um den Verdacht schwerer Kindesmisshandlung geht. Sie und ihre KollegInnen stehen unter großem Druck. Seit Auftreten des Verdachts sind eine Anzahl von Behörden und Helfern eingeschaltet worden: Stationsärzte eines Kinderkrankenhauses, ein sozialer Dienst im Krankenhaus, Polizei

---

2 Dieses Fallbeispiel entstand in der Zusammenarbeit mit unserer Kollegin Eva Kriechbaum-Tritthart, Graz.

und Gericht, zwei Sozialarbeiter, ein Psychologe, ein Jurist und ein Referent der zuständigen Jugendwohlfahrtsbehörde, eine Sozialarbeiterin aus einer weiteren Jugendwohlfahrtsbehörde (nach einem Wohnortwechsel der Mutter des Kindes).

Innerhalb kurzer Zeit treten Uneinigkeiten zwischen (fast) allen mit dem Fall beschäftigten Helfern bzw. sozialen Begutachtungs- und Kontrollinstanzen auf. Es gibt z. B. Verärgerung darüber, dass sich der Soziale Dienst zuerst an die Polizei statt an die Jugendwohlfahrtsbehörde gewandt hat. Und es kommt zu offenen und verdeckten Parteinahmen in Bezug auf das Klientensystem: Einige glauben eher an die Schuld, andere mehr an die Unschuld der Eltern.

In der Aufstellung zeigt sich, wie sehr die involvierten Helfer und Begutachter in der Ausübung ihrer Funktionen durch Spannungen belastet und in der Erfüllung ihrer Aufgabe, dargestellt durch *Das-worum-es-geht,* behindert sind. Niemand, bis auf zwei Sozialarbeiterinnen, kann *Das-worum-es-geht* sehen. Polizei und Gerichtsbarkeit fühlen sich unbeteiligt und wie abwartende Zuschauer, ansonsten herrscht Misstrauen und Konfliktstimmung.

Das-worum-es-geht wird in den Blick gebracht, und in einem weiteren Schritt wird für alle involvierten Personen und Instanzen eine passende Reihenfolge gefunden. Das ermöglicht es der aufstellenden Sozialarbeiterin, die Beiträge der vor ihr ins System gekommenen Helfer anzuerkennen. Sie sagt zu ihnen: „Ihr wart zuerst da. Ich anerkenne eure Vorarbeit, auf Grund derer wir jetzt weitermachen können." Die Stimmung im aufgestellten System entspannt sich daraufhin zusehends. Es bleiben aber noch Ungeduld und Unruhe, die die Aufmerksamkeit aller binden. Wir schlagen ein *Rückgaberitual* vor, dessen Schritte wir hier wiedergeben.

Die *Sozialarbeiterinnen* wählen eine Brille als Symbol für das Zurückzugebende. *SA3* als die letzte ins System eingetretene Helferin reicht die *Brille* mit den Worten: „Das habe ich von dir übernommen, ich gebe es dir jetzt zurück" an *SA2* weiter. Dieser rituelle Vorgang wird so lange der Reihe nach fortgesetzt, bis *Justiz* und schließlich *Polizei* die *Brille* (also das, womit man genau hinschauen kann) in Händen halten. Jetzt fühlen sie sich zum ersten Mal beteiligt und in ihre Verantwortung genommen. Der Sozialarbeiterin wird deutlich, dass sie und ihre Kollegen, über ihre Kompetenz und Rolle hinausge-

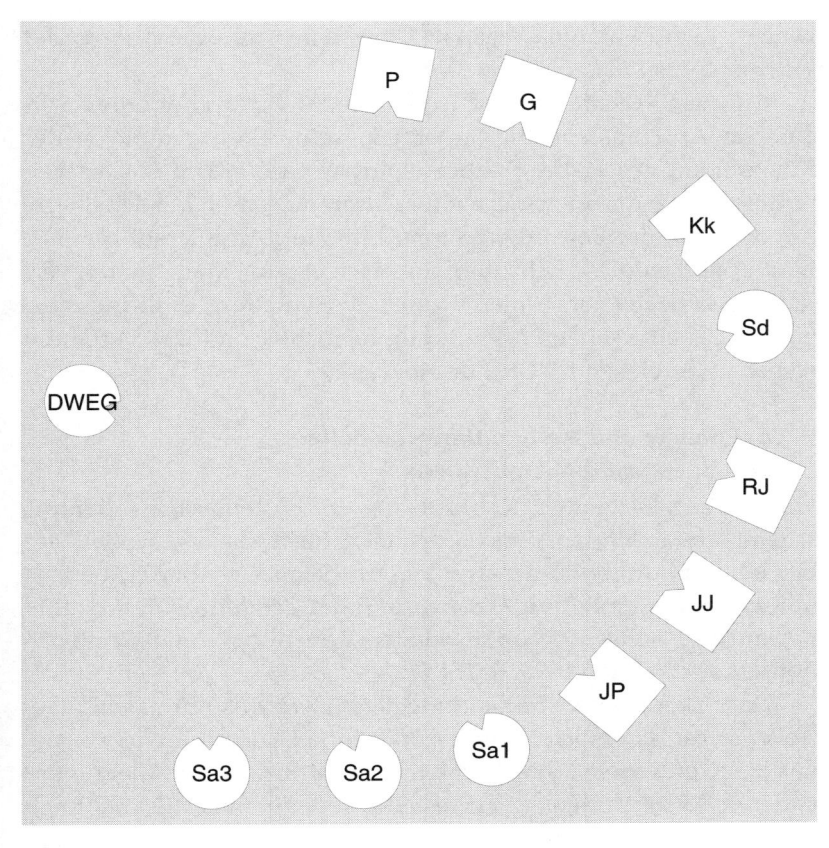

P	Polizei	G	Gericht
Kk	Kinderkrankenhaus	JJ	Jurist der JWB 1
Sd	Sozialdienst des Krankenhauses	JP	Psychologe der JWB 1
DWEG	Das-worum-es-geht	Sa1	Sozialarbeiter der JWB 1
RJ	Referent der Jugendwohl-	Sa2	Sozialarbeiterin der JWB 1
	fahrtsbehörde (JWB) 1	Sa3	Sozialarbeiterin der JWB 2

Vorletztes Bild (zu Beginn des Rückgaberituals)

hend, die Arbeit der „Wahrheitsfindung" übernommen und sie der Exekutive in gewisser Weise abgenommen haben. Das, was wie ein persönlicher Konflikt zwischen Helfern erschien, stellt sich jetzt eher als ein strukturelles Problem des gesamten Systems dar. Wie alle anderen auch, wendet die Sozialarbeiterin jetzt *DWEG* ihre volle Aufmerksamkeit zu. *DWEG* wird in einem letzten Schritt durch zwei weitere Repräsentanten ergänzt: Dort stehen nun die *Mutter,* der *Vater* und das *Kind, um das es geht.*

Bei einer Nachbefragung (sechs Monate später) erfahren wir, dass im Anschluss an die Supervision eine Entspannung in der Kooperation des Helfer-Systems spürbar wurde. Die SozialarbeiterInnen konzentrierten sich auf die Zusammenarbeit mit den Eltern, um diese bei der Bewältigung ihrer Situation zu unterstützen. Die Eltern nahmen diese Hilfe gern an. Nach einem Expertenstreit verschiedener Sachverständiger wurden die Symptome des Kindes bei Gericht als eine seltene Erkrankung betrachtet und das Verfahren wegen unzureichender Gründe eingestellt.

**b) Dialoge und Verhandlungsmodelle:
Das Spiel mit der Ambivalenz**

Ein weiteres bekanntes Konzept aus der systemischen Therapie scheint uns in diesem Zusammenhang hilfreich: das Modell des Umgangs mit Ambivalenz, als einem Ausbalancieren der Tendenzen in Richtung Veränderung/Lösung und der Tendenzen in Richtung Bewahrung/Beharrung im jeweiligen Beziehungs- und Organisationskontext (Simon 1993, S. 244 f.).

Durch kooperative Einbindung der Stellvertreter und der Fragesteller selbst lassen sich in einer Aufstellung Dialoge entwickeln, die das „Gewordensein" von Verhältnissen, z. B. von Konflikten oder anderen Rätseln, erhellen. Fragesteller können, über die von ihnen aufgestellten Stellvertreter, Informationen bekommen, im (vom Aufstellungsleiter moderierten) Gespräch zusätzliche Einsichten gewinnen und in Verhandlungen eintreten – im Sinne eines Spiels mit den ambivalenten Kräften im System.

Diese Vorgehensweise schlägt eine Brücke zu systemisch-konstruktivistischen Arbeitsmodellen und kann z. B. an Stelle von oder im Übergang zu einem Abbruch einer Aufstellung angewandt werden. Sie kann auch mit Elementen der oben beschriebenen therapeutischen Rituale verbunden werden und leitet manchmal zur Formulierung von „Empfehlungen für zu Hause bzw. für den Arbeitsplatz" über.

Beispiel

Der Leiter eines Handwerksbetriebes stellt im Rahmen einer Beratung seine Organisation auf. Es gibt Konflikte zwischen drei verschiedenen Mitarbeitergruppen, und er stellt sich die Frage, wie er als Leiter zu einer Lösung beitragen könnte.

In der Aufstellung zeigt sich bei einem Rückgaberitual, dass die kämpfenden Gruppierungen sich in unterschiedlichen Loyalitäten an jeweils verschiedene Personen gebunden fühlen. Diese Menschen spielten in der Geschichte der Organisation eine für die Problemerschaffung wichtige Rolle: Der ehemalige Leiter (*VG*) war auf Grund einer Intrige aus seiner Funktion entlassen worden. Er hatte die ganze Einrichtung aufgebaut und war so etwas wie der „Vater des Projekts" gewesen. In zeitlichem Zusammenhang mit seiner Entlassung wechselte der Betrieb die Besitzer. Die jetzigen Mitarbeiter führen eine Art Stellvertreterkrieg für die damals am Konflikt Beteiligten.

Als Symbol für die aktuelle Auseinandersetzung unter den *Mitarbeitern* (repräsentiert durch je einen Stellvertreter für je eine Gruppierung) wählt der Leiter eine Schachtel Zigaretten. Ihm wird vorgeschlagen, das „Paket" an diejenigen zurückzugeben, die an dem ursprünglichen Konflikt beteiligt waren. Zögernd nimmt er einige Zigaretten aus der Schachtel und überreicht sie schließlich dem *jetzigen Besitzer* des Betriebes mit den für ihn dazu passenden „rituellen Worten". Vorsichtig zieht er dann einige weitere Zigaretten aus dem Paket und drückt sie seinem *Vorgänger* in die Hand. Mehr will er ihm nicht zumuten. Alle spüren, dass diesem das ganze noch verbleibende Zigarettenpaket „zustehen" würde und es darum ginge, die Verantwortung für das, was damals passiert ist, mit allen an der Intrige Beteiligten zu teilen bzw. sie dorthin zurückzugeben. Der Leiter weigert sich aber, und es beginnt eine Verhandlung darüber, was er gewinnen und verlieren könnte, wenn er das „Paket" zurückgäbe und was er gewinnen und verlieren könnte, wenn er es behielte. Es wird ihm klarer, was ihn in der Ambivalenz hält, und welche guten Gründe er hat, die „heißen Stangen" noch eine Weile in Händen zu behalten. An dieser Stelle beenden wir den Prozess.

Wieder zurückkehren – die Reintegrationsphase

So wie vorbereitende Schritte den Weg zum eigentlichen Ritual, in den „Raum zwischen den Räumen", in die „Zeit zwischen den Zeiten" (H. P. Duerr 1983) bahnen, so schließen verschiedene Prozesse diesen Raum wieder und begleiten die Reisenden noch auf ihrem

Weg zurück in die Alltagswirklichkeit. Übergangsriten enden oft mit öffentlichen Zeremonien und Festen, in denen der veränderte Status der Initianten bekannt gegeben, anerkannt und gefeiert wird.

Wiedereingliederungsprozesse im teilnehmenden Kreis
Bei Aufstellungen sind es meist kleine symbolische Handlungen und Prozesse, die den Wechsel von der einen Wirklichkeit – der des gestellten Systems – in die andere – die Alltagsrealität – einleiten und vollziehen. Sie scheinen uns jedoch für alle bei einer Aufstellung Anwesenden wesentlich zu sein und etwas Aufmerksamkeit zu brauchen.

- Die Rollenspieler ziehen sich aus ihren Rollen zurück, verlassen ihre Plätze im gestellten System und setzen sich wieder in den Kreis aller Anwesenden. Sie vollziehen körperlich und räumlich den Wechsel vom einen Kontext in den anderen.
- Dieses Entrollen kann mit kurzen Anregungen verbunden werden. V. Satir beispielsweise forderte die Rollenspieler dazu auf, sich noch ein wenig im Raum zu bewegen und dabei leise oder laut den eigenen Namen zu sprechen mit dem Bild, alles aus der Rolle vielleicht noch Belastende abzugeben. Oder Rollenspieler können eingeladen werden, die Rolle ganz abzustreifen und auszuziehen, indem sie mit ihren Händen ihren Körper ausstreichen usw.
- Die teilnehmenden Beobachter und Rollenspieler bekommen die Gelegenheit, Rückmeldungen zu geben, Fragen zu stellen oder ihre eigene Betroffenheit auszudrücken. Reflektierende Positionen werden eingenommen, und oft schließt sich gemeinsam mit dem Aufstellungsleiter ein Gespräch zu theoretischen Fragen an.
- Protagonisten brauchen oft eine gewisse „Schonzeit". Man lässt sie mit der eben gemachten lebendigen Erfahrung in Ruhe und verwickelt sie nicht gleich in ein Gespräch über das Erlebte.

Reintegrationsprozesse für den Protagonisten
Aufstellungen geben keine direkten Handlungsanweisungen, sondern stellen Interventionen auf der Ebene der Bedeutungsgebung

dar. Manchmal ergeben sich daraus Fragen zur Übertragbarkeit von Ergebnissen einer Aufstellung in die Lebenspraxis der betreffenden Organisation. Da empfiehlt sich der Hinweis, angedeutete Lösungsentwicklungen und Lösungsbilder „in sich zu bewegen", und darauf zu warten, wie sie sich im künftigen Handeln und in den Beziehungsgestaltungen auswirken.

Aus Aufstellungen entwickeln sich jedoch öfter Ideen zu Experimenten und kleinen symbolischen Handlungen, die den Protagonisten als „Empfehlungen für zu Hause" mitgegeben werden können:

- Z. B. das Abhalten von „Ehrenrunden" (G. Schmidt, mündlich), das bewusste Zelebrieren problemerhaltender Denk- oder Handlungsweisen.
- Oder andere Formen, das Pendeln zwischen „alten" und „neuen" Konstruktionen vorherzusagen und zu reframen: als das legitime Nebeneinander von verschiedenen Wahlmöglichkeiten, die je nach Kontext und Befindlichkeit genützt werden können.
- Auch konkrete Handlungen können empfohlen werden, wie z. B. für eine bestimmte Person ein Abschiedsfest vorzubereiten oder eine Würdigung vorzunehmen (schriftlich, mündlich, bildlich, durch Veränderung von Funktionsnamen etc.).
- Oder der Vorschlag, für eine gewisse Zeit ein bestimmtes Verhalten zu zeigen bzw. zu unterlassen und die Auswirkungen davon zu beobachten.
- Eine Empfehlung kann sein, das Lösungsbild oder eine andere Szene aus der Aufstellung hin und wieder zu visualisieren und zu spüren.

Was für die Fragesteller daraus wird, zeigt sich mit der Zeit: Ein Weg, der von ihnen auf ihre Weise gegangen wird – manchmal vielleicht begleitet durch weiteres Coaching, Beratung oder Supervision.

Aufstellungen unterstützen und begleiten Lebensvollzüge. Sie dienen einer „Reise", die wohl einem Ziel oder einer Richtung folgt, in der es jedoch für alle Beteiligten (besonders den Aufstellungsleiter) darum geht, sich Nichtgewusstem, Unbekanntem, Unerwartetem oder Überraschendem zu öffnen, auszusetzen und sich davon mitnehmen zu lassen. Werden Strukturbeschreibungen, wie das Phasenmodell, leitende Prinzipien und Darstellungen von Interventionen als objektive, allgemeingültige Regeln gehandhabt oder als fixe Handlungsanweisungen nachgeahmt, wirken sie kraftlos, nichts sagend oder hohl. Ähnlich wie Rituale zu leeren Hülsen erstarren, wenn sie vom lebendigen Fluss des Lebens abgeschnitten werden, nicht mehr von ihm getragen sind und ihm nicht mehr folgen. Wir verstehen unsere Beschreibungen daher als Erfahrungsberichte, als Landkarten und Anregungen, die bei Aufstellungen helfen, sich zu orientieren und die für eine Reise notwendigen Schritte zu berücksichtigen.

Literatur

Andersen, T. (1989): Das reflektierende Team. In: T. Andersen (Hrsg.): Das reflektierende Team. Dortmund (modernes lernen), S. 19–110.
De Shazer, S. (1989): Der Dreh. Heidelberg (Carl-Auer-Systeme).
De Shazer, S. (1992): Das Spiel mit Unterschieden. Heidelberg (Carl-Auer-Systeme).
De Shazer, S. (1997): „... Worte waren ursprünglich Zauber". Dortmund (Modernes Lernen).
Duerr, H. P. (1983): Traumzeit. Frankfurt (Syndikat Autoren- u. Verlagsgesellschaft).
Essen, C. u. G.-L. Baxa (1998): Hilfe! Was ist Hilfe? Zur Anwendung systemischer Aufstellungsarbeit bei Supervisionen und Konsultationen größerer Helfer-Systeme. In: G. Weber (Hrsg.): Praxis des Familien-Stellens. Heidelberg (Carl-Auer-Systeme), 3., überarb. Aufl. 2000, S. 377–393.
Essen, S. (1990): Vom Problemsystem zum Ressourcensystem. In: E. J. Brunner u. D. Greitemeyer (Hrsg.): Die Therapeutenpersönlichkeit. Wildberg (Mona Bögner-Kaufmann).
Essen, S. (1998): Woher hab' ich das nur? Ein Rückgaberitual für die Einzeltherapie. In: G. Weber (Hrsg.): Praxis des Familien-Stellens. Heidelberg (Carl-Auer-Systeme).
Gennep, A. van (1986): Übergangsriten. Frankfurt/M. (Campus).
Goolishian, H. u. H. Anderson (1988): Menschliche Systeme. Vor welche Probleme sie uns stellen und wie wir mit ihnen arbeiten. In: L. Reiter et al. (Hrsg.): Von der Familientherapie zur systemischen Perspektive. Berlin/Heidelberg/New York (Springer), S. 189–216.
Hellinger, B. (1994): Ordnungen der Liebe. Ein Kursbuch. Heidelberg (Carl-Auer-Systeme), 6. erw. Auflage 2000.
Imber-Black, E. (1990): Familien und größere Systeme. Im Gestrüpp der Institutionen. Heidelberg (Carl-Auer-Systeme), 4. Aufl. 1997.
Imber-Black, E., J. Roberts u. R. A. Withing (1993): Rituale. Heidelberg (Carl-Auer-Systeme), 3. Aufl. 1998.

Ludewig, K. (1992): Systemische Therapie. Stuttgart (Klett-Cotta).
Retzer, A. et al. (1997): Zur Form systemischer Supervision. Familiendynamik 22 (3): 240–263.
Satir, V. (1988): Meine vielen Gesichter. München (Kösel).
Schlippe, A. von u. J. Schweitzer (1996): Lehrbuch der systemischen Therapie. Göttingen (Vandenhoeck & Ruprecht), 6., durchges. Aufl. 1999.
Schmidt, G. (1985): *Systemische Familientherapie als zirkuläre Hypnotherapie.* Familiendynamik 10: 241-264
Simon, F. B. (1993): Unterschiede, die Unterschiede machen. Frankfurt a. M. (Suhrkamp).
Simon, F. B. u. G. Weber (1987): Vom Navigieren beim Driften. Die Bedeutung des Kontextes der Therapie. *Familiendynamik* 12 (4): 355–362.
Sparrer, I. (1998b): Heilsame Rituale und systemische Resonanz. (Unveröff. Transskript eines Vortrags).
Sparrer, I. u. M. Varga v. Kibéd (1998b): Vom Familien-Stellen zur Systemischen Strukturaufstellungsarbeit. In: G. Weber (Hrsg.): Praxis der Familien-Stellens. Heidelberg (Carl-Auer-Systeme), S. 394–404.
Tomm, K. (1994): Die Fragen des Beobachters. Heidelberg (Carl-Auer-Systeme), 3. Aufl. 2000.
Weber, G. (Hrsg.) (1993): Zweierlei Glück. Die systemische Psychotherapie Bert Hellingers. Heidelberg (Carl-Auer-Systeme), 13. Auflage 2000.
Weber, G. (1995): Vortrag beim 2. Europäischen Hypnotherapiekongreß, München [Videocassette]. Dortmund (Video Cooperative Ruhr).
Weber, G. u. B. Gross (1998): Organisationsaufstellungen. In: G. Weber (Hrsg.): Praxis des Familien-Stellens. Heidelberg (Carl-Auer-Systeme), S. 405–420.
White, M. u. D. Epston (1990): Die Zähmung der Monster. Heidelberg (Carl-Auer-Systeme), 3., korr. u. überarb. Aufl. 1998.

Die unsichtbare Ordnung in Arbeitsbeziehungssystemen
Konflikthafte Strukturen und Hilfestellungen für ihre Auflösung

Franz Ruppert

I. ARBEITEN IM KONTEXT VON ARBEITSBEZIEHUNGSSYSTEMEN

1. Formale und informelle Aspekte in Organisationen

In der Organisations- und Managementlehre werden Organisationen zuweilen mit einem Eisberg verglichen. Was wie bei einem Eisberg über die Wasseroberfläche ragt, wird als die *formalen Aspekte der Organisation* bezeichnet, was sich unterhalb der Wasseroberfläche verbirgt, sind die *informellen Aspekte der Organisation*. Zu den informellen Faktoren zählen unter anderem die Macht- und Einflussstrukturen, die Einstellungen gegenüber der Organisation und ihren Mitgliedern, die Interaktionsmuster und Gruppenbeziehungen, die Gruppennormen, Vertrautheit, Offenheit und Risikobereitschaft, indirekte Rollenerwartungen und Wertesysteme, Erwartungen, Wünsche, Bedürfnisse, affektive Beziehungen zwischen Vorgesetzten und Untergebenen, Zufriedenheit der Mitarbeiter mit der Organisation und der Arbeit (Staehle 1980). Das Eisbergmodell legt nahe, dass der größere Teil des organisatorischen Geschehens unter einer Oberfläche verborgen ist, und die Stellenbeschreibungen und Organigramme, die offiziellen Beschreibungen von Zielen und Zwecken der Organisation, die operativen Pläne, die kommunizierte Geschäfts- und Personalpolitik, die Wirtschaftlichkeits- und Produktivitätsmaße darüber nur wenig aussagen.

Die Organisationspsychologie hat sich immer auch für das interessiert, was sich hinter der offiziellen Fassade einer Organisation verbirgt (z. B. Neuberger u. Kompa 1987), und sie konnte an vielen

Beispielen zeigen, wie notwendig die Beschäftigung mit den informellen Aspekten von Arbeitsorganisationen ist. Wenn heute viele Organisationen der Überzeugung sind, die Mitarbeiter seien ihr größtes Kapital, so wird es umso wichtiger zu verstehen, was jenseits der offiziell sichtbaren Organisationsstrukturen an zwischenmenschlichen Prozessen abläuft, welche Kräfte hier wirken, und wie sie als erkannte und besser verstandene Systemdynamiken bewusster beeinflusst werden können.

2. Arbeitshandeln im Kontext von Arbeitsbeziehungen

Arbeitsorganisationen systemisch zu analysieren und systemische Interventionen vorzunehmen, bringt viele neue Einsichten und eröffnet zahlreiche praktische Zugänge (z. B. König u. Volmer 1994). Ich gehe von der Annahme aus: Das Arbeitshandeln ist eingebettet in den Kontext von Arbeitsbeziehungen und Arbeitsbeziehungssystemen. Sehr viele Probleme und Konflikte, die in Arbeitsorganisationen auftreten, sind nach meiner Auffassung das Ergebnis von Störungen der Arbeitsbeziehungen. Durch die von Hellinger für Familiensysteme (fort-)entwickelte Methode der Personenaufstellungen (z. B. Hellinger 1994) lassen sich auch in Arbeitsbeziehungssystemen Einsichten in Dynamiken einer im Verborgenen wirkenden „Systemseele" gewinnen, und so werden neue Wege der Lösung von arbeitsbezogenen Konflikten möglich (Sparrer u. Varga v. Kibéd 1998). Ich werde im Folgenden einige Überlegungen skizzieren, die aus eigenen Erfahrungen mit Aufstellungen von Arbeitsbeziehungssystemen im Zusammenhang mit speziellen Seminaren, mit Supervisionen und Coachings in den letzten beiden Jahren resultieren (vgl. auch Ruppert 1997).

3. Grundpositionen in Arbeitsbeziehungssystemen

Wie wir aus der allgemeinen Systemtheorie wissen, besteht jedes System aus Elementen und deren Relationen zueinander (Luhmann 1996). So gibt es auch in Arbeitsbeziehungssystemen Grundelemente, die wir als *Positionen* bezeichnen können. Diese werden von unterschiedlichen Personen mit ihren je individuellen Fähigkeiten und Kompetenzen ausgefüllt. Die wichtigsten Positionen sind:

- die Position des Vorgesetzten (Führungspositionen von unterschiedlichem Rang),

- die Position des „einfachen" Mitarbeiters (Mitarbeiterposition),
- die Position des Betriebs- bzw. Personalrats (Interessenvertreterposition) sowie
- die Position des Experten (so genannte Stabskräfte, z. B. Sicherheitsfachkraft, Betriebsarzt, Fachkraft im Personalwesen, Umweltschutzbeauftragter, Sicherheitsbeauftragter).

4. Wesentliche Systemerweiterungen

Als wichtig für das Verständnis von Arbeitsbeziehungssystemen erweisen sich in vielen Fällen auch die Positionen von nicht unmittelbar zum System Gehörenden, in dieses jedoch hineinwirkenden Personen:

- Geldgeber,
- Auftraggeber,
- Kunden,
- Kontrolleure (z. B. technische Aufsichtsbeamten der Gewerbeaufsicht oder der Berufsgenossenschaft),
- Berater (z. B. Experten des Technischen Überwachungsvereins, Unternehmensberater, Supervisoren).

5. Die existente Vergangenheit des Systems

Ähnlich wie bei Familiensystemen müssen in der Arbeit mit Arbeitsbeziehungssystemen nicht nur tatsächlich anwesende oder lebende Personen in eine Aufstellung einbezogen werden. Auch bereits aus dem Arbeitsbeziehungssystem ausgeschiedene oder schon verstorbene Personen haben oft einen wesentlichen Einfluss auf die Dynamik des Beziehungssystems, da Bindungen und Beziehungen jenseits von Raum und Zeit fortwirken:

- ausgeschiedene oder verstorbene Firmengründer,
- ehemalige Vorgesetzte,
- frühere Kollegen/-innen.

6. Unbewusste Loyalitätsbindungen

In ein Arbeitsbeziehungssystem integrieren wir uns aufgrund einer mündlichen oder schriftlichen Absprache oder Übereinkunft. Arbeitsverträge stiften folgenreiche Rechtsbeziehungen. Um jedoch die „Tiefenstruktur" der Beziehungsdynamiken zu verstehen, die das tägliche Arbeitshandeln motiviert, gibt das Konzept der „Loyalitätsbindung" oft viel wesentlichere Aufschlüsse: „Loyalitätsbindungen gleichen unsichtbaren, aber starken Fasern, welche die komplizierten Teilchen des Beziehungs„verhaltens" in Familien wie auch in der Gesellschaft zusammenhalten. Um die Funktionen einer Gruppe zu verstehen, muss man vor allem wissen, wer mit wem durch Loyalität verbunden ist, und was Loyalität für die so Verbundenen bedeutet" (Boszormenyi-Nagy u. Spark 1993, S. 69). Da Arbeitsbeziehungssysteme, ähnlich wie Familiensysteme, für das Überleben ihrer Mitglieder eine fundamentale Bedeutung haben (vgl. die Rede vom Arbeitgeber als Brotgeber), stellen sich Mitarbeiter mit ihren körperlichen wie psychischen Kräften in den Dienst des jeweiligen Systems und werden von solchen Systemen in den Dienst genommen, weil sie mit tiefen Schichten ihrer psychischen Existenz – ich nenne das die Individualseele – mehr unbewusst als bewusst Anteil nehmen können am Ganzen. Man könnte dieses Ganze, wie Hellinger es mitunter macht, auch als „die große Seele" oder „Systemseele" bezeichnen.

Der Ausschluss aus dem Arbeitsbeziehungssystem wird daher als bedrohlich erlebt (z. B durch Kündigung). „Mobbing", wie Leymann (1993) es beschreibt, können wir als den (unrechtmäßigen) Versuch von Systemmitgliedern betrachten, einem Mitarbeiter das Recht auf seine Zugehörigkeit zum Beziehungssystem zu verweigern.

7. Reinszenierungen des Familiensystems

In Arbeitsbeziehungssysteme treten wir ein, während wir gleichzeitig noch mehr oder weniger stark in einer Loyalitätsbindung zu unserem Familienherkunftssystem befangen sind. Zumal sie unbewusst weiterwirken, können wir diese Loyalitätsbande nicht beim Betreten der Arbeitsstätte abstreifen und beim Verlassen wieder anlegen. Aus der Familienarbeit wissen wir: Je stärker wir in unser familiäres Herkunftssystem verstrickt sind, desto weniger gelingt uns die Gründung eines eigenen partnerschaftlichen oder familiären Gegenwartssystems. Das alte System wird mit neuer Besetzung reinszeniert. Daher ist es auch möglich, dass das alte ungelöste Drama aus der Herkunftsfamilie in einem Arbeitsbeziehungssystem neurotisch wiederholt und mit den Arbeitskollegen an Stelle von Vater, Mutter, Bruder, Schwester etc. erneut durchgespielt wird.

II. KONFLIKTE IN ARBEITSBEZIEHUNGEN

1. Konflikte als Normalität

So wenig es eine konfliktfreie Familie gibt, so wenig trifft auch die Vorstellung von einer konfliktfreien Organisation zu. Das Bild von Vorgesetzten und Mitarbeitern, die immer freundlich, achtsam und rücksichtsvoll miteinander umgehen, ist nicht mehr als ein frommer Wunsch. Eher ist es umgekehrt: Konflikte sind in Familien- und in Arbeitsbeziehungssystemen unvermeidbar, weil es unter den verschiedenen Mitgliedern des Systems stets unterschiedliche Auffassungen gibt über die gerechte Verteilung materieller Ressourcen, über die Verbindlichkeit von Werten und das angemessene Maß an Leistungen, die jeder Einzelne für das System zu erbringen habe. Daher ist Jandt (1994) zuzustimmen, der sagt: „1.) Konflikte sind unvermeidbar und müssen nicht unbedingt schädlich sein. 2.) Einige Konfliktarten können sogar enorm zur Gesundung und zum Wohlergehen der gesamten Organisation beitragen, indem beispielsweise produktiver Konkurrenzdruck entsteht. 3.) Egal, wie der Konflikt aussieht, er kann so gehandhabt werden, dass die Verluste möglichst gering und die Gewinne maximiert werden" (S. 26).

Nach meiner Ansicht muss jedes Beziehungssystem mindestens die folgenden vier systemischen Dimensionen ausbalancieren und für die damit verbundenen Probleme und Konflikte Lösungen finden:

- Zugehörigkeit (Legitimationsfragen und -konflikte),
- Position (Rang-, Machtfragen und -konflikte),
- Bindung (Loyalitätsfragen und -konflikte),
- Leistung (Anspruchs- und Verpflichtungsfragen und -konflikte).

2. Neurotische Konflikte

Konflikte, bei denen allen Beteiligten offenkundig ist, worum es geht, sind am leichtesten zu lösen. Die Interessens-, Bedürfnis- oder Meinungsunterschiede können klar benannt werden, die Kontrahenten können ihre Machtmittel, Ressourcen und Argumente sammeln und sehen, wie weit sie damit kommen. Auch wenn es zu einem heftigen Streit kommt, ist der Konflikt lösbar und zu bereinigen. Neurotische Konflikte hingegen schwelen. Sie werden weder richtig auf den Tisch gebracht, noch endgültig ad acta gelegt. Sie flammen immer wieder auf und werden durch halbherzige Löschversuche auf das Niveau des Schwelbrandes reduziert. Allmählich leiden alle unter einer Rauchvergiftung.

Die fünf genannten Faktoren (Grundpositionen, wesentliche Systemerweiterungen, Fortexistenz des äußerlich schon Vergangenen, unbewusste Loyalitätsbindungen und Reinszenierung des Herkunftssystems) waren für mich neben dem, was mir aus der Aufstellungsarbeit mit Familiensystemen schon vertraut war, der Schlüssel für das Verstehen von neurotischen Konflikten in Arbeitsbeziehungssystemen. Ich will im folgenden einige neurotische Grundkonflikte, wie sie mir in meiner bisherigen Arbeit mit Arbeitsbeziehungssystemen begegnet sind, skizzieren und zeigen, welche Hilfestellungen ich Personen anbiete, die in solche Konflikte verstrickt sind.

a) Nicht ein- und angenommene Grundpositionen

Ein häufiges neurotisches Konfliktmuster ergibt sich daraus, dass Menschen in Arbeitsbeziehungssystemen ihre Grundposition nicht einnehmen. Dies gilt für Vorgesetzte und Führungskräfte ebenso wie für Mitarbeiter, Träger von Stabsfunktionen und Interessensvertreter.

So finden wir den Vorgesetzten, der diese Position im Grunde gar nicht haben wollte, der sich vielleicht aber drängen ließ, weil er der älteste Mitarbeiter im System war. So jemand ist nicht in der Lage zu führen. Er fordert von seinen Mitarbeitern nichts, er gibt ihnen keine klaren Strukturen vor, er trifft keine Entscheidungen, er möchte niemandem weh tun und es allen recht machen. Er scheut Konflikte, und gerade das kreiden ihm seine Mitarbeiter zurecht an. Er wird seiner Verantwortung für das gesamte Beziehungssystem nicht gerecht. Er blockiert die Vorgesetztenposition, die die Kraft hätte, Interessensverschiedenheiten auszugleichen und Konflikte mit Blick auf das Ganze zu schlichten. Konflikte zwischen den Mitarbeitern bleiben so ungelöst und werden zu „Dauerbrennern" im System.

Auch bei Mitarbeitern finde ich immer wieder die Situation vor, dass sie im Grunde mit ihrer Position nicht zufrieden sind. Sie meinen, den falschen Beruf gewählt zu haben, fühlen sich für anderes oder höheres qualifiziert. Dies mag zutreffen, und oft ist es auch eine Sache glücklicher Umstände, gerade die Arbeitsstelle zu finden, an der man seine Fähigkeiten und Neigungen in Übereinstimmung bringen kann. Die Positionsunzufriedenheit, um die es hier geht, ist aber unproduktiv, sie führt zu keiner Veränderung. Der Mitarbeiter trägt seinen Anspruch vor sich her, gerät dadurch mit seinen Kollegen wie Vorgesetzten immer wieder in Konflikte.

Als eine tiefe Kränkung wird es auch erlebt, wenn ein Vorgesetzter wieder zu einem „einfachen" Mitarbeiter zurückgestuft wird. Er verweigert seinem neuen Vorgesetzten dann die Mitarbeit und hofft insgeheim, dass dieser auch Scheitern möge wie er selbst. Er selbst unternimmt aber keine weiteren Anstrengungen mehr, wieder in eine höhere Position zu gelangen.

In manchen Unternehmen werden Stabsfunktionen mit ehemaligen Führungskräften besetzt. Da ihnen auf diesem Wege Verantwortlichkeiten, Weisungsbefugnisse und Macht genommen werden, erleben ehemalige Führungskräfte die ihnen neu übertragene Aufgabe weniger als eine neue Herausforderung, denn als Zeichen für ihr Versagen als Führungskraft. Sie mischen sich immer wieder in die Belange von Führungskräften ein, sind nicht in der Lage, sachlich zu beraten und erzeugen Kompetenzkonflikte.

Konflikte ergeben sich auch, wenn Fachkräfte sich untereinander nicht abgrenzen können. Wenn etwa in einer Institution aus Gründen eines basisdemokratischen Ansatzes nicht mehr zwischen unterschiedlichen Berufen (z. B. Ärzten, Psychologen, Sozialpädagogen und Pflegekräften) oder Qualifikationsvoraussetzungen unterschieden wird, und jeder im Prinzip alles machen können soll.

Dass Mitarbeitervertreter meinen, sie seien die kompetenteren Unternehmer, kommt nicht selten vor. Betriebsräte, die sich sehr in die Unternehmensstrategie einmischen, drängen andere im Betrieb an den Rand. Sie selbst fühlen sich oft überfordert und beklagen die mangelnde Solidarität ihrer Kollegen und der Belegschaft. Die Mitarbeiter sehen eine solche Situation zwiegespalten: Ein mächtiger Betriebsrat kann sie einerseits schützen – zumindest für eine gewisse Zeit –, andererseits sind sie nicht immer damit einverstanden, was der Betriebsrat in ihrem Namen mit der Geschäftsleitung aushandelt. Abbildung 1 zeigt ein Aufstellungsbild aus Sicht eines Betriebsrates in einem Chemieunternehmen.

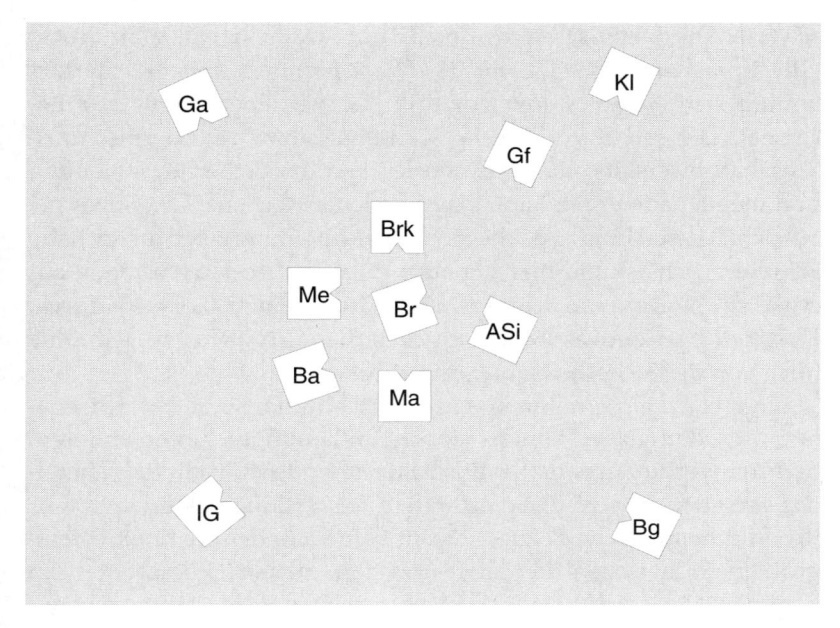

Ga	Gewerbeaufsicht	ASi	Abteilung Arbeitssicherung
Brk	Betriebskollegen	Ba	Betriebsärztin
Kl	Konzernleitung	Ma	Mitarbeiter
Gf	Geschäftsführer	IG	IG Chemie
Me	Meister	Bg	Berufsgenossenschaft
Br	Betriebsrat		

Abb. 1: „Der mächtige Betriebsrat" (Urheber des Bildes: Betriebsrat)

In der Nachstellung dieser Beziehungskonstellation fühlte sich der Stellvertreter des Betriebsrates „unverletzlich". Dem Stellvertreter für die Mitarbeiter aber ist seine Position zum Betriebsrat „zu nahe". Die Meister hingegen fühlen sich durch den Betriebsrat vor der Geschäftsleitung geschützt. Der Stellvertreter der Geschäftsleitung spürt eine Konkurrenz zum Betriebsrat: „Da passiert etwas, was ich nicht weiß." Der Vertreter der Konzernleitung hat den Eindruck von sich, sehr autoritär zu sein und meint: „Da werden zu sehr Mitarbeiterinteressen vertreten. Die Meister verstecken sich zu sehr!"

Der Stellvertreter der IG Chemie meint, über die Köpfe der anderen hinweg zu sehen und weit hin zur Konzernleitung zu schauen. Er schaue auch zum Betriebsrat, dem dies aber egal zu sein scheine. Die Stellvertreterin der Betriebsärztin hat den Eindruck, „die brauchen mich alle nicht". Die Abteilung Arbeitssicherheit kommt sich eher verloren vor und hat nur einen Bezug zur Berufsgenossenschaft, von der sie „Stärke bekommt". Die Berufsgenossenschaft ihrerseits sieht nur den Rücken der Sicherheitsabteilung und meint, „ansonsten kann ich hier nichts machen." Die Gewerbeaufsicht hat den Eindruck, die Sicherheitsabteilung zeige ihr die kalte Schulter: „Ich könnte hier genauso gut hindurchstoßen, ohne auf etwas zu stoßen. Die schicken mich durch einen Gang hindurch. Dort, wo irgendetwas los ist, schicken die mich nicht hin. Ich fühle mich von der Sicherheitsabteilung abhängig."

In diesem Unternehmen wurden Produktionsbereiche aufgegeben, der Betriebsrat konnte jedoch Entlassungen unter anderem dadurch verhindern, dass Mitarbeiter in andere Produktionsbereiche versetzt wurden. Wie eine andere Aufstellung aus einem dieser Produktionsbereiche zeigte, scheint es dabei aber zu Konkurrenzproblemen zwischen den alten und den „neuen" Mitarbeitern zu kommen. Doch nicht nur die Schließung einzelner Produktionsbereiche löst in diesem Unternehmen Konflikte aus. Es ist auch eine Standortverlagerung der gesamten Produktion ins Ausland im Gespräch. Dies zeigte sich in einer Aufstellung eines Produktionsleiters dieses Unternehmens deutlich, in der Management- wie Mitarbeitervertreter, die Stellvertreter von Stabsfunktionen und die Mitarbeiter, wie gebannt in eine Richtung blickten. Auch in dieser Aufstellung fühlte sich der Stellvertreter des Betriebsrats sehr mächtig, im Grunde aber hilflos, sobald die Unternehmensleitung das Startsignal zum Abmarsch in Richtung Ausland gibt.

b) Missachtung wichtiger Personen

Dass der Spruch vom „König Kunde" selten der Wahrheit entspricht, wissen wir alle aus Erfahrung. Vielleicht sollte man schon misstrauisch sein, wenn ein Unternehmen meint, der Kunde solle gleich zum König erhoben werden. Eigentlich genügt es, den Kunden als Menschen mit legitimen Bedürfnissen nach Information, Beratung oder Service bei Umtauschwünschen oder Reparaturen zu betrachten. Auch in Aufstellungen von Arbeitsbeziehungssystemen im sozialen oder Dienstleistungsbereich haben die Personen, für die gearbeitet wird oder denen geholfen werden soll, oft keinen richtigen Platz. Werden sie auf Aufforderung hinzugestellt, bekommen sie selten einen angemessenen Platz, fühlen sich von niemandem richtig beachtet, oder es sind ihnen manche Personen viel zu nahe.

Beispiel 1: In einer kleinen Steuerkanzlei war der Geschäftsinhaber sehr in die Frage verstrickt, ob seine Frau in der Kanzlei mitarbeiten solle. Er vermutete, seine Frau sei eifersüchtig auf seine Sekretärin. Als wir dann einen Stellvertreter für seine Kunden hinzustellten, wurde ihm deutlich, wie sehr er statt mit seiner eigentlichen Arbeit mit seinen persönlichen und privaten Problemen befasst war und was er dadurch seinen Kunden zumutete.

Beispiel 2: Eine sozialer Verein hat sich zur Aufgabe gestellt, Jugendlichen aus schwierigen sozialen und familiären Verhältnissen eine berufliche Qualifikation zu ermöglichen. Die Mitglieder des Vereins sind in zwei Lager gespalten und liegen miteinander seit längerem im Streit. Ich lasse einen Stellvertreter für die Jugendlichen hinzustellen, denen die Vereinsmitglieder helfen wollen. Dieser steht dann in der Aufstellung abseits und verloren. Erst als ich die Eltern des Jugendlichen hinter diesen stelle, bekommt er mehr Gewicht, und die Vereinsmitglieder beginnen, sich mehr für ihn zu interessieren. Es stellt sich dann heraus, dass die meisten der Vereinsmitglieder große Probleme mit ihren eigenen Eltern haben, ihre Eltern früh verloren haben oder keine elterliche Autorität akzeptieren können. Sie verhalten sich selbst untereinander wie streitende Kinder.

c) Missachtung der Vergangenheit

Organisationen haben ihre Geschichte, sie werden gegründet, blühen auf, halten sich eine Zeitlang am Leben und lösen sich irgendwann einmal auf. Wer in eine Organisation neu eintritt, kann sich auf vieles stützen, was andere vor ihm dort geschaffen haben. Manchmal aber verhalten sich neue Mitglieder in einer Organisation so, als wäre es für die Organisation ein großes Glück, dass nun endlich sie gekommen sind und mit allen Missständen aufräumen. Besonders neue Geschäftsführer oder höhere Führungskräfte meinen, alles anders und natürlich besser machen zu müssen als ihre Vorgänger. Sie merken oft nicht, dass sie durch die Abwertung ihres Vorgängers implizit auch dessen Mitarbeiter mit abwerten. Deren noch vorhandene Loyalität mit dem früheren Chef wird dadurch eher verstärkt, der neue Chef verbraucht seinen Elan in vielen kleinen Konflikten mit den Mitarbeitern (z. B. mit der Sekretärin des früheren Chefs).

d) Unbewusste Loyalitätsbindungen
Als in einem Finanzunternehmen der Abteilungsleiter die Firma verlässt, wird einem seiner Mitarbeiter die Nachfolge angetragen. Dieser nimmt sie auch an, weil er sich damit seinem persönlichen Karriereziel nähert. In der Folge kommt es zu verschiedenen Konflikten mit den ehemaligen Kolleginnen und Kollegen. Die Aufstellung zeigt dann: Zwischen dem Nachfolger und seinem Vorgänger besteht noch eine starke Loyalitätsbindung. Der neue Vorgesetzte ist nach außen gewandt und würde seinem ehemaligen Chef gerne nachfolgen. Er kann innerlich die Führungsposition nicht einnehmen. Mitarbeiter, die eine solche Schwäche ihres Vorgesetzten spüren, fühlen sich geradezu provoziert, ihn unter Druck zu setzen.

e) Reinszenierte Konflikte aus der Herkunftsfamilie
Gelingt es in Supervisions- oder Coachingprozessen, ein Vertrauensverhältnis zwischen einer Führungskraft oder einem Mitarbeiter aufzubauen, wird in vielen Fällen deutlich, dass die Konflikte, die diese Person in ihrem Arbeitsbeziehungssystem hat, auf nicht gelösten Konflikten in ihrem Herkunftssystem basieren.

Beispiel 1: Eine Mitarbeiterin will kündigen, weil sie glaubt, es mit ihrer Vorgesetzten nicht länger aushalten zu können. Insbesondere klagt sie ihre Vorgesetzte an, sie sei „falsch" und enthalte ihr wichtige Informationen vor. Sie empfindet auch körperliche Nähe der Vorgesetzten als extrem unangenehm. Der Konflikt scheint unüberbrückbar. Erst als ich das Gespräch auf das Verhältnis zu ihrer Mutter lenke, wird offenbar: Die Mitarbeiterin hat seit ihrer frühesten Kindheit erhebliche Probleme mit ihrer Mutter, weil diese Familiengeheimnisse vor ihr verborgen hielt. Sie erinnert sich jetzt daran, schon als Kind Ekel davor empfunden zu haben, von ihrer Mutter so lange gestillt worden zu sein. Wie sich dann noch herausstellt, sind Mutter und Tochter beide bulimisch.

Beispiel 2: Ein Mitarbeiter in einer Beratungsstelle überlegt zu kündigen. Er sei mit seinem Vorgesetzten sehr unzufrieden. In der Aufstellung spürt sein Stellvertreter eine über das normale Verhältnis Mitarbeiter–Vorgesetzter weit hinausgehende Beziehung zum

Vorgesetzten. Wie sich dann herausstellt, ist der Vater des Mitarbeiters gestorben, als dieser sechs Jahre alt war. Der Mitarbeiter überträgt Erwartungen an seinen Vater auf den Vorgesetzten und überfordert diesen damit.

III. Lösungsansätze für Konflikte

1. Neue Strukturbilder

Die Arbeit mit Personenaufstellungen ist ein phänomenologisches Verfahren. Über das Problem wird nicht nur geredet, es wird zur Anschauung gebracht. Damit werden neue und oft überraschende Aspekte des Problems sichtbar, und es werden Konfliktlösungspotentiale aktiviert, die jenseits kognitiver Strategien liegen.[1] Durch das Umstellen der Personen in einem ursprünglichen Aufstellungsbild werden unmittelbar Wege für Konfliktlösungen aufgezeigt. Wie in Familiensystemen scheint es auch in Arbeitsbeziehungssystemen eine Art Grundstruktur zu geben, die von den Personen in der Aufstellung als relativ angenehm und konfliktfrei empfunden wird.

Ich unterscheide in der Lösungsstruktur zwischen einem Führungs- und einem Mitarbeiterbogen. Entlang einer gedachten bogenförmigen Linie stehen die Führungskräfte nebeneinander, die oberste Führungskraft an erster, die zweiter an nächster Stelle usw. Auf

---

[1] Der von Retzer und Simon (1998) vertretenen Auffassung, es sei „schließlich … kein so großer Unterschied, ob ein Familienmitglied seine Sicht der Familie mit Worten beschreibt oder durch eine solche ‚Skulptur' darstellt" (S. 67), kann ich aus meiner Erfahrung nicht zustimmen. Was jemand über sein Beziehungssystem sagt und für relevant hält, sind meist völlig andere Sachverhalte als jene, die sich in der Aufstellung dann als wesentlich herausstellen. Was in einer Aufstellung für einen Stellvertreter unmittelbar erfahrbar ist, lässt sich oft nur schwer in passende Worte kleiden („Ein Bild sagt mehr als 1000 Worte").

Ich habe auch Versuche gemacht und die Wirkung einer Skulptur im Sinne Satirs mit den Wirkungen einer Aufstellung im Sinne Hellingers verglichen. Das Erleben der Stellvertreter war ein völlig anderes, der Prozess nahm einen gänzlich unterschiedlichen Ausgang. Nach meiner Ansicht regen Skulpturen die Stellvertreter eher zu kognitiven Deutungen an, durch Aufstellungen werden sie auf einer körperlich-emotionalen Ebene ergriffen. Demnach werden durch unterschiedliche Methoden unterschiedliche Ebenen psychischer Wirklichkeit aktiviert. Die verschiedenen Methoden sind unterschiedlich produktiv für den Verlauf und das Ergebnis therapeutischer und supervisorischer Interventionen.

diese Weise haben sie miteinander Kontakt und können sich bei Bedarf intensiver anschauen. Die Vorstellung dabei ist auch, dass die erste Führungskraft nach außen hin stützt und sichert. Die von ihr ausgehende Kraft fließt zu den anderen Führungskräften weiter. Die „Energie" der ersten Führungskraft wirkt auch noch in der dritten und vierten weiter. Dieses Bild ist kompatibel mit Ergebnissen der Führungsstilforschung, die zum Beispiel zeigen konnte, dass eine Führungskraft umso mehr von ihren Mitarbeitern anerkannt ist und deren Verhalten beeinflussen kann, je stärker ihr eigener Vorgesetzter für die Mitarbeiter transparent und sichtbar ist (Weibler 1995).

Der Mitarbeiterbogen setzt den Führungsbogen mit einer Unterbrechung fort. Die Mitarbeiter nehmen unterschiedliche Positionen ein entsprechend ihrem Systemalter, also gemäß der Zeitdauer, der sie dem Arbeitsbeziehungssystem angehören.

Interessensvertreter haben eine gute Position, wenn sie auf Seiten der Mitarbeiter stehen und mit jener Führungsebene den direkten Kontakt haben, die ihrer Funktion entspricht (z. B. steht der Gesamtbetriebsratsvorsitzende unmittelbar der Konzern- oder Geschäftsleitung gegenüber). Eine leichte seitliche Versetzung ist günstig, um das mit einer direkten Gegenüberstellung verbundene Gefühl der Konfrontation zu entschärfen.

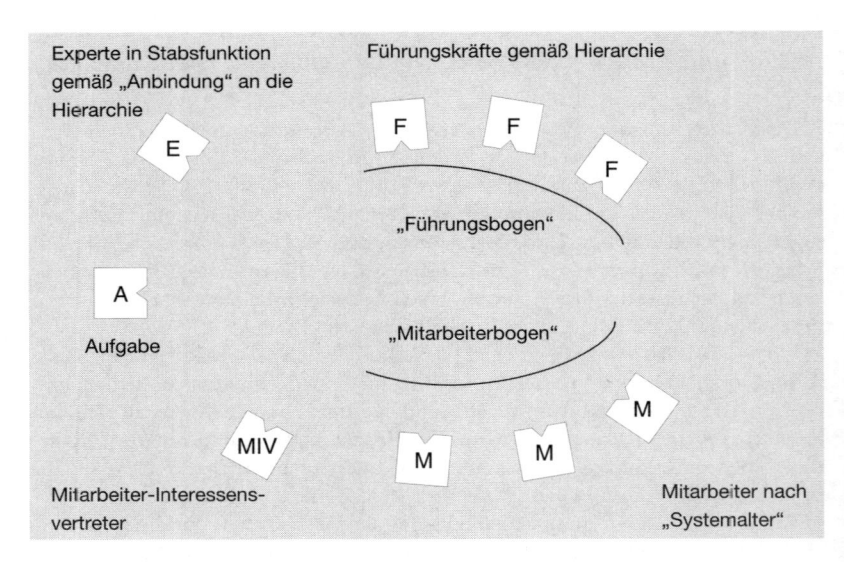

Abb. 2: Relativ konfliktfreies Strukturbild eines Arbeitsbeziehungssystems

Stabskräfte, also Experten, haben einen guten Platz seitlich neben der Führungskraft, der sie unmittelbar zuarbeiten. Ihr sollten jene am meisten zugewandt sein, mit ihr sollten jene den besten Blickkontakt haben.

Diese Struktur lässt auch eine Öffnung und damit Platz für das, um was es geht: die Arbeitsaufgabe, das Anliegen, den Kunden, den Patienten etc.

Als schwierig erweist es sich, einen guten Platz für sog. Zwischenpositionen zu finden (z. B. Betriebsräte, die gleichzeitig Vorgesetzte ihrer Kollegen sind, oder ehemalige Meister, die jetzt ohne Weisungsbefugnisse als „Coaches" Arbeitsgruppen beraten sollen).

Konfliktlösende Sätze und Rituale

Wie in Familienaufstellungen, so dient auch bei Arbeitsbeziehungsaufstellungen das Umstellen der Personen zunächst dem besseren Verständnis der verborgenen Problemdynamik. Das Finden eines Lösungsbildes dient der Vorbereitung des eigentlichen Lösungsvollzugs durch die Person, die das Problem hat. Das Annehmen und Vollziehen einer Lösung ist ein seelischer Prozess, der innere Widerstände überwinden muss, um zu gelingen. Dies ist die eigentliche Kunst des Supervisors (Coaches, Therapeuten ...), der betreffenden Person über ihre inneren Widerstände hinwegzuhelfen, Altes, das behindert und die Konflikte chronifiziert, zu lassen und Neues, das weiterbringt, anzunehmen. Dies ist auch ein kreativer Prozess und gestaltet sich, gemäß dem phänomenologischen Ansatz der hellingerschen Methode, jeweils entsprechend der „Terminologie" des zu lösenden Konflikts.

Es gibt jedoch auch Rituale und Lösungssätze, die sich immer wieder bewähren. Für meine Arbeit habe ich als hilfreich empfunden:

– *Benennen der Fakten*: z. B. „Ich bin hier der Vorgesetzte und seit sechs Monaten im Unternehmen, Sie sind mein Mitarbeiter und arbeiten bereits seit zehn Jahren hier." Oft wird den Führungskräften in einer solchen Situation dann bewusst, dass sie auf das Systemalter ihrer Mitarbeiter bisher nicht geachtet haben, und sie merken, wie wichtig es für Mitarbeiter ist, dass ihr Vorgesetzter das weiß. Sie fühlen sich dann von ihrem Vorgesetzten viel stärker anerkannt und gewürdigt (Siefer 1998). Das Benennen der Fakten ist eigentlich das Annehmen der eigenen Position, so wie sie ist, und das Anerkennen der Position der anderen Person, so wie sie ist.

– *Verzicht auf eine anmaßende Haltung:* z. B. „Sie sind mein Vorgänger und haben 15 Jahre hier Arbeit geleistet." Führungskräfte können spüren, wie die Anerkennung ihrer Vorgänger, und damit der Vergangenheit des Systems, auch eine konfliktlösende Wirkung auf ihre Mitarbeiter ausübt.
– *Verzicht auf einseitige Schuldzuweisung:* z. B. „Für das, was zwischen Ihnen und mir bisher schief gelaufen ist, übernehme ich meinen Teil der Verantwortung. Das, was Sie dazu beigetragen haben und verantworten müssen, lasse ich bei Ihnen." Die betreffende Person kann sofort merken, wie sich eine feindselige Haltung bei ihrem Gegenüber aufweicht, wenn sie darauf verzichtet, sich selbst immer nur zu rechtfertigen und keine eigene Schuld für den Konfliktverlauf anzuerkennen.
– *Verneigung vor der eigenen und fremden Verstrickung:* z. B. „Ich verneige mich vor deiner Verstrickung." Dieses durch eine tatsächliche Verneigung vollzogene Ritual ist vor allem dann geeignet, wenn die Person, mit der man im Arbeitsbeziehungssystem kaum lösbare Konflikte austrägt, neurotisch in ihr Herkunftssystem verstrickt ist. Die Wirkung, sich dadurch aus der unbewussten seelischen Verklammerung zu lösen, kann verstärkt werden, wenn hinter beiden Personen die jeweils wichtigen Personen aus dem familiären Herkunftssystem stehen.
– *Blick in die Zukunft:* z. B. „Ich werde Sie in Zukunft sofort über das informieren, was für Sie wichtig ist. Ich bitte Sie, mich Ihrerseits zu unterstützten, sofort über XY Kenntnis zu haben." Auf diesem Wege wird der, für eine kooperative Beziehung notwendige, Austausch von Geben und Nehmen symbolisch wieder in Gang gesetzt.

Vorgegebene oder eigene Lösungssätze?
In Arbeitsbeziehungssystemen regredieren die aufstellenden Personen längst nicht so stark oder gar nicht auf eine kindliche Ebene der seelischen Funktionen. Sie finden es daher nicht selten bevormundend, wenn ihnen der Supervisor Worte in den Mund legt, die sie nachsprechen sollen. Ich berücksichtige dies und lasse die Person dann ihre eigenen Lösungssätze finden. Sie können es dann selbst an der Reaktion der von ihnen angesprochenen Personen merken, ob ihre Formulierung weiterhilft. Gelingt es ihnen trotz mehrfacher Anläufe nicht, sind sie für entsprechende Formulierungen des Supervisors wesentlich empfänglicher.

Ergebnisse einer Evaluationsstudie

Abschließend möchte ich noch zwei Ergebnisse einer kleinen Studie referieren. Da ich Gelegenheit hatte, für ein großes Unternehmen in acht halbtägigen Veranstaltungen mit homogenen Gruppen (v. a. Sicherheitsfachkräfte aus unterschiedlichen Standorten des Unternehmens) zu arbeiten, wendete ich u. a. auch die Methode der Arbeitsbeziehungsaufstellung an und ließ sie durch eine Diplomandin protokollieren und evaluieren. Im Durchschnitt wurde nur eine Aufstellung pro Veranstaltung gemacht, da diese auch einen exemplarischen Charakter haben sollte. Entsprechend der Zielgruppe war die häufigste Konfliktursache die unklare Position der Sicherheitsfachkräfte im Betrieb, aus der sich Konflikte zwischen der Führungs- und Expertenebene und der Experten- und Mitarbeiterebene ergaben. Auch Konflikte zwischen Vorgesetzten und Mitarbeitern wurden in den Aufstellungen deutlich. Wie sich zeigte, führte der Aufstellungsprozess in sieben von neun Fällen zu einer für die beteiligten Personen konstruktiven Konfliktlösung, in zwei Fällen konnten zumindest Teillösungen erarbeitet werden (Unger 1997, S. 81 ff.).

Die an den Seminaren beteiligten Personen wurden dann in einer Nachbefragung gebeten, eine Einschätzung zur Methode der Personenaufstellung abzugeben. Zusätzlich zu den Teilnehmern der acht halbtägigen Betriebsseminare wurde Teilnehmern eines dreitägigen Fortbildungsseminars bei einer Berufsgenossenschaft der gleiche Fragebogen zugeschickt. Auch in diesem Seminar konnte ich vorwiegend mit Sicherheitsfachkräften und verstärkt mit der Methode der Personenaufstellung arbeiten. Von den insgesamt angeschriebenen 225 Seminarteilnehmern schickten 79 (= 35 %) einen ausgefüllten Fragebogen zurück.

Ich greife hier zwei Ergebnisse heraus. Die Seminarteilnehmer sollten u. a. auf einer Skala von 1 bis 5 einstufen, in welcher Hinsicht die Methode der Personenaufstellung ihnen neue Erkenntnisse gebracht hat. Wie Abbildung 3 zeigt, konnte diese Methode für die Teilnehmer des Intensivseminars am deutlichsten zeigen, welchen Einfluss psychologische Faktoren auf die betriebliche Arbeitssicherheit haben, wie Konflikte besser zu lösen sind, und welche Bedeutung die Beachtung von Ordnungsstrukturen in Arbeitssystemen hat. Für die Teilnehmer der Halbtagesseminare stand hingegen die Erkenntnis im Vordergrund, welchen Einfluss kommunikative Prozesse im Betrieb haben. Erwartungsgemäß stuften die Teilnehmer des Intensivseminars die Effekte der Methode deutlich höher ein als die Teilnehmer des Halbtagesseminars. Die mit der Aufstellungsmethode verbundenen Erkenntnismöglichkeiten erschließen sich also mit zunehmender Seminardauer und mehr Fallbeispielen. Insbesondere kann die „Tiefenstruktur" systemischer Ordnungen erst allmählich in ihrer Bedeutung für die betriebliche Praxis erkannt werden.

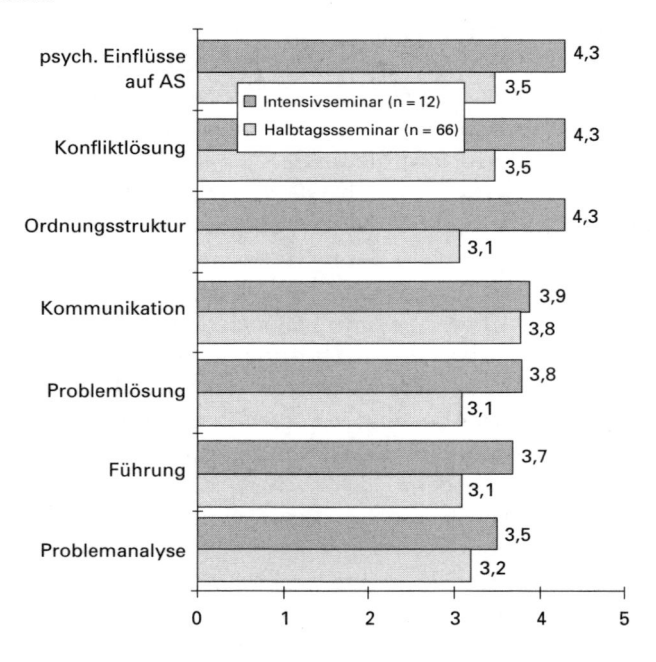

Kategorie	Intensivseminar (n = 12)	Halbtagsseminar (n = 66)
psych. Einflüsse auf AS	4,3	3,5
Konfliktlösung	4,3	3,5
Ordnungsstruktur	4,3	3,1
Kommunikation	3,9	3,8
Problemlösung	3,8	3,1
Führung	3,7	3,1
Problemanalyse	3,5	3,2

Abb. 3: Welche Erkenntnisse können Seminarteilnehmer durch Personenaufstellungen für sich gewinnen? Vergleich zwischen den Teilnehmern einer halbtägigen Veranstaltung und eines dreitägigen Intensivseminars (AS = Arbeitssicherheit; 1 = geringer Erkenntnisgewinn, 5 = sehr hoher Erkenntnisgewinn)

Wir haben innerhalb der Halbtagesseminar-Stichprobe für die gleiche Frage nach dem Erkenntnisgewinn auch eine gesonderte Auswertung gemacht für

- die Teilnehmer, die selbst eine Aufstellung machten, die also selbst ein Anliegen einbrachten,
- die Teilnehmer, die nur als Stellvertreter mitwirkten und
- die Teilnehmer, die nur als Beobachter beteiligt waren.

Wie Abbildung 4 deutlich macht, profitierten Personen, die selbst eine Aufstellung für sich machten, stärker von der Methode als Personen, die nur als Stellvertreter mitwirkten. Interessanterweise gaben die Nur-Stellvertreter jedoch an, mehr über die Bedeutung von Kommunikationsprozessen durch die Aufstellungen erkannt zu haben als die Personen, die selbst aufgestellt haben. Zwar profitierten auch die Personen, die nur als Beobachter beteiligt waren, ebenfalls durch die Aufstellungen im Seminar, jedoch erwartungsgemäß geringer als Personen, die selbst aufstellten bzw. als Stellvertreter in den Aufstellungen mitwirkten.

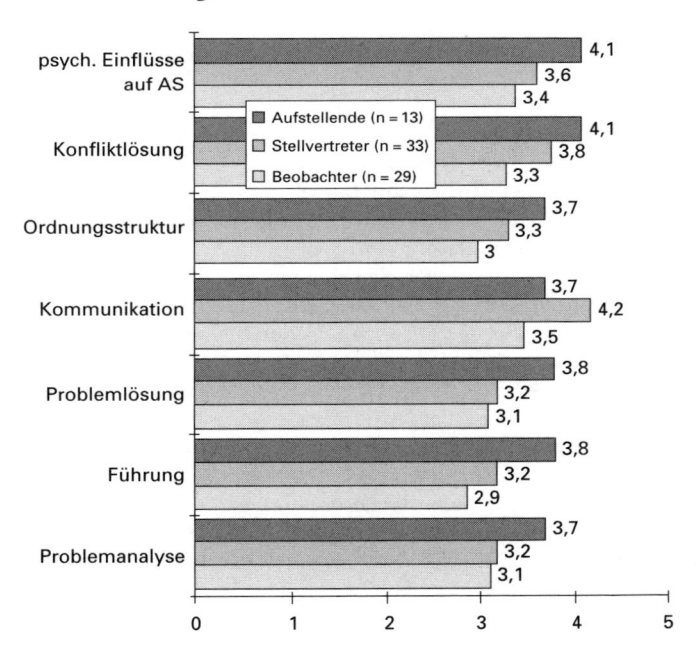

Kategorie	Aufstellende (n = 13)	Stellvertreter (n = 33)	Beobachter (n = 29)
psych. Einflüsse auf AS	4,1	3,6	3,4
Konfliktlösung	4,1	3,8	3,3
Ordnungsstruktur	3,7	3,3	3
Kommunikation	3,7	4,2	3,5
Problemlösung	3,8	3,2	3,1
Führung	3,8	3,2	2,9
Problemanalyse	3,7	3,2	3,1

Abb. 4: *Welche Erkenntnisse können Seminarteilnehmer durch Personenaufstellungen für sich gewinnen? Vergleich zwischen den Teilnehmern, die selbst eine Aufstellung machten, und solchen, die nur als Stellvertreter mitwirkten (AS = Arbeitssicherheit; 1 = geringer Erkenntnisgewinn, 5 = sehr hoher Erkenntnisgewinn)*

Fazit

Aufstellungen von Arbeitsbeziehungssystemen können dazu beitragen, Einsichten in die Tiefenstruktur von Konflikten im Arbeitsleben zu gewinnen. Sie helfen den Aufstellenden, wie den als Stellvertreter mitwirkenden Personen, neue Einsichten in ihre Arbeitssituation zu erhalten und eröffnen ihnen Wege, sich aus konflikthaften Verstrikkungen in Arbeitsbeziehungen zu lösen. Ansatzweise durchgeführte wissenschaftliche Untersuchungen der Arbeit mit Personenaufstellungen sind ermutigend und zeigen, dass die Aufstellungsmethode im betrieblichen Kontext geeignet ist, Einsichten in zentrale Prozesse wie Kommunikation oder Führungsverhalten zu vermitteln, und sich auch aus der Sicht von Seminarteilnehmern gut als Methode zur Analyse und Lösung betrieblicher Konflikte eignet.

Literatur

Hellinger, B. (1994): Ordnungen der Liebe. Ein Kursbuch. Heidelberg (Carl-Auer-Systeme), 6. erw. Auflage 2000.
Jandt, F. (1994): Konfliktmanagement. München (Knaur).
König, E. u. G. Volmer (1994): Systemische Organisationsberatung. Weinheim (Deutscher Studien Verlag).
Leymann, H. (1993): Mobbing. Psychoterror am Arbeitsplatz und wie man sich dagegen wehren kann. Reinbek (Rowohlt).
Luhmann, N. (1996): Soziale Systeme. Grundriß einer allgemeinen Theorie. Frankfurt/M. (Suhrkamp).
Neuberger, O. u. A. Kompa (1987): Wir, die Firma. Der Kult um die Unternehmenskultur. Weinheim (Beltz).
Retzer, A. u. F. B. Simon (1998): Bert Hellinger und die systemische Psychotherapie: zwei Welten. *Psychologie Heute* 7: 64–69.
Ruppert, F. (1997): „Stellen von Arbeitsbeziehungen" – ein neuer Zugang zur Unfallanalyse und zur Lösung arbeitssicherheitsbezogener Konflikte. In: Bundesinstitut für Berufliche Bildung (Hrsg.): Berufliche Bildung – Kontinuität und Innovation. Bielefeld (Bertelsmann), S. 1012–1015.
Sparrer, I. u. M. Varga v. Kibéd (1998b): Vom Familien-Stellen zur Systemischen Strukturaufstellungsarbeit. In: G. Weber (Hrsg.): Praxis der Familien-Stellens. Heidelberg (Carl-Auer-Systeme), S. 394–404.
Siefer, T. (1998): Anerkennung und Würdigung. Organisationsaufstellungen in Unternehmen, Familie und Beruf. In: G. Weber (Hrsg.): Praxis des Familien-Stellens. Heidelberg (Carl-Auer-Systeme), S. 421–427.
Staehle, W. H. (1980): Management. München (Franz Vahlen).
Unger, M. (1997): Konflikte in Arbeitsbeziehungen und ihre Lösung durch die Methode der Personenaufstellung. Diplomarbeit, Katholische Stiftungsfachhochschule München.
Weibler, J. (1994): Führen durch den nächsthöheren Vorgesetzten. Wiesbaden (Deutscher Universitäts-Verlag).

II Organisationsaufstellungen in speziellen Bereichen

Organisationsaufstellungen für die Zielgruppe Unternehmensberater

Gudrun Kreisl

1. Allgemeines

Unternehmensberater sind die Therapeuten von Organisationen. Sie werden gerufen, um Missstände in der Organisation zu beseitigen. Je schwieriger die Zeiten, desto größer sind die Hoffnungen, die in Berater gesetzt werden. Die Fragen, die ich in diesem Zusammenhang stellen möchte, um danach einen Versuch machen, sie zu beantworten, sind: Was qualifiziert Berater für diese Tätigkeit, und wo sind ihre Defizite? Wie gehen sie diese Aufgabe für gewöhnlich an, und was hat das Ganze mit Organisationsaufstellungen zu tun? Schließlich will ich einige typische Problemstellungen von Beratern schildern, um zu erläutern, wie Organisationsaufstellungen helfen können, die Dynamik deutlich zu machen und – darüber hinaus – wie sie helfen können, ein anderes Denken und letztlich ein erweitertes Berufsbild für Berater zu entwerfen.

2. Zur ersten Frage: Was qualifiziert Berater für diese Tätigkeit, und wo sind ihre Defizite?

Berater sind in der Regel außergewöhnlich intelligente Menschen, die aufgrund ihrer Fähigkeit, sich schnell Wissen anzueignen, es zu speichern und abzurufen, in der Lage sind, Zusammenhänge zu erfassen, komplexe Systeme zu analysieren und zu schematisieren. Wenn ich Seminare für Berater halte, kann es mir schon mal passieren, dass ein Teilnehmer in einer Pause zu mir kommt und sagt, er fände es an der Zeit, dass wir zum nächsten Thema übergehen. Das passiert mir mit anderen Gruppen nicht, die stöhnen eher gegen Ende des Tages über die Fülle an Neuem.

Aufgrund ihrer Ausbildung als Diplom-Betriebswirte oder Diplom-Ingenieure der Nachrichtentechnik usw. haben sie gelernt, Analysen nach einem bestimmten Schema vorzunehmen. Das Schema ist nach meiner Erfahrung immer rational geprägt, das heißt, man versucht, eine Situation in möglichst viele Faktoren zu zerlegen, um dann die veränderbaren oder unveränderbaren Faktoren zu erkennen und um schließlich ein System anhand der veränderbaren Faktoren zu optimieren.

Diese herausragende intellektuelle Fähigkeit hat darüber hinaus einige Wirkungen auf andere, von denen ich zwei nennen will: Sie beeindruckt zunächst, und sie hält das Gegenüber in Schach. Ich erlebe das selbst, wenn ich Berater kennen lerne: Ich bin erst mal beeindruckt. Und ich bin damit beschäftigt, intellektuell mitzuhalten, ein Gegenüber zu sein auf diesem schwierigen Parkett.

Im Laufe der Seminare wird dann mit an Sicherheit grenzender Wahrscheinlichkeit deutlich, wo die Defizite liegen: in der Fähigkeit, Gefühle wahrzunehmen und auszudrücken. In der Fähigkeit, ganzheitlich wahrzunehmen, also darin, Organisations-Dynamiken zu erkennen. Man kann jetzt mit Recht einwenden, dass zumindest die Defizite nichts Außergewöhnliches sind, da sie eine allgemeine Erscheinung in den industrialisierten Ländern sind. Jedoch wirken sie sich gerade bei Beratern ungünstig aus, da diese permanent in neue Dynamiken verstrickt werden, und die Qualität ihrer Arbeit entscheidend davon abhängt, ob sie in der Lage sind, zu fühlen und Gefühle auszudrücken und systemische Dynamiken zu erkennen.

3. Zur zweiten Frage: Wie gehen sie diese Aufgabe für gewöhnlich an?

Antwort: Schematisch, rational, sachlich, intellektuell. Ich will das noch ein wenig konkretisieren, zum Beispiel am Umgang mit Widerstand. Wenn Berater in das Unternehmen kommen, sollen oder wollen sie etwas verändern. Was damit zwingend einhergeht, ist Widerstand auf Seiten der Betroffenen. Dieser Widerstand wird natürlich nicht klar geäußert, sondern verdeckt vorgebracht – sozusagen in Sachargumente gekleidet. Berater, oder allgemeiner ausgedrückt, Menschen mit einer rein rational, schematisch und intellektuell angelegten Denkweise scheitern an der Herausforderung, Widerstand oder Konkurrenz oder Angst als solche zu erkennen. Sie argumentieren fast immer auf der vom Gegenüber angebotenen

Sachebene. Wenn jemand die geplante Veränderung in Frage stellt, wird nicht die Angst dahinter gesehen, sondern auf der Sachebene argumentiert.

Dies hat nach meiner Erfahrung schlimme Auswirkungen, da die nicht aufgearbeiteten Ängste und Widerstände Beratungsprojekte teurer und aufwendiger machen oder ganz zum Scheitern bringen können. So kommt es, dass der Versuch gemacht wird, Kommunikationsprobleme einer Abteilung oder eines ganzen Unternehmens, die auf einer menschlichen Ebene gelöst werden müssten, mit der Vernetzung durch ein EDV-System zu beantworten. Dadurch werden die Kommunikationsprobleme mit großer Wahrscheinlichkeit jedoch nicht kleiner, sondern größer, weil die Kommunikation noch unpersönlicher wird.

Wenn ich vielleicht bisher ein Bild von Beratern entworfen habe, das nicht gerade einlädt, sie zu beauftragen, so möchte ich an dieser Stelle hinzufügen: Sie arbeiten so, wie es ihnen in unserem (Weiter-)Bildungssystem beigebracht wurde, und sie bezahlen einen hohen Preis. Wie Therapeuten müssen sie oft die Prügel dafür einstecken, dass sie einem System einen Ratschlag erteilt haben. Sie sollen Verantwortung übernehmen für eine Misere, die andere angerichtet haben. Sie werden oft sogar eingekauft, um einen Schuldigen zu haben. Durch den hohen Prozentsatz von Beratungsprojekten, die scheitern oder ihre gesetzten Ziele nicht erreichen, entsteht ein zum Teil hoher Leidensdruck bei den Beratern, der sie nach neuen Wegen suchen lässt, um Projekte erfolgreicher zu gestalten.

4. Zur dritten Frage: Was hat das Ganze mit Organisationsaufstellungen zu tun?

Organisationsaufstellungen sind eine Methode, die Beratern hilft, sich über die Dynamik des jeweiligen Kundensystems Klarheit zu verschaffen. Unterschwellige Gefühle, wie Angst, Konkurrenz oder Widerstand, können damit deutlich gemacht werden. Die Berater erkennen eine eventuelle eigene Verstrickung. Sie erfahren etwas über die Geschichte des Systems, das sie verändern sollen. Und sie erfahren, wo die Ressourcen im Unternehmen sind, wer dem Unternehmen gegenüber loyal, ist, wer das System ausnutzt, usw., usw.

Aber es geht um mehr. Neben der Organisationsaufstellung als Diagnoseinstrument bietet diese Arbeit die Chance, ein eingeengtes, technokratisches, rationales Denken und Handeln – nicht über Bord zu werfen – sondern zu erweitern. Denn es ist ja nichts falsch daran, logisch und rational zu denken. Viele Wissenschaften basieren auf diesem Denken. Aber wenn Berater, die lebende Systeme beraten und verändern sollen, neben diesem rationalen Denken nicht in der Lage sind, unser systemisches Eingebundensein in die Welt zu erkennen und zu berücksichtigen, müssen ihre Konzepte scheitern. Es geht darum, zu erkennen, dass Menschen und Organisationen Wurzeln haben, dass oft nicht bewusst gemachte Dynamiken auch in Organisationen verheerend wirken und mächtiger sind als unser bewusstes Wollen.

Letztlich sind Aufstellungen ein durch und durch ökologischer Ansatz, da durch eine Aufstellung ein System als lebendiges Ganzes, sozusagen als Organismus, betrachtet wird. Dies ist bei Familien nicht anders als bei Organisationen. Bei der Arbeit mit Aufstellungen wird deutlich, dass es dem Einzelnen im System nur gut geht, wenn das ganze System „in Ordnung" ist. Veränderungsprozesse können nur gelingen, wenn das System als Ganzes und jeder Einzelne im System berücksichtigt, geachtet und gewürdigt wird. Diese Sichtweise ist für gewöhnlich nicht Gegenstand der Überlegung bei Veränderungsprozessen. Das Fehlen dieser Sichtweise ist meines Erachtens der Hauptgrund dafür, dass letztendlich oft doch alles oder vieles beim Alten bleibt.

5. Drei typische Problemstellungen

Stellvertretend für viele ganz unterschiedliche Situationen und Fragestellungen von Unternehmensberatern, wähle ich drei Beispiele, in denen sich Organisationsaufstellungen als ein nützliches Mittel für die Beratung von Beratern/innen erwies.

Erstes Beispiel

Ein Berater findet folgende Konstellation in seinem Kundensystem vor: Zwei Unternehmen wollen fusionieren, das kleinere Unternehmen hat zwei Geschäftsführer (GF1 und GF2), das größere drei (GF3, GF4 und GF5). GF5 wird nach der Fusion in Rente gehen. Das neue Unternehmen wird drei GF haben, so dass es unausweichlich ist, dass von den verbleibenden vier GF einer seine Position verlieren wird. Der Berater war von GF1 in das Unternehmen gerufen worden. Seine Aufgabe ist es, die Fusion zu begleiten. GF1 arbeitet eng mit dem Berater zusammen. Allmählich wird dem Berater deutlich, dass die vier anderen GF seine beratende Tätigkeit nicht unterstützen, sondern ihn ablehnen. Der Berater empfindet vor allem GF5, den ältesten GF, der nach der Fusion in Rente gehen wird, als Hemmschuh und als Bedrohung für die Fusion.

Die Organisationsaufstellung ergibt Folgendes:
GF1 hat einen massiven Konflikt mit GF2. GF1 ist auch allen anderen GF's suspekt, da er im Rahmen und Prozess der Fusion mit Vehemenz eigene Interessen durchsetzen will. Den Berater empfinden ebenfalls alle außer GF1 als Bedrohung, jeder ist ihm gegenüber misstrauisch. Wie so oft, erweist sich die als besonders negativ geschilderte Person, GF5, als Schlüsselperson. Sie hat die meiste Erfahrung und den größten Anteil am Aufbau des Unternehmens. Erst als sie seine Führungsposition einnimmt und der Berater aus der engen Koalition mit GF1 herausgeht, kommt Ruhe in das System. Es stellt sich heraus, dass der Berater vor allem GF5 anerkennen und würdigen muss, um das Vertrauen der anderen GF's zu erhalten.

Zweites Beispiel
Ein Unternehmen hat folgende Führungsstruktur:

– Managing Director / Senior Manager / Bereichsleiter / Mitarbeiter

Folgendes hatte sich ereignet: Der jahrelange Senior Manager wurde Managing Direktor. Ein neuer Senior Manager wurde eingestellt. Die Bereichsleiterin, die eng mit dem früheren Senior Manager zusammengearbeitet hatte, verweigert dem neuen Senior Manager die Zusammenarbeit. Sie gibt Informationen nicht weiter und verhält sich auch sonst unkooperativ.

Ein Berater wird gerufen. Er empfiehlt folgende Alternativen:

1. Einführen eines Reporting Systems und / oder
2. Versetzen der Bereichsleiterin (die eine große Fachkompetenz hat) in einen anderen Bereich.

Die Aufstellung ergibt Folgendes:
Die Bereichsleiterin steht nach wie vor nahe bei dem neuen Managing Direktor, sie „sieht nur ihn". Der neue Senior Manager fühlt sich ausgeschlossen. Die Mitarbeiter sind orientierungslos.
Die Lösung bei dieser Aufstellung ist Folgende: Die Bereichsleiterin sagt zu dem neuen Managing Direktor: „Für Sie tue ich alles." Er antwortet: „Ich weiß. Und ich danke Ihnen für Ihre treue Mitarbeit. Ich erkenne an, was Sie für mich getan haben. Und nun bitte ich Sie, das gleiche für meinen Nachfolger zu tun." Nun fühlt sich die Bereichsleiterin geachtet und gewürdigt und kann auch für den neuen Vorgesetzten arbeiten.

Drittes Beispiel
Ein großes Beratungsunternehmen verkündet, ein neues Konzept erarbeitet zu haben, nämlich wie eine (Personalabteilung) outgesourct werden kann, um die Dienstleistung von außen einzukaufen und damit Kosten zu sparen. Der Vorstand des großen Unternehmens benutzt dieses Konzept, um der eigenen Personalabteilung zu drohen. Zitat: „Eine Unterschrift genügt, und es gibt die Personalabteilung nicht mehr." Die PA wird nervös. Sie sucht händeringend nach neuen Tätigkeitsfeldern, die das Weiterexistieren legitimieren könnten. Im Rahmen eines Workshops wird die aktuelle, seit Jahren praktizierte Dienstleistung erarbeitet. Dabei stellt sich heraus, dass die Personalabteilung neben den formalen Tätigkeiten wie Lohn- und Gehaltsabrechnung, Erarbeiten von Verträgen für neue oder ausscheidende Mitarbeiter, ständiger Ansprechpartner für Mitarbeiter ist, die in Not sind – sei es, weil eine Scheidung ansteht, weil jemand finanzielle Probleme hat oder weil jemand Probleme mit dem Vorgesetzten oder Kollegen hat. Diese vordergründig nicht profitable Tätigkeit ist zweifelsohne etwas ungeheuer Wichtiges, die, wenn sie nicht mehr geleistet wird, zu einem höheren Krankenstand, inneren Kündigungen oder durch nicht gelöste Konflikte zu Leistungsminderungen führen wird.

Hier verspricht ein Beratungsunternehmen schnelle Kostenreduzierung, wenn das Konzept „Outsourcing" durchgeführt wird. Systemisch ist der Ansatz nicht, da die menschliche, schwer quantifizierbare Dienstleistung nicht berücksichtigt wird. In der Aufstellung wird deutlich, dass die Personalabteilung einen großen Anteil an der Stabilität des Unternehmens hat, und dass sie das Vertrauen der Mitarbeiter genießt. Wird sie entfernt, gerät das Unternehmen aus dem Gleichgewicht. Dies soll jedoch nicht heißen, dass ich grundsätzlich gegen Einsparungen bin – auch Entlassungen sind im einen oder anderen Fall erforderlich – es muss jedoch unterschieden werden zwischen Ballast, der sich im Lauf der Jahre angesammelt hat, und der vielleicht abgeworfen werden muss, um ein System zu erhalten, und zwischen vitalen Systemfaktoren, die für das Fortbestehen des Unternehmens notwendig sind.

Zusammenfassung

Zusammenfassend kann ich sagen, dass die systemische Arbeit Bert Hellingers für mein Denken und meine Arbeit revolutionär gewesen ist, weil sie zeigt, dass unser Tun nur gelingen kann, wenn wir der Erde und der Wirklichkeit verpflichtet sind, und wenn wir – ohne Absicht – wahrnehmen. Nur dann können wir unterscheiden, was möglich ist und was nicht, also wo unser Spielraum ist, und wo uns Grenzen gesetzt sind. Wir begreifen, dass wir keine Wunder vollbringen können, sondern nur im Rahmen von Naturgesetzen und im Eingebundensein handeln können. Es gibt keine mächtigen Tricks, sondern nur ein ohnmächtiges Sichbeugen vor Gesetzmäßigkeiten.

Für die Arbeit von Beratern bedeutet dies: Sie müssen verstehen, dass Unternehmen in erster Linie aus Menschen bestehen, denen der Sinn ihres Unternehmens und der geplanten Veränderungsprozesse klar sein muss, damit sie die Veränderungen unterstützen. Jeder Einzelne im System, jedes Glied in der Kette muss zufrieden sein mit seiner Arbeit, mit dem Platz, den er einnimmt. Dies zu erreichen ist kein spektakuläres Tun, sondern ein ganz bescheidenes Arbeiten mit den Menschen. Es bedeutet, seine Arbeit mit Liebe zu tun, seine Tätigkeit als Dienst am Ganzen und zum Wohle aller zu verstehen.

So wie man ein Biotop nicht retten kann, wenn man mit der Planierraupe darüber fährt, kann ein Unternehmen nicht gedeihen, wenn „ohne Rücksicht auf Verluste" saniert wird. Dieser Ansatz widerspricht auch einem heutzutage oft zu beobachtenden, kurzfristigen Denken, dass nur darauf abzielt, das jährliche Ergebnis zu optimieren, vielleicht um für den Börsengang attraktiver zu werden. Letztlich ist die ganze Börse etwas nicht Reales, weil sie auf Ausbeutung beruht, und ich beobachte mit Sorge, wie Unternehmen langfristig scheitern müssen, weil sie – zum Beispiel von den Shareholders – gezwungen werden, kurzfristig Gewinne zu optimieren. So werden oftmals Bereiche eingestampft, die vordergründig keine Gewinne erwirtschaften, aber eben nur vordergründig. Die hohe Kunst besteht darin, herauszuarbeiten, welchen Dienst ein bestimmter Bereich, eine bestimmte Abteilung für das Unternehmen leistet. Hierfür sind Organisationsaufstellungen hervorragend geeignet. Ich erinnere nur an die Bedeutung von Verwaltungen, die zur Zeit einen sehr schlechten Leumund haben, deren Wert aber durch Aufstellungen unmissverständlich klar wird.

Ich möchte den Vergleich von Organisationen mit einem Organismus noch einmal aufgreifen und den menschlichen Körper als Beispiel nehmen: Vordergründig machen nur einige wenige Organe Profit, so zum Beispiel der Mund, der Nahrung aufnimmt, die Lungen, die Sauerstoff assimilieren. Wenn die Nahrung knapp wird, hat der Körper ein ganz ausgeklügeltes System entwickelt, welche Reserven als Erstes aufgebraucht werden. Niemals würde der Körper eine Zehe abwerfen, die vordergründig keine erkennbare Funktion für den Körper hat. Jeder, der sich schon einmal eine Zehe gebrochen hat, weiß jedoch, wie wichtig jede einzelne für unser Gleichgewicht ist.

Das anfangs erwähnte andere Denken und erweiterte Berufsbild für Berater besteht deshalb für mich darin, sich all den Gesetzmäßigkeiten der Erde zu beugen, und das eigene Handeln danach auszurichten. Es bedeutet im Idealfall, sich nicht zu prostituieren, sich nicht zum Erfüllungsgehilfen von Einzelnen zu machen, die nicht das Wohl des Ganzen im Sinne haben. Dies ist ein hoher Anspruch, und man wird damit den einen oder anderen Auftrag verlieren, oder erst gar nicht bekommen. Ich sehe das Dilemma, das sich daraus ergibt, und ich will nicht von mir behaupten, dass ich mir leisten kann, diesem Ansatz immer zu genügen. Trotzdem sehe ich ihn als erstrebenswertes Ziel meiner Arbeit an, da er die Wirklichkeit, anerkennt, und der Erde dient.

Organisationsaufstellungen als Werkzeug der Unternehmensberatung
dargestellt am Beispiel der Nachfolgeregelung in Familienunternehmen

Friedrich Wiest

Seit einiger Zeit können wir in der Presse lesen, dass in den nächsten Jahren in einer großen Zahl von Unternehmen (300 000–700 000) der Generationswechsel kommt. Die Nachkriegspioniere sind jetzt im Alter, in dem Übergabe und Ruhestand anstehen. Es wird vermutet, dass ein erschreckend großer Prozentsatz der Unternehmen diesen Generationswechsel nicht übersteht. Die Gründe für diese Prognosen: mangelnde wirtschaftliche Tragfähigkeit eines Unternehmens, mangelhafte finanzielle Ausstattung, überholte Produkte, kein williger oder fähiger Nachfolger steht zur Verfügung, der Unternehmer überzieht das Rücktrittsalter.

Inzwischen gibt es auch eine Reihe von Büchern zu dem Thema. Es fällt dabei auf, dass die Verfasser überwiegend Steuer-, Wirtschaftsberater und Juristen sind. So liegt folgerichtig das Hauptaugenmerk der Inhalte auf steuerrechtlichen, wirtschaftlichen und vertragsrechtlichen Gesichtspunkten mit entsprechenden Modellen, Checklisten und Ratschlägen. Nur am Rande wird erwähnt, dass psychische Fragen eine Rolle spielten, gegenüber den Klienten solle dies aber nicht erwähnt werden, da das abschreckend wirken könnte.

Ich stamme selbst aus einer Unternehmerfamilie, die annähernd 20 Jahre mit einer Nachfolgeregelung beschäftigt war. Dies band so viel Energie, dass eine notwendige Erneuerung zu wenig Kraft fand. Die Firma hat diese Auseinandersetzungen nicht überlebt. Die wirtschaftliche Entwicklung wurde verpasst, was zur Auflösung (glücklicherweise in gut geregelter Form für alle Beteiligten) führte. Viele

Jahre begleitete mich danach die Frage, was die Nachfolge in Familienunternehmen so schwierig macht. Sie führte mich schließlich zur Ausbildung in Familientherapie, wo ich meine Antworten hierzu fand.

Eine zentrale Voraussetzung für das Gelingen der Nachfolge ist natürlich eine gesunde wirtschaftliche Tragfähigkeit eines Unternehmens. Die Bereitschaft zur Übergabe, zum Rücktritt und zum Ruhestand des Seniors, sowie die Motivation eines Juniors, die Übernahme und Erneuerung der Firma, sind jedoch mit psychischen und zwischenmenschlichen Prozessen verbunden. Eine Übergabe und Übernahme im Management ist immer schwierig. Wenn sie zwischen Vater (Mutter) und Sohn oder Tochter geschehen soll, ist es besonders herausfordernd. Der bewusster Umgang mit den zwischenmenschlichen Prozessen und die konkrete Klärung der Bedingungen ist Voraussetzung zur Sammlung der Kräfte für eine erfolgreiche Fortführung des Unternehmens und Grundlage für vertrags- und steuerrechtliche Regelungen.

1. Besonderheiten in Familienunternehmen

a) Rollenvermischungen

Im Familienunternehmen fallen verschiedene Rollen in einer Person zusammen. So ist der Unternehmer oft Eigner und Geschäftsführer zugleich, was kurze Entscheidungswege gewährleistet. Arbeitet seine Frau in der Firma mit, und haben sie zusammen Kinder, so trägt und vereint er in Bezug auf die Frau die Rollen Vorgesetzter, Ehemann, Geliebter, Familienvorstand und Vater. Tritt eines der Kinder in die Firma ein, so ist er dem Kind gegenüber Vorgesetzter und Vater. Ist es ein Sohn (ich beschränke mich im Folgenden der besseren Lesbarkeit wegen auf die Erwähnung von Vater und Sohn) und tritt dieser in die Geschäftsleitung ein, so ist er zusätzlich Kollege, und bei Beteiligung: Partner. Hat der Vater die Gesamtleitung an den Sohn übergeben, und übt selbst noch eine untergeordnete Tätigkeit im Unternehmen aus, so ist er, je nach den Verhältnissen, noch Anteilseigner, somit Vorgesetzter, und als Angestellter oder Mitarbeiter gleichzeitig Untergebener ... Entsprechend könnten die verschiedenen Rollen und Rollenerwartungen der im Betrieb arbeitenden Mütter aufgeführt werden. Der Sohn ist dem Vater gegenüber

Kind, und je nachdem Angestellter, Partner oder Vorgesetzter. Sind die Angehörigen im Familienunternehmen tätig, so leben sie in zwei Systemen. Allzu leicht führt das zu Rollenvermischungen, die einerseits große Chancen, andererseits aber auch erhebliches Irritationspotential bergen.

b) Ungleiche Partner gehen und kommen

Bei der Nachfolge im Familienunternehmen lösen sich zwei ungleiche Partner ab. Der Senior ist alt, erfahren, erfolgreich und Eigentümer. Der Junior ist jung, wachsend, Einsteiger und er erwartet Erbe. Der Senior hat Vergangenheit, der Junior hat Zukunft.

Als Vater und Sohn haben die beiden oft genug mit gegenseitigen, und an sie von außen herangetragenen, Vorbehalten zu tun. So hegt der Vater etwa Vorbehalte, wie: „Ich würde, aber er/sie will nicht, ... interessiert sich für anderes, ... ist zu jung, ... ist nicht qualifiziert, ... ist überfordert, ... bringt's nicht, ... hat keinen Biss, ... ist ein Playboy, ... ist nur eine Frau." Die Folge daraus ist die Haltung: „Wegen der Verantwortung für den Bestand des Unternehmens bleibe ich am Steuer, solange es noch geht. Niemand kennt das Geschäft so gut wie ich!" Der Junior hingegen hegt Vorbehalte wie: „Ich würde, aber der Senior ist altmodisch, ... will sich nicht in die Karten schauen lassen, ... ist eh mit der Firma verheiratet und kann nicht aufhören, ... kann nichts mit sich anfangen, ... gibt nichts her, ... erkennt mich nicht an." Die Vorbehalte und Vorwürfe schaffen Distanz und geben Machtgerangel und Misstrauen Nahrung. Die Vorbehalte haben ihren Ursprung in der Dynamik der Familie und ihren Verstrickungen. Angesichts solcher Vorbehalte ist die Frage zu stellen: Bleiben durch diese sich oft hinziehenden Auseinandersetzungen nicht die Notwendigkeiten des Unternehmens auf der Strecke?

c) Kommunikationsstil

In einem Familienunternehmen wird das Beziehungsgefüge in starkem Maße vom Unternehmer, und je nach Ausmaß der Mitarbeit der Angehörigen, von seiner Kernfamilie oder auch einer erweiterten Familie bestimmt. Andererseits prägt das Unternehmen durch die Bewahrung, die Vermehrung oder Verminderung des Eigentums die soziale Stellung und das Beziehungsgefüge der Familie. Das Unternehmen hat als Lebensgrundlage und als Grundlage der sozialen

Stellung einen alles überragenden Stellenwert. Damit sind hohe Verpflichtungen, Ansprüche und Erwartungen in der Familie verbunden. Man versteht sich und weiß, auf was es ankommt. Die Familie und der Einzelne werden nicht thematisiert. Die Kommunikation ist oft eher sparsam und von Rücksichtnahmen geprägt. Konflikte und Verletzungen werden ausgespart, Legenden und Tabus verharmlost. Die Unternehmerpersönlichkeit, vom Erfolg verwöhnt, ist einmalig. Die Einmaligkeit schränkt oft die Fähigkeit zur Selbstreflektion ein, und es besteht die Gefahr, sich dem aktuellen Zeitgeschehen auf den Märkten zu entfremden. Eine Nachfolge für eine einmalige Persönlichkeit zu finden oder anzutreten, scheint oft unmöglich, zumindest stellt es besondere Anforderungen an alle Beteiligten. Der Mythos der Einmaligkeit und Unersetzlichkeit fordert seinen oft schlimmen Preis.

2. Ordnungsprinzipien in Familie und Unternehmen

Familienangehörige, die ins Firmengeschehen einbezogen sind und mitarbeiten, leben auf mindestens zwei Beziehungsebenen, in zwei Systemen mit unterschiedlichen Notwendigkeiten und Ordnungsprinzipien. Wir kennen aus der systemisch-phänomenologischen Familientherapie Bert Hellingers die Ordnungsprinzipien der Familie:

- alle haben das gleiche Recht auf Zugehörigkeit,
- Vater und Mutter sind die Großen, die Kinder sind die Kleinen,
- die Früheren haben Vorrang vor den Späteren,
- das spätere System erhält Vorrang vor dem früheren.

Im Unternehmen gehören die Funktionsträger auf Zeit zum System und sind austauschbar. Die Führung soll motiviert, klar, rational, qualifiziert und erfahren sein. Entsprechend sollen Entscheidungen und das Handeln bestimmt sein.

Die Personalunion von Familie und Unternehmen führt nicht nur zu Rollenvermischungen, sondern auch zu Vermischungen der Ordnungsprinzipien. Die Störungen und Verstrickungen in der Familie bergen in diesem Zusammenhang ein hohes Konfliktpotential auch für das Unternehmen. Umgekehrt werden die ungeklärten Beziehungen in der Familie aus Rücksichtnahme auf die Firmeninteressen tabuisiert und oft unter den Teppich gekehrt, kommen jedoch als Störung in der Zusammenarbeit in der Firma als Hemmnisse zur Wirkung. Störungen, die die Familie in der Firma auslebt, führen ihrerseits zu Verunsicherungen, Loyalitätskonflikten und Spaltungen in der Mitarbeiterschaft, was wiederum Personal-, Markt- und schließlich Unternehmensverluste zur Folge hat: oft ein nur schwer zu unterbrechender Teufelskreis.

Bei der Nachfolgeregelung kommt die Rollenvermischung besonders deutlich zur Geltung. In der Familie ist der Vater der Große und der Sohn der Kleine. Tritt der Vater in der Firma zurück, und der Sohn übernimmt die Führung, dann stellt sich der Sohn in der Firma über den Vater und verstößt damit gleichzeitig gegen die Ordnung in der Familie.

Wer gegen diese Ordnung verstößt, bestraft sich hinterher oft zum Ausgleich, etwa durch Versagen in der Firmenleitung; zumindest erschwert die paradoxe Dynamik häufig die kraftvolle Übernahme des Unternehmens. In diesem Widerspruch drückt sich verdichtet das eigentliche Dilemma der Nachfolge von Vater und Sohn, Mutter und Tochter aus.

3. Lösungen für die Rollen- und Systemvermischungen

Die Konfliktträchtigkeit der Rollenvermischungen in Unternehmerfamilien und Familienunternehmen legt als Lösung die Trennung der Belange von Familie und Unternehmen nahe. Konflikte müssen dort behandelt und gelöst werden, wo sie hingehören. Familienkonflikte müssen in der Familie geklärt werden und Firmenkonflikte in der Firma. Überschneidungen müssen bewusst gemacht werden, und es bedarf eines aktiven Umgangs damit. Hierbei sollte natürlich aber nicht vergessen werden, dass die Rollenvermischungen zwischen Familie und Unternehmen, gerade durch das besondere Engagement in und die besondere Identifikation von Familien mit dem Unternehmen, auch eine große Resource für Familienunternehmen sind.

Die systemische Aufstellungsarbeit ist ein sehr hilfreiches Werkzeug, um die Überschneidungen, die Störungen und die oft generationsübergreifenden Dynamiken deutlich zu machen, und um die Übergänge und Übergaben konstruktiv zu gestalten. Durch eine Organisationsaufstellung (und vielleicht auch eine spätere Familienaufstellung) können die Notwendigkeiten der Firma und der Familie gleichzeitig oder nacheinander zu Tage treten und gute Lösungen für beide Systeme angestoßen werden.

Übergabe und Übernahme bedarf des Mutes von beiden Seiten. Betrachten wir einige Beispiele ritueller Sätze, die sich bei Organisationsaufstellungen in meiner Praxis bewährt haben, und die an die Form der Ritualarbeit des Familien-Stellens bei Bert Hellinger anknüpft. Ein klärender Satz der Kraft des Sohnes zum Vater in der Familie kann lauten: „Du bist der Große, ich bin der Kleine"; bei Übernahme der Firma verwende ich: „Vater, ich mute dir zu, dass ich mich jetzt, was die Firma anbetrifft, über dich stelle. Ich würdige dein Lebenswerk. Du warst vor mir, ich komme nach dir, das bleibt so. In der Firma mache ich es genau wie bisher, nur ein bisschen anders", oder: „Genau wie du, ganz auf meine Weise." Solche Schritte bedürfen des Mutes. Der Vater braucht den Mut, diesen Schritt seines Sohnes zu provozieren, obwohl dadurch seine eigene Stellung geschmälert wird. Der Sohn muss den Mut entwickeln, diesen Schritt zu vollziehen, obwohl er ein Verstoß gegen die Ordnung im Familiensystem ist. Es gilt den Schritt zu vollziehen, um seine neue Rolle als Nachfolger kraftvoll und mit dem Segen des Vaters einnehmen zu können. Durch Konflikt- und Beziehungsklärung kann die Unternehmerfamilie klare Verhältnisse und eine klare Führungsstruktur schaffen und damit die Energien freisetzen, die für eine erfolgreiche Fortführung des Unternehmens nötig ist.

Mit der Aufstellungsarbeit kann man natürlich im Rahmen von Unternehmensberatungen weder im Unternehmen noch bei der Familie „ins Haus fallen". Es bedarf eines behutsamen Vorgehens. Zunächst ist eine Vertrauensbasis zu schaffen, in der alle Beteiligten in ein produktives Gespräch eintreten können, und in dem die Absichten und Bedürfnisse der Einzelnen und Ziele und Notwendigkeiten für das Unternehmen miteinander abgeglichen werden können. Aufstellungen, etwa mit Figuren, können dabei hilfreich sein. Aufstellungen mit Teilnehmern im Rahmen einer Organisationsaufstellungsgruppe stellen sich oft für einzelne, aufgeschlossene Mitglieder solcher Familien als sehr nützlich heraus, um für sich Klarheit und einen guten Weg zu finden.

Der Berater kann die Aufstellung auch für sich zur Supervision seiner eigenen Arbeit nutzen, und um Anregungen für sein weiteres Vorgehen zu erhalten.

4. Beispiel und Folgerung – ein Supervisionsfall

Im Workshop zur Nachfolge in Familienunternehmen meldete, sich eine Teilnehmerin, die eine größere Installationsfirma berät. Sie sucht Supervision. Sie schildert den Fall wie folgt: Der Senior hat die Firma gegründet und aufgebaut. Ihm zur Seite steht seine Frau, die die Buchhaltung erledigt. Die beiden haben zwei Söhne. Der Vater hält 50 % der Firmenanteile und hat zu einem früheren Zeitpunkt schon beide Söhne mit je 25 % beteiligt. Der ältere Sohn ist seit acht Jahren in der Firma. Der Vater hat ihm vor drei Jahren die Leitung der Firma übertragen und ist selbst zurückgetreten. Er hat dem ersten Sohn zugesagt, dass er die restlichen 50 % der Firmenanteile auch noch erhalten wird. Vor einem Jahr ist auch der zweite Sohn in die Firma eingetreten. Der sagt: „Ich seh' diese ungleiche Behandlung nicht ein!", und beansprucht jetzt die Hälfte der restlichen 50 % des Vaters. Der Vater hält sich heraus und sagt: „Das müsst ihr untereinander regeln". Die Söhne leben seit der Kindheit in Spannung. Der jetzige Konflikt verschärft die Situation. Der Vater ist zwar aus der Leitung zurückgetreten und erledigt in der Firma offiziell nur noch untergeordnete Arbeiten, hält jedoch noch die Fäden aus dem Hintergrund in der Hand. Die Frau des ersten Sohnes (F1) arbeitet mit der Mutter in der Buchhaltung. Die Frau des zweiten Sohnes (F2) macht einfache Arbeiten. Beide spielen derzeit keine wesentliche Rolle.

Der geschäftsführende erste Sohn sucht Beratung zur Klärung der festgefahrenen Situation. In diesem Fall sind Familie und Führungsteam identisch. Allerdings stehen die einzelnen Personen in den beiden Systemen auf unterschiedlichen hierarchischen Ebenen. So wundert es uns nicht, dass Ungeklärtheiten aus der Familie in der Firma aufscheinen. Da die Systeme Familie und Firma unterschiedlichen Notwendigkeiten folgen, bedarf es einer Klärung. Da die Beraterin den Fall zur Supervision einbringt, gilt es einen Weg für ihr weiteres Vorgehen herauszufinden.

Die Kollegin stellt die Eltern und die zwei Söhne, die Familie und gleichzeitig das Führungsteam auf. Zusätzlich eine Vertreterin für sich selbst.

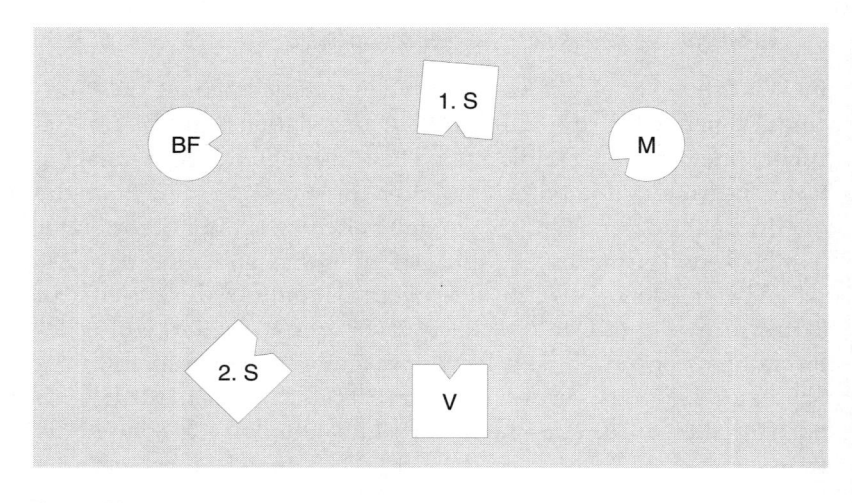

V Vater
M Mutter
1. S erster Sohn
2. S zweiter Sohn
BF Beraterin

Abb. 1: Anfangsbild

Die Befragung der Stellvertreter ergibt Folgendes:
Vater: Ich fühl mich o. k.
Mutter: Ich bin ärgerlich und stehe am falschen Platz, ich will zu meinem Mann.
1. Sohn (1. S): Ich spüre Ärger, der Vater soll entscheiden; mich ärgert auch diese Person (BF), (abfällig) was will *die* eigentlich hier?
2. Sohn (2. S): Mir geht es gut, neben dem Vater stehe ich gut.

Die Aufstellung deutet auf eine Störung in der Familie hin (steht die Beraterin möglicherweise für jemand, der zum System gehört? Für wen stehen die Söhne?). Über die familiären Hintergründe gibt es keine Informationen.

Schlussaufstellung nach zwei Zwischenschritten und Einführung des Großvaters und eines zweiten Beraters:

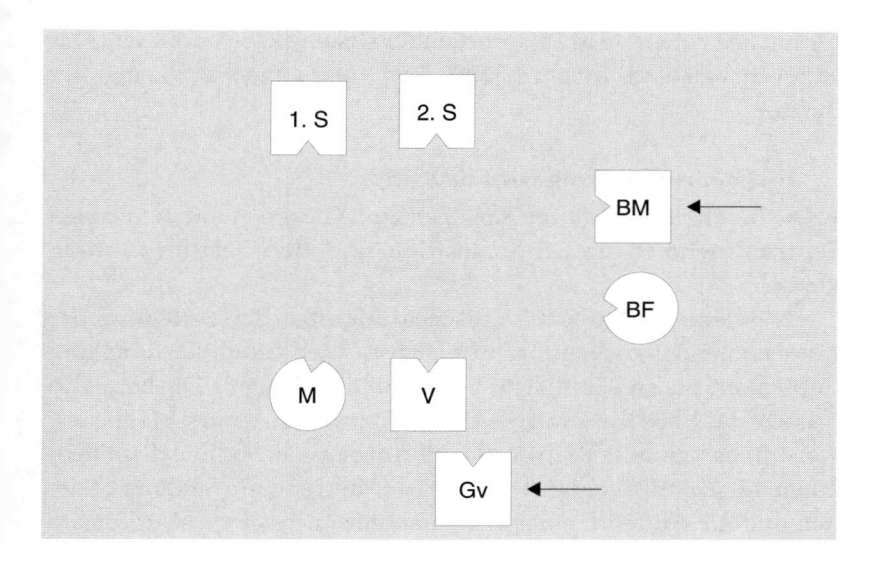

[Aufstellung: 1. S, 2. S oben; BM rechts (mit Blickrichtung nach links); BF darunter; M und V in der Mitte; Gv unten (mit Blickrichtung nach links)]

Gv   Großvater väterlicherseits
BM   Kollege von BF, gab ihr Beratungsauftrag weiter

Abb. 2: Lösungsbild

    Äußerungen der Repräsentanten:
Vater: (macht gleichgültigen Eindruck): Mir geht es gut, ich will von den Beratern nichts wissen.
Mutter: An der Seite meines Mannes bin ich am richtigen Platz.
1. Sohn: Ich habe BM beauftragt und will auch nur mit ihm zusammenarbeiten.
2. Sohn: Mit dem Bruder habe ich keinen Stress mehr, den alten Zwist spüre ich nicht mehr, hier stehe ich gut, der Blick auf den Großvater tut mir gut.

Der Vater war ein erfolgreicher Unternehmer; in der Aufstellung macht er jedoch einen geschwächten Eindruck. Er benötigte die Rückenstärkung von seinem eigenen Vater. Ohne die Details aus der Familie zu kennen, bringt die Einführung des Großvaters Erleichterung im System.

Der erste Sohn hatte eigentlich einen Kollegen (BM) der Aufstellenden mit der Beratung beauftragt. Der fühlt sich nicht zuständig und hat den Auftrag deshalb an die Beraterin weitergegeben. Wir führen BM neben BF in entsprechender Distanz zur Familie ein. Das ist für den ersten Sohn akzeptabel. Den Vater interessiert keiner der Berater.

Aus der Aufstellung wird deutlich:
1. Die Beraterin muss ihren Kollegen zum Gespräch mit dem ersten Sohn mitnehmen und ihre Position und den Beratungsauftrag klären.
2. Indem der Vater die Entscheidung über die Verteilung der Firmenanteile verweigert, zieht er sich aus der Verantwortung, und implantiert neuen Konfliktstoff in Familie und Firma. Die Beraterin braucht das Vertrauen und die Unterstützung des Vaters. Möglicherweise bedarf es einer Klärung der Störung aus der Familie (Familienaufstellung, evtl. mit Figuren). Gestärkt kann er dann Stellung beziehen und die Aufteilung der Firmenanteile nach seinem Gutdünken vornehmen und dies an die Söhne und die Frau vermitteln. Sein Lebenswerk in guten Händen wissend und die Söhne befriedet, kann er sich dann auch aus der Firma zurückziehen.
3. Für die Beraterin zeigten sich mögliche nächste Schritte für das weitere Vorgehen in der Beratung ihres Klienten.

5. Schlusswort

Zur Bewältigung des Generationswechsels im Familienunternehmen muss frühzeitig, das heißt möglichst schon, wenn der Leitende im Alter zwischen 50 und 55 Jahren ist, ein Nachfolgeprozess eingeleitet werden. In diesem Alter haben die Senioren und Seniorinnen noch die notwendige Gestaltungs- und Lernfähigkeit, und den Junioren und Juniorinnen lässt es Zeit, sich einzufinden und einzufädeln. Der Nachfolgeprozess ist ein psychischer Prozess. Die Bereitschaft zur Auseinandersetzung und Klärung ermöglicht den Junioren eine kraftvolle Übernahme des Unternehmens. Die Familie kann so ihre Kräfte sammeln und im Unternehmen einsetzen zur Erneuerung und Behauptung am Markt. Organisations- und Familienaufstellungen sind dabei ein für die Beratung hilfreiches Werkzeug.

Systemisches Denken und Handeln in der Schule

Marianne Franke-Gricksch

Systemisches Denken und Handeln, das sich an den Gedanken Bert Hellingers und den Grundideen des Konstruktivismus orientiert, konnte ich in meiner jahrzehntelangen Tätigkeit als Klassenleiterin an Münchner Hauptschulklassen erfahren. Sowohl bei einzelnen Schülern als auch im gesamten Klassenverband fanden deutliche Haltungsänderungen statt; eine tiefe Bewegtheit kennzeichnete den Prozess. Die Schüler entwickelten ein Bewusstsein für die Besonderheit ihrer Klassenstruktur und deren eigene Gesetze und Wertorientierungen.

Die Schule ist nach dem Kindergarten *die* große Organisation, in der sich Kinder außerhalb ihrer Familien aufhalten. Viele Kinder empfinden die Normen der Schule als starrer und weniger leicht verrückbar im Vergleich zu denen in der Familie. Sie erleben, dass sie an manchen Normenveränderungen zu Hause viel aktiver mitarbeiten können als in der Klasse oder gar in der Schule. In Gesprächen über die Regeln in der Klasse erkannten die Kinder selbst, dass es grundsätzliche, unumstößliche Gesetze geben muss, damit Klasse und Schule funktionieren, und dass es darüber hinaus „weiche Regeln" gibt, die sich ständig ändern, weil Kinder und Lehrer sich selbst mit deren Hilfe lernend wandeln.

Im Folgenden möchte ich anhand einiger Beispiele zeigen, wie ich Wandlung in der Klasse erlebte. Einige der geschilderten Vorgehensweisen überschreiten dabei deutlich den Rahmen des Lehr- und Erziehungsauftrags eines Lehrers in der Schule. Sie bildeten für mich als langjährige Therapeutin eine Möglichkeit des sanften Wirkens. Das gilt vor allem für das Familien-Stellen mit Kindern. Es bedarf aber dazu ausreichender Erfahrung in beiden Bereichen.

Ich hätte gerne genauer beschrieben, warum ich Vorstellungen von Bert Hellinger nachgegangen bin, der von kulturell gebundenen und gewachsenen Regeln und Grunddynamiken in unseren Familien ausgeht. Ferner, in welchen Zusammenhängen mir die Konstruktivisten dienten, die aufzeigen, dass das Leben lebendig bleibt, wenn wir über Regeln verhandeln. Und schließlich würde ich auch auf Milton Erickson, auf Steve de Shazer und andere systemische Therapeuten verweisen. Dieser wissenschaftliche Diskurs ist einem entstehenden Buch vorbehalten.

Hier bleibt mir nur, durch einige Berichte zum Experimentieren anzuregen, wobei ich auch weiß, dass so manches von dem Genannten ohnehin praktiziert wird, selbst wenn man es nicht unter systemischem Denken und Handeln einordnet.

1. Tagesstruktur

Je länger ich im Schuldienst war, desto mehr Wert legte ich auf den Beginn des Unterrichts, genauer: auf die Zeit vor dem Unterricht.

Es war für mich täglich ein großer Verzicht auf die Wärme des Lehrerzimmers und das Gespräch mit den Kollegen, wenn ich mich zwanzig Minuten vor Unterrichtsbeginn im Klassenzimmer einfand. Ich begann mit der Durchsicht der schriftlichen Hausaufgaben. Das kleine Völkchen drückte sich um mein Pult herum, man drängelte und puffte sich, kurzum, die Gruppe fand sich als Ganzes ein und erlebte sich zu Beginn des Unterrichts körperlich als ein Ganzes. Das war eine Entlastung für jene, die in ihrer häuslichen Anstrengung anerkannt werden wollten, aber auch für jene, die sich einen Vormittag lang mit schlechtem Gewissen durchgemogelt hätten. Um acht Uhr war alles bereinigt, jeder hatte gute Startmöglichkeiten, wir waren in „Tuchfühlung".

Bei den Elf- bis Dreizehnjährigen sangen wir vor dem Unterricht, oder es wurde ein Gedicht aufgesagt.

Das ganze Jahr hindurch begleitete uns dabei die Frage nach der Wirkung von einleitenden Gesten, die mehr ausdrücken als viele Worte. Da ist die Verneigung, der einfache Dank: das Ineinanderlegen der Hände mit leichter Verneigung, wie es die türkischen und indischen Kinder bereits kennen.

Am Morgen also gab es immer ein paar Kinder, die sich stellvertretend für alle vor der Klasse leicht verneigten. Dabei entfaltete sich spürbar im gesamten Klassengefühl das Bewusstsein für Achtung voreinander.

Dann sagte ein Kind nur den Titel und vielleicht die ersten zwei Zeilen des gerade zu lernenden Gedichtes. Das genügte mir immer. Aber der Klasse nicht. Andere Kinder meldeten sich und rezitierten das Gedicht weiter. Bis spätestens zum Ende einer Woche konnte es jeder. Es war in einigen Klassen direkt zum Sport geworden, Gedichte zu lernen, ohne sie zu lernen. Mein Trick war in der Schule bekannt geworden. Zu Beginn des Schuljahres wurde ich von neuen Schülern darauf angesprochen, ob es wahr sei, dass man bei mir Gedichte lerne, ohne sie zu lernen, nur durch Verneigen vor der Klasse. „Ja", sagte ich dann, „du wirst es selbst merken."

2. Harte und weiche Wirklichkeiten

Jede Herkunftsfamilie hat einen anderen Wirklichkeitskodex, so dass jedes Kind auch unterschiedliche Vorstellungen davon mitbringt, was im Zusammenleben unabdingbar nötig ist und was veränderbar. Anstatt darüber zu sprechen, was man tun muss oder nicht tun darf, überlegten wir uns regelmäßig, meistens in der sechsten Deutschstunde am Freitag: *„Was passiert, wenn ...?"* Die Kinder liebten diese Stunde sehr, und es waren mitunter echte Philosophiestunden.

Bei Schuljahrsbeginn bestand ein Schüler darauf, chaotisch zu sein. So schlug ich ihm vor, ein Schaubild zu zeichnen, eine Strecke, die Chaos und Ordnung verbindet.

CH (Chaos) ———————————————— O (Ordnung)

Täglich markierte er, wo er an diesem Schultag zwischen diesen beiden Befindlichkeiten stand. Es war ihm bald nicht mehr wichtig, dass er sich ständig bei Chaos befand. Vielmehr wurde ein Bewusstwerdungsprozess in Gang gesetzt, der es ihm in Ruhe ermöglichte, über seine Befindlichkeit zwischen diesen Extremen nachzudenken, herauszufinden, ob es Ereignisse in der Klasse, im Verhalten zu Hause, beim Spielen etc. gab, die zur Folge hatten, dass er sich mehr bei Ordnung bzw. mehr bei Chaos befand. Dieser Schüler fand mit elf Jahren ganz selbständig heraus, dass er an den Schultagen, die auf freie Arbeitstage seiner Mutter folgten, eher bei O(rdnung) stand, während er, wenn die Mutter tags zuvor gearbeitet hatte und er mehr vor dem Fernseher saß oder auf der Straße herumlief, am nächsten Tag näher zu Ch(aos) kam.

Andere Beispiele zeigen, dass festgeschriebene „Unfähigkeiten", in ganz neue Betrachtungskontexte gestellt, plötzlich verschwanden.

Ich sorgte dafür, dass Kinder bei einer auffälligen Rechtschreib- oder Rechenschwäche nicht mehr gesondert üben mussten. Ich sagte ihnen, sie bräuchten das nicht. Sie würden es können, müssten allerdings etwas ganz anderes lernen, nämlich wie sich die Freude darüber anfühlt, wenn man etwas kann. Dann sprachen wir über alles, was sie gut konnten: Fußball, Malen, Reiten und was Stadtkinder sonst noch machen. Ich sagte ihnen: „Je öfter du die Freude beim Reiten, Tanzen, Malen, Fußball bewusst spürst, desto besser kannst du Rechnen und Rechtschreiben." Die Kinder hatten auffallende Erfolge! Sie verstanden sofort.

Ein Junge hatte eine solch gravierende Rechtschreibschwäche, dass er beim Diktat bereits nach der ersten Zeile aufgab. Er begann in ordentlich großer Schrift, dann wurden die Buchstaben immer kleiner, und er beendete die Zeile mit einem Gekrakel.

Da sagte ich ihm, er könne sicher ganz normal Rechtschreiben wie andere Kinder auch. Er solle nur darauf achten, wirklich groß zu schreiben. Wenn er weiterhin bei seiner großen Schrift bliebe, wie bei den ersten Worten, würde er normale Leistungen aufweisen. Er staunte und war auch etwas böse darüber, weil ich nicht glaubte, dass er Legastheniker sei, wie ihm der Schulpsychologe attestiert hatte. Ich sagte ihm, es läge trotzdem am Schreiben mit großer Schrift, und er habe nur dann alle Merkmale eines Legasthenikers, wenn er klein schreibe.

Schon beim nächsten Diktat gab er zehn groß geschriebene Zeilen ab, und die Fehlerquote entsprach dem Durchschnitt.

Ich ermutigte ihn durchzuhalten. Nach vier Wochen war er in der Lage, ein ganzes Diktat zu schreiben, und hatte auch bald eine Drei!

Ausländischen Kindern, die Schwierigkeiten im Deutschen haben, ist auf ähnliche Weise zu helfen. Ich bat die Eltern, die Kinder konsequent in den muttersprachlichen Unterricht zu schicken. Meist glaubten sie, es sei für ihr Kind besser, das Türkische, Serbische zu vergessen und stattdessen Deutsch zu lernen. Das Gegenteil ist der Fall. Ich ließ sie vor der Klasse serbische Kinderlieder aufsagen, kleine türkische Texte vorlesen etc. und sagte ihnen, Deutsch müssten sie nicht extra lernen, es komme von selbst zu ihnen, wenn sie sich wohl fühlten in ihrer Muttersprache. Die Erfolge zeigten, wie sehr das stimmt.

3. Zwischenbewusstes und Familien-Stellen

In den Schulklassen 5 bis 7 habe ich stets über die Herkunftsfamilie gesprochen, mit Schülern „gespielt", wo Vater und Mutter, sie und ihre Geschwister stehen. Manchmal, wenn es die nötige Diskretion erlaubte, habe ich auch ein Kind an einen Platz gestellt, an dem es ihm dann besser ging. Natürlich sprachen wir über den Platz von Verstorbenen, denn viele Kinder aus Jugoslawien waren Betroffene. Manche Kinder wussten, dass Oma oder Opa gestorben waren, als Vater oder Mutter noch ein Kind waren. Sie brachten Fotos mit und baten ihre Eltern, die Fotos eine Weile im eigenen Kinderzimmer aufhängen zu dürfen. Wir machten uns Gedanken darüber, ob ein Kind schon trauern kann oder ob man dafür erst erwachsen werden muss. Auch sprachen wir darüber, ob Kinder heimlich den Eltern innerlich tragen helfen, wenn diese es schwer haben. Die meisten Kinder sind davon überzeugt, und sie tun es gerne. Sie glauben, den Eltern gehe es dann besser. Am häufigsten aber sprachen wir über den guten Platz des Kindes vor den Eltern oder bei einem Elternteil. Ja, es gab sogar einmal einen Jungen, der selbst herausfand, dass er zu seinem von der Mutter geschiedenen Vater gehöre. Er lebte jedoch bei der Mutter. Er wollte seine Familie aufstellen und stellte sich neben den Stellvertreter seines Vaters. Der Konflikt wurde deutlich. Die Stellvertreterin der Mutter verlangte nach ihrem Sohn. Ich ließ ihn wieder zur Mutter gehen und zum Vater sagen: „Ich hab dich lieb, und ich gehöre zu dir, und jetzt lebe ich noch bei der Mama." Das war ein lösender Satz. Dann sagte er zu der Stellvertreterin der Mutter: „Mama, ich gehöre zum Papa, und jetzt lebe ich noch bei dir." Dieses „noch" ließ offen, wann er zum Vater gehen wird, und es deutete an, dass er den Bannkreis der Mutter innerlich verlassen wird. Es begann damit ein Prozess, über dessen Dauer und Verlauf keine Aussage gemacht wurde.

Die Kinder waren von einer gewissen Neugierde getrieben, was sich da ereignen kann, wenn sie die Mitglieder der eigenen Familie aufstellten. Sie waren aufgeregt und wollten das sehen. Beim Wählen stellten sie sich auch sehr gerne zur Verfügung. Wenn ich sie einzeln abfragte, wie sie sich fühlten, konnten sie sehr genau über ihre veränderten Körpergefühle Auskunft geben. Manchen war es jedoch auch peinlich, und dann beließen wir es bei dem Bild.

Häufig stellten sich die Kinder nur in ihr erstes Bild, und ich veränderte nichts. Sie erkannten, dass sie sich ihrer eigenen Gefühle in diesem Zusammenhang nicht bewusst gewesen waren und zu wenig auf die Gefühle ihrer Eltern oder Geschwister geachtet hatten. Wenn ich ihnen ein heilendes Bild zeigte, schlug ich ihnen anfänglich Sätze vor wie: „Ich achte dich als meine Mutter, und ich bin dein Kind", so wie wir es von den Aufstellungen mit Erwachsenen her kennen. Bald jedoch begannen die Kinder selbst kurze Sätze zu finden. Sie zeigten sich einfallsreich und äußerst genau in der angemessenen Körperhaltung – ja, sie waren präziser, als ich es je bei Erwachsenen gesehen habe!

Ein neues Bewusstsein dämmerte herauf – gepaart mit einer Aufmerksamkeit für die Ordnung in der Familie. Die anfängliche Aufregung wich einer zunehmenden Achtung der Kinder vor dem Schicksal der Einzelnen – und es gelang eine Enttabuisierung schwieriger Familienkonstellationen. Sie begannen über Scheidung oder auch Tod von Eltern oder Geschwistern zu sprechen. So manches „Stigma" von Kindern, die bei nur einem Elternteil lebten, deren Eltern mehrmals geschieden waren oder mit Lebensgefährten lebten, löste sich.

Wir sprachen immer wieder darüber, ob wir das nur so spielen, oder ob es ernst ist und etwas bewirkt. Wie bei den Aufstellungsgruppen mit den Erwachsenen legte sich auch über diese kleine Gemeinschaft ein Hauch von Liebe, dieses zarte Netz, von dem wir nicht wissen, wie es zustande kommt. In diesen Klassen konnte ich sehen, wie sich dieses Phänomen über ein ganzes Schuljahr auswirkte.

Ende Oktober, also zwei Monate nach Schuljahrsbeginn, fühlten wir einen Stimmungsumschwung in der Klasse. Die Kinder konnten von der „anderen Wirklichkeit", wie sie es nannten, nicht mehr absehen, sie war immer da. Natürlich gab es noch Streit und Raufereien. Aber es gab auch Mitgefühl, es gab einen ernsten, verbindlichen Klassengeist, der anders war, als ich es sonst in durchaus kameradschaftlichen Klassen erlebt habe.

Spätestens bei der Weihnachtsfeier merkten wir es alle. Nie kamen so viele Eltern, vor allem so viele Väter zu den Feiern wie in den Klassen, in denen ich systemisch gearbeitet hatte. Sie berichteten mir, was sie gefühlt hatten, als sie hörten, ich hätte den Kindern gesagt, dass *sie* die besten Eltern seien für das Kind, und sie fühlten sich als Eltern gestützt und geehrt.

Bei den Konfliktlösungen zwischen den Kindern ging es bald nicht mehr darum, wie der Konflikt sich genau abspielte. Die Kinder hatten selbst herausgefunden, dass Stellvertreter, die von dem Konflikt oder der Rauferei nichts wussten, gewählt und aufgestellt werden konnten. Dann stellte sich heraus, wer zu wem sagen musste: „Es tut mir leid, ich möchte es wieder gutmachen." Das war das Ende dieser Inquisition, die mich vorher immer so viel Nerven gekostet hatte und die so Zeit raubend ist, ohne die aber sonst eine Klasse nicht zur Ruhe zurückfindet. Am nächsten Tag fragte ich: „Hat er es wieder gutgemacht?" In den meisten Fällen gelang eine Lösung mit diesem einfachen Verfahren.

Immer wieder fragten mich die Kinder: „Wie geht das, Frau Franke, dass Stellvertreter wissen können, wer schuldig ist, ohne zu wissen, worum es ging?"

So spürten sie im Alltag von diesem Geheimnis des Zwischenbewussten. Sie erkannten, dass sich auch zwischen ihnen (also nicht nur in der Familie) etwas abspielt, was immer wirkt, ob sie darüber nachdenken, es glauben oder nicht.

Manchmal erzählte ich ihnen von den Indianerkindern, die in der Schule viel mehr Disziplin wahren. Aber nicht, weil sie so „brav" sind, sondern weil sie sich für die Wahrnehmung der Wirklichkeit interessieren, die zwischen ihnen existiert, vor allem auch zwischen jenen, die nebeneinander sitzen. So fingen wir an, Gedanken zu lesen, auf Blätter zu schreiben, was wir glaubten, was der andere denkt, Bilder vom Sitznachbarn zu malen etc.

In meinen Klassen saßen Kinder dieser Zeit, Kinder der Großstadt, Kinder, die all den bekannten Einflüssen, Zerstreuungen und Verführungen unterlagen – und doch erlebten sie ein Stück Stille, in der sie zu der Wirklichkeit Zugang bekamen, die den Beziehungen Tiefe verleiht.

4. Nachdenken über Wahrheit

Das Nachdenken über Wahrheit habe ich sehr oft gefördert, und wir sprachen darüber, welche Erfahrung Kinder machen, wenn sie unterschiedlichen Personen denselben Sachverhalt erzählen.

Ein Beispiel: Phillip fährt seinen Schlitten kaputt, will weiter fahren, kauft sich für sündteures Taschengeld einen alten Autoreifen und kann damit weiter mit den anderen am Schlittenhang herumrutschen.

Wie sagt er es dem Vater, der Mutter, seinem Freund, seinem Sitznachbarn? Bald entdeckten die Kinder, dass sie ihre Geschichte unterschiedlich berichteten. Logen sie dann, wenn sie mal die eine, mal die andere Information wegließen oder betonten? Ist die Wahrheit immer gleich? Verändert sich die Wahrheit durch den Menschen, dem man sie erzählt? Warum erzählt man verschiedenen Menschen die Wahrheit unterschiedlich?

5. Übertragung symbolischer Handlungen und Haltungen in den Alltag

Dieses „Es tut mir leid", zusammen mit einer kleinen Verneigung, wirkte bei Konfliktlösungen besonders tief. Die Kinder erkannten selbst, dass das Wort „Entschuldigung" zu billig ist, soll es ja dazu veranlassen, dass der Unschuldige dem Schuldigen die Schuld abnimmt. Ein Schüler sagte einmal: „Dann hat er sie ja doppelt!"

Die Frage, ob man im normalen Alltag solche symbolischen Handlungen anwenden kann, bewegte die Kinder. Sie hatten herausbekommen, dass es wirklich genügte, mit dem Körper, mit der Haltung und einem knappen Satz etwas Wirksames zu tun, vor allem wenn ein ernst gemeintes „Ich möchte es wieder gut machen" folgte. Ansonsten wären bei Eltern, Lehrern, Freunden mitunter lange Rechtfertigungen, Erklärungen, Beteuerungen nötig gewesen. Also begannen sie zu üben. Und sie berichteten darüber!

Sie waren sehr stolz, wenn es ihnen mit dieser ruhigen, achtsamen Haltung und dem kleinen Satz gelungen war, ein Gleichgewicht wieder herzustellen. Und sie hatten gemerkt, dass echte Absicht dahinter stehen muss, weil es sonst nicht wirkt.

Zunehmend fanden die Kinder Freude am Ausprobieren, wie ich es am Beispiel des Gedichte-Aufsagens bereits erläuterte. Auch wenn sie zu spät kamen, machten die Kinder von einer formal eingeübten Haltung Gebrauch. Sie kamen zu mir, verneigten sich leicht und sagten: „Es tut mir leid."

Oft mussten wir auch lachen, weil es nicht stimmte. Dann war das Eis schon gebrochen, und wir suchten den richtigen Satz, zum Beispiel „Heute war es mir nicht wichtig, rechtzeitig zu kommen", oder „Ich mache jetzt besser eine Ausrede, es tut mir nämlich noch nicht leid".

(Dieses „noch nicht" liebten die Kinder sehr. Wenn sie wussten, dass sie sich ändern mussten, aber die Haltung nicht stimmte, dann war beides drin: die angestrebte Haltung und ihre momentane Wahrheit. Aus dem hypnotherapeutischen ABC wissen wir ja, dass dieses „noch nicht" dabei alsbald unwirksam wird.)

Bei notorischen Zuspätkommern ließ die Klasse solche Witze allerdings nicht mehr zu.

6. Hierarchische Ebenen

Wer lange in der Schule unterrichtet hat, der weiß, dass die Kinder allergisch auf pseudodemokratische Angebote reagieren.

Wenn ich spürte, dass ein Kind sich mit mir auf eine Stufe stellen wollte, wie etwa: „Das ist doch wirklich schön genug geschrieben, Frau Franke, ich weiß nicht, was Sie haben", oder Frechheiten jeglicher Art, wie sie ganz normal vorkommen, dann ging ich nicht mehr auf die inhaltlichen Schwierigkeiten ein, sondern auf die einzuhaltende Hierarchie. Also sagte ich nur: „Ich bin hier die Große, und du bist die Kleine." Damit war es meist gut. Einmal, als es in diesem Punkt keine Einigung gab und der Schüler das nicht anerkennen wollte, sagte ich zu ihm: „Wenn du genauso groß bist wie ich, dann bleib halt einfach am Pult stehen, nah bei mir." Er richtete die Augen ungeduldig gen Himmel und blieb am Pult stehen. Ich war selbst gespannt, wie sich die Situation entwickeln würde, und hatte keine Ahnung vom Ausgang. Ich begann mit dem Unterricht. Nach einiger Zeit sagte der Schüler: „Ich weiß es jetzt, Frau Franke, es ist gut." Das gefiel mir und auch den Kindern. Ein paar Tage später meldete sich eine Schülerin und sagte: „Ich fühle mich mindestens so groß wie Sie, darf ich neben Ihnen am Pult stehen?" Sie kam heraus und stand da rum. Einige Schüler kicherten. Dann tauchten wir wieder ein in unsere Arbeit. Nach zehn Minuten fragte ich: „Na, immer noch groß?" Sie nickte. Sie brauchte lange, bis sie wieder gerne in der Bank saß, und sie stand die ganze Zeit über sehr nah bei mir.

7. Gemeinschaft und Zugehörigkeit

Einmal hatte ich einen Schüler, der verstand es, Deutsch- und Ethikstunden zu zerstören, Kinder ans Schienbein zu treten, selten ordentliche Hausaufgaben zu bringen, trotz Begabung wenig zu leisten. Bald war es allen zu viel, und die Klassensprecher wünschten, darüber zu reden. Sie wollten ihn auf den „heißen Stuhl" setzen und ihm alles sagen, womit er sie geärgert und gekränkt hatte. Ich lehnte ab und bat sie um einen weiteren Tag der Geduld.

Am nächsten Tag rief ich diesen Schüler zu Beginn des Unterrichts vor die Klasse. Ich sagte, dass wir ihm alle eine Mitteilung zu machen hätten, jeder von uns dieselbe. Ich begann damit und sagte zu ihm: „Rainer, du gehörst zu uns." Zweiundzwanzig Kinder wiederholten diesen Satz und sagten ihm das. Es war eine große Stille in der Klasse. Wir kannten diese Stille schon, die eintritt, wenn etwas wirklich wird. Rainer weinte und setzte sich dann ruhig an seinen Platz.

Wir sprachen nicht mehr darüber. Der Junge nahm die Gelegenheit wahr und änderte sein Verhalten im Laufe der nächsten Wochen.

8. Struktur und Gesetze

Bei 11/12-Jährigen gibt es viele Gelegenheiten, über die Gesetze in der Familie zu sprechen:

zum Beispiel:

- dass es allen gut geht, wenn sie Vater und Mutter anerkennen und achten,
- dass die Älteren vor den Jüngeren kommen,
- dass wir die Familie zum Schutz brauchen und dass wir deshalb auch für die Familie etwas tun müssen,
- dass der mehr zu sagen hat, der mehr für alle tut,
- dass es Liebe und Zusammenhalt auch ohne Leistung gibt (zum Beispiel wenn einer krank oder klein ist),
- dass man als Kind leidet, wenn die Eltern streiten, und man ihnen trotzdem nichts befehlen kann,

und viele weitere Gesetze.

Oft machten wir uns Gedanken darüber, welche Gesetze wohl in einer Schulklasse herrschen und welche davon mit den Familienregeln übereinstimmen und welche nicht.

Dabei konnten die Kinder rasch erkennen, dass zum Beispiel die Stellung der Klassenlehrerin mit der Stellung der Mutter vergleichbar ist, aber eben nur vergleichbar, nicht gleich. Ebenso verglichen sie die Stellung des Rektors mit der des Vaters. Sie sahen, dass Kinder in einer Klasse zusammengehören, ähnlich den Geschwistern. Sie wussten, dass sie lernen mussten, sich zu ertragen, auch wenn sie sich ganz fremd fühlten. Es war allen klar, dass es hier, ganz anders als in der Familie, Fälle gab, in denen ein Kind nicht mehr dazu gehört. Sie erzählten mehrmals von schmerzlichen Abschieden, wenn Kinder in ihre Heimat zurück mussten, wenn sie in die Sonderschule kamen oder wenn sie lange krank waren und die Klasse wiederholen mussten.

Sie wussten, dass jeder dieser Verluste im Nachhinein den Klassenverband schwächte, auch wenn man geglaubt hatte, alles würde einfacher, leichter, wenn der Schüler endlich nicht mehr kommt. Wir schrieben Abschiedsbriefe. Das wirkte erleichternd. Irgendwie war die Sache damit abgeschlossen. An einen erinnere ich mich noch. Er lautete so: „Lieber Janek. Als du aus Sibirien zu uns kamst, fanden wir dich sehr interessant. Du konntest so gut Schlittschuh fahren, und du warst der Größte. Aber bald fühlten wir uns alle komisch mit dir. Überall begannen wir zu streiten, und du bist immer in der Bank gesessen und hast nichts gesagt. Dann bist du weggelaufen. Wir haben dich sehr vermisst. Wir hoffen, dass du bei deinen Eltern leben darfst und nicht in ein noch strengeres Heim musst (der Schüler war Heimschüler)."

9. Das Einbeziehen der Toten

In diesen neunziger Jahren gibt es in Münchner Schulen viele ausländische Kinder, die ihren Vater, einen Großvater, Onkel, Tanten, Cousins oder Cousinen durch den Krieg verloren. Selbstverständlich sprachen wir über die Toten, was sie für eine Lücke in der Familie hinterlassen, wie wir trauern, ja sogar über die verschiedenen Phasen der Trauer sprachen wir. Die Kinder erzählten von ihren Eltern, wie sie über die Toten sprechen, sie im Herzen tragen, oder ob sie lieber nicht darüber sprechen und welche Stimmung dann in der Familie aufkommt. Einmal berichtete ein Junge über seinen gefallenen Onkel. Ich stiftete ihn dazu an, einfach beim Essen zu sagen: „Heute habe ich in der Schule über Onkel Kenan gesprochen." Der Bub erzählte, dass es wie ein Schock gewesen sei, und dann habe die Mutter angefangen zu weinen. Hinterher sei alles leichter gewesen. Die Mutter wollte wissen, was ihr Sohn in der Schule erzählt habe; später kam sie auch zu mir und sprach mit mir. Sie hängte zuhause ein Bild von ihrem Bruder auf.

Diese wenigen Beispiele sollen hier genügen, um die Bedeutung des systemischen Denkens und Handelns in der Schule zu illustrieren.

Die Aufstellung des „Inneren Teams": ein Vorgehen für Persönlichkeitsentwicklung, Gruppencoaching und Organisationsberatung

Gerd Metz und Werner Messerig

1. WORUM GEHT ES BEI DER ARBEIT MIT DEM INNEREN TEAM?

Im Rahmen unserer Intensivtrainings zur Persönlichkeitsentwicklung an der IBM-Akademie für Unternehmensführung hat sich seit Beginn der neunziger Jahre eine Umstellung ergeben, weg von den bisher üblichen Trainings und Workshop-Übungen hin zur Bearbeitung von konkreten Anliegen und Beispielen aus dem Praxisalltag und Lebensumfeld der Teilnehmer. Auf der Suche nach wirkungsvollen Methoden zur Anliegenbearbeitung hat dabei die systemische Aufstellungsarbeit (Organisations-, Familien- und Strukturaufstellungen) ihren festen Platz in unserem Training „Als Persönlichkeit handeln" erhalten.

Mit dem Persönlichkeitsmodell des „Inneren Teams" (vom Scheidt 1988; Ornstein 1992; Schmidt 1995; Schwartz 1997; Schulz von Thun 1998) haben wir eine Beschreibungsebene gefunden, die es zulässt, die komplexen und zum Teil konflikthaften inneren Abstimmungsprozesse einer Person systemisch zu betrachten. In diesem Modell interagieren die verschiedenen Persönlichkeitsanteile genauso wie eine Gruppe wirklicher Personen und bilden ein eigenes System, das innerhalb der bereits angesprochenen Systeme (Familie, Organisation, Unternehmen ...) lebt, arbeitet und als Persönlichkeit handelt. Siehe dazu auch den köstlichen Roman von Barbara König: *Die Personenperson* (König 1981).

Da wir uns beide auch mit der systemischen Aufstellungsarbeit befassten, lag es nahe, auch mit Aufstellungen dieser inneren Persönlichkeitsanteile zu experimentieren. Dabei hat sich gezeigt, dass allein schon das Aufspüren, Benennen und „Sortieren" des Inneren Teams Klienten wertvolle Aufschlüsse über die Psychodynamik ihres Verhaltens und insbesondere ihrer Blockierungen liefert. Darüberhinaus bringt das Aufstellen des Inneren Teams häufig Wechselwirkungen oder Verstrickungen zwischen spezifischen „Inneren Team-Mitgliedern" und realen externen Personen ans Licht, seien es Personen aus der Ursprungsfamilie, der Gegenwartsfamilie, oder auch der Firmen (siehe 2. Beispiel, Peter M.) oder Organisationen.

„Als Persönlichkeit handeln" bedeutet nicht, „aus einem Guss" zu sein, sondern ist vielmehr ein Ergebnis von verschiedensten Abstimmungsprozessen mit den Inneren Team-Mitgliedern: „Kann ich vielleicht deine neuen Arbeitsfolien haben?" Bereits die Frage eines Kollegen nach bestimmten, von mir gut gehüteten Unterlagen lassen die Existenz ganz unterschiedlicher innerer Stimmen erahnen. Der *soziale Helfer* in mir wird die Frage schnell und eindeutig mit „Aber klar doch ..." beantworten wollen und sogleich den Widerstand vielleicht eines inneren *Egoisten* spüren, der auf Anhieb gegen ein schnelles und bereitwilliges Handeln argumentiert.

Noch komplexer wird der innere Zwiespalt, wenn sich weitere, der einen oder anderen „Partei" verbündete Mitglieder hinzugesellen, und die Entscheidungsfindung im Inneren Team („Was mach' ich denn jetzt bloß?") schwierig gestalten.

"2 Seelen, ach ..."

Innere Pluralität und Unstimmigkeit – seelischer Regelfall und alltägliches Phänomen

(in Anlehnung an Schulz von Thun, Hamburg)
© Werner Messerig, IBM Deutschland

Ohne Sortieren meiner einzelnen Teammitglieder spüre ich in solchen Situationen ein „inneres Kuddelmuddel". Erschwerend für ein authentisches Handeln wirkt nun noch, dass all diese inneren Stimmen sich gar nicht gleichzeitig zu Wort melden, sondern mal früher oder später zu spüren sind, und auf sich aufmerksam machen. Solche und ähnliche Konstellationen charakterisieren schwierige Situationen und lassen sich mit diesem Modell verdeutlichen und bearbeiten.

Bei einem „Störenfried", der mir zu schaffen macht, sind wichtige Fragen: „Woher kommt der? Wie lange gibt es ihn schon, und was genau macht ihn so unausstehlich für mich?" In der Regel ist hier ein Bindeglied in ein anderes System, zum Beispiel die eigene Ursprungsfamilie, zu finden.

Ein Leitgedanke für ein „Handeln als Persönlichkeit" wäre, alle Mitglieder und Stimmen meines Inneren Teams zu Konsens und Übereinstimmung zu führen, ähnlich dem Dirigenten, der es versteht, die unterschiedlichsten Instrumente nicht wild und unabgestimmt durcheinander, sondern vielmehr nach außen im Einklang erklingen zu lassen. Dies wird dann als Authentizität und Echtheit meines Auftretens erlebt.

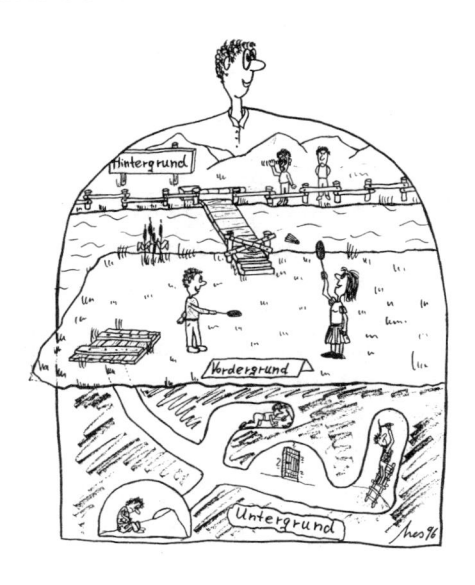

(in Anlehnung an Schulz von Thun, Hamburg)
© Werner Messerig, IBM Deutschland

Eine weitere Metapher ist die der „Inneren Landschaft" mit Vordergrund, Hintergrund und Untergrund. Im Vordergrund und Hintergrund gesellen sich, je nach äußerer Situation, die einen oder anderen Teammitglieder oder „Unterteams". Vordergrund- und Hintergrund-Parteien können sich hier noch miteinander austauschen, ergänzen oder im konstruktiven Teamgespräch einigen. Manchmal spüre ich aber auch, wie ich einige nicht unbedingt nach vorne lassen oder Schwächen nicht nach außen zeigen will, und halte sie zunächst im Hintergrund. „Ich spüre sie, aber ich mag sie nicht" oder gar „So will und darf ich nicht sein" wären mögliche persönliche Haltungen hierzu.

Der weitere Verlauf einer solchen Entwicklung kann dann zur Abspaltung und zur Verdrängung von inneren Anteilen in den Untergrund führen, von wo aus sie in bestimmten Situationen im Leben unvermittelt verdeckt oder unkontrolliert nach außen dringen und Schwierigkeiten bereiten können. Das Auffinden und Aufspüren solcher Außenseiter und Untergründler im Gespräch und mittels einer Aufstellung führt in der Regel zu einem Verständnis für die Situation im Inneren Team. Oft ist es möglich, die positive Absicht und die Stärken der Verdrängten herauszuarbeiten: „Wofür steht der? Was trägt der bei? Was ist seine Funktion? Was würde fehlen, wenn's ihn nicht gäbe? Aus Loyalität zu wem meldet sich dieser Teil?" Dies schafft die Basis dafür, Außenseiter in sich wieder akzeptieren zu lernen und mit in den Inneren-Team-Diskurs einzubeziehen.

2. Aufstellungen des Inneren Teams

Wir möchten nun anhand von Beispielen demonstrieren und erläutern, wie wir die systemische Aufstellungsarbeit nutzen, um die verschiedenen und oft gegeneinander arbeitenden Anteile des Inneren Teams unserer Klienten in ein harmonischeres Zueinander oder eine konstruktivere und kooperativere Auseinandersetzung zu bringen, und damit konsistentere und zielgerichtetere Handlungsweisen bei den Klienten ermöglichen.

Beispiel 1

Ein Teilnehmer bringt das folgende Anliegen ein:

Bernd: Ich teile meine Zeit nicht gut ein. Vor allem morgens komme ich nicht aus dem Bett und gerate dann immer in eine zeitliche Aufholjagd. Ich hab' da so ein *Teufelchen* in mir, dem würde ich gern den Mund stopfen.

Coach: Was sagt das denn?
Bernd: Das sagt: Ruhe dich aus, entspanne dich, lass dich nicht von außen unter Druck setzen, genieße dein Leben (ein kurzsichtiger Zeitgenosse, versucht kurzfristig angenehme Umstände zu schaffen). Auf der anderen Seite hab ich ein *Engelchen*, das sagt: „Nun komm schon, steh auf, sonst kommst du wieder unter Druck!"

Als weitere Innere-Team-Mitglieder, die für die Dynamik dieses Themas eine Rolle spielen, werden herausgearbeitet:

Der *Organisator*: Er erinnert an Termine, Projekte und den Zeit- und Ressourcenbedarf.
Der *Administrator*: Wenn dieser am Zuge ist, vermittelt er Bernd, sich und anderen den Eindruck ungeheurer Geschäftigkeit. Das Dumme sei nur, dass es sich dabei oftmals um unsinnige und nebensächliche Dinge handle.

Eine Nachfrage zu den Eltern ergibt: Sie leben beide im Ruhestand und genießen das Leben. Der Vater sei Leiter eines Werkes derselben Firma gewesen, in der jetzt auch der Sohn arbeitet, und befindet sich im vorgezogenen Ruhestand.

Bernd: Ich gönne es ihm. Ich wünsch' mir das auch mal. Aber es gibt halt Phasen im Leben, da geht es nicht anders, da muss man durch.
Der Vater: Ich hatte zuwenig Zeit für die Kinder. Das will ich besser machen." *Dann rutscht ihm noch heraus* Die Firma hat was davon (von seinem Einsatz), die Familie hat was davon, aber ich, ich bin mir anscheinend nicht wichtig.

Eine Aufstellung ergibt nun folgendes Bild:

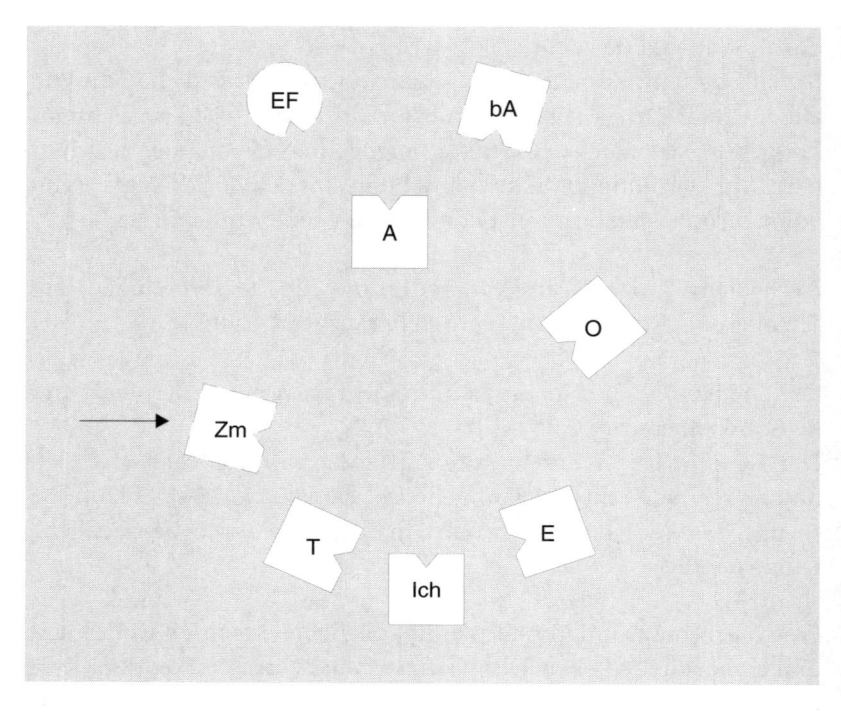

T	Teufelchen	A	Administrator
O	Organisator	bA	berufliche Aufgaben
EF	Erwartungen der Familie	Zm	Zeit für mich
E	Engelchen		

Erwägungen

Es stellt sich hier die grundsätzliche Frage, ob man eigens und zusätzlich ein *Ich* aufstellen lässt oder ob man das *Ich* mit der Gesamtheit der Persönlichkeitsanteile gleichsetzt. Die jeweilige Entscheidung hat weitreichende Implikationen. Definiert man ein sich von den Persönlichkeitsanteilen unterscheidendes *Ich*, so hat man damit eine Hierarchie und eine Metaebene eingeführt. Das *Ich* ist dann sozusagen der Leiter seines Teams und man kann, wie in einer Organisationsaufstellung, schauen, „wie die Leitung steht".

Welche Persönlichkeitsanteile von den vielen möglichen beschrieben und aufgestellt werden, hängt natürlich davon ab, welche für das aktuelle Thema oder das Anliegen relevant sind. Wir explorieren also ein jeweils *spezifisches* Inneres Team im Angesicht einer konkreten Themenstellung (möglichst eine kleine, überschaubare

Zahl der wichtigsten Mitglieder). Daher ist es meist sinnvoll, auch *den* Aspekt der Außenwelt in der Aufstellung zu repräsentieren, der die Herausforderung darstellt, auf die hin sich das Innere Team konstelliert (in diesem Falle also: *„Erwartungen der Familie"* und *„berufliche Aufgaben"*). So hätten wir in Anlehnung an die bekannte TZI-Dreigliederung auch hier eine qualitative Unterscheidung zwischen:

Ich (Innere Leitung) – *Wir* (Inneres Team) – und *Thema*.

Bei Inneren-Team-Aufstellungen heften wir manchmal den Stellvertretern zur leichteren Orientierung für alle mit Moderatorenkärtchen Namensschilder an. Die o. a. Dreigliederung lässt sich dabei gut mit unterschiedlichen Farben hervorheben.

Zur Aufstellung 1

Diese Aufstellung zeigt nun im Zusammenhang mit den Angaben aus der Exploration folgende Dynamik:

Engelchen und *Teufelchen* reden von zwei Seiten auf das (arme) *Ich* ein. Jedes gibt ihm sozusagen seine Einflüsterungen in ein Ohr, und sie rücken ihm auch, kinästhetisch gesprochen, auf die Pelle. Es ist übrigens in Realität eine wirkungsvolle Tranceinduktion, von zwei verschiedenen Personen gleichzeitig unterschiedliche Texte in jedes Ohr gesprochen zu bekommen! Die bewusste Steuerung durch das *Ich* wird dadurch ausgeschaltet.

Der *Organisator* steht optisch sozusagen „auf der Seite" des *Engelchens* sowie in der energetischen Verlängerung zu den *beruflichen Aufgaben,* verstärkt damit diese Seite und blickt das *Ich* auffordernd an.

Der *Administrator* hat die Position eines „vorgeschobenen Außenpostens". Das *Ich*, das durch die Einflüsterungen der beiden ambivalenten Stimmen in Trance versetzt wurde und zu kraftvollem, zielgerichteten Handeln unfähig ist, schickt mechanisch seine *Administrator*-Energie mit Scheinaktivitäten nach vorne. Mit seiner Geschäftigkeit erzeugt dieser die Illusion von Handeln und stellt sich gleichzeitig den reellen Forderungen von Familie und beruflichen Aufgaben in den Weg.

Nach der Befragung der Stellvertreter, deren Aussagen wir hier überspringen können, da sie nichts über das hinaus erbringen, was schon mitgeteilt wurde und auch im Aufstellungsbild sichtbar ist, lassen wir das *Engelchen* zum *Ich* sagen: „Was ich möchte ist, dass du deinen Weg erfolgreich gehst, so wie dein Vater." Das *Ich* nickt zustimmend. Dies ist eine Aussage des *Engelchens* auf einer tieferen Ebene als der der vordergründig-konkreten Drängeleien, die Bernd sonst in seinem Kopf „hört", und sie bringt ihn in Kontakt mit der vermuteten „tieferen positiven Absicht" dieser Stimme.

Dann lassen wir das *Teufelchen* zum *Ich* sagen: „Ich vertrete hier jemand, der sonst keinen Platz hat" und stellen dann einen weiteren Stellvertreter schräg hinter das *Teufelchen* und heften diesem das Namensschild „*Zeit für mich*" an, denn das ist genau das Bedürfnis, dem das *Teufelchen*, dem Bernd ja „gerne den Mund stopfen würde", dient.

Damit ist auch „die positive Absicht" dieses dem Klienten so peinlichen und unangenehmen Inneren Team-Mitglieds klar und benannt. Nach ein bis zwei Zwischenschritten und nachdem *Teufelchen* und *Engelchen* sich gegenseitig verbal in ihrer Aufgabe anerkannt haben, ergibt sich folgende Schlussaufstellung:

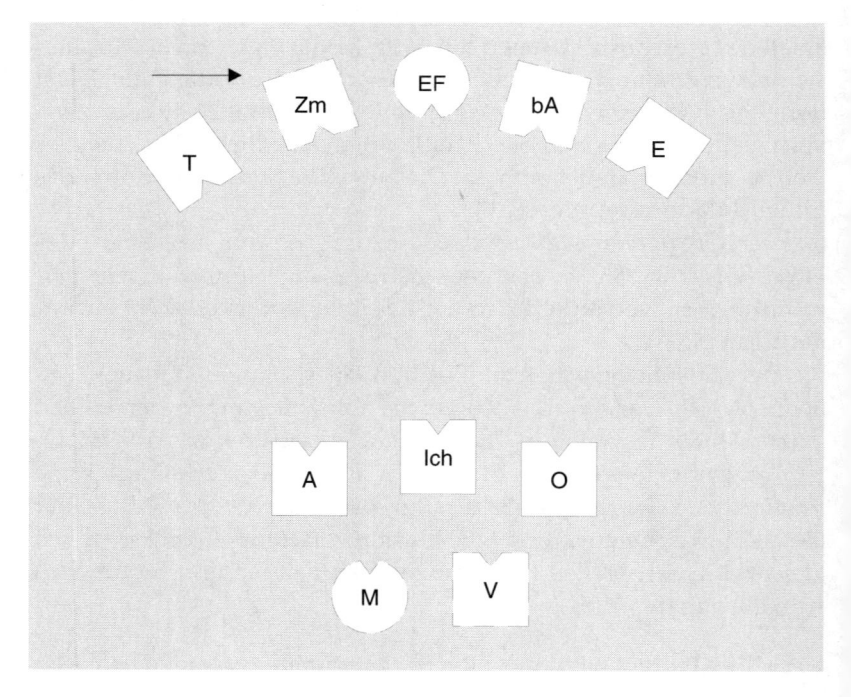

M Mutter
V Vater

Zeit für mich, Erwartungen der Familie und *berufliche Aufgaben* stehen in einer leicht angedeuteten Bogenlinie dem *Ich* gut sichtbar gegenüber. *Teufelchen* und *Engelchen* stehen demjenigen Aspekt zur Seite, dem sie vorrangig dienen, betonen ihn damit jeweils visuell für das *Ich* und sind so gleichzeitig aus der für das *Ich* bisher bedrängenden auditiven und kinästhetischen Nähe herausgenommen.

Umgekehrt sind dafür jetzt *Administrator* und *Organisator* dem *Ich* an die Seite gestellt. Sie gehen ihm als *dienende* Ressourcen sozusagen „besser zur Hand" als bisher, und jetzt *führt* das *Ich*. Die neue aktive und führende Rolle des *Ich* wird durch seine leicht vorgestellte Position in der Mitte zwischen den beiden ausgedrückt. (Bei der Aufstellung des Inneren Teams orientieren wir uns nur bedingt an der bei den anderen Aufstellungsarten bewährten „Grammatik" – zum Beispiel, dass der rechte Platz Vorrang symbolisiert – wir schauen hier neu und gehen auch mehr von einer subjektiven Bedeutungsgebung der Positionen durch die Klienten aus.)

Den Namen *Teufelchen* behalten wir für die betreffende innere Stimme in diesem Falle bei, da die Bezeichnung inzwischen für Bernd ihre negative Konnotation verloren hatte. In anderen Fällen kann sich die Bezeichnung, der „Name" eines inneren Teils, durch die Erkenntnis seiner „positiven Absicht" durchaus ändern.

Am Schluss, nachdem wir Bernd schon die Position des *Ich* haben einnehmen lassen, stellen wir noch seine *Eltern* hinter ihn, um insbesondere durch seinen Vater seine neue Innere Team-Ordnung bekräftigen zu lassen.

Dann lassen wir ihn zu den vorne Stehenden sagen: „Jetzt kann ich euch alle gut sehen und unterscheiden."

Zu den beiden Seiten: „Ich lenke jetzt euren Einsatz wach und entschieden so, dass ich dies alles *(weist nach vorne)* gut einteilen kann."

Dies ist ein ganz entscheidender Punkt: Während vorher das *Ich* in der passivreagierenden Rolle war, an dem die unterschiedlichen inneren Kräfte herumgezerrt haben, übernimmt es jetzt aktiv-gestaltend die Führung und weist seinen inneren Impulsen und Ressourcen ihren Platz und ihre Aufgaben zu. Abschließend sagt der *Vater* zum *Ich*: „Ja, du kannst das bestimmt, und ich sehe das gern."

So, wie in einer Organisationsaufstellung die für die Synergie des Systems entscheidende Schlüsselposition die des Leiters ist, so ist es auch für die innere Synergie maßgeblich, dass es eine funktionierende innere Führung gibt. Wofür dieses *Ich*, das wir aufstellen lassen, genau steht, und wodurch es gestärkt oder geschwächt wird, ist eine tief greifende Frage, die bis in den Bereich des Spirituellen hineinreicht, und deren gründlichere Erörterung den Rahmen dieses Artikels sprengen würde (siehe dazu Moore and Gillette 1993).

In der archetypischen Psychologie C. G. Jungs steht dem „Inneren König" der „Innere Magier" gegenüber, und während der König das Licht des Bewusstseins und den Bereich bewusster Ordnungen repräsentiert, steht der Magier für das Wirken des Selbst oder des verborgenen Unbewussten und für die dem Bewusstsein „magisch" erscheinenden Prozesse der Selbstorganisation und Selbstregulation.

Und während wir hier für das bewusst steuernde *Ich* eine eigene, definierte Figur aufstellen, mag es stimmig sein, die *Gesamtheit* der aufgestellten Figuren mit ihren selbstorganisierenden Wechselwirkungen, inklusive all derjenigen Kräfte, die in einer konkreten Aufstellung *nicht* auf die Bühne kamen, sondern hinter dem Vorhang blieben, als den „Magier" zu denken oder zu ahnen. Und insofern, als in dieser umfassenden Perspektive das „Ich (König)" auch nur ein *Teil* ist, fügt sich der König, obwohl er führt, gleichzeitig auch dem Ganzen und seiner größeren Bewegung.

„Team-Entwicklung" des Inneren Teams (= Persönlichkeitsentwicklung)

Dieses ist somit ein koevolutionärer Prozess zwischen dem lenkenden und bewusst absichtsvollen *Ich* einerseits und den verschiedenen bewussten und unbewussten psychischen Formationen und Anteilen mit ihren eigenen Bedürfnissen, Bestrebungen und Loyalitäten andererseits. Ähnlich ist auch die Teamentwicklung in der äußeren Realität eine Co-Evolution zwischen dem Teamleiter und seiner Mannschaft.

Beispiel 2

Peter ist 40 Jahre alt und seit fünf Jahren Führungskraft in einem Dienstleistungsunternehmen. Sein Auftreten und sein Verhalten schienen stark durch soziale Kompetenz und rebellisches Reagieren auf von außen vorgegebene Vorschriften und „Grenzen" geprägt zu sein. Sein Führungsstil wirkte kooperativ und war durch viel Einfühlungsvermögen und eine hohe Toleranzgrenze im zwischenmenschlichen Bereich gekennzeichnet. Bisher war er damit auch als Führungskraft recht erfolgreich und akzeptiert. Wir laden ihn ein, sein Anliegen kurz zu beschreiben:

Peter: In schwierigen Situationen habe ich das Gefühl, dass es mir an Führungskompetenz fehlt. Das macht mich unsicher, und ich bin fast nicht mehr handlungsfähig, weil ich so einen inneren Kuddelmuddel spüre.
Coach: Was genau macht diese Situationen aus? Was ist das wesentliche Merkmal solcher Situationen?
Peter: Das fällt mir insbesondere in Situationen auf, in denen eine gewisse Härte und Konsequenz im Handeln gefragt ist. Früher habe ich das eher selten mal hier und da verspürt, seit einiger Zeit aber häufiger.
Coach: Seit wann genau haben sich solche Situationen intensiviert?
Peter: Ich weiß nicht genau, aber ich glaube, das hat sich verstärkt, seit mein neuer Chef da ist. Das erschreckt mich und macht mir auch Unbehagen.
Coach: Was würde den Chef denn am ehesten treffend beschreiben?
Peter: Nun ja, der greift halt durch. In vielen Situationen geht er viel konsequenter und härter vor als ich, und das macht mir irgendwie Angst. Mir geht's dann meistens nicht gut, nachdem ich ihn so erlebt habe.
Coach: Und wie würde der Chef mir den Peter M. beschreiben?
Peter (spontan): Viel zu weich, sucht zuviel zwischenmenschliche Nähe und greift nicht genug durch, wo es nötig wäre.

Unser Eindruck und auch der Eindruck der Gruppe ist, dass Fähigkeit und Veranlagung zu einem „harten, konsequenten Handeln" in der einen oder anderen Situation bei Peter durchaus vorhanden sind. Es liegt die Frage nahe: „Was hindert ihn daran, diese Fähigkeit zu nutzen?" oder: „Wer oder was schafft es, diese Fähigkeit für ihn negativ zu belegen und ihn zu veranlassen, sie zu unterdrücken?"

Auf unsere Frage nach früher schon mal erlebten, ähnlichen Kontakten mit Härte und Konsequenz, und damit ausgelöster Angst, antwortet Peter: Nach der Scheidung seiner Eltern musste er als Kind zu seinem Vater ziehen und dort leben. Das ging eine Zeit lang gut, bis der Vater mit äußerst hartem und durchgreifendem Verhalten (mit dem dieser damals auch als Führungskraft agierte und erfolgreich war) auch auf den Sohn einwirkte.

Heimlich, und ohne Wissen des Vaters, sei er dann immer öfter zur lieben und wärmespendenden Mutter geschlichen. Als die Mutter dann nach einiger Zeit einen neuen, liebevollen Partner fand, häuften sich Peters „Ausflüge" zur Mutter. Hinzu kam der Wunsch, nie so zu werden wie der Vater. Im Verlauf seiner Schilderung, und auf weiteres Nachfragen hin, spürt er selbst die Parallelen, und dass er in seinem Chef womöglich seinen Vater sieht.

Wir machen ihm das Angebot, gemeinsam mit der Gruppe sein Inneres-Team ausfindig zu machen und in einer Aufstellung anzuschauen und zu spüren. Gemeinsam kommen wir zu folgenden Inneren Team-Mitgliedern (die Nummern dienen nur der Orientierung in der Aufstellungsgrafik, sie bedeuten keine Gewichtung):

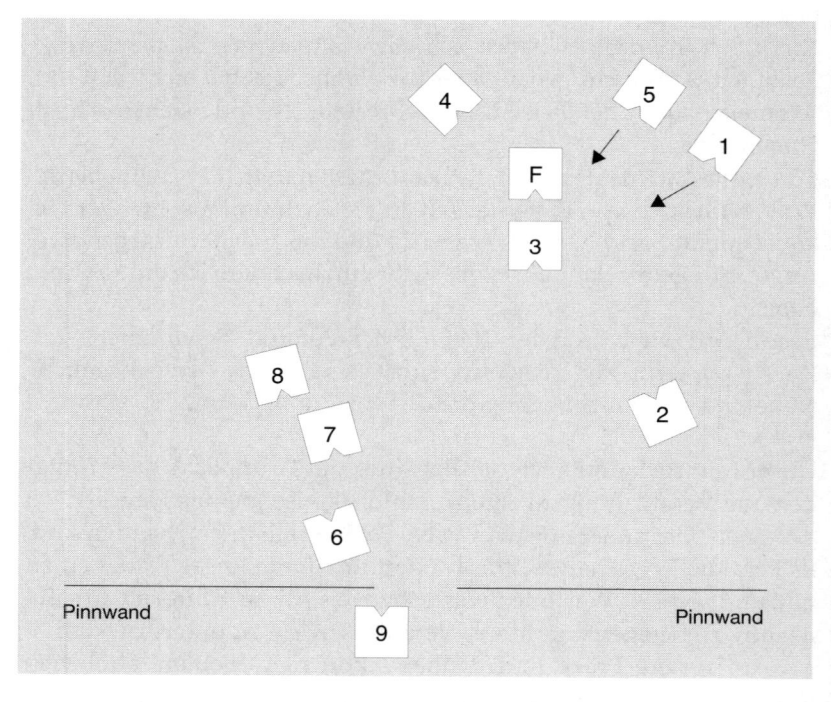

F   „Fokus" (Peter selbst, sein *Ich*)
1   die Einfühlsame
2   der Freizeitmensch
3   das Kind in ihm (lebt er gerne und gefühlvoll aus)
4   der Reflektierte
5   der Gefühlvolle
6   die Führungskraft
7   der Rebell
8   der Beschützer von Außenseitern (7 und 8 wurden beide nach zwei Tagen im Training auch von der Gruppe gespürt und identifiziert)
9   der Konsequente, der Harte (ist ihm als spürbarer Anteil nicht fremd, aber: „so darf und will ich nicht sein")
V   Vater

Aufstellungsbild 1

1, 3, 4, 5 und F: fühlen sich gemeinsam gut mit Wärme, Nähe und Geborgenheit; was gefährlich werden kann, ist weit weg.
7 u. 8: Wir sind stark und können viel ausrichten.
2: Ich fühle mich gut; angenehmer und guter Kontakt zu 1, 3, 4, 5, F, und: spüre die anderen aber auch.
9: Ich fühle mich ausgeschlossen, bin ärgerlich und wütend, (wurde von Peter hinter 2 Pinwände gestellt).

Alle Aufgestellten haben Karten angeheftet mit den Namen derjenigen Inneren-Team-Mitglieder, für die sie stehen.
Wir bringen F und 9 in Blickkontakt miteinander und stellen den Vater (V) mit auf. Der Kontakt von 9 und Vater fällt zunächst schwer; beide formulieren Klärungsbedarf.
Ich lasse Peter die Karte 9 in zwei Teile zerreißen und ersetze die Bezeichnungen durch 9.1: „Auch mal hart und konsequent sein können" bzw. 9.2: „Verletzende Anteile von Härte und Konsequenz" (Anteile, die er beim Vater erlebte).

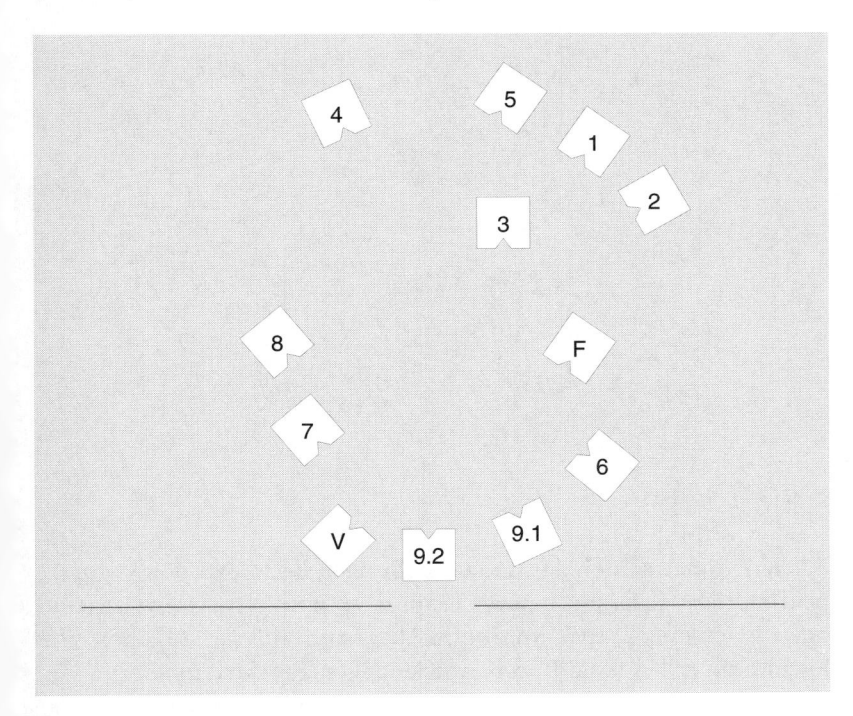

Umstellung

Ich lasse ihn die Karte 9.2 an den Vater zurückgeben und biete folgende Sätze an:

F zu Vater: Es war nicht leicht für mich, aber als meinen Vater achte ich dich. Ich trage einiges von dir in mir, was es mir so schwer gemacht hat. Ich gebe es dir jetzt zurück und lasse es bei dir.
F zu 9.1: So seh ich dich jetzt zum ersten Mal; schön, dass es dich gibt. Ich glaube, wir können viel zusammen machen.
F zu 6: So seh ich dich jetzt zum ersten Mal, und es tut gut.

Endaufstellung

Nach dem Betrachten der Endaufstellung äußert Peter den Wunsch, nochmal sein gesamtes Inneres Team zu spüren. Wir lassen nach und nach jedes einzelne Teammitglied langsam auf ihn zugehen, ihn leicht mit der Hand berühren, und jeweils sagen: „Ich bin der ... von dir." Es folgen einige Minuten (!) des Schweigens und Spürens der Berührung aller Teammitglieder.

Coach: Wie geht es dir jetzt? Möchtest du etwas dazu sagen?
Peter: Ja. Jetzt ist es gut geworden; jetzt spüre ich eine innere Ruhe.

3. Einige Grundsätze aus der Aufstellungsarbeit Bert Hellingers

Einige Grundsätze aus der Aufstellungsarbeit Bert Hellingers geben auch im Aufstellen und Entwickeln des Inneren Teams Orientierung, wie zum Beispiel:

a) Vollständigkeit: Alle seelischen Kräfte gehören dazu. Abgespaltene, Ausgegliederte und Verdrängte repräsentiert das System oft durch Symptombildungen oder eine innere Figur (die dann zum Beispiel zum „Teufelchen" oder „Störenfried" wird). Sie vertreten das Ausgeschlossene in einer *automatischen* und *unproduktiven* Art und Weise und mindern somit das Potential der Person. Dies erinnert an die unbewusste Identifikation eines Sippenmitgliedes mit einem Ausgegrenzten in der Familie. Wird ein ausgegrenztes Anliegen wieder hereingenommen und in den Blick des *Ich* gebracht, wird auch der Spielraum des *Ich* damit sofort wieder größer. Während es vorher unbewusst nach der Pfeife des Ausgegrenzten tanzte, kann es sich jetzt bewusst und aktiv zu dessen Bedürfnissen und Ansprüchen in Beziehung setzen und sie sogar als eine Ressource nutzen.

b) Würdigung: Erst die gegenseitige Anerkennung der Persönlichkeitsanteile schafft ein funktionierendes Inneres Team und setzt Energien frei. Auch müssen die Teilbedürfnisse die Führung anerkennen. Dies können sie, wenn die Führung ihrerseits diese Bedürfnisse würdigt und für sie sorgt, andererseits aber auch eine Vision für das Ganze hat, dem sie dient, und auf das hin sie die verschiedenen Bedürfnisse integriert.

c) Ausgleich von Geben und Nehmen: Bekommt ein innerer Teil die Energie der anderen (oder des Gesamtsystems) in angemessener Weise zur Erfüllung seiner Bedürfnisse oder seiner Funktion, so kommt von ihm ein Rückfluss von Energie für andere Persönlichkeitsanteile oder für das Gesamtsystem in Form von Tatenlust, Zufriedenheit, Lebensfreude etc. Der innere Umsatz von Geben und Nehmen geschieht also in Form von Energie. Es gibt offenbar auch hier ein Gespür dafür, was den einzelnen Persönlichkeitsanteilen jeweils situativ „zusteht" und angemessen ist. Wenn Teile dem ihnen gemäßen Platz nicht zustimmen (der allerdings phasenweise und rhythmisch wechselnd sein kann), sondern sich mehr herausnehmen wollen, dann gibt es Unordnung, Unruhe und Stress im ganzen System, ähnlich wie man es auch bei anderen Systemen und deren Aufstellungen sehen kann.

4. DIFFERENZIERUNG UND INTEGRATION

Das Konzept des Inneren Teams unterstützt die beiden Prinzipien *Differenzierung* und *Integration*. Auf dem Zusammenspiel dieser beiden gründet jegliche Evolution. Die differenzierte Selbstwahrnehmung, verbunden mit einem differenzierten und bewussten „Umgang mit sich selbst", ist für uns das Kennzeichen einer sich entwikkelnden Persönlichkeit. Das situationsspezifische Herausarbeiten und Aufstellen des Inneren Teams kann dazu einen Beitrag leisten.

Allerdings gibt es auch eine Gefahr dabei, nämlich die der „Verdinglichung" seelischer Prozesse. Durch das Prinzip einer themen- und kontextspezifischen, flexiblen „Inneren Mannschaftsaufstellung" wird dem etwas entgegengewirkt. Dennoch ist dieser Punkt weiter zu reflektieren.

Einen kollegialen Austausch zu dieser Aufstellungsart würden wir sehr begrüßen.

Bereits in Gunthard Weber (1998) stellt Christine Essen ein interessantes Beispiel für das Aufstellen innerer Teile in ihrem Artikel „Aufstellungen bei Angstsymptomatik und Panikattacken" vor.

Literatur

König, B. (1981): Die Personenperson. Frankfurt (M)/Berlin/Wien (Ullstein).
Moore, R. a. D. Gillette (1993): The king within. Accessing the king in the male psyche. New York (Avon Books).
Ornstein, R. (1992): Multimind. Ein neues Modell des menschlichen Geistes. Paderborn (Junfermann).
Scheidt, J. vom (1988): Jeder Mensch – eine kleine Gesellschaft? Das Rätsel der Multipersonalität. München (aquarius publikation).
Schmidt, G. (1995): Konferenz mit der inneren Familie [Audiocassette]. Münsterschwarzach (Vier Türme).
Schulz von Thun, F. (1998): Miteinander reden. Bd. 3: Das „Innere Team" und situationsgerechte Kommunikation. Reinbek (Rowohlt).
Schwartz, R. (1997): Systemische Therapie mit der inneren Familie. München (J. Pfeiffer).
Weber, G. (Hrsg.) (1998): Praxis des Familien-Stellens. Heidelberg (Carl-Auer-Systeme), 3., überarb. Aufl. 2000.

Organisationsaufstellungen in der Einzelberatung – Notlösung oder gute Lösung in der Not?

Heidi Baitinger

Organisationsaufstellungen (OA) werden inzwischen von vielen als ein probates und effektives Mittel gesehen und genutzt, Lösungen in Organisationen und Unternehmen anzustoßen. Auch in der Einzelberatung und im Coaching haben sie sich bei bestimmten Problemkonstellationen sehr bewährt.

Wenn ein Mitglied eines Unternehmensvorstandes oder ein höher gestellter Manager ein firmeninternes Problem lösen muss, ist es oft nicht ratsam oder auch gar nicht möglich, eine Organisationsaufstellung in einer Gruppe oder gar direkt mit den Mitarbeitern im Unternehmen selbst durchzuführen. Das Anliegen kann ein Maß an Geheimhaltung und Diskretion erfordern, das eine Gruppensituation kaum noch in ausreichendem Maße gewährleistet, oder das soziale Klima des Unternehmens kann Zweifel aufkommen lassen, ob sich Mitarbeiter bei Stellvertreteräußerungen wirklich so frei und authentisch fühlen und zu äußern trauen, wie sie es erleben, oder ob sie nicht aufgrund von Faktoren, wie Angst um den Arbeitsplatz, Mobbing und Ähnlichem, zuviel zurückhalten und sich eher wie sozial erwartet oder harmonisierend äußern.

Zum anderen ist es aus organisatorischen Gründen häufig schwierig, zu dem Zeitpunkt, zu dem ein Problem akut ist oder sich zugespitzt hat, eine ausreichend große, neutrale und diskretionsfähige Stellvertretergruppe für eine Organisationsaufstellung zusammenzubringen. Die betroffenen Mitarbeiter selbst sind in den seltensten Fällen in der Lage, bei einer Aufstellung des eigenen Systems eine Stellvertreterposition unvoreingenommen einzunehmen.

Wenn ein Angestellter einen ihn betreffenden Konflikt in seinem Unternehmen lösen möchte, liegt es zum einen oft auch gar nicht in seinem Einflussbereich, eine Organisationsaufstellung anzuregen und durchführen zu lassen, und zum anderen sucht auch er auch erst einmal eine diskrete und geschützte Gesprächssituation und vorrangig eine Lösung für seine eigenen Anliegen.

Zu meinem Klienten bzw. Kunden gehören Personen, die auf unterschiedlichen hierarchischen Funktionsebenen im Profit- wie Non-Profit-Bereich arbeiten.

Bei folgenden Problemsituationen haben sich Organisationsaufstellungen in der Einzelberatung bewährt:
1. allgemein zur Analyse und Diagnostik,
2. zur Ortung des zentralen Konfliktherdes und der zutreffenden Konflikt- oder Organisationsebene,
3. in Entscheidungssituationen,
4. bei wahrgenommenen Vernetzungen des Organisationsproblems mit persönlichen und familiären Mustern und Dynamiken,
5. bei Veränderungen in der Firmen- oder Organisationshierarchie (z. B. Aufstieg, Abstieg) und deren Folgen, beim Arbeitsplatzwechsel und wenn es schwer ist, den eigenen Platz im Arbeitssystem zu finden oder auszufüllen,
6. bei Teamkonflikten.

Vorgehensweisen bei Organisationsaufstellungen in der Einzelberatung

1. Allgemeines

Was aufgestellt wird, ergibt sich meist ganz individuell aus der jeweiligen Problemsituation, und die Zusammensetzung der Personen, die aufgestellt werden, wird hierfür maßgeschneidert. Ich kombiniere meist eine Aufstellung der Protagonisten des Konfliktes mit relevanten inneren Teilen, wie zum Beispiel den Ressourcen, und mit abstrakten Elementen, wie dem Ziel, der Wunderfrage (s. De Shazer 1989) oder kreativen Elementen, die spontan aus dem Anschauen der Problemsituation auftauchen.

Für wichtig halte ich zu Beginn ein *Interview* und dabei das Herausschälen des Anliegens der betreffenden Person, die vor mir sitzt. Dabei muss die Organisationsstruktur transparent werden und sich ein Bild des Konfliktes ergeben.

Allein die Möglichkeit, seine eigene Arbeitssituation von einem *äußeren Standort* aus betrachten zu können, lässt häufig schon vieles klarer und plastischer erscheinen, und das räumlich Dargestellte offenbart eine Fülle von Informationen und wird in tieferen Erfahrungsschichten als bisher wahrgenommen. Oft erscheint eine Art hologrammähnliches Erfahrungsbild mit ganz verschiedenen Wirkungsebenen. Gleichzeitig wird vielleicht offenbar, wo im Unternehmen Würdigung fehlt, wo eine ganz persönliche Erfahrung mit hineinwirkt, wo die Rangordnung nicht stimmt etc. Die Aufstellung ermöglicht, alle Ebenen gleichzeitig in den Blick zu bekommen und nacheinander Lösungsschritte zu suchen und zu erproben.

2. Das Prozedere des Aufstellens von Organisationen in der Einzelberatung

Ich lasse den Klienten immer alle Plätze der Aufstellung nacheinander einnehmen und die jeweiligen Befindlichkeiten und unterschiedlichen Wahrnehmungen in den verschiedenen Plätzen registrieren und nachspüren. Allein dieser Schritt im Prozess hat bereits eine gute Wirkung (zum Beispiel, wenn jemand dann wahrnimmt, dass ein Konfliktpartner sich in seiner Haut auch nicht so wohl fühlt). Eine lösende Wirkung hat es oft auch, wenn in einem als überwältigend, unüberschaubar und wirr erlebten Organisationsgeschehen die Komplexität auf umschriebene Ausschnitte und „Aufstellungsplätze" reduziert und das Augenmerk auf wenige Kernthemen beschränkt wird. Besonders, wenn Faktoren wie die eigenen Ziele oder Ressourcen, die vorher oft gar nicht mehr existent schienen, geschweige denn als wirksam erlebt wurden, erfahrbar werden und ihnen eine wichtige Rolle zugeschrieben wird, festigt sich das Selbstwertgefühl der Aufstellenden oft wieder unmittelbar, und eigene Handlungskompetenzen und eigenständige Handlungsmöglichkeiten werden wieder „in Besitz" und in Anspruch genommen.

3. Einige Beispiele hilfreicher Erfahrungen mit Organisationsaufstellungen in der Einzelberatung

Ich lasse, um die Vorgehensweisen, die ich nutze, zu veranschaulichen, einige Beispiele aus der Praxis folgen.

a) Der innerlich nicht vollzogene Aufstieg in der Firmenhierarchie

Ein leitender Angestellter eines Unternehmens stieg zum Prokuristen auf und hatte Schwierigkeiten, seine neue Position angemessen auszufüllen, besonders, wenn er im Firmeninteresse Angestellte entlassen musste. Er fühlte sich in seiner neuen Rolle unsicher. Er erlebte sich zunehmend erschöpft, ausgelaugt und überfordert. Wir stellten mit Figuren ihn, seinen ehemaligen Vorgesetzten, jetzt ihm funktional gleichgestellten Mitarbeiter, eine Person für den Firmenvorstand, eine für die Firma als Ganze und zwei seiner ehemaligen gleichrangigen und ihm jetzt untergebenen Mitarbeiter auf.

Die Aufstellung zeigte, dass er den Identitätswechsel und die Einverleibung der neuen Position innerlich noch nicht vollzogen hatte. Er stellte sich auf den Platz in der Rangfolge, den er bei seinem ursprünglichen Eintritt in die Firma eingenommen hatte. Der nächste Schritt war, die jetzt gemäße Rangfolge in der Aufstellung herzustellen. Hier stand er links neben dem ehemaligen Chef, die Firma stand so in seinem Rücken, und er konnte deren Stärkung spüren. Die ehemaligen Mitarbeiter standen ihm gegenüber von rechts nach links in der (zeitlichen) Rangfolge geordnet und aufgestellt, in der sie in die Firma eingetreten waren. Mit Methoden des Neuro-Linguistischen Programmierens (NLP) suchten wir noch die nötigen Ressourcen, die er in seiner neuen Position brauchte, um diese innerlich aufgerichtet und kraftvoll ausfüllen zu können. Ein wichtiger Vollzug war es auch, sich vor der Firma als Ganze zu verneigen, und zu würdigen, dass sie ihn förderte und kompetent werden ließ, und er ihr jetzt von einer wichtigen Position aus dienen konnte. Jetzt fühlte er sich in der Lage, seinen Platz auszufüllen und auch seinen ehemaligen Mitarbeitern zu sagen: „Jetzt bin ich euer Vorgesetzter und ich diene als Erstes der Firma." Neben der Aufstellungsarbeit bietet die Einzelsituation Raum, die damit verbundenen Gefühle auszudrücken. Bei diesem Mann war es vor allem die Angst, mit dem Aufstieg die ehemaligen Kollegen verraten zu haben.

b) Ortung des Konfliktes

Eine weibliche Führungskraft suchte Klärung wegen eines Konfliktes auf der Führungsebene. Sie war seit geraumer Zeit dabei, bei sich alle möglichen Defizite und Fehler dafür zu suchen, mit dem Ergebnis einer zunehmenden Lähmung ihrer Arbeitsaktivität. Als innerhalb einer Organisationsaufstellung ans Licht kam, dass der vornehmliche Spannungsherd zwischen ihrem Vorgesetzten und dessen Chef lag, und der mit ihr nichts zu tun hatte, fühlte sie sich entlastet, und wir konnten gelassener nach Wegen suchen, wie sie sich besser von dem Konfliktgeschehen abgrenzen, sich heraushalten und wieder zu Kräften kommen könnte.

c) Die Wirkung eines übernommenen Traumas in einem Familienunternehmen

Der Chef eines seit Generationen von einer Familie geführten Hotelbetriebes kam wegen starker Ängste, die ihn häufig befielen, wenn er in seinem Betrieb war, und wegen massiver Probleme bezüglich der Mitarbeiterführung in die Einzelberatung. In der Organisationsaufstellung stand er ganz isoliert und abgewandt ohne Kontakt zu seinen Mitarbeitern/innen. Als er seinen Platz einnahm, hatte er ein düsteres Bild seines (real gerade frisch renovierten) Betriebes: Er sah den Betrieb dunkel und leer. Dann schoben sich vor dieses Bild Bilder von Ruinen und einer großen Grube. Er zeigte große Angst. Wir fanden heraus, dass sein Vater im Krieg Chauffeur bei der SS war und Offiziere zu Massenerschießungen fahren musste. Nach dem Krieg gelang es dem Vater nicht, diese Erfahrungen zu verarbeiten, und er konnte sich in seinen Betrieb nicht mehr richtig zurechtfinden. Der Sohn hatte die Angst und die Bilder des Vaters übernommen. Als das ans Licht kam und er dem Vater sein Schicksal und die Schuld, die er für ihn mitgetragen hatte, zurückgeben konnte, konnte er sich seinem Betrieb und seinen Mitarbeitern wieder energiereich zuwenden und seinen Platz einnehmen.

d) Eine Aufstellung aus einer Einzelsupervision

Eine Frau mittleren Alters arbeitete seit über 22 Jahren in einer Firma und fast die gesamte Zeit mit ihrem alten Chef zusammen, der vor kurzem in Pension ging. Seitdem gab es Konflikte mit dem neuen Chef, von dem sie den Eindruck hatte, dass er als Akademiker alle alten nichtakademischen Mitarbeiter loswerden wollte. Sie fühlte sich zunehmend depressiv und reagierte mit psychosomatischen Beschwerden.

Es wurden folgende Positionen aufgestellt: die Klientin, der alte Chef, der neue Chef, der diesem wiederum vorgesetzte Chef, die Firma als Ganze, das Ziel der Klientin (das für sie gut ist und das bisher vielleicht nur ihr Unbewusstes kannte) und ihre Ressourcen.

Die Beraterin ließ die Klientin folgende Aufstellung mit Schablonen ausführen (s. Abb. 1) und nahm daraufhin selbst alle Positionen in der Aufstellung nacheinander ein.

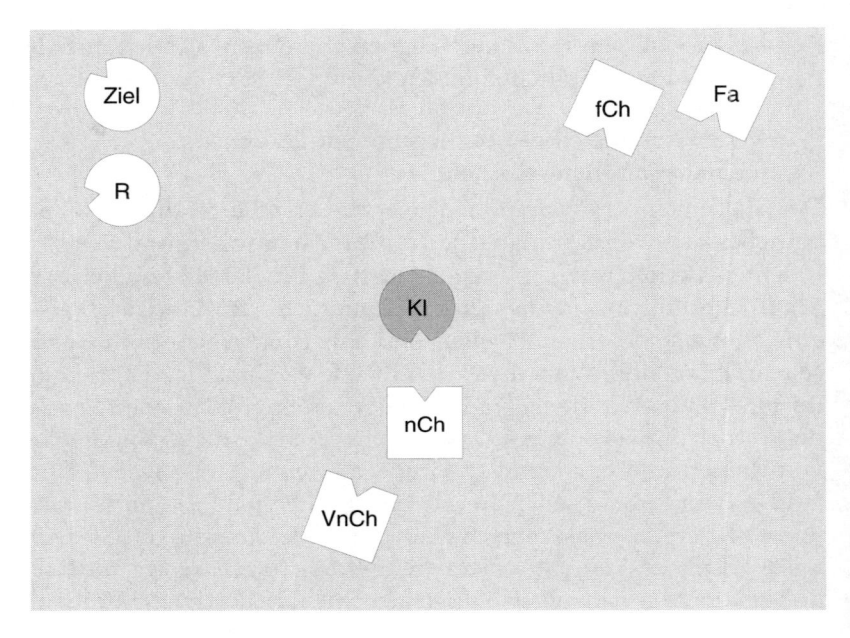

Z	ihr Ziel	Kl	Klient
R	Ressourcen	nCh	neuer Chef
fCh	früherer Chef	VnCh	Vorgesetzter des neuen Chefs
Fa	Firma		

Abb. 1

Ihre wichtigsten Wahrnehmungen waren: Auf dem Platz der Klientin fühlte sie sich deutlich unwohl, isoliert und unter großer Spannung, auf dem Platz des neuen Chefs jedoch auch unsicher und wackelig. Die Ressourcen der Klientin waren kaum spürbar, und auf dem Platz für ihre Ziele erlebte sie Unruhe und Herzklopfen. Hier war ihr Blick auf eine Wand gerichtet und keine Zukunftsperspektive in Aussicht.

In einem nächsten Schritt veränderte die Beraterin die Aufstellung dahingehend, dass sie die Chefs in einer angemessenen Rangordnung aufstellte. Jetzt hatte die Klientin den alten Chef zum ersten

Mal im Blick, und als die Beraterin stellvertretend auf dem Klientenplatz zum alten Chef schaute, fühlte sie deutliche Trauer, gemischt mit Ärgergefühlen. Nachfragen ergaben, dass die Klientin allein lebte und nicht viel eigenes und erfülltes Privatleben hatte. Die Beziehung zu ihrem alten Chef war ein wichtiger Mittelpunkt ihres Lebens. Sie hatte viel für ihn gemacht und spürte jetzt Ärger darüber, dass sie dafür von ihm nur wenig zum Ausgleich bekommen hatte. Als sie dem alten Chef sagte: „Es war eine schöne Zeit. Schade, dass sie vorbei ist. Ich behalte sie gut im Herzen", erleichterte sie das spürbar.

Als die Beraterin auf der Position des neuen Chefs in der neu hergestellten Rangordnung den alten Chef und dessen Verdienste mit einer leichten Verneigung würdigte, kehrte auch hier Entspannung ein. Die Klientin nahm daraufhin ihren Platz selbst ein, und die Beraterin legte die Schablone für ihr Ziel hinter die Firma und ihre Ressourcen neben sie und ließ sie zur Firma schauen.

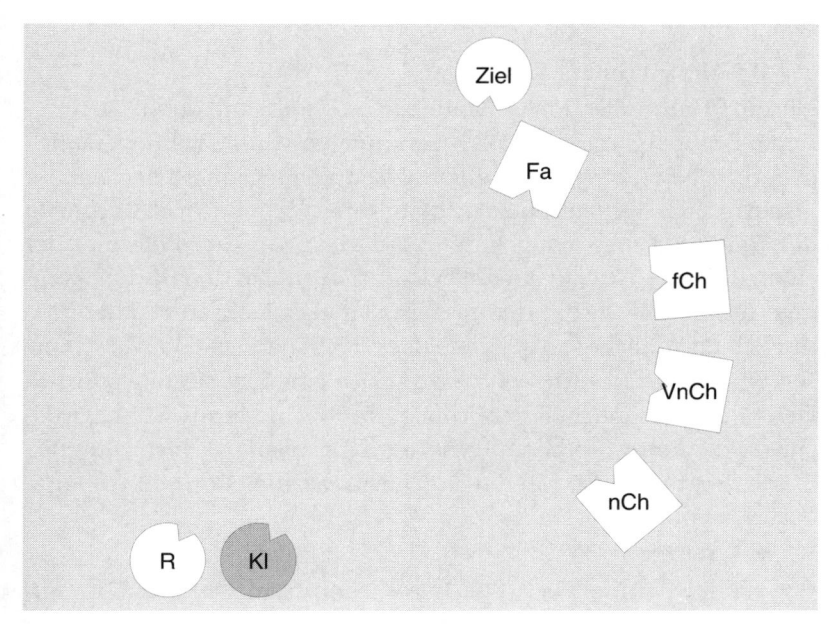

Abb. 2

Ihr Gesicht hellte sich auf und die Beraterin ließ sie zur Firma sagen: „Du bist mir wichtig." Hier kam deutlich mehr Energie in einen erlebbaren Fluss. Als sie zum Ziel schaute, spürte sie auch dort mehr Energie, und der spontane Satz tauchte auf: „Dahinter geht es weiter." Jetzt wurden auch die Ressourcen wieder intensiver erfahren und als hilfreiche Stützen erlebt. Der Blick zum neuen Chef mit dessen Vorgesetzten war ihr jetzt gut möglich. Sie konnte sie alle würdigen und erlebte keine Bedrohung mehr. Ihre Energie war ganz auf die Firma und das dahinter liegende Ziel gerichtet.

4. Möglichkeiten und Grenzen von Organisationsaufstellungen in der Einzelberatung

Organisationsaufstellungen in der Einzelberatung oder im Coaching bieten den Vorteil der Vertraulichkeit und des sicheren Rahmens, um die relevante Konfliktdynamik in den Blick zu bekommen. Wenn die persönliche und private Ebene eine Rolle im Konflikt spielt, kann zudem die Einzelsituation einen geschützteren Raum für eine zielorientierte, vertiefte Lösungsarbeit bieten.

a) Möglichkeiten

Unsere Erfahrungen in der Familie und unser Familienbild strukturieren und prägen unsere Wahrnehmungen von Beziehungen auch in beruflichen Kontexten. In der Einzelsituation kann ich den persönlichen *und* den Organisationsstrukturanteil (zum Beispiel Störungen der Rangordnung, mangelnde Würdigung von Verdiensten oder einen unklarer Aufbau einer Organisation etc.) in den Blick bekommen und lösen, und in der geschützten Gesprächsatmosphäre zusätzlich Persönliches ansprechen, direkter benennen oder verschlüsselt und indirekt bearbeiten. Erweist sich eine Blockierung oder ein Defizit im persönlichen Bereich als Lösungshindernis, kann ich lösungsorientierte Methoden, wie zum Beispiel das Neurolinguistische Programmieren, in die Organisationsaufstellung einbauen.

b) Grenzen

Ein großer Nachteil ist, dass man, wenn man Organisationsaufstellungen in der Einzelberatung durchführt, auf Äußerungen der Stellvertreter verzichten und mit dem arbeiten muss, was unmittelbar sichtbar ist. Die Erfahrung der Systemwahrnehmungen beschränkt sich auf das Einspüren des Klienten und/oder der Beraterin auf den einzelnen Systemplätzen. Ist ein Klient noch wenig einspürfähig in dieser für ihn neuen Erfahrungssituation, sind die Erfahrungsmöglichkeiten dadurch zumindesten anfangs zusätzlich eingeschränkt. In diesem Fall greife ich gern auf Tranceelemente aus der Hypnotherapie zurück und schildere möglichst plastisch, anhand der von mir wahrgenommenen Dynamik des Problems und einer in den Blick kommenden möglichen Lösung, ein Szenario, „als ob" bestimmte Lösungsschritte jetzt gerade stattfinden könnten. Meist reagiert der Klient dann mit einer inneren, nonverbalen Bewegung, und innere Suchprozesse werden in ihm in Gang gesetzt.

Eine weitere Begrenzung ist, dass manchmal die Personen, die die nötigen Lösungsschritte tun müssten, nicht anwesend sind, und lediglich die Person, die gekommen ist, das aufgezeigte Lösungsbild in sich mit zurück in die Organisation nimmt, im Vertrauen auf dessen dortige systemische Wirkung und den Einfluss der für sie möglichen Lösungsschritte.

Mit Organisationsaufstellungen im Sinne der Hellinger-Methode in der Einzelberatung zu arbeiten, ist aber ein so neues Gebiet, dass wir meines Erachtens noch vielen neuen Einsichten und der Entwicklung neuer und kreativer Vorgehensweisen entgegensehen.

Organisationsaufstellungen und „Mobbing"
Systemische Sichtweisen zum Thema und zwei Aufstellungsbeispiele

Gunthard Weber, Hanne Mertz und Thomas Schumacher

Im Rahmen der Tagung „Werkstatt Organisationsaufstellungen" im April 1998 fand ein Workshop zu Organisationsaufstellungen bei „Mobbing" statt. Es war das erste Seminar zu diesem Thema, und dementsprechend vorläufig sind auch die Ergebnisse. Gleichzeitig sind sie aber auch so ermutigend, dass wir unsere Erfahrungen gerne mitteilen möchten. Thomas Schumacher, der damals eine Diplomarbeit zu diesem Thema plante, hatte zu diesem Workshop angeregt. Hanne Mertz hatte in diesem Bereich schon vorher umfassendere Beratungserfahrungen mit dem Thema gesammelt und eigene innovative Konzepte zur Beratung in solchen Situationen entwickelt (Beckers u. Mertz 1998). Dieser kleine Beitrag ist wie ein Protokoll dieses „Pilotprojektes".

1. Was ist mit „Mobbing" gemeint?

Der Schwede Heinz Leymann hat den Begriff „Mobbing" (abgeleitet von *to mob* = über jemanden herfallen) für destruktive Prozesse am Arbeitsplatz populär gemacht. Den Begriff entnahm er dem Lagerlöff-Märchen „Nils Holgerson". Nils Holgerson wird darin von Wildgänsen „behackt" und „gemobbt". In schwedischen Kindergärten benutzt man den Begriff für heftige, andauernde Rangeleien unter den Kindern.

„Mobbing" ist ein zusammenfassender Begriff für eine feindliche, menschenunwürdige Entgleisung von Konflikten am Arbeitsplatz. Die Wirkung oder das Ziel dieser Interaktionen ist meist die Ausgrenzung eines oder mehrerer Mitarbeiter/innen. An dem Ausgrenzungsprozess sind Kollegen und/oder Vorgesetzte beteiligt.

Mobbing erfordert, dass die angegriffene Person in der Regel unterlegen ist oder sich sehr unterlegen erlebt. Die feindliche Konfliktentgleisung äußert sich in Aktionen, die sich ähnlich wiederholen und über einen längeren Zeitraum erfahren werden.

Die Mobbing-Aktionen sind in einem Handlungskatalog zusammengefasst, der 45 unterschiedliche Handlungen voneinander abgrenzt und fünf Hauptbereiche umfasst:

1. Angriffe auf die Möglichkeiten, sich mitzuteilen
2. Angriffe auf die sozialen Beziehungen
3. Angriffe auf das soziale Ansehen
4. Angriffe auf die Qualität der Berufs- und Lebenssituation und
5. Angriffe auf die Gesundheit (Leymann 1993, Resch 1994)

Zur Illustration ordnen wir kurze Ausschnitte der Berichte und Erfahrungen von Klienten/innen diesen Hauptbereichen zu:

Bereich 1: Angriffe auf die Möglichkeiten, sich mitzuteilen
„Wenn sie morgens ihren PC anschaltete, hatte sie gleich die passende Begrüßung auf dem Schirm: Da konnte sie lesen, dass sie besser verschwinden sollte. Sie hat aber alle Drohungen geschluckt und lieber krankgefeiert."

Bereich 2: Angriffe auf die sozialen Beziehungen
„Als sie schon wieder krank war, habe ich sie mit einem Mitarbeiter zu Hause besucht und ihr klar gemacht, dass wir während ihrer Abwesenheit Unkorrektheiten in ihren Unterlagen suchen werden. Sie solle sich schon jetzt auf ihren ersten Arbeitstag freuen."

Bereich 3: Angriffe auf das soziale Ansehen
„Was die Person da gestern wieder ‚erarbeitet' hat, ist absolut untauglich und für den Papierkorb. Vielleicht kann sie ja besser putzen. Also ist die Handlungsanweisung für die kommenden vier Wochen: Auch Sachbearbeiter können Klos putzen!"

Bereich 4: Angriffe auf die Qualität der Berufs- und Lebenssituation
„Da er den ersten Änderungsvertrag bereits unterschrieben hat, bieten wir ihm jetzt an, ein Archiv einzurichten. Ein 52-jähriger, ehemaliger technischer Leiter wird das mit seinem jetzigen Schwerbehindertenstatus nicht ablehnen. Wir haben noch einen

fensterlosen Kellerraum weitab von allen Kollegen, den er nutzen kann."

(Nebenbei bemerkt: Der betroffene Mann hat sechs Jahre lang in diesem Keller-„Archiv" zu arbeiten versucht, so man ihm Arbeit gegeben hat. Alle Versuche, sich mithilfe der Schwerbehindertenbeauftragten zu wehren, wurden unterlaufen.)

Bereich 5: Angriffe auf die Gesundheit
„Als Kollege eines Teetrinkers habe ich dessen Teesorten mit meinem Zigarrentabak ‚verbessert'. Dass er mit Magenkrämpfen und Vergiftungserscheinungen ins Krankenhaus musste, liegt sicher an seiner vegetarischen Ernährung."
(Der Betroffene ist inzwischen an Krebs erkrankt. Ob Zusammenhänge zu den Teebeimischungen bestehen, bleibt offen.)

Der Handlungskatalog bietet also jedem zum Mobbing Berufenen ein reichliches und breites Spektrum an Handlungsanweisungen, und das „Opfer" ist dann jeweils beweispflichtig! Es ist Beratern, die das beschriebene Mobbingkonzept als Arbeitsgrundlage nutzen, soweit uns bekannt ist, nur selten gelungen, in Beratungen dauerhaft Wesentliches zu ändern. Daher sehen wir für Berater/innen, die danach arbeiten, eher die Gefahr, selbst in eine (oder nacheinander in mehrere) Rollen des aus der Transaktionsanalyse bekannten Drama-Dreiecks (Retter – Opfer – Verfolger) zu geraten.

Bei unseren Klienten/innen konnten wir erfahren, dass es sie stärkt, wenn ihnen ihre Eigenanteile und -beiträge an der Mobbingsituation einerseits, und ihre Entscheidungs- und Einflussmöglichkeiten andererseits, deutlich werden, und wenn sie sehen können – wenn es denn so war –, dass ihre emotionalen Reaktionsmuster und ihr Verhaltensrepertoire aufgrund weit zurückliegender, kränkender Erfahrungen eingeschränkt war. Sie konnten anschließend meist klarer und gestärkter ihre Position dem oder den „Mobber/innen" gegenüber vertreten. Wertungen und Festschreibungen verloren an Bedeutung, und konstruktives Vorankommen wurde oft möglich.

Seit kurzem gibt es einen Handlungskatalog von ehemals Betroffenen, die ihre Erfahrungen positiv verarbeitet haben: einen praxiserprobten Ratgeber (Beckers u. Mertz 1998) für Mobbingopfer, wie sie sinnvoll und erfolgreich handeln, intervenieren und sich wehren können. Das Zusammentragen dieses Katalogs aus praktischen Erfahrungen hat uns noch einmal mehr darin bestärkt, dass die Begriffe „Opfer" und „Täter" in Mobbingprozessen zu einseitige Beschreibungen sind. Niemand bestimmt einseitig die „Spielregeln" in den Interaktionen, die als Mobbing bezeichnet werden, keiner ist nur Opfer oder nur Täter, auch wenn eine Seite größeren Einfluss auf die Beziehungsdefinition und den Ausgang von Interaktionen haben kann. Die Unternehmens- und Führungskultur in einer Organisation trägt wesentlich dazu bei, ob und wie oft in der betreffenden Organisation Interaktionen dieser Art vorkommen, und diese hängt wiederum stark damit zusammen, wie in der Vergangenheit mit den Mitarbeitern von Seiten der Führung in den Unternehmen umgegangen wurde.

Den defizitorientierten und linear-kausal verstandenen Begriff des *„Mobbing"* ersetzte Hanne Mertz in ihrem ziel- und lösungsorientierten Arbeitskonzept durch *„Respecting"*[1].

2. Mobbing systemisch gesehen

Wie wir eine Situation beschreiben, zum Beispiel als einen interpunktierten Ursache-Wirkungs-Zusammenhang (weil der ... hat, bin / habe ich ...) oder als ein wechselwirksames Geschehen (wie sind wir gemeinsam da hineingeraten, und wie kommen wir gemeinsam da heraus?), hat entscheidenden Einfluss darauf, wie wir uns fühlen, und welche Handlungsoptionen wir sehen.

a) Täter und Opfer

Die dem gängigen Bild von Mobbing zugrunde liegende Vorstellung ist auf der einen Seite die eines „bösen" Täters, dem jemand ausgeliefert ist, und die eines eher ohnmächtigen, abgewerteten und missbrauchten Opfers auf der anderen Seite. Die defizitorientierte Eigenwahrnehmung und -beschreibung als Opfer entlastet zwar, weil man dann keine Verantwortung mehr für seine Situation hat, verengt aber scheuklappenartig die Sicht und führt, wird sie aufrechterhalten und

---

1 *„Respecting"* (abgeleitet von engl.: *„to respect* somebody" = jemanden / sich selbst respektieren, achten in seiner Würde und Andersartigkeit; und *„perspective"* = Aussichten, Blick- / Gesichtswinkel); dt.: *„Perspektivismus"*: Lehre, dass die Wirklichkeit nur unter bestimmten Perspektiven, abhängig von Standpunkten oder Eigenschaften des Erkennenden, gegeben sein kann.

bestätigt, zu einer „Betonierung oder Chronifizierung der Opferrolle" (s. Levold 1994).
Die nicht seltene Reaktion von Beratern und Therapeuten (oder z. B. auch von Vertretern eines Betriebsrates) auf diese besondere Form des Interaktionsangebotes und der Geschichtsschreibung ist es, statt die Opferrolle zu dekonstruieren, die Opfer in ihrer Sichtweise zu bestätigen, und damit ihre Opferrolle zu stärken. In der systemischen Beratung implizieren wir mit vielen Fragen, dass der, der sich als Opfer fühlt, die Situation aktiv mit herstellte und mitgestaltete, immer Einflussmöglichkeiten hat. Auf der anderen Seite kann man aber immer wieder beobachten, dass es auch viele Situationen in Unternehmen gibt, in denen, zum Beispiel durch wenig durchdachte Personalentscheidungen, besonders in Systemen, in denen schon ein hohe Neigung zu Konkurrenzverhalten besteht, solche Ausgrenzungsdynamiken entscheidend gebahnt und in Gang gehalten werden.

Ein kurzes Beispiel einer Situation, die wir auch aufgestellt haben, und bei dem durch die Äußerungen der Stellvertreter diese Seite deutlich wurde: Ein Chefarzt, der einem größeren Labor vorsteht, mag eine medizinisch-technische Assistentin, und stellt sie ein, obwohl von der Arbeitsmenge her kein echter Bedarf für eine neue Arbeitskraft besteht. Ihre Kolleginnen sehen sie als Konkurrenz und befürchten, dass dann eine von ihnen auf kurz oder lang gehen muss. Sie halten gegen die „Neue" zusammen. Diese bekommt im Labor kein Bein an den Boden und fühlt sich zu Recht gemobbt.

b) Die Kontextbezogenheit von Mobbing

Hilfreich ist es in der Beratung solcher Interaktionen immer, den individuumzentrierten Blickwinkel zu erweitern, Wertungen zu vermeiden und den Gesamtkontext, in dem sich diese Interaktionen ereigneten, und die Veränderungen in diesem System in der Zeit in die Hypothesenbildung mit einzubeziehen. Man kann dann zum Beispiel zu der Beschreibung kommen, dass in einer Arbeitsgruppe ein unangemessener Druck von außen innerhalb des Systems auf den Schwächsten oder Randständigsten weitergereicht wurde, oder, wie eben dargestellt, dass die Fehlbesetzung einer Stelle aufgrund persönlicher Beziehungen zu einer ungerechten Ausklammerung eines/r anderen führte. Es kann aber auch genauso gut sein, dass ein Mitarbeiter das Muster, dass er schon aus seiner Familie kennt, an seinem Arbeitsplatz reinszeniert. Eine systemische Orientierung erzeugt sinnstiftende, resourcenorientierte Zusammenhänge, die die Situation in einem anderen Licht erscheinen lässt.

c) Mobbing als Spiel betrachtet

Oswald Neuberger (1995) schreibt: „Jemandem wird übel mitgespielt, und jemand spielt wohl oder übel mit." Diese Vorstellung von Mobbing betont den interaktiven Charakter des Geschehens und lehnt eine einseitige Parteinahme für Opfer oder Täter ab. „So wie in der Kindertherapie Kinder therapiert werden, werden in der ‚Systemischen Spieltherapie' Spiele therapiert. Das System, das wir betrachten und mit dem wir dann arbeiten, ist ein Spiel, seine Elemente sind nicht Menschen, sondern *Verhaltensweisen*. Und das Ziel der Therapie ist die Veränderung von Verhaltensmustern, nicht von Menschen" (Simon u. Weber 1993).

Im Mittelpunkt des Interesses stehen hier also die Spielregeln, die Spielfertigkeiten der Beteiligten und das Ziel, das jeweilige Spiel so zu stören, dass es keinem mehr Spaß macht, es weiterzuspielen. Alfred Adler hat das einmal so ausgedrückt: gute Beratung sei ähnlich, wie wenn jemand einem anderen in die Suppe spuckt. Der könne die Suppe dann immer noch auslöffeln, sie schmecke aber nicht mehr so gut.

Das folgerichtige Gegenmittel dieser konflikttheoretischen Sichtweise besteht dann zum Beispiel in einem Konflikttraining oder in Interventionen, die die gegenseitig aufrechterhalten Bedeutungs- und Verhaltenmuster stören. Wir können in diesem Rahmen leider nicht ausführlicher auf die vielfältigen Formen möglicher Interventionen eingehen.

Ein Ziel kann es dann aber auch sein, durch geeignete Maßnahmen die sozialen Stressoren zu reduzieren, denn je größer die Kontrolle über oder der Abstand zu den Stressoren ist, desto geringer ist auch die Wahrscheinlichkeit langfristiger Beeinträchtigungen.

3. Vom Nutzen der Organisationsaufstellungen bei Mobbing

Was können Organisationsaufstellungen (OAs) in diesem Zusammenhang leisten?

Aus mehreren Gründen sind OAs ein sehr geeignetes Mittel zur Änderung dieser Beziehungsmuster in Organisationen. Vorauszusetzen ist dabei: Es besteht ein ernsthaftes Anliegen eines Beteiligten (oder Beraters). Das Team hat für die zentrale Dynamik und Fragestellung die relevanten Personen und Faktoren/Elemente ausgewählt. Wer sein inneres Bild aufstellt, ist dabei gesammelt. Dann generieren das aufgestellte Bild und die Äußerungen der Stellvertreter an ihren Plätzen in kurzer Zeit sowohl für die Betroffenen als auch für Berater wichtige Unterschiede zu den bisherigen Hypothesen und Lösungsvorstellungen:

- Man bekommt Informationen darüber, wie groß der Anteil persönlicher Muster dessen ist, der sich gemobbt fühlt, und kann dann eventuell eine Familienaufstellung anschließen oder zu einer solchen raten.
- Durch das „systemische Bild" können die Elemente in ihren Wechselwirkungen erlebt werden, das Bedingungsgefüge der Konflikte wird sichtbar und fassbar und damit einer Lösung zugänglich, und der Einfluss der die Einheit Leitenden wird offensichtlich.
- Oft kommen durch die Äußerungen der Stellvertreter auch unerwartete und völlig neue Aspekte (z. B. die Einflüsse von anderen Hierarchieebenen, starke gesundheitliche Gefährdungen, die Folgen früherer unangemessener Kündigungen in der Organisation) ans Licht.
- Man kann probeweise prüfen, ob es für den Betreffenden besser ist, wenn er geht, oder wenn er bleibt und einen besseren Platz bekommt.
- Er kann probeweise sich mit den Hauptakteuren konfrontieren und in der Aufstellung neue Verhaltensweisen und deren Auswirkungen erproben, und vieles mehr.

Zwei Aufstellungsbeispiele

Aufstellung 1

Der erste Klient ist ein 44jähriger Erzieher, der seit acht Jahren in einer Einrichtung für etwa 80 geistig behinderte Kinder (GmbH) im Saarland arbeitet. Das Team der offenen Gruppe mit leicht- und mittelgradig behinderten Kindern, in der er arbeitet, besteht aus vier Mitarbeitern/innen: einer Gruppenleiterin (Sozialpädagogin), einem Vollzeitmitarbeiter (Erzieher), dem Klienten, der eine Dreiviertel-Stelle hat und einer 20-jährigen Frau im freiwilligen sozialen Jahr. Es gibt vier Hierarchiestufen: Erzieher, eine Gruppenleiterin, ein Pädagogischer Leiter und ein Heimleiter. Das sind die Informationen, die wir vor der Aufstellung erfragten. Wenn die Aufstellung eine gute Wirkung entfalten würde, oder wenn ein Wunder geschehe, würden die Reibereien aufgehört haben und er sich nicht mehr ausgegrenzt fühlen. Er würde dann noch als Mitarbeiter in der Einrichtung arbeiten. Angesprochen darauf, dass er gar nicht so belastet aussehe, hören wir, dass er in seiner Familie einen guten Rückhalt habe und seit vier Jahren therapeutische Unterstützung in Anspruch nehme.

G. Weber: Wenn wir eine Aufstellung machen, welche Personen sollten wir berücksichtigen?
Klient (KL): Die vier Teammitglieder, den Pädagogischen Leiter und den Heimleiter.
G. Weber: Den Heimleiter nehmen wir später dazu. (Er erklärt, wie man aufstellt.)

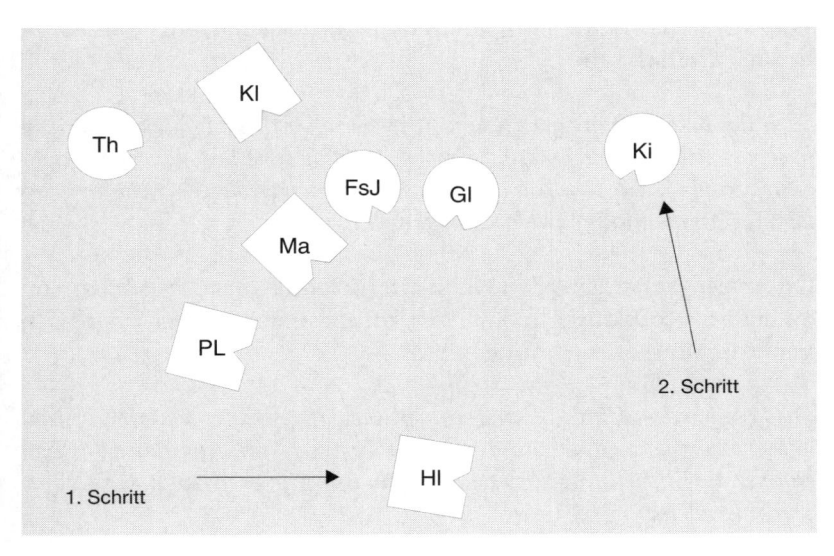

Kl   Klient, Dreiviertel-Stelle
Gl   Gruppenleiterin
Ma   Mitarbeiter, Vollzeit (für ihn „Täter")
FsJ Mitarbeiterin im freiwilligen sozialen Jahr

PL   Pädagogischer Leiter („Täter")
Hl   Heimleiter
Th   Therapeutin
Ki   betreute behinderte Kinder

Aufstellung 1, Bild 1

Kommentar: Wenn man das erste Aufstellungsbild betrachtet, ist einerseits auffällig, dass der Klient hinter allen anderen steht, und es ergibt sich die Frage, ob er sich selbst ausklammert oder eher von den anderen ausgeklammert wird? Außerdem ist er auf das jüngste Teammitglied ausgerichtet. Was sucht er dort?

Nachdem alle aufgestellt sind, werden die Repräsentanten danach gefragt, wie sie sich an ihren Plätzen fühlen.

Gruppenleiterin: Reaktionen von Scham, wenn sie den pädagogischen Leiter anschaut, es wird ihr heiß, und es ist etwas Erotisches dabei.
Pädagogischer Leiter: peinlich, irgendetwas lenkt ihn vom Arbeiten ab, fühlt sich beobachtet. Er hat keinen Kontakt zu den Mitarbeitern.
Mitarbeiter: fühlt sich einsam und orientierungslos; die Energiebewegung geht nach links.
Mitarbeiter im freiwilligen sozialen Jahr: Fühlt sich eingequetscht.
Klient: fühlt sich schwach und weinerlich. Sein Interesse geht zu der Frau vor ihm (Mitarbeiterin im freiwilligen sozialen Jahr). Das könnte auch erotisch sein.

Viele der Beschreibungen beziehen sich – wie oft bei Aufstellungen aus dem psychosozialen Bereich – auf „private" Gefühle (wie in einer Selbsterfahrungsgruppe). Auch die Äußerungen des Klienten wirken eher wie die eines alleingelassenen Jungen, der Kontakt sucht.

Gunthard Weber lässt den Heimleiter (Heimleiter) dazustellen, um zu sehen, ob dadurch mehr Ausrichtung entsteht und fragt nach veränderten Wahrnehmungen.

Die Position des Heimleiter und seine Blickrichtung kann nicht richtig sein. Alle schauen jetzt auf ihn, und er schaut woanders hin. Aus dieser Position kann er die Einrichtung schwerlich leiten. Es sei denn, er trägt die Verantwortung alleine.

Mitarbeiter: Es wird schwerer, wenn er noch dazu kommt.
Heimleiter: hat das Gefühl, die Lokomotive zu sein und nur Anhänger zu ziehen, die nicht mitmachen.

Gunthard Weber lässt die Therapeutin des Klienten dazustellen, um deren Einfluss zu testen.

Klient: Es ist wärmer und mütterlicher, aber sie schaut nicht hin.
(Wieder Metaphern aus dem Familienbereich!)
G. Weber: Merkwürdig, dass die alle nach draußen schauen. Wo gucken die denn hin? Hat es irgendwelche Veränderungen in letzter Zeit gegeben? –
Klient: Die Rechtsform hat sich geändert. Wir sind jetzt eine GmbH.

Gunthard Weber lässt einen Repräsentanten für die zu betreuenden behinderten Kinder dazustellen, um eine Ausrichtung des Teams auf seine Aufgabe zu fördern; siehe Aufstellung 1, Bild 1).

Was herauskommt, ist, dass die Kinder nicht im Fokus der Aufmerksamkeit sind. Die Mitarbeiter sind mit etwas anderem beschäftigt.

Mitarbeiter: Die Kinder stören nicht! *(ein bemerkenswerter Satz)*
Mitarbeiter im freiwilligen sozialen Jahr: kommt in Kraft, spürt Liebe. Sie ist aber sauer, dass sie hinten steht und die Kinder nicht sieht.
Klient: Er ist nervös, unruhig und ängstlich, doch er bekommt auch mehr Kraft.
Therapeutin: glaubt ihm das nicht so, hat keinen Kontakt zu den Kindern, nimmt Klienten nicht ernst, findet ihn lächerlich.
Betreute behinderte Kinder: nehmen die Mitarbeiter nicht ernst und fühlen sich nicht ernst genommen.
G. Weber (stellt die behinderten Kinder in den Fokus vor alle Mitarbeiter und den Heimleiter nach rechts; siehe Schlussbild): Wie ist das?
Mitarbeiter: Die Arbeit bekommt einen Sinn!
Alle fühlen sich mehr ausgerichtet.

G. Weber: Gab es noch andere Veränderungen?
Klient: Vor drei Jahren hat der Pädagogische Leiter seine Stelle bekommen. „Da hatte ich eine Gruppenleiterstelle. Auf Anregung des Pädagogischen Leiters wurde eine Gruppenleiterbeurteilung durch die Mitarbeiter von unten nach oben durchgeführt. Das ist nicht zulässig, und deshalb bin ich dagegen vorgegangen. Von da an gab es Spannungen, weshalb ich die Gruppenleiterstelle abgeben musste und in ein anderes Team gewechselt bin."

Hier wird deutlich, weshalb der Klient ins Abseits geraten ist. Aus den Äußerungen der Stellvertreter war nicht klar zu erschließen, wie die Anteile der Einzelnen dabei zu gewichten sind.

Zwischenzeitlich wird noch getestet, wie es für den Klienten ist, wenn er geht, indem er nach vorne aus dem System gestellt wird. An den Äußerungen des Stellvertreters wird deutlich, dass Gehen zurzeit keine gangbare Lösung ist.

Prozessarbeit innerhalb der Aufstellung:
Vor der Schlussaufstellung werden Informationen eingeholt über die Dauer der Arbeitstätigkeit aller in der Einrichtung und in dem Team:

Mitarbeiter ist länger da als Gruppenleiterin, Gruppenleiterin ist aber kompetenter. Der Klient ist so lange in der Einrichtung wie der Pädagogische Leiter. Aus den Mitteilungen der Stellvertreter wurde Folgendes deutlich: Der Heimleiter unterstützt den Pädagogischen Leiter nicht genügend. Dieser ist innerhalb der Einrichtung aufgestiegen und wird als Leiter von dem Team nicht wirklich anerkannt. Der Pädagogische Leiter hat mit dem Klient in der Einrichtung angefangen. Er ist befördert worden, der Klient wurde „nur" Gruppenleiter und danach noch „degradiert".

Herabgestufte Mitarbeiter weiter im System zu belassen, hat oft für diese und die Arbeitsprozesse nachteilige Folgen. Sie kommen meist nicht wieder in Kraft und wirken durch ihre oft indirekten Vorwürfe und demotivierten Phasen im Team beunruhigend.

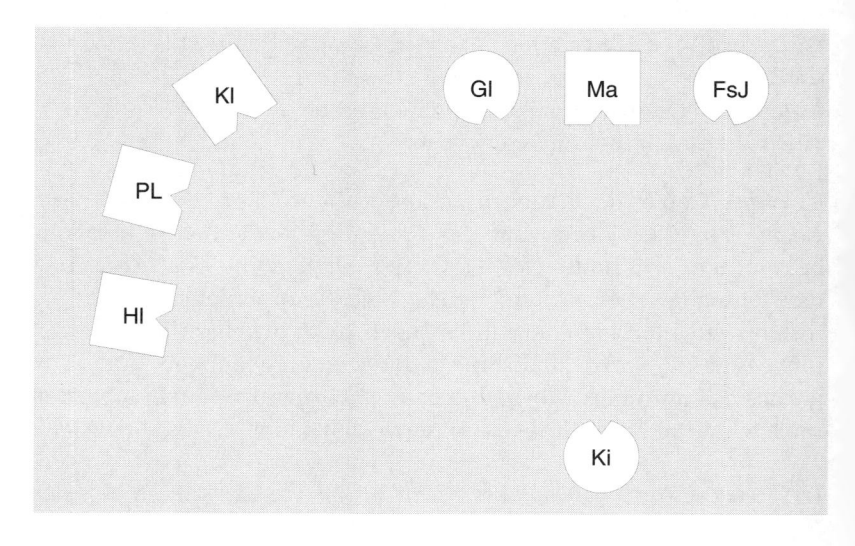

Aufstellung 1: Schlußbild

Gunthard Weber lässt mehrere Personen zueinander Sätze sagen, die die Leitungspositionen klar werden lassen, die gegenseitige Unterstützung fördern und die Anerkennung für Kompetenz und Geleistetes ausdrücken. Das Klima wird dadurch entspannter, die Ordnung offensichtlich. Schließlich lässt er den Klienten selbst vor den Pädagogischen Leiter treten und ihn nach einer Weile nacheinander etwa folgende Sätze sagen:

Klient zu Pädagogischem Leiter: „Wir haben hier gemeinsam angefangen, und es würde mich freuen, wenn du dich ab und zu daran erinnerst." – „Ich habe Fehler gemacht und übernehme die volle Verantwortung dafür." – „Deinen und euren Teil der Mitverantwortung an den Schwierigkeiten lasse ich bei dir und euch." – „Ich wünsche mir, wieder mehr Anerkennung für das, was ich getan habe und was ich tue, zu bekommen." – *(zu den Mitarbeitern)* „Und ich möchte wieder in der Gruppe partnerschaftlich zusammenarbeiten." Er sagt die Sätze (teilweise nach Wiederholungen) so, dass die anderen sie annehmen können, und wird dann links neben den Pädagogischen Leiter gestellt. Die Mitarbeiter erleben das als kraftvoll.

Von diesem Platz aus sagt der Klient zu jedem Einzelnen: „Ich gehe wieder in meine Würde und Kraft und nehme den mir gebührenden Platz wieder ein und fülle ihn aus."

So ist es für alle „in Ordnung".

Dem Klienten wird noch gesagt, dass das nicht sein endgültiger Platz sei. Später solle er an die linke Seite der Gruppenleiterin treten. Jetzt lasse man ihn aber neben dem Pädagogischen Leiter.

Zum Schluss fragt Gunthard Weber den Klienten: „Hast du Verluste in deiner Herkunftsfamilie erfahren?" Klient: „Ja, viele!"

Der Klient berichtet, dass er als Kind oft in Heime und Pflegefamilien weggeschickt wurde. Ihm wird nahe gelegt, dass es gut sein könne, wenn er einmal eine Familienaufstellung mache.

Nach der Organisationsaufstellung

In einer Beratungsstunde zur Nachbereitung der OA (mit Thomas Schumacher) wurden auf Wunsch des Klienten wesentliche Elemente der Aufstellung und erste Auswirkungen besprochen. Ein halbes Jahr später geht es ihm deutlich besser, wie er berichtet. Wieder einige Monate später stellt er seine Ursprungsfamilie bei einem anderen „Aufsteller" auf.

In der Familienaufstellung, die wir hier nicht ausführlich darstellen können, wird deutlich, weshalb Themen wie Sich-Zugehörig- und Sich-Verlassen- und -Ausgeklammert-Fühlen einerseits und Gehen-Wollen oder Bleiben-Können andererseits aus der Familien- und seiner Lebensgeschichte heraus wichtig wurden:

Er selbst kam wegen einer Infektion mit zwei Jahren ins Krankenhaus und durfte dort von seinen Eltern nicht besucht werden. Seine Mutter fehlte ihm besonders. Als er sechs Jahre alt war, erkrankte seine Mutter an Tuberkulose, und er wurde lange Zeit in verschiedenen Familien und Heimen „rundgereicht". Ein Ziel der Aufstellung war für ihn: mehr „gesehen werden". Hier liegt das vor, was Bert Hellinger als „unterbrochene Hinbewegung" zur Mutter bezeichnet. Diese Menschen sehnen sich nach Nähe, Geborgenheit und Gesehenwerden, drehen aber aus Angst, noch einmal verlassen zu werden, immer ab, wenn eine intensive Beziehung und Bindung entstehen könnte.

Die Dynamik von Gehen-Wollen (der Klient berichtet über eine solche wiederkehrende Tendenz) und Bleiben-Können kommt eher von der Seite des Vaters. Auf dem Flug des Vaters mit einem Flugzeug in die Kriegsgefangenschaft stürzte das Flugzeug ab, und er überlebte den Absturz als Einziger.

Außerdem fiel der beste Freund seines Vaters – der Klient bekam dessen Vornamen – im Krieg. Der Vater hatte die Tendenz, zu gehen, und der Klient sagte: Lieber gehe ich als du. Vielleicht wiederholte sich das auch in der Beziehung zum Pädagogischen Leiter. Der Großvater verließ seine erste Frau und nahm seine beiden Söhne mit. Der Vater hatte eine frühere Partnerin, zu der sein Stellvertreter in der Aufstellung eine wesentlich innigere Beziehung hatte als zu der Mutter des Klienten. Hier ist also auch Gehen oder Bleiben ein Thema. Der Aufstellungsleiter fokussiert in dieser Aufstellung vor allem darauf, dass der Klient besonders seinen Großvater väterlicherseits, der abgewertet wurde, und den Vater nimmt.

Zusammenfassend lässt sich sagen, dass es in diesem Falle so aussieht, dass die Beziehungsmuster, die der Klient mit in das Arbeitssystem brachte, eher relevant für die Lösung waren als die Muster im Arbeitsteam. Sicherlich war es aber gut und sinnvoll, dem Klienten Lösungsanstöße für beide Bereiche zu geben. Heute würden wir vielleicht schon in der Lösungsaufstellung intuitiv beide Eltern hinter den Klienten stellen.

Aufstellung 2
Die Klientin ist 53 Jahre alt, verheiratet und hat zwei Kinder.

G. Weber (nach ein paar annehmenden und ermutigenden Sätzen): Wo arbeiten Sie?
Klient: Ich war Abteilungsärztin in einem städtischen Krankenhaus.
G. Weber: Und jetzt?
Klient: Jetzt bin ich nach einem Auflösungsvertrag arbeitslos.
G. Weber: Warum sich dann jetzt noch einmal mit dem alten Kram beschäftigen? Jetzt geht es doch in die Zukunft!
Klient: Ich habe meinen Beruf gerne ausgeübt, kam mit den Patienten gut zurecht. Die Patienten fehlen mir. Die Sache ist für mich innerlich noch nicht abgeschlossen.
G. Weber: Wie leben Sie im persönlichen Bereich?
Klient: Mein Mann wird bald pensioniert. Die Ehe ist gut, aber der Sohn hat sich abgewendet.
G. Weber: Was sind Ihre beruflichen Alternativen, wenn Sie etwas Neues anfangen werden?
Klient: Ich würde mich um die Betreuung Älterer und Sterbender kümmern.
G. Weber: Da haben Sie ja schon eine klare Perspektive. Gut! – Angenommen, nach drei mageren Jahren kämen jetzt drei fette Jahre; wie sieht Ihr Leben danach aus?
Klient: Ich hätte einen freundlichen Gesichtsausdruck und wäre in einer Gruppe mit der Patientenberatung und -betreuung tätig.
G. Weber: Was würde diese Frau P. nach den drei Jahren der heutigen Frau P. raten?
Klient: Sie soll aktiv werden, sich noch ein halbes Jahr Zeit nehmen und was Schönes tun: Sport treiben und „alten Kram" wegschmeißen – bündeln und weg!
G. Weber: Es geht also um das Loslassen und In-die-Zukunft-schauen!

Er lässt sich schildern, wer alles zu der Krankenhausabteilung gehörte. Die Stelle der Klientin ist bereits neu besetzt.

Ch	Chefarzt („Täter")	Pf	Krankenpfleger
O	Leitender Oberarzt („Täter")	Kl	Klientin (Bereichsärztin,
P	Physiker („Täter")		ihre Stelle ist bereits neu
S	Krankenschwester		besetzt)

Aufstellung 2, Bild 1

Auffällig an dem Bild ist, dass die Klientin dort noch ganz auf dasselbe wie die Mitarbeiter der Krankenhausabteilung ausgerichtet scheint und sich offensichtlich noch nicht auf Neues ausgerichtet hat. Es wirkt außerdem wie ein „linksdrehendes System", denn alle leitenden Personen stehen links, außer der Klientin.)

Äußerungen der Repräsentanten über die Empfindungen an ihren Plätzen:

Chefarzt: fühlt sich isoliert, hat wenig Interesse an den Mitarbeitern; spürt Konfliktstimmung.
Leitender Oberarzt: hat keinen Kontakt zum Chefarzt; der Pfleger und die Schwester sind ihm zu nah.
Physiker: fühlt sich wenig zugehörig und fragt sich, warum die sich „einen Physiker halten" (Anm.: gesetzliche Vorschrift).
Klient: schaut verspannt zu und fühlt sich von Emotionen abgeschnitten.
Krankenpfleger: hat Mühe zu stehen, kriegt keine Luft.
Krankenschwester: steht zu nah dran; regt sich auf.

Die Äußerungen sprechen für wenig Bezogenheit und Interesse aneinander in der Abteilung. Gunthard Weber stellt die Aufstellung um. Diese Umstellung stellt zwar einerseits ein funktionaleres Bild dar, dient aber vor allem dazu, dass die Klientin noch einmal alle Mitarbeiter/innen in den Blick nehmen und sich mit ihnen konfrontieren kann. Es geht hier nicht mehr darum, etwas innerhalb der Organisation zu ändern, sondern nur noch darum, der Klientin zu ermöglichen, gut Abschied zu nehmen und sich etwas Neuem zuwenden zu können.

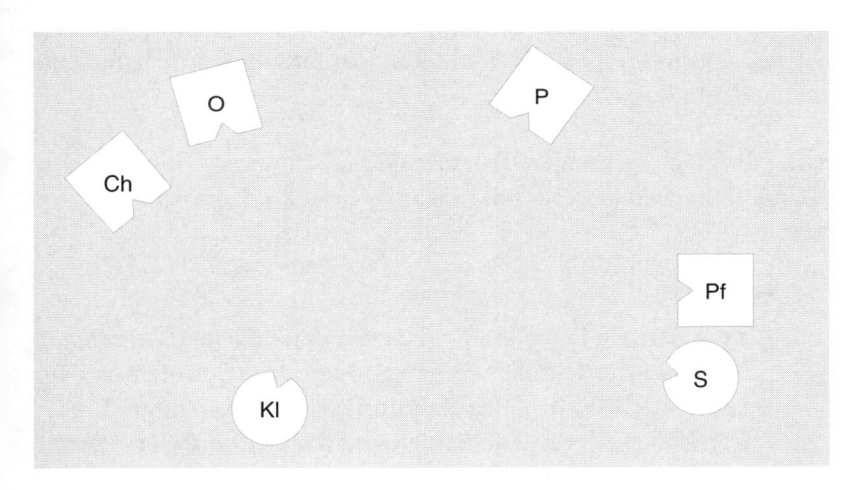

Aufstellung 2, Bild 2

G. *Weber* (zur Klientin): Was möchten Sie den Einzelnen noch sagen, bevor Sie aufrecht fortgehen und aktiv etwas Neues beginnen?
Klientin zum Chefarzt: Ich hätte gerne integriert werden wollen in die Arbeit der Abteilung. (Und auf Vorschlag von Gunthard Weber) Ich habe mich in meiner Arbeit von Ihnen oft nicht gewürdigt gefühlt. Ich lasse jetzt los und gestalte mein Eigenes.
Klientin zum Oberarzt: Sie haben mich nicht gewürdigt, und das ist Ihre Sache. Ich lasse es bei Ihnen. Ich gehe aufrecht. Das Gute aus der Zeit nehme ich gerne mit. Jetzt gehe ich!
Klientin zum Physiker: Ich habe mich manchmal von Ihnen betrogen gefühlt, und ich lasse es bei Ihnen.
Klientin zu Krankenpfleger und Schwester: Von Ihnen hätte ich mir manchmal eine bessere Betreuung der Patienten gewünscht.

Nachdem auf Nachfragen deutlich wurde, dass sie wie ihre Mutter eher dazu neigt, Kritisches zu sehen und zu sagen, lässt Gunthard Weber sie noch zu allen den Satz sagen: „Es war eine wichtige Zeit in meinem Berufsleben. Ich nehme das Gute mit, das andere lasse ich bei Ihnen. Ich gehe aufrecht weg, sie haben mich nicht verdient."

G. Weber zur Klientin: Jetzt richten Sie sich innerlich auf, wenden sich stolz ab und gehen betont langsam weg. Stellen Sie sich dabei vor, Sie hielten eine rote Rose in der Hand vor sich!

Und später: Stellen Sie sich immer mal wieder die Frau P. in drei Jahren vor, und fragen Sie sie um Rat, was Sie jeweils tun sollen! Sie ist eine gute Ratgeberin.

Über die Nachwirkungen der Aufstellung können wir nichts sagen, da wir danach keinen Kontakt mehr zu Frau Dr. P. hatten.

4. Erstes Fazit

- Kommen die Eigenanteile (aus der persönlichen Vergangenheit oder der Familienvergangenheit) der „Betroffenen" ans Licht, werden auch ihre Handlungsmöglichkeiten größer.
- Die Sprache der Aufstellenden und der Stellvertreter „verrät" oft, aus welchem System die Erlebens- und Verhaltensmuster einer Mobbingdynamik stammen: aus dem Familien- oder dem Arbeitssystem.
- Mobbinginteraktionen scheinen besonders nach Unsicherheit erzeugenden Veränderungen in Organisationen in Gang gesetzt zu werden.
- Das Betriebsklima und bestimmte Unternehmenskulturen (unklare Leitungsstrukturen oder nicht adäquat wahrgenommene Leitung, Spaltungen in konkurrierende Untergruppen, fehlende Anerkennung, gefördertes Konkurrenzdenken, ungute Kündigungen, allgemeine Verunsicherung durch Entlassungen etc.) scheinen Mobbingdynamiken zu fördern.
- Auch die, die als „Täter" erscheinen, haben oft unsichere Plätze im Arbeitssystem. Sie scheinen auch oft die „Mobbing-Drecksarbeit" für andere zu erledigen oder direkt oder indirekt von anderen unterstützt zu werden.

– Die Konfrontation mit den Stellvertretern in den Aufstellungen erleichtert es denen, die sich gemobbt fühlen, sich diesen mutig und sie in den Blick nehmend, auszusetzen und ihnen gegenüber asservatives und klares Verhalten zu zeigen, oder auf adäquate Weise zu gehen.

Die ersten Erfahrungen mit Organisationsaufstellungen bei Mobbing – wir haben inzwischen wesentlich mehr gesehen – lassen die Aufstellungsarbeit in der Kombination von Familien- und Organisationsaufstellungen und systemischer Beratung als eine sehr effektive Methode für diese Konfliktsituationen erscheinen.

Literatur

Beckers, Ch. u. H. Mertz (1998): Mobbingopfer sind nicht wehrlos. Wie Sie sich schützen und wehren. Freiburg im Breisgau/Basel/Wien (Herder).
Levold, T. (1994): Die Betonierung der Opferrolle. Zum Diskurs der Gewalt in Lebenslauf und Gesellschaft. *System Familie* 7: 19–32.
Leymann, H. (1993): Mobbing. Psychoterror am Arbeitsplatz und wie man sich dagegen wehren kann. Reinbek (Rowohlt).
Neuberger, O. (1995): Mobbing – Übel mitspielen in Organisationen. München, (Hampp), 2. Verb. u. erw. Aufl.
Resch, M. (1994): Wenn Arbeit krank macht ... Frankfurt/Main u. a. (Ullstein).
Simon, F. B. u. G. Weber (1993): Systemische Spieltherapie I – Zur Theorie systemischen Intervenierens. *Familiendynamik* 18: 73–81.
Sparrer, I. (1997): Modifikationen der Grundprinzipien der systemischen Familienaufstellungen beim Übergang zu systemischen Strukturaufstellungen. *Hypnose und Kognition* 14 (1/2).
Weber, G. u. B. Gross (1998): Organisationsaufstellungen. In: G. Weber (Hrsg.): Praxis des Familien-Stellens. Heidelberg (Carl-Auer-Systeme), S. 405–420.

Systemische Organisationsberatung in der Arztpraxis und Aufstellungsarbeit als Element homöopathischer Praxis
Zur Einschätzung der Grenzen der Aufstellungsarbeit und der Arzneitherapie

Hans Baitinger

In der Arztpraxis hat die systemische Organisationsberatung eine doppelte Bedeutung: Zum einen trägt sie zur Funktionsfähigkeit der Praxis bei, zum anderen stellt das Gewahrsein des Arztes um die systemischen Zusammenhänge für die Therapiewahl eine oftmals entscheidende Hilfestellung dar. Es ist zu vermuten, dass unter Vernachlässigung dieser Zusammenhänge oftmals ungeeignete (u. a. auch medikamentöse) Therapien in Fällen angewendet werden, in denen systemische Bezüge bestehen, die einer nichtmedikamentösen Lösung bedürfen bzw. sich häufig einer Lösung unter ausschließlicher Zuhilfenahme eines Medikamentes entziehen. Das Bewusstsein um die eigenen Verstrickungen im organisatorischen Feld der Arbeitswelt und die ihnen entsprechende Lösung ist eine wesentliche Voraussetzung dafür, dass entsprechende Strukturen auch bei Patienten erkannt werden.

Mit den Methoden der systemischen Organisationsaufstellung lassen sich letztlich alle wirklichen Fragestellungen mit persönlichem Bezug darstellen (Beispiel 4), die sich für eine Arztpraxis ergeben. Themen wie Existenzgründung und -sicherung, Fragen zur Personalführung (s. Beispiel 4), zum Einsatz von verschiedenen Therapiemethoden (Beispiel 1) oder zur Arzt-Patient-Beziehung im Allgemeinen, um nur wenige Beispiele zu nennen, lassen sich auf diese Weise in transparenter Form so darstellen, dass eine entsprechende systemische Lösung gefunden werden kann.

Die Beziehungen der Praxis-Zugehörigen untereinander und zu den Patienten gewinnt dadurch eine neue Bedeutung, vor allem auch in Relation zu den vorgebrachten Beschwerden der Patienten. Diese werden in der Homöopathie der Neuzeit oftmals nur im Hinblick auf eine korrekte Arzneiwahl gesehen, weniger aber in Bezug zu anderen Bedingtheiten wie zum Beispiel den Lebensumständen und entsprechenden psychosozialen Bezügen. Je mehr die eigene, persönliche Organisationsstruktur erkannt wird, umso eher lassen sich die Symptome in diesem Zusammenhang darstellen und bestehende Fragestellungen und Probleme systemisch adäquat lösen.

So wurde in einigen Fällen meiner Praxis deutlich, dass die Motivation für die verschiedenen Therapieinhalte einer wirksamen, homöopathisch ausgerichteten Praxisform (Arzneitherapie, Psychotherapie, Soziotherapie, um nur einige Elemente zu nennen) durch eine persönliche Verstrickung in das Schicksal von Früheren geprägt wurde. Sobald diese Verstrickung ans Licht gebracht werden konnte, ließen sich die verschiedenen Methoden adäquater und damit Erfolgreicher einsetzen.

1. Verschiedene integrationsbedürftige therapeutische Inhalte (Beispiel 1)

In einer Aufstellung wollte ein Rat suchender Klient klären, welche Bedeutung zwei bestimmte Bereiche (Arzneitherapie, Psychotherapie) für ihn hatten, die er in der Praxis zwar gerne mit einiger Erfahrung und auch einigem Erfolg anwendete, deren spezifische Bedeutung und Verbindung ihm aber nicht klar war. Er fühlt sich deshalb ohne erkennbaren Bezug wechselweise mehr zum einen hingezogen und konnte dann den anderen nicht praktizieren, diesen aus den Augen verlor oder lehnte ihn sogar ab und umgekehrt. Dies brachte für ihn einen deutlichen inneren Konflikt mit sich, der sich nachhaltig auf die Qualität seiner Arbeit auswirkte.

In der Organisationsaufstellung wurde klar, dass die Stellvertreterin des einen Bereichs (Arzneitherapie) sich wie eine Tante fühlte, die schon lange tot war und den Klienten an eine früh im Säuglingsalter verstorbene Schwester seines Vaters erinnerte. Als er diese ehrte, konnte er die mit ihr verbundene Methode freier ausüben. In der Ehrerbietung dieser Tante gegenüber wurde er sich seiner Verpflichtung ihr gegenüber klar, und gleichzeitig war er frei, sich dem anderen Bereich (Psychotherapie) zu widmen.

Der Stellvertreter dieses zweiten Inhaltes hatte sich wie ein großer Bruder zum Klienten gefühlt und damit einen Bezug zu den

Brüdern des Klienten hergestellt, die ihm sagten, dass er sich in der gleichen Weise um diesen zweiten Bereich kümmern könne, wie er sich in den Geschwisterkreis einreihe, um dort einen sicheren Platz einzunehmen.

So hatten beide Inhalte durch einen Bezug zu den Mitgliedern der Herkunftsfamilie des Klienten ihre unterschiedliche Bedeutung erhalten und konnten so im Bild des Klienten gut nebeneinander bestehen.

2. Motivation zum Beruf (Beispiel 2)

Ein ärztlicher Kollege litt unter seiner anhaltenden Tendenz, sich zu überarbeiten. Er fühlte sich von seinen Patienten überfordert und wollte in einer Organisationsaufstellung herausfinden, welche Bedeutung diese Arbeitswut hatte und welche Lösungsmöglichkeiten sich finden ließen.

In der Aufstellungsarbeit wurden die Ursprungsfamilie des Kollegen und eine Stellvertreterin für die Patientenschaft aufgestellt.- Der aufstellende Kollege hatte eine Frau als Stellvertreterin für die Patientenschaft gewählt.

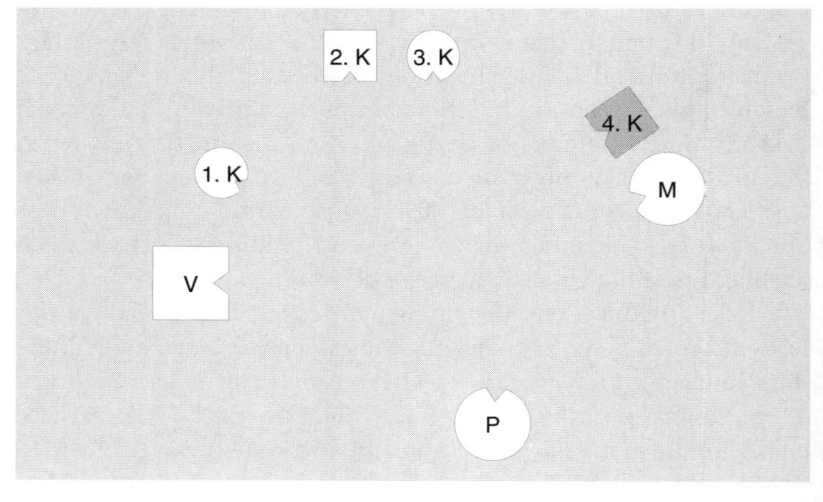

V	Vater	1. K	1. Kind, Schwester	3. K	3. Kind, Schwester
M	Mutter	2. K	2. Kind, Bruder	4. K	4. Kind / Klient
P	Patienten				

Beispiel 2, 1. Aufstellung

Der Vater war offensichtlich mit der ersten Schwester des Klienten etwas abseits in Konfrontation zur Mutter aufgestellt. Diese Tendenz zeigte sich in den Äußerungen der Stellvertreter des Vaters und der ältesten Schwester noch deutlicher als im Bild erkennbar („Ich fühle mich ohne Familie", „wie nicht dazugehörig"). Der Kollege selbst stand auf dem Partnerplatz neben der Mutter.

Zur Lösungsfindung wurden noch zwei weitere wichtige Personen aus der Herkunftsfamilie des Kollegen dazugenommen: die Mutter des Vaters, die früh gestorben war, als dieser noch ein Kind war, und ein früherer, vorehelicher Liebhaber der Mutter, der als zweite ergänzende Person dazugestellt wurde.

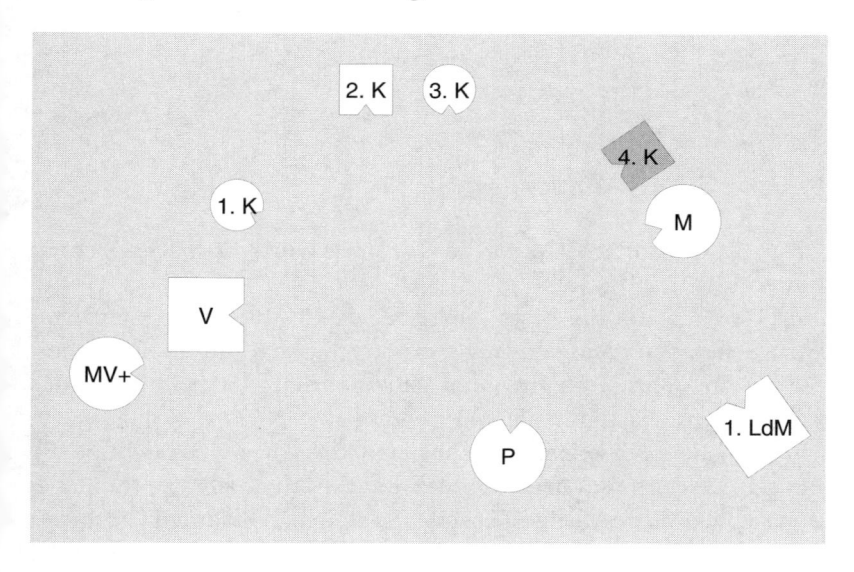

MV +   Mutter des Vaters (früh gestorben)
1. LdM 1. Liebe der Mutter

Beispiel 2, 1. Zwischenschritt

Aus der räumlichen Anordnung und Nähe war ersichtlich, dass die Patienten eher einen Bezug zum Liebhaber der Mutter hatten, während der vermeintliche Ausschluss des Vaters einen Bezug zu seiner früh verstorbenen Mutter herstellte.

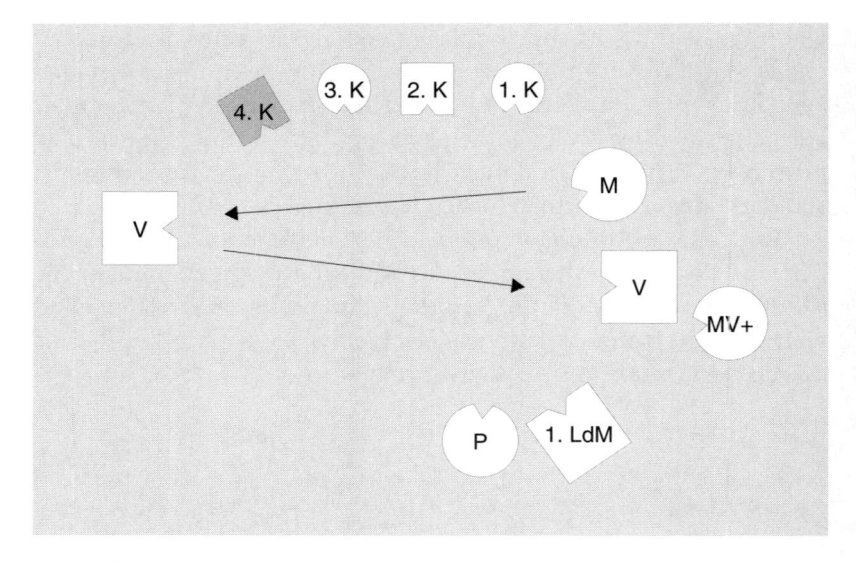

Beispiel 2, 2. Zwischenschritt

Die früh verstorbene Mutter des Vaters wurde zunächst schräg hinter diesem aufgestellt.

Erst nachdem der erste Liebhaber der Mutter einen würdigen Platz neben den Patienten eingenommen hatte, fühlte sie sich freier. Sie konnte dann erst zum Vater gehen, ihn als Vater ihrer Kinder würdigen und sich ihm als Frau zeigen.

Der Klient konnte zum Vater sagen, dass dieser der richtige für ihn sei, dass er mit dem ersten Mann der Mutter nichts zu tun habe, und sich dann neben seine Geschwister stellen. Als dann im nächsten Schritt der Vater seinen Platz neben der Mutter einnehmen konnte, fühlte sich der Klient den Patienten gegenüber frei. In der Lösungsaufstellung standen dann die Geschwister in der ursprünglichen Reihenfolge, die Mutter neben dem Vater mit seiner Mutter, und, ihnen gegenüber und auf der anderen Seite des Vaters, die Patienten und der erste Mann der Mutter.

Dieses Lösungsbild entlastete den aufstellenden Kollegen sehr. Er fühlte sich kleiner in der Geschwisterreihe als auf dem Partnerplatz neben der Mutter, der für ihn eine Überforderung und Anmaßung bedeutete, die er auch im Kontakt zu seinen Patienten erlebt hatte.

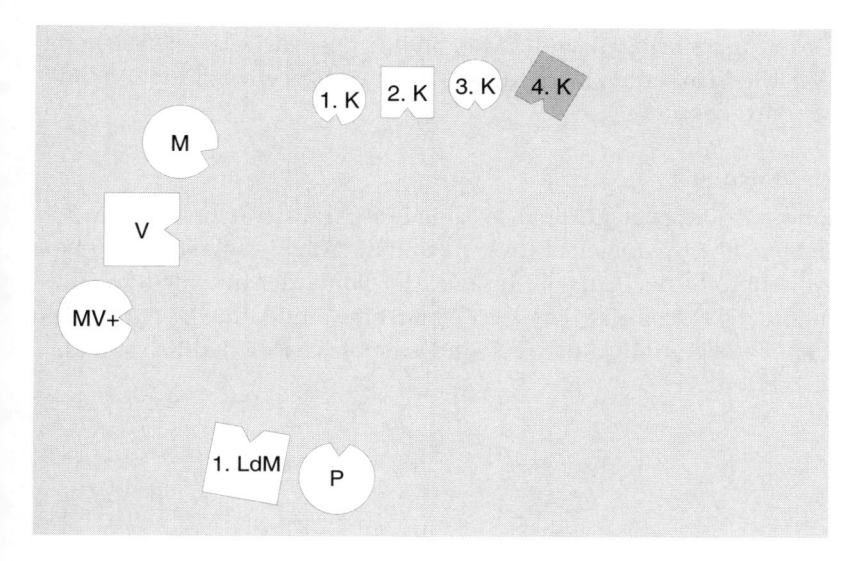

Beispiel 2, Lösungsaufstellung

3. Symptomatik der Patienten im systemischen Bezugsfeld

In einer Arztpraxis ergibt sich oftmals die Notwendigkeit, Patienten in organisatorischen Belangen dann zu beraten, wenn durch entsprechende Anhaltspunkte erkennbar wird, dass ihr gesundheitliches Wohlergehen durch die organisatorischen, systemischen oder beruflichen Verstrickungen beeinträchtigt wird.

In solchen Fällen ist eine Organisationsaufstellung in der Arztpraxis oft sehr hilfreich, um dem Patienten einen meist unmittelbaren Bezug einer psychosozialen Verwicklung mit seiner Symptomatik zu zeigen. Die Bedeutung des sozialen und familiären Umfeldes für seine Erkrankung tritt dabei oftmals deutlich in Erscheinung. Die Krankheit verliert so ihr Gewicht und tritt dann in den Hintergrund, wenn die Konflikte des psychosozialen Feldes zu lösen sind.

Es lässt sich dabei meistens eine Verlagerung des Schwerpunktes der dann folgenden Bemühungen weg von der Krankheit und hin auf die sozialen Gegebenheiten feststellen. Vermeintlich „therapieresistente" Fälle werden dadurch oftmals therapiefähig. Dies deckt sich mit der u. a. von Hahnemann beschriebenen Erfahrung, dass auch bestgewählte Medikamente häufig nicht zur Wirkung kommen können, wenn persönliche Gegebenheiten des Patienten nicht in

Ordnung zu bringen sind. Oder, anders ausgedrückt: Die Wirkung von Medikamenten wird durch die psychosoziale Situation und Struktur begrenzt.

Beispiel 3
Eine selbstmordgefährdete, geschiedene Ärztin mit einem Sohn berichtete über finanzielle Probleme und die Schwierigkeit, ihre Praxis zu halten. In der Aufstellung (sie, der Sohn, der geschiedene Ehemann, die Praxis als „Personen") kam eine eindeutige Dynamik des Gehenwollens zum Ausdruck und unterstrich ihre deutlich suizidale Tendenz.

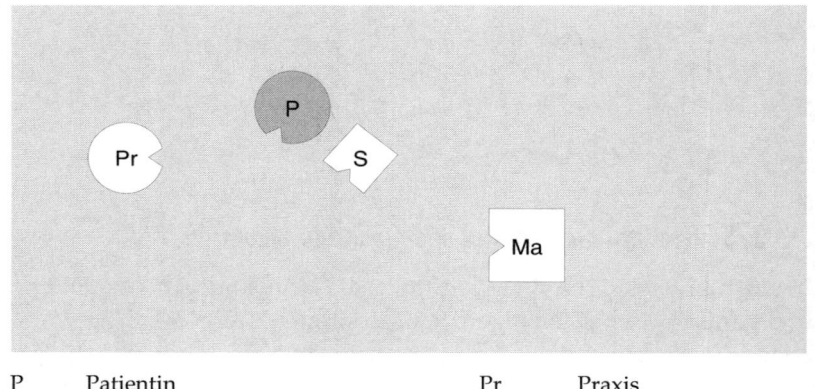

P	Patientin	Pr	Praxis
S	Sohn	Ma	Mann, geschieden

Beispiel 3, 1. Aufstellung

Als Ziel ihres Weggehens kam die früh, im siebten Lebensjahr, durch Flucht verlorene Heimat in den Blick. Beim Gedanken an die Heimat weinte die Klientin spontan und war tief ergriffen. Die Stellvertreterin der Klientin konnte sich aber nur auf Distanz der Heimat nähern. Sie empfand, dass sie sich an der so gefundenen Stelle, die in Distanz zur Heimat in unmittelbarer Nähe zur Praxis gefunden worden war, „fest verwurzelt wie ein Stein" fühlte („ich und meine Heimat").

Als die Klientin die Heimat in den Blick genommen hatte, erkannte sie ihre große Liebe zu ihr, gleichzeitig aber den Schmerz darüber, nicht mehr dorthin zurück zu können. Diese Empfindung mischte sich auf unverständliche Weise zunächst mit Hass. Der Hass milderte sich, als der Staat ihres Heimatlandes neben die Heimat gestellt wurde, und verschwand völlig, als dieser sagen konnte: „Vertrau deinem Herzen" und: „Bleibe". Sie konnte bleiben, indem sie zum Staat sagte: „Ich vertraue meinem Herzen", und zu ihrer Praxis: „Du bist Heimat für mich". Vater und Mutter stärkten der Klientin hinzugestellt, ihr noch zusätzlich den Rücken.

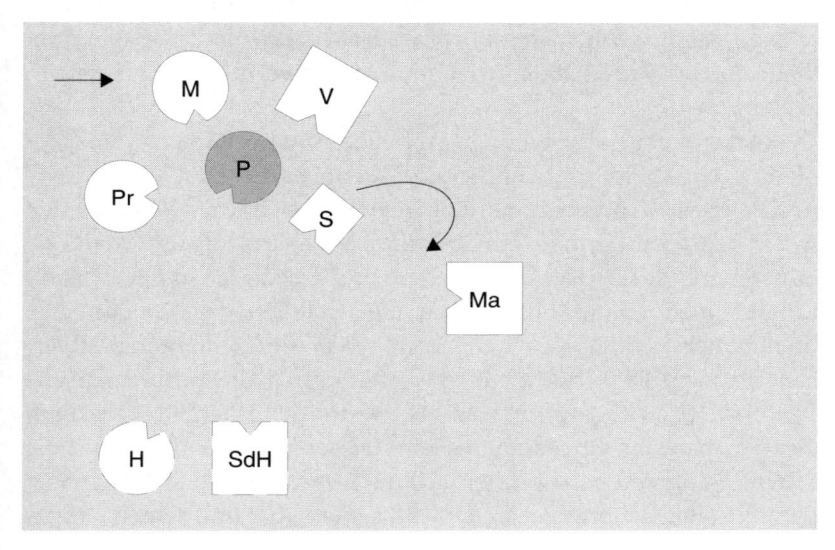

M	Mutter, später dazu gestellt	H	Heimat, später dazu gestellt
V	Vater, später dazu gestellt	SdH	der Staat des Heimatlandes
S	Sohn, will neben den Vater		

Beispiel 3, 2. Aufstellung

So wurde der Klientin ihre Selbstmordgefährdung verstehbar, und sie spürte, dass sie ihre Praxis als zweite Heimat, die ihr das Überleben ermögliche, anerkennen konnte.

In manchen Fällen gelingt diese Arbeit auch mit Schablonen, die für die Aufzustellenden, dem inneren Bild folgend, auf dem Boden angeordnet werden. Der Berater muss dabei manchmal die Positionen der aufgestellten Personen (auf den Schablonen) einzunehmen, wenn der Protagonist (Klient oder Patient) nicht die notwendige Spürfähigkeit besitzt, sich in die verschiedenen Positionen einzufühlen. Die Arbeit in einer Gruppe mit fremden Stellvertretern hat sich dagegen als aussagekräftiger, und dadurch als stimmiger, bewährt.

4. Praxisorganisation (4. Beispiel)

Ein Praxisinhaber hat zwei Helferinnen, von denen eine die von ihm geplanten Neuerungen zu blockieren schien. Der Praxisinhaber fühlte sich, seine eigenen Ressourcen vernachlässigend, dieser schon lange in der Praxis tätigen Helferin mehr verpflichtet als seinen Zielen.

In der Anfangsaufstellung empfand die Stellvertreterin der „problematischen" Helferin sämtliche Neuerungen als „totalen Quatsch" und zeigte sich nur abwertend. Je mehr sie gewahr wurde, dass sich in der Aufstellung eine klare Ordnung herauskristallisierte, hatte sie zunehmend das Bedürfnis zu gehen, und erst als sie in der Aufstellung gegangen war, konnten sich alle so stellen, dass sie dem Ziel dienen konnten. Dieses kam nun neben der Patienten-Stellvertreterin zu stehen, nachdem es vorher durch die problematische Helferin verdeckt gewesen war. Die zweite Helferin reihte sich dann gerne neben den Praxisinhaber ein. Dieser konnte nun seinerseits seine Ressourcen besser sehen und mehr achten und sich so, nachdem die eine Helferin gegangen war, seinem Ziel und seinen Patienten stellen.

Mit diesem Bild im Fokus konnte der Praxisinhaber in den folgenden Wochen die problematische Helferin in seinem Inneren ziehen lassen. Tatsächlich war sie dann auf einmal bemüht, sich mehr einzusetzen und ihre eigenen, persönlich motivierten Strebungen zurückzustellen. Offensichtlich war ihr die Stelle doch wertvoller, als es zunächst schien. Eine Klärung ihres persönlichen Hintergrunds erschien aber unumgänglich dafür, dass sie wirklich auf Dauer bleiben kann.

Die zweite Helferin, die sich gut einreihen konnte, hatte bereits in einer Familienaufstellung ihr Eigenes geklärt.

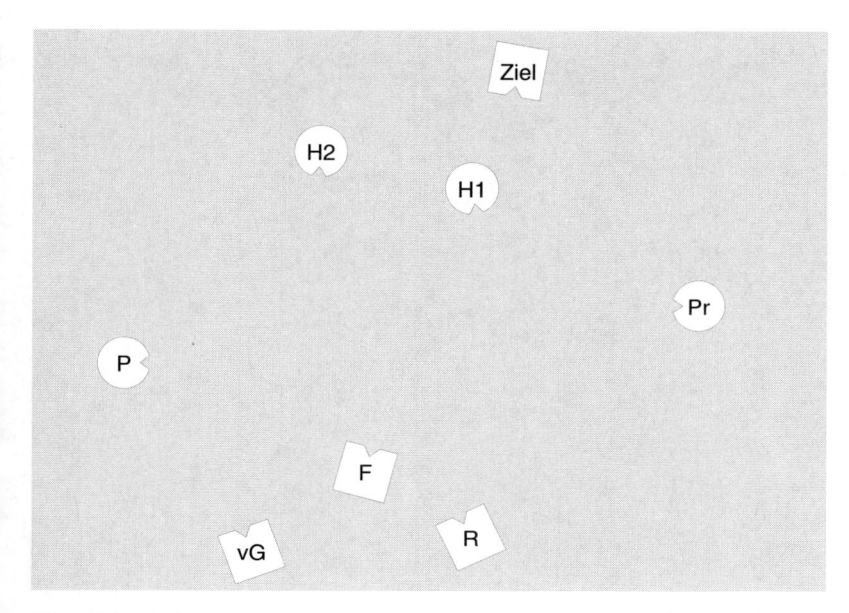

H1	Helferin 1	P	Patienten	vG	verdeckter Gewinn
H2	Helferin 2	F	Fokus	R	Ressourcen

4. Beispiel, 1. Aufstellung

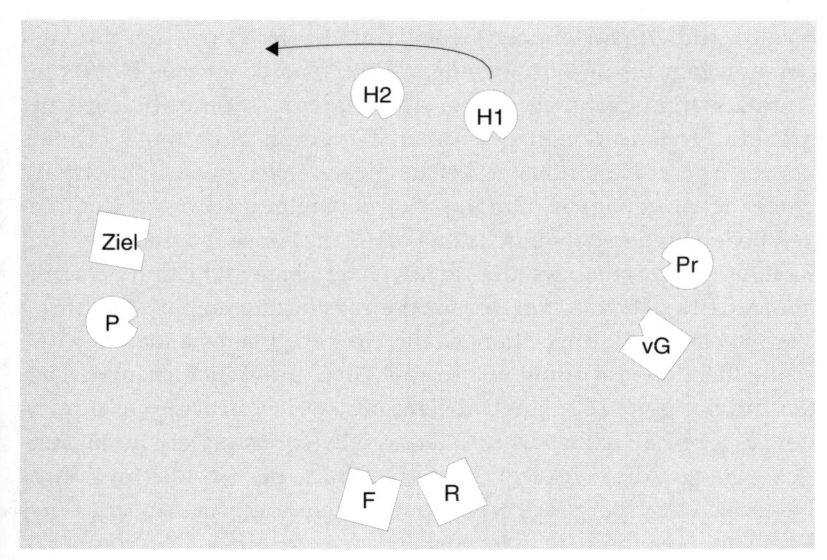

4. Beispiel, Zwischenschritt

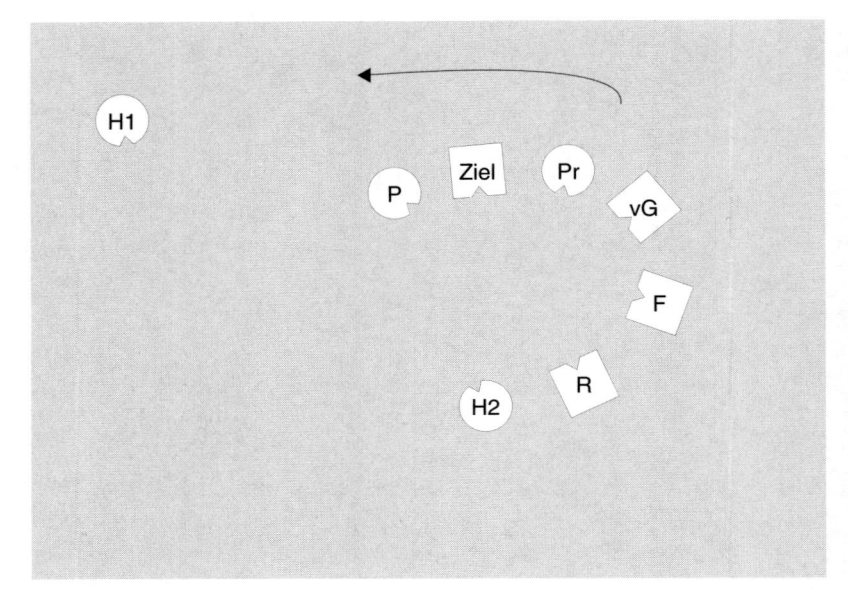

4. Beipiel, Lösung

Ausblick

Für die in einer Arztpraxis auftretenden Fragestellungen (auch von Firmen und Organisationen) macht der Ort der Praxis den direkten persönlichen Bezug zur jeweiligen Problematik oftmals bereits im Ansatz klarer ersichtlich, als bei einer außerhalb dieses Bezuges für größere Organisationen geleisteten Beratung. Dort muss oftmals verdeckt gearbeitet werden. Werden Krankheiten in die Betrachtung einbezogen, gewinnen Organisationsaufstellungen einen komplexen Bezug zu den persönlichsten Belangen. Wir sehen dann, warum Krankheiten gepflegt werden, anstatt organisatorische und persönliche Defizite zu bearbeiten, deren Bereinigung eher in die persönliche Verantwortung der Betroffenen fällt. Umgekehrt erscheinen, bei ausschließlicher Betrachtung von Krankheiten, diese eher als im Bereich des durch eigene Tätigkeit Unbeeinflussbaren, von außen Kommenden, Erregerhaften zu liegen. Oder organisatorische Defizite entpuppen sich als Ausdruck von Krankheit bzw. der Vermeidung ihrer Heilung. Die Übergänge vom krankheitsbezogenen Aspekt einer Familienaufstellung in den sozialen Aspekt einer Organisationsaufstellung sind in dieser Hinsicht fließend. „Wirkliche" Krankheiten, und die ihnen entsprechenden Methoden (z. B. eine Arzneitherapie), lassen sich auf diese Weise deutlicher von Zuständen abgrenzen, die zwar mit Krankheitssymptomen in Erscheinung treten, in Wirklichkeit aber letztlich Ausdruck systemischer Verstrikkungen sind und bei denen zum Beispiel eine Arzneitherapie oftmals nur neue Symptome oder Symptomverlagerungen erzeugen kann, nicht jedoch an den Kern des Problemes herankommt. In dieser Hinsicht ist auch die homöopathische Methode nicht davor gefeit, wichtige Umstände zu übersehen.

Im speziellen Fall der homöopathischen Praxis erscheinen die Krankheiten in einem anderen Licht als in der Allopathie. Bezeichnend ist hier, dass das in der Homöopathie grundlegende Ähnlichkeitsgesetz in der Aufstellungsarbeit eine erweiterte Bedeutung und Anwendung erfährt. Die Ähnlichkeit der Äußerungen der Stellvertreter mit denjenigen der realen Personen erinnert an Erscheinungen, wie wir sie aus Arzneimittelprüfungen an Gesunden kennen. Bis dahin völlig unbekannte Symptome entstehen bei den Stellvertretern wie aus dem Nichts, allein aus dem Ausgesetztsein im Feld der Aufstellung, und vergehen wieder, ohne nachhaltige Spuren von Krankheit beim Stellvertreter zu hinterlassen. Im Gegenteil, sie bleiben als Erfahrung der Möglichkeit von Heilung erhalten.

Auf weitere Bezüge zwischen Organisationsaufstellungen und Homöopathie soll an anderer Stelle eingegangen werden.

In der Organisationswerkstatt wurde in diesem Zusammenhang die Frage diskutiert, inwieweit Arzneimittel als solche zur Aufstellung geeignet sind. Und weiter: ob die Äußerungen der Stellvertreter, die sich oftmals auf Frühere beziehen oder die Äußerungen Früherer darstellen, für die Arzneiwahl der Jetzigen herangezogen werden könnten.

Es wurde einer gewissen Skepsis Ausdruck verliehen, dass es sich bei den Stellvertreteräußerungen phänomenologisch um vergleichbare Erscheinungen handelt, wie sie sich bei der Anwendung von Arzneimitteln in der Prüfung an Gesunden als so genannte Erstwirkung zeigen, die sich dann als heilsame Symptome des Arzneimittels erweisen. Entstammen doch Arzneimittel einem anderen ontischen Bereich als dem wohl letztlich psychosozialen Feld, aus dem die Stellvertreteräußerungen in Familien- und Organisationsaufstellungen entstehen.

Der *heilende* Charakter der Ähnlichkeitsbeziehung, wie sie in dem durch die Homöopathie formulierten Similie-Gesetz formuliert wird, sprengt augenscheinlich die Grenzen von psychosozialen Feldern bei nicht ausreichender Verschiedenartigkeit bzw. ausgeprägter Verwandtschaftsbeziehung der Ähnlichkeitspole oder der Art der Störung. Der Affekt im Symptom ist oftmals vom eigenen des Stellvertreters nicht ausreichend abzugrenzen und ist dann eher Ausdruck der Pathogenität der Ähnlichkeitsbeziehung im menschlichen Beziehungsfeld. Empathie ist kein ausreichender Garant für die Heilsamkeit des entstehenden Impulses. Übereinstimmung konnte deshalb lediglich in der Feststellung erzielt werden, dass die Äußerungen der Stellvertreter oftmals täuschende Ähnlichkeit mit denjenigen der vertretenen Person aufweisen.

Das Abweichende verschiedenartiger Erkrankungen des Menschen findet eine adäquatere Entsprechung in der Abweichung der Mineralien, Pflanzen und Tiere und deren jeweiligen Produkte vom Menschen als in der im Vergleich dazu geringen Differenz der Menschen zueinander, die sich lediglich in ihrer unterschiedlichen Individualität zeigt, wobei Krankheit oftmals der vorherrschende Ausdruck der Individualität zu sein scheint. Dies lässt sich schon daran erkennen, dass die Individualität des Menschen wohl mit verschiedenartigen Affekten auf die gleichen Krankheiten reagieren kann, welche die Krankheit aber letztlich nicht verändern. Diphtherie, Masern, Keuchhusten, Syphilis etc. bleiben das, was sie sind, lediglich die Art ihres Ausdrucks verändert sich. Eine Krankheit scheint sich auf andere Art zu organisieren, als dies in menschlichen Bezügen zum Ausdruck kommt. Für die angegebene ontologische Differenz konnte bisher keine systemische Entsprechung im Organisations- und Institutionsbereich oder in anderen Formen der Aufstellungsarbeit gesehen werden.

Das Instrument der Aufstellungsarbeit erscheint geeignet, in menschlichen Bezügen eine Darstellung der zugrunde liegenden Kräfte zu ermöglichen, die über den familiären Rahmen hinausgehen, in dem dieses Instrument zunächst entwickelt wurde und in dessen Feld es seine tiefste Wirkung entfaltet. Das Ergebnis der Aufstellungsarbeit scheint auch in Organisationsaufstellungen immer wieder auf diese tieferen menschlichen Bezüge in einen demütigen und damit heilsamen Weise zurückzuführen. Es zeigt das Bedürfnis, einem übergeordneten organisatorischen und institutionellen Bereich zu dienen, als Ausgleich und Ergebnis einer stimmigen Ordnung im familiären Feld. Die Familie dient einem übergeordneten Ganzen.

Es zeigen sich also gewisse Grenzen der Anwendbarkeit der Aufstellungsarbeit, wenn die darzustellenden Phänomene das Feld der Persönlichkeitsbeziehungen verlassen. Hier scheinen die Tetralemmaarbeit und die Problemaufstellungsarbeit nach Insa Sparrer und Matthias Varga von Kibéd ein Differenzierungsinstrument für die Fragestellung zu sein, ob ein Bezug eines Problems zum System vorliegen könnte. Gleichzeitig können sie aber vielleicht auch Felder erschließen, die einer homöopathischen oder einer anderen sich an Krankheiten orientierenden Arbeit nicht mehr entsprechen, um dadurch an therapeutischer Prägnanz und Wirksamkeit zu verlieren.

Hier entfernt sich der systemische Aspekt vom phänomenologisch heilsamen und erlangt palliative Wirkung, die sicherlich bei Unheilbarkeit angezeigt ist oder dann, wenn Organisationen sich nicht auf für die Mitglieder der Organisation auf heilsame Weise verändern lassen.

Homöopathische Systemaufstellungen – Anwendung und Analogien zu Organisationsaufstellungen

Friedrich Wiest und Matthias Varga von Kibéd

VORBEMERKUNGEN UND ZIELSETZUNG

In Experimentalgruppen und in Seminaren mit HomöopathInnen und FamilientherapeutInnen arbeiten wir seit sechs Jahren mit Homöopatischen Systemaufstellungen (HSA). Wir verstehen darunter die Verbindung von drei Aufstellungsarten (vgl. Wiest u. Varga v. Kibéd 1998):

- Familienaufstellungen (FA),
- Klientensymptomaufstellungen (KSA) und
- Leitsymptomaufstellungen (LSA).

Das Vorgehen bei *Familienaufstellungen* folgt in den Grundzügen dem Vorgehen Bert Hellingers. Im Anschluss an die Familienaufstellung im Rahmen der homöopathischen Systemaufstellungen sammeln wir in der Gruppe Ideen für ein homöopathisches Arzneimittel. Es sind Mittelideen der HomöopathInnen, die durch das Sichtbarwerden der Familiendynamik und der Lösung aufscheinen. Durch die Aufstellungsarbeit erhalten wir Informationen aus dem sozialen Zusammenspiel über die Generationen hinweg, die in der homöopathischen Anamnese in der Regel nicht beachtet werden. Wir erhalten dadurch ein tieferes Verständnis über das Krankheitsgeschehen der PatientInnen, was oft neue Akzente für die Mittelfindung setzt. PatientInnen erhalten durch die Aufstellung meist einen kräftigen Impuls zur Stärkung des Selbstbewusstseins und zur Förderung der Heilung.

Bei *Klientensymptomaufstellungen* machen wir mit den PatientInnen eine Kurzanamnese. Wir wählen sechs bis acht „herausragende" Symptome (vgl. Hahnemann, *Organon*, § 153) aus, clustern und hierarchisieren sie. Die PatientInnen lassen wir aus der Gruppe jeweils einen Repräsentanten für die ausgewählten Symptome aussuchen, zusätzlich einen Fokus, der für die Sichtweise der Patientin steht. Die PatientInnen stellen dann die RepräsentantInnen im Raum auf, so wie wir es von den Familienaufstellungen her kennen. Die RepräsentantInnen werden befragt und dann umgestellt, bis (mit Hilfe von Sätzen der Kraft und anderen Ritualen) ein für alle Beteiligten akzeptables Lösungsbild entsteht. Am Ende ergibt sich eine Umdeutung der Krankheitssymptome durch die RepräsentantInnen aus deren Befindlichkeit heraus, die oft sehr berührend und höchst erstaunlich ist. Wir behandeln die Krankheitssymptomatik wie ein Energiefeld und führen es vom anfänglichen Störungsbild zu einer Lösung, die Analogien zu Familienaufstellungen zeigt und die die Aufgabe der Krankheit und ihrer Symptomatik aufscheinen lässt. Nach der Aufstellung sammeln wir wieder Ideen zu möglichen homöopathischen Arzneimitteln. Die Aufstellungen ergeben für die PatientInnen oft erstaunlich nachhaltige Impulse. Wir haben manchmal den Eindruck, als ob die Wirkung der Gabe von Hochpotenzen entsprechen würde. Eine zusätzliche Mittelgabe erübrigt sich zunächst; die aufgetauchten Mittelideen können zu einem späteren Zeitpunkt zur Anwendung kommen.

Bei *Leitsymptomaufstellungen* sammeln wir die Symptome eines homöopathischen Arzneimittels, wählen die Leitsymptome aus, clustern und hierarchisieren sie. Sechs bis acht Symptome und ein Fokus (als Zentrum des Arzneimittels) werden ausgewählt, mit RepräsentantInnen besetzt, wiederum im Raum aufgestellt, befragt und in Richtung auf ein Lösungsbild umgestellt. Aus der Befindlichkeit der RepräsentantInnen ergibt sich auch hier eine Umdeutung der Leitsymptome, die uns Wesen und Aufgabe des Arzneimittels näher bringen.

Homöopathische Systemaufstellungen und insbesondere Klientensymptomaufstellungen weisen interessante Analogien zum Vorgehen bei Organisationsaufstellungen (OA) auf. Das ist weniger überraschend als es prima facie erscheint, denn die Anliegen, die in Organisationsaufstellungen bearbeitet werden, können durchaus von Symptomatiken der Organisationen ausgehen; darüber hinaus werden in vielen Modellen der Unternehmensberatung Analogien der Organisationen zu Organismen verwendet (z. B. lernende Organisation, Tochterfirmenbildung etc.). Zur Verdeutlichung dieser Analogien von Organisationsaufstellungen und Homöopathischen Systemaufstellungen geben wir in Teil 1 eine Folge von Hinweisen, die sich unseres Erachtens für die Praxis sowohl der Organisationsaufstellung wie der Homöopathischen Systemaufstellung als nützlich erweisen. Danach folgt ein Fallbeispiel einer Klientensymptomaufstellung aus dem Kongressworkshop der Tagung „Werkstatt Organisationsaufstellungen" im April 1998 in Wiesloch.

1. GEMEINSAMKEITEN UND ANALOGIEN DES VORGEHENS BEI ORGANISATIONSAUFSTELLUNGEN BZW. HOMÖOPATHISCHEN SYSTEMAUFSTELLUNGEN

a) *Homöopathische Systemaufstellungen erlauben dem Homöopathen einen Vergleich verschiedener Systemebenen beim Klienten* (und zwar die Systemebenen der Familienstruktur über die FA, der Symptomatik der KlientInnen über die KSA und der Leitsymptomstruktur eines als Simile erwogenen Heilmittels über die LSA). Der Vergleich wird hier durch die Resonanz der Systemebenen ermöglicht. Diese Resonanz zeigt sich in impliziten oder expliziten Strukturebenenwechseln innerhalb einer Teilaufstellung einer homöopathischen Systemaufstellung und durch augenfällige Analogien von Teilen der Beziehungsmuster zwischen diesen Aufstellungsformen (zu Resonanz und Strukturebenenwechsel vgl. Sparrer u. Varga von Kibéd 1998, Varga von Kibéd u. Sparrer 2000).

b) *Homöopathische Systemaufstellungen verwenden einen multiperspektivischen Ansatz.* In HSA muss regelmäßig nicht nur die Perspektive der aufstellenden KlientInnen, sondern auch die Perspektive anderer, in der Regel abwesender Familienmitglieder berücksichtigt werden. Darüber hinaus kommt es auch an auf die Perspektive der behandelnden HomöopathInnen sowie – für die Leitsymptom-, zum Teil auch für die Klientensymptomaufstellung – auf die Perspektive anderer HomöopathInnen in der Aufstellungsgruppe und, streng genommen, auf die Sicht der „Homöopathie".

c) *Die multiplen Systemebenen bei Homöopathischen Systemaufstellungen und ihr multiperspektivischer Charakter führt zu Strukturähnlichkeiten des Vorgehens bei HSA und Organisationsaufstellungen,* denn die beiden zuvor (unter a und b) ausgeführten Erfordernisse gehören natürlich zu den Grundcharakteristika von OA, da hier in der Regel von unterschiedlichen Auftraggeberperspektiven und verschiedenen Hierarchieebenen und Abteilungen der beratenen Organisation auszugehen ist. *Insbesondere ergeben sich Überschneidungen mit dem Anwendungsbereich von Organisationsaufstellungen in Anwendung auf Belange von HomöopathInnen* (Sozialaufwendungen, Kassensystem, Kostendruck, Mangel an homöopathischen Lehrkrankenhäusern und Lehrstühlen ...).

Eine Vielzahl von Prinzipien, deren Beachtung für die Entwicklung der Organisationsaufstellungen zentral ist, muss in analoger Weise bei der Arbeit mit HSA beachtet werden. Daraus ergeben sich *interessante Möglichkeiten der wechselseitigen Übertragung von Einsichten und Regularitäten zwischen OA und HSA.*

d) Zu diesen Übertragungsmöglichkeiten gehören etwa Analogien zu bestimmten Formen der Satir'schen Familientherapie (vgl. etwa Satir 1988, wie beispielsweise die Integration innerer Teile in der Schlussphase der *parts party.* Bei den HSA spielt – bei der Klienten- wie bei der Leitsymptomaufstellung – die Umdeutung und Umwandlung der Systemelemente und ihrer Bezeichnungen in einem kreativen systemischen Gruppenprozess eine zentrale Rolle. Die anrührenden, überraschenden und oft weisen Umdeutungen belastender Aspekte stellen gleichzeitig eine hervorragende Verankerung von Aufstellungserlebnissen durch kognitive Umstrukturierungen dar. Dies ist analog zu der Bedeutung des Krise-als-Chance-Denkens im Organisationsbereich. Es hat dort auch zur Akzeptanz absichtlicher Störung von gewohnten Prozessen als Mittel zur Steigerung der Immun- und Adaptionskraft des Systems geführt. *Bei OA und HSA ist der Aspekt der Umdeutung, Umwandlung und Integration von Hindernissen von erhöhter Wichtigkeit.* Dieser Aspekt ist eher mit der Familienarbeit Satir'scher Prägung zu verbinden (vgl. Satir 1990), während die Familienaufstellung half, den Blick auf die zuvor häufig ausgeblendeten systemischen Ordnungsaspekte zu richten.

e) *Organisationsaufstellungen und Homöopathische Systemaufstellungen erfordern häufig Fusionen und Aufspaltungen von Systemelementen im Aufstellungsprozess.* Dabei verstehen wir unter Fusion von Systemelementen im Aufstellungsprozess eine Komplexitätsreduktion des Bildes, indem mehrere Repräsentanten etwa für Teammitglieder durch einen einzelnen Repräsentanten ersetzt werden. Dies geschieht zum Beispiel dann, wenn es bei der jeweiligen Phase der

Aufstellung für das Anliegen des Klienten nur noch auf das Gesamtverhalten des Teams nach außen und nicht mehr auf die kontroversen Tendenzen der Teammitglieder ankommt. Analog dazu ist eine Aufspaltung Ausdruck einer für das Lösungsbild als erforderlich vermuteten Differenzierung von Teilaspekten eines Systems, das zuvor durch einen einzelnen Repräsentanten dargestellt wurde. Bei einer Klienten- und Leitsymptomaufstellung finden Fusionen und Aufspaltungen oft schon in der Vorbesprechung der Auswahl der Symptome statt, da hier zum Beispiel nachträglich vorgeschlagene überzeugende gemeinsame Muster von Symptomen Fusionsgründe darstellen können. (Hier weisen OA und HSA Analogien zur Methodik der Drehbuchaufstellungen auf – vgl. Varga von Kibéd 1998a und in diesem Band.) In Familienaufstellungen werden höchstens gelegentlich große Geschwisterzahlen oder Vorfahrenlinien zusammengefasst und manchmal nachträglich differenziert. Die erhöhte Bedeutung von Fusionen und Aufspaltungen in all diesen Fällen beruht darauf, dass hier (im Gegensatz zu FA) *die Organisationswirklichkeit und das Symptomsystem nicht kanonisch gegeben* sind. Symptome können unterschiedlich hierarchisiert und zu Clustern zusammengefasst werden, Organisationen lassen sich höchst unterschiedlich beschreiben (die betrachteten Drehbücher befinden sich oft noch im Entstehen und lassen daher eine veränderte Figurenzahl zu; zu Drehbuchaufstellungen vgl. Varga v. Kibéd 1998a, b).

f) *Wie bei politischen Aufstellungen* (vgl. Sparrer u. Varga von Kibéd 1998, Varga von Kibéd u. Sparrer 2000 sowie Scheucher u. Szyszkowitz 1998) *geht es bei Organisations- und Homöopathischen Systemaufstellungen oft nicht um ein befriedigendes Lösungsbild bei allen Beteiligten, sondern eher um ein Anerkennen von weit über den eigenen Handlungsraum hinausgehenden Kräften* (Miasmen, weltwirtschaftliche Entwicklungstrends oder die eingeschränkte oder fehlende Beeinflussbarkeit höherer Systemebenen für die BeraterInnen, deren Auftrag von einer mittleren Systemebene erfolgte).

g) *Homöopathische Systemaufstellungen erfordern ähnlich wie Organisationsaufstellungen häufig ein „systematisch ambiges" Vorgehen.* Unter systematisch ambiger Aufstellung (vgl. Varga von Kibéd u. Sparrer 2000) ist ein Vorgehen beim Aufstellungsprozess zu verstehen, welche das Aufstellungsbild ständig simultan auf mindestens zwei Systemebenen auffasst. Bei einer Homöopathischen Systemaufstellung können dann etwa in der Leitsymptomaufstellung rituelle Sätze derart formuliert werden, dass sie zugleich auf der Familien-, wie auch auf der Klientensymptomebene verstanden werden können. So kann „Dir das deine, mir nur das Meine" an Stelle von „lieber Vater, ich lasse dir deine Last und trage nur mein eigenes Schicksal" dem Übergang zu einer systematisch ambigen Arbeitsweise entsprechen.

Bei Organisationsaufstellungen hat das systematisch ambige Vorgehen oft mit der Erfordernis der verdeckten Arbeit zum Schutz der KlientInnen zu tun. Bei Leitsymptomaufstellungen wird charakteristischerweise der Verlauf als exemplarisch und nicht als global aufgefasst; das heißt, nicht jeder Arsen-Fall muss viele oder die meisten Züge eines gegebenen spezifischen typischen Arsen-Falls aufweisen. Doch aus der Gemeinsamkeit vieler, guter Arsen-Fallgeschichten zeigt sich etwas über das Arsenbild. Ebenso wird eine Familienanalogie zu einer Carcinosinaufstellung bei einer anderen Familienstruktur sich konkret ganz anders äußern, und die FA/LSA-Analogien müssen eher wie mehrdeutige Lehrgeschichten verstanden werden, die selbst bei gleicher Leitsymptomauswahl für ein anderes Familiensystem prima facie ganz andere Strukturmerkmale des Familiensystems betreffen werden. Die Analogie wird sich erst auf einer höheren Invarianzebene beim Vergleich verschiedener Aufstellungen desselben Mittels zeigen.

h) *Erfahrungen mit Homöopathischen Systemaufstellungen erleichtern das Verständnis der Organisationsaufstellung ungemein, während ein direkter Vergleich von OA und FA eine zu anthropomorphe oder familienartige Sichtweise von Organisationen nahe legen kann.*

i) *Homöopathische Systemaufstellungen und Organisationsaufstellungen erfordern Repräsentation überpersönlicher Systemelemente.* Bei HSA haben wir es, implizit schon bei den Klienten- und sicherlich bei den LSA, (insbesondere aus der Sicht der Boller und Berliner Schule der Homöopathie) mit überpersönlichen Qualitäten zu tun. Die Aufstellungsprinzipien ähneln hier eher solchen Familienaufstellungen, bei denen ganze Länder mit ihrer Geschichte (etwa als Herkunftsland eines Elternteils) oder politische Kräfte (wie etwa der Nationalsozialismus) und Ereignisse (wie etwa die Weltwirtschaftskrise) einbezogen werden müssen. Auch bei Organisationsaufstellungen müssen häufig mächtige externe Kontextbedingungen in die Aufstellung einbezogen werden. Das heißt, wir können entsprechende Systemelemente sowohl bei HSA und OA nicht in jeder Hinsicht analog zu Familienmitgliedern bei FA behandeln. *Umgewandelte symptomatische Aspekte bei Klienten- und Leitsymptomaufstellungen verhalten sich auch ähnlich wie übergeordnete Ziele und Werte, die für ein Team, ein Projekt oder eine Firma über lange Zeit den Handlungsrahmen prägten.*

j) *Analogien zur Glaubenspolaritätenaufstellung und Wertpolaritätenaufstellung erweisen sich für Homöopathische Systemaufstellungen wie für Organisationsaufstellungen gleichermaßen als wichtig.* In diesen Aufstellungsarten (vgl. Sparrer u. Varga von Kibéd 1998, Varga von Kibéd u. Sparrer 2000) werden überpersönliche Qualitäten durch Personen repräsentiert, deren Platz im Raum von Aufstellungsbild zu Aufstellungsbild konstant bleibt (derartige RepräsentantInnen bezeichnen wir grammatisch als „Orte", nicht als „Repräsentanten im engeren Sinne", vgl. Varga von Kibéd u. Sparrer 2000). Eine analoge Verwendung von konstanten Zielen und Werten bei OA erweist sich häufig als nützlich.

Da die Klientensymptomaufstellung am ehesten als Mittelglied zwischen FA und LSA (als den beiden miteinander am wenigsten ähnlichen Formen der Homöopathischen Systemaufstellung gesehen werden kann und sich in Wiest u. Varga v. Kibéd (1998) schon ein Beispiel einer Leitsymptomaufstellung findet, sei hier zur Abrundung eine im Rahmen unseres HSA-Workshops in Wiesloch im April 1998 durchgeführte KSA verkürzt wiedergegeben. Die genaueren Analogien zu Prinzipien der Organisationsaufstellung bei unserem Vorgehen ließen sich aus dem oben Genannten ableiten, worauf wir hier verzichten müssen.

2. Beispiel einer Klientensymptomaufstellung (KSA)[1]

Werner, 44, verheiratet, 2 Kinder. Die Kurzanamnese ergab: W. leidet seit Jahren an einem rezividierenden Erysipel (Wundrose). Es trat zunächst einmal, später dreimal im Jahr auf; dann ging W. in homöopathische Behandlung. Die Krankheit zeigt sich durch „irre Schmerzen", starke Rötung vom Fuß bis zum Knie, deutliche Schwellungen, 40° Fieber, Schüttelfrost, Schweiß (besonders rechts), heftiges Stechen und hohe Berührungsempfindlichkeit. Weder eine Causa noch Modalitäten (Verbesserungs- und Verschlechterungsbedingungen)

---

1 Der Fall wurde anonymisiert.

sind erkennbar. Auf die Bedingungen der Schübe angesprochen, sagt W.: „Ich versteh's nicht." Mit fünf Jahren hatte W. Polio, daher hat er Muskelschwäche rechtsseitig, besonders im Unterschenkel. W. litt unter Morbus Bechterew, der zum Stillstand kam. Er tanzt und bewegt sich gerne und beschreibt sich kritisch als zäh, haltend, streng, vergleichend, urteilend und zustimmend, zuverlässig, warm und genau. Er sammelt alte Sachen, Antiquitäten, hat eine „Affinität zu Bildern" und abstrakter Kunst und betont: „In Bildern ist etwas, was ich darin suche." W. hat Reibungen mit seinem Sohn. Der Sohn würde sagen: „Papa ist rücksichtslos zu sich selbst"; manchmal auch gegen den Sohn. Die Frau würde dem zustimmen. Aus dieser Symptomatik wählten wir in Absprache mit den im Workshop anwesenden HomöopathInnen folgende „herausragende" Symptome aus und clusterten sie:

Nummer Hierarchisierung	Abk.	herausragende Symptome	weitere Symptome im Cluster
1	Sch	irre Schmerzen	Wundrose mit der ganzen Symptomatik
2	Be	Bewegungseinschränkung	Polio, Muskelschwäche, Bechterew
3a	NV	nicht verstehen	„etwas, was ich darin suche"; unklare Bedingungen, Modalitäten, Bewegungswunsch
3b	RL	Rücksichtslosigkeit	gegen sich, gegen andere
4	W	Wärme	
5	S	Sammeln	haltend, chronisch

Für diese „herausragenden" Symptome ließen wir den Klienten jeweils eine Person aus der Gruppe auswählen, zusätzlich einen Repräsentanten für sich als Fokus. Dann stellte er die Personen im Raum auf, so wie wir es von den Familienaufstellungen kennen. Es ergab sich folgendes Anfangsbild:

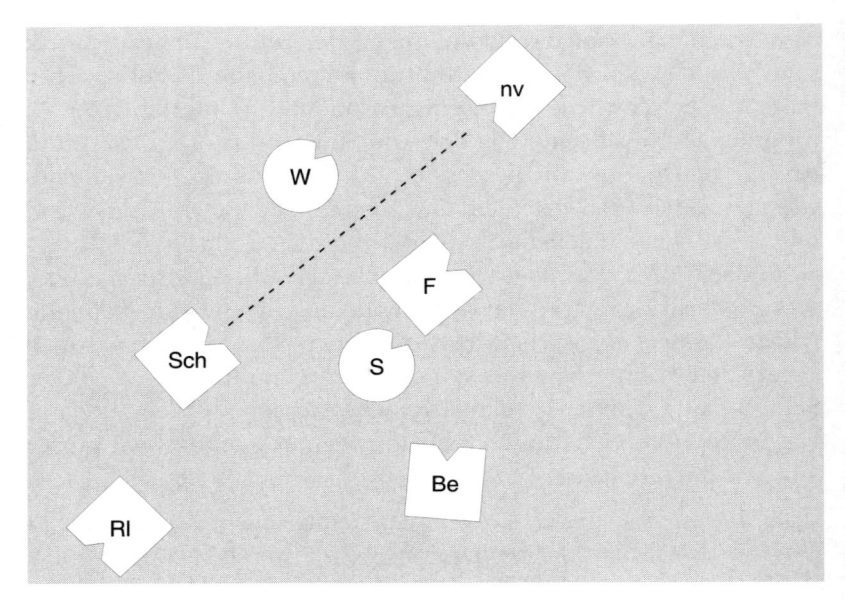

Sch	Schmerzen	W	Wärme
Be	Bewegungseinschränkung	S	Sammeln
nv	nicht verstehen	F	Fokus
Rl	Rücksichtslosigkeit	- - -	unmittelbarer Blickkontakt

Wir gingen bei unserer Arbeit unter anderem von folgenden vermuteten Dynamiken als Arbeitshypothesen aus:

1.) F übernimmt etwas, das zwischen Sch und NV gehört und das er im Wesentlichen an NV zurückzugeben hat.
2.) F „repräsentiert" wahrscheinlich (das Muster von) RL, mit dem er durch Resonanz bezüglich Alleinseinsgefühl und Schwanken zwischen Aggression und Traurigkeit verbunden zu sein scheint. (Anstelle des bei Hellinger üblichen Begriffs der Identifikation verwenden wir lieber den uns präziser scheinenden Begriff der (partiellen) Repräsentation eines fremden (Schicksals-)Musters; vgl. Varga von Kibéd u. Sparrer 2000).
3.) Be scheint mit NV mindestens in sanfter Koalition (evtl. in tiefer Verbindung). NV spricht von Seinseinheit mit Be und einer Einheit im Tun mit Sch.
4.) W steht wie Partnerin zu F. Sie sagt, sie fühle sich fremd und wie in ein belastendes System hineingezogen.

Verlauf der Aufstellung
Von den Aufgestellten hatte Be ein starkes Beinzittern. F fühlte sich aggressiv auf die Baumaschinen und den Verkehr vor dem Fenster, und Sch will zwischen W und F gewaltsam durch zu NV (scheint die Position von F als Anmaßung zu erleben). Sch betont, dass er vor F gehört, näher zu NV als F. Be ist enger mit NV verbunden, im Zweifel gegen Sch. S wird von F anfangs eher angenehm, später weniger angenehm erlebt. S ist für Be sofort angenehm. S selbst geht es nicht gut, und sie findet, dass sie zu nahe bei F steht. Im Anfangsbild will NV auch im Uhrzeigersinn weggehen, wegdrehen. RL fühlt sich auch aus dem Bild herausgezogen.

Wir hatten aufgrund des Bildes und der Reaktionen der Repräsentanten den Eindruck, dass Sch und NV gegenüber F eher hierarchisch vorgeordnet anzuschauen waren. Körpersprachliche Reaktionen von NV, F und Sch ließen es uns als wahrscheinlich erscheinen, dass NV als gegenüber Sch vorgeordnet anzusehen war. Als implizite, nicht ausgesprochene Arbeitshypothese behandelten wir Sch analog zu einem Elternteil, NV zu einem Großelternteil, jeweils eher in der Vaterlinie des Fokus. Bei Be vermuteten wir die Funktion für F, diesen an NV zu erinnern, und tendierten daher eher dazu, Be weiter auf der Symptomebene zu sehen. Stellung und körperliche Reaktionen von RL und anderen Repräsentanten ließen es uns als wahrscheinlich erscheinen, dass RL als ausgeschlossenes Mitglied der Mutterlinie zu sehen war.

Am heftigsten wirkte im weiteren Verlauf der Aufstellung das Thema der Beziehungen von F, Sch und NV. Deshalb wurde die Prozessarbeit auch mit diesen drei Repräsentanten begonnen. Wir stellten zunächst so um, dass alle RepräsentantInnen Blickkontakt aufnahmen, und begannen mit einem Prozess einer rituellen Rückgabe (einer nicht benannten Belastung) von F an Sch. Dieser Prozess begann mit einer anfänglichen Vorwurfshaltung von F gegenüber Sch, die sich nach Aufforderungen zur Änderung der Blickqualität und einer symbolischen Rückgabegeste mit Verneigung auflöste. Anschließend arbeiteten wir mit einem Prozess zwischen Sch und NV, wobei diese beiden symbolisch einen Teil der ungenannten Last aufnahmen, nachdem Sch zu NV sagte: „Dir das Deine, mir nur das Meine." F lässt das, was zwischen Sch und NV zu ihnen, die lange vor ihm sind, gehört, bei ihnen. Dies führt zu einer Erleichterung und starker Rührung beim Klienten. Daraufhin ließen wir den Klienten an die Stelle von F hineinwechseln. Danach förderten wir den Prozess der Einbeziehung (Ausschlussvermutung) von RL durch F: „Auch ohne zu verstehen und zu wissen, gebe ich dir jetzt schon einen Platz, der dir zukommt." Dies führte zu deutlicher Rührung des Klienten und der anderen TeilnehmerInnen. Anschließend führten wir ein Ritual des Sehens und Platzeinräumens zwischen Klient und W durch. Die Gesten des Klienten kommen bei W erst an, als er die Worte spricht: „Ich gebe Dir Raum in mir." Der Prozess braucht Zeit, und beide entspannen sich, als gesagt wird: „Und es braucht Zeit." Die Symptome 1, 2, 3a und 3b hatten sich zu diesem Zeitpunkt schon umdefiniert (in der Zeit, als der Klient eingewechselt wurde, s. unten). Nach diesem Ritual kann auch W sich lösungsorientiert umbenennen (in angemessener Weise als beginnender Prozess).

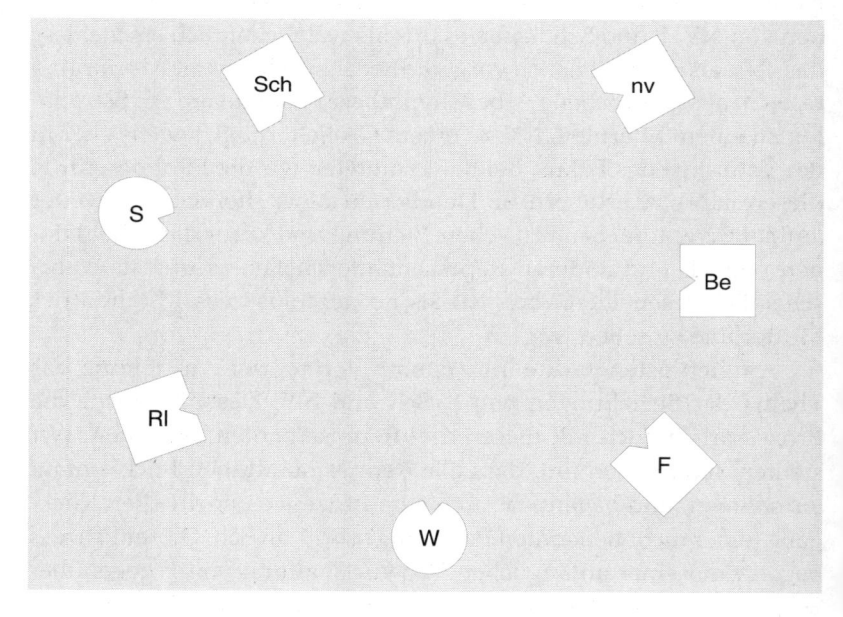

Sch   das Paket, das von F an ihn übergeben wurde
      (symbolische Lastenrückgabe)

Lösungsbild der Klientensymptomaufstellung

Im Lösungsbild beschrieben am Ende die RepräsentantInnen folgende Wandlungen ihrer ursprünglichen Qualitäten: Aus „irrer Schmerz" wurde „Kraft und Wohlwollen, das dich unterstützt". Die „Bewegungseinschränkung" wurde zu „ganz großer Ruhe und Wärme in mir". Aus „nicht verstehen/Bewegungswunsch" wurde „mehr verstehen und fühlt sich in Einheit". „Wärme" empfand noch mehr Wärme, und aus „Sammeln" wurde „ein lebendiger Teil, der dazu gehört". Die „Rücksichtslosigkeit" hat sich schließlich in „beginnende Zugewandtheit" benannt.

Aufgrund der Kurzanamnese und der bewegenden Eindrücke aus dieser Klientensymptomaufstellung reflektierten wir Ideen zu homöopathischen Arzneimitteln für Werner. Die anwesenden HomöopathInnen waren sich einig, dass die Berührung des Klienten so tief war, dass jetzt keine Mittelgabe anstand. Abhängig von der weiteren Entwicklung wurde Natrium-muriaticum, vereinzelt auch Staphisagria, als für den Klienten vermutlich hilfreich in Erwägung gezogen.

3. Schlussbemerkung

Die Erweiterung des Verfahrens der systemischen Familienaufstellungen auf andere Gebiete führte als eine der ersten Stationen zu der Idee, Organisationen aufzustellen. Dadurch blieben die Grundideen der Organisationsaufstellung längere Zeit deutlich geprägt von der Suche nach Familienanalogien als Grundprinzipien. Diese Vorgehensweise war für die Entwicklung der Methodik der OA ohne Zweifel nützlich, hatte jedoch eine Nebenwirkung: Sie erschwerte es, eigenständige Prinzipien für OA in den Blick zu bekommen, die auf Systemeigenschaften beruhen, die bei Familienaufstellungen unwahrscheinlich oder irrelevant sind. Das Verfahren der Systemischen Strukturaufstellungen erlaubt die Weiterentwicklung der OA gerade in Bezug auf solche eigenständigen, das heißt nicht primär familiensystemisch motivierten, Prinzipien (vgl. Sparrer im vorliegenden Band, Varga von Kibéd im vorliegenden Band). Gerade der Vergleich von Aufstellungsarten für äußerst heterogene Anwendungsbereiche zwingt zur Betrachtung geeigneter höherer Invarianzebenen der Grundprinzipien. Die überraschenden Analogien von Homöopathischen Systemaufstellungen und Organisationsaufstellungen, die wir hier noch keineswegs ausgeschöpft haben, sind auf dem Hintergrund der Überlegung plausibler, dass in beiden Fällen Systeme mit hoher Beschreibungsabhängigkeit der Struktur vorliegen. Die Analogien, die die Verwendung des Symptombegriffs sowohl für HSA als auch OA nahe legen, lassen sich sicherlich noch weiter ausbauen. Das von uns hier demonstrierte Vorgehen zur Erweiterung des methodischen Verständnisses von Aufstellungsverfahren sollte sich für Organisationsaufstellungen auch künftig noch als nützlich erweisen.

Literatur

Hahnemann, S. (1996): Organon der Heilkunst. „Aude Sapere" (6. Aufl.). Heidelberg (Haug).

Satir, V. (1988): Meine vielen Gesichter. München (Kösel).

Satir, V. (1990): Kommunikation, Selbstwert, Kongruenz. Paderborn (Junfermann).

Scheucher, H. u. T. Szyszkowitz (1998): Systemische Aufstellung zum Bosnienkonflikt. Krieg im Nachbarland – was braucht der Friede? In: G. Weber (Hrsg.): Praxis des Familien-Stellens. Heidelberg (Carl-Auer-Systeme), S. 510–513.

Sparrer, I. (2000): Vom Familien-Stellen zur Organisationsaufstellung. Zur Anwendung Systemischer Strukturaufstellungen im Organisationsbereich. Im vorliegenden Band, S. 91–126.

Sparrer, I. u. M. Varga v. Kibéd (1998b): Vom Familien-Stellen zur Systemischen Strukturaufstellungsarbeit. In: G. Weber (Hrsg.): Praxis der Familien-Stellens. Heidelberg (Carl-Auer-Systeme), S. 394–404.

Varga v. Kibéd, M. (1998a): Bemerkungen über philosophische Grundlagen und methodische Voraussetzungen der systemischen Aufstellungsarbeit. In: G. Weber (Hrsg.) Praxis des Familien-Stellens. Heidelberg (Carl-Auer-Systeme), S. 51–60.

Varga v. Kibéd, M. (1998b): Systemisches Kreativitätstraining, Tetralemmaaufstellungen und Aufstellungsarbeit mit Drehbuchautoren. In: G. Weber (Hrsg.): Praxis des Familien-Stellens. Heidelberg (Carl-Auer-Systeme), S. 504–509.

Varga v. Kibéd, M. (2000): Unterschiede und tiefere Gemeinsamkeiten der Aufstellungsarbeit mit Organisationen und der systemischen Familienaufstellungen. Im vorliegenden Band, S. 11–33.

Varga v. Kibéd, M. u. I. Sparrer (2000): Ganz im Gegenteil. Tetralemmaarbeit und andere Grundformen Systemischer Strukturaufstellungen. Heidelberg (Carl-Auer-Systeme), 2. Aufl.

Weber, G. (Hrsg.) (1998): Praxis des Familien-Stellens. Heidelberg (Carl-Auer-Systeme), 3., überarb. Aufl. 2000.

Wiest, F. u. M. Varga v. Kibéd (1998): Homöopathische Systemaufstellungen. In: G. Weber (Hrsg.): Praxis des Familien-Stellens. Heidelberg (Carl-Auer-Systeme), S. 446–459.

III Wissenschaftliche Untersuchung zu Organisationsaufstellungen

Das Aufstellen von Arbeitsbeziehungen in Wirtschaftsunternehmen – Erfahrungen und Ergebnisse empirischer Untersuchungen

Franz Ruppert

1. PERSONENAUFSTELLUNGEN UND EMPIRISCHE FRAGESTELLUNGEN

Mit der von Bert Hellinger entwickelten Methode der Personenaufstellung wird in der psychotherapeutischen und supervisorischen Praxis zunehmend gearbeitet. Mit ihr werden vielfältige Erfahrungen gemacht, die Therapeuten, Supervisoren, Patienten und Klienten persönlich überzeugen, teilweise sogar euphorisch stimmen. Es gibt jedoch kaum wissenschaftliche Untersuchungen, die sich mit den zahlreichen Fragen befassen, die angesichts dieser außergewöhnlichen Methode und ihrer rätselhaften Effekte und „Geheimnisse" (Weber u. Gross 1998) nicht nur von Skeptikern zu Recht gestellt werden, z. B.:

– Wie sehr spielt die persönliche Situation eines Stellvertreters in einer Aufstellung eine Rolle und beeinflusst seine Empfindungen und Aussagen?
– Welche Rolle spielt der Therapeut oder Supervisor für den Prozess und das Finden von Lösungen?
– Welchen Einfluss und welche Bedeutung hat die Gruppe?
– Wodurch unterscheiden sich Primäraufstellungen (die aufstellende Person ist selbst anwesend) von Sekundäraufstellungen (jemand stellt das System einer nicht anwesenden Person auf)?
– Welche kurz-, mittel- und langfristigen Ergebnisse werden durch Aufstellungen erzielt?

- Worauf beruhen die durch eine Aufstellung erzielbaren Effekte?
- Für welche Problemstellungen eignen sich Personenaufstellungen besonders, für welche sind sie ungeeignet oder vielleicht sogar schädlich?

Ob wissenschaftliche Untersuchungen unternommen werden, ist von vielfältigen Bedingungen abhängig. Die wichtigsten sind Interesse, Geld und Zeit. Ich teile nicht die Meinung, die Aufstellungsarbeit sei für wissenschaftliche Untersuchungen quasi sakrosankt, weil man dadurch eventuell Zweifel nähre, die den Effekt beeinträchtigen könnten. Daher habe ich in den letzten Jahren versucht, mit den Mitteln, die mir an der Katholischen Stiftungsfachhochschule München für Forschungsarbeiten zur Verfügung stehen, eigene Untersuchungen durchzuführen und Studenten/innen in ihren Diplomarbeiten auch zu einer empirischen Auseinandersetzung mit der Hellingerschen Methode der Personenaufstellungen anzuregen (als Beispiel: Unger 1997). Ich möchte im folgenden über jene Teile eines aus Bundesmitteln geförderten Forschungsprojektes berichten, die sich mit Arbeitsbeziehungsaufstellungen befassen. Ich favorisiere den Begriff der Arbeitsbeziehungsaufstellung gegenüber dem der Organisationsaufstellung, weil meiner Meinung nach damit konkreter zum Ausdruck kommt, worum es geht: um zwischenmenschliche Beziehungen im Kontext des betrachteten Arbeitssystems.

2. ERHEBUNGEN UND AUSWERTUNG VON ARBEITSBEZIEHUNGSAUFSTELLUNGEN IN INDUSTRIEBETRIEBEN

2.1 Vorgehensweise

Aufstellungsbilder von Führungs-, Fachkräften und Mitarbeitervertretern

Das Projekt, über das hier berichtet wird, ist Teil einer größeren Forschungsstudie. Es wurde unter meiner Leitung an der Katholischen Stiftungsfachhochschule München unter dem Titel „Determinanten der Sicherheits- und Gesundheitskultur in Organisationen" durchgeführt.[1] Wir befragten im Rahmen dieser Studie in 16

---

[1] Verbundprojekt „Ganzheitliches Management des Arbeits- und Gesundheitsschutzes (GAMAGS)", gefördert durch Mittel des Bundesministeriums für Bildung, Wissenschaft, Forschung und Technologie, Förderkennzeichen 01 HK 293/4.

Industrieunternehmen u. a. 156 Führungskräfte unterschiedlicher Hierarchieebenen, Sicherheitsexperten (Sicherheitsfachkräfte und Sicherheitsbeauftragte), Betriebsärzte und Mitarbeitervertreter über die betriebliche Situation zum Thema Arbeits-, Gesundheitsschutz und Gesundheitsförderung. Wir baten unsere Interviewpartner zum Abschluss des mit ihnen geführten Gesprächs, ihr System der Arbeitsbeziehungen, insbesondere unter dem Aspekt des Arbeits- und Gesundheitsschutzes (AGS), mit Hilfe von kleinen Figuren darzustellen. Die Interviewpartner legten zuerst fest, welche Personen im Betrieb für sie für den AGS bedeutsam erschienen. Danach positionierten sie die Figuren so auf einem weißen DIN A-3 Blatt, dass deutlich wurde, wer zu wem welchen Abstand hat, und wer wohin blickt. Dieses Aufstellungsbild wurde von den Interviewern dann auf dem DIN A-3 Blatt durch Symbole markiert und gegebenenfalls durch Kommentare der Interviewpartner ergänzt.

Abbildung 1 gibt beispielhaft die Aufstellung eines Arbeitsbeziehungssystemes wieder. Der offene Winkel bei den Kästchen, die die Personen symbolisieren, gibt an, in welche Richtung die Personen blicken. Die wiedergegebene Aufstellung wurde von einem Sicherheitsbeauftragten vorgenommen. Er ist noch relativ jung und neu in seiner Arbeitsgruppe, vom Systemalter aus betrachtet ist er somit der jüngste Mitarbeiter.

Die meisten unserer Gesprächspartner konnten sehr schnell auf die für sie zunächst überraschende Anforderung eingehen, ihr Arbeitsbeziehungssystem symbolisch zu repräsentieren. Einige Interviewpartner hatten jedoch auch Schwierigkeiten, sich auf die damit angesprochene Beziehungsebene einzulassen und gaben mehr die formale Organisationsstruktur wieder. Wir erhielten auf diesem Wege 90 verwertbare Aufstellungsbilder.

Das Nachstellen der Aufstellungsbilder

Bereits aus der „Daraufsicht" ließe sich vieles in eine solche Aufstellung hineininterpretieren (Beispiel: der Sicherheitsbeauftragte steht in Abbildung 1 isoliert von seinen Kollegen; diese blicken in verschiedenste Richtungen, der Zusammenhalt in der Arbeitsgruppe ist also vermutlich nicht besonders hoch, usw.). Doch die Erfahrung lehrt vorsichtig zu sein, aus Aufstellungen unbesehen etwas abzulesen. Vielmehr erweist sich der besondere Wert solcher Aufstellungen darin, dass völlig unbeteiligte Personen die vorgegebenen Positionen einnehmen. Möglichst ohne Vorbehalt und Vorurteil sollen sie wiedergeben, wie sie sich an diesem Platz fühlen, welchen Bezug sie zu den anderen Personen im Beziehungssystem haben, und was ihnen spontan an Gefühlen und Gedanken in den Sinn kommt. Auch körperliche Empfindungen eines Stellvertreters enthalten relevante Informationen. Diese können Aufschluss darüber bringen, ob sich diese Person in ihrer Position im System zum Beispiel besonders unter Druck fühlt, Belastungen ausgesetzt ist oder sich andererseits sehr wohl fühlt. Ich gehe von der Hypothese aus, dass der Beziehungssinn, der in und durch Aufstellungen aktiviert wird, eng mit körperlichen Reaktionen verbunden ist.

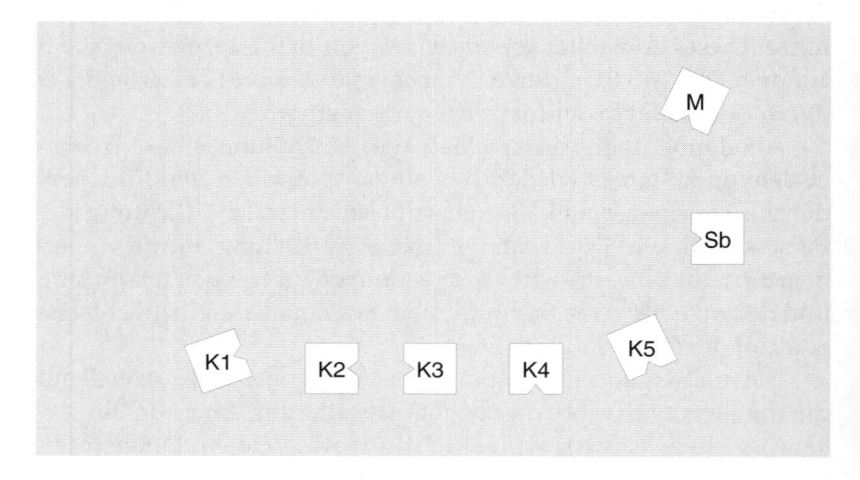

M	Meister
K1–K	fünf Arbeitskollegen
Sb	Sicherheitsbeauftragter

Abb. 1: Aufstellung eines Arbeitsbeziehungssystems aus der Sicht eines Sicherheitsbeauftragten

Um die von unseren Interviewpartnern erhaltenen Aufstellungen weiter auswerten zu können, wählten wir folgendes Vorgehen: Wir etablierten an der Katholischen Stiftungsfachhochschule München einen Kreis interessierter Studentinnen und Studenten und stellten die auf dem Papier vorgegebenen Aufstellungen mit Stellvertretern nach. Es handelt sich damit im Unterschied zu *Primäraufstellungen*, bei denen der „Autor" der Aufstellung selbst anwesend ist und die

Stellvertreter gemäß seines inneren Bildes an ihre Plätze stellt, um *Sekundäraufstellungen*. Die von den Stellvertretern geäußerten Reaktionen in den jeweiligen Positionen zeichneten wir auf Video auf und fertigten später Protokolle der Äußerungen der Stellvertreter an. Wir haben bislang 61 Bilder nachgestellt und intensiver ausgewertet. Bei der Auswertung der Videoaufzeichnungen und Protokolle achteten wir im besonderen darauf

- welche Position die Sicherheitsfachkräfte im Betrieb einnehmen, wie die Stellvertreter in den Aufstellungen deren Position wahrnehmen, und ob eine Sicherheitsfachkraft in einem Arbeitsbeziehungssystem eher integriert oder desintegriert erscheint;
- wie Sicherheitsbeauftragte sowohl zu ihren Kollegen / -innen als auch zu ihren Vorgesetzten und den anderen Sicherheits- und Gesundheitsexperten im Betrieb stehen, und wie ihr Einfluss von anderen wahrgenommen und bewertet wird;
- welches Verhältnis die Unternehmensleitung bzw. das obere Management zu Sicherheitsfachkräften und Betriebsärzten hat, ob Kooperationsbereitschaft erkennbar ist, und wie sich bestimmte Führungs- und Managementkonzepte auf die anderen am Arbeits- und Gesundheitsschutz beteiligten Personen auswirken;
- welche Art von Kontakt der Betriebsrat zu Sicherheitsfachkräften und Betriebsärzten hat;
- wie externe Institutionen, wie Berufsgenossenschaften, Gewerbeaufsicht und Technischer Überwachungsverein in die Arbeitsbeziehungssysteme hineinwirken, und wie sehr sie Einfluss ausüben.

Im Folgenden wird eine Auswahl von Bildern dargestellt, die, für sich und in der Kombination mit anderen Bildern aus dem gleichem Betrieb, vertiefte Einsichten in die informellen Organisationsstrukturen der an unserem Forschungsprojekt beteiligten Unternehmen erlauben. Möglicherweise repräsentieren diese Bilder, über die spezifisch auf den betrieblichen Arbeits- und Gesundheitsschutz bezogenen Inhalte hinaus, auch wiederkehrende Themen und Probleme, die in vielen Organisationen auftreten und unterschiedlich gelöst werden (z. B. Position der Leitung, Verhältnis der Managementebenen zueinander, Einfluss des Betriebsrates, Beziehungen von Kollegen/-innen untereinander).

2.2 „Der Sicherheitsbeauftragte als Lachnummer"

Ergebnis der Aufstellung

Die in Abbildung 1 wiedergegebene Aufstellung aus der Sicht eines Sicherheitsbeauftragten war für alle beteiligten Stellvertreter beim Nachstellen ein beeindruckendes Erlebnis. Ausgehend vom Stellvertreter für den Kollegen ganz rechts (K5), erfasste auch die beiden anderen Kollegen-Stellvertreter (K2, K3) plötzlich eine Heiterkeit, die schließlich in ungebremstes Lachen überging. Der Kollege ganz links (K1) wurde daraufhin immer wütender auf diese drei Kollegen und beschimpfte sie, dass sie nicht ernsthaft seien.

Der Stellvertreter des Sicherheitsbeauftragen fühlte sich innerlich sehr zerrissen, bedauerte seine isolierte Position zwischen seinem Meister und den Kollegen: „Ich empfinde meine Kollegen als Front und fühle mich ausgeschlossen. Wenn das so weitergeht, kann ich als Sicherheitsbeauftragter nicht weitermachen." Der Meister hatte zwar ein gewisses Verständnis für die lachenden Mitarbeiter, äußerte jedoch auch Mitgefühl für den Sicherheitsbeauftragten.

Die drei sichtlich erheiterten Kollegen des Sicherheitsbeauftragten wechselten mehrmals zwischen Lachen und Betroffenheit hin und her. Einer äußerte: „Wenn ich mich auf den Ernst der Situation einlassen würde, bekäme ich sofort Kopf- und Magenschmerzen."

Interpretation

Man kann aus dieser Aufstellung die mangelnde Führung der Arbeitsgruppe, zumindest in Bezug auf das Thema Sicherheit, durch den Meister ersehen. Der jüngste Mitarbeiter steht ihm am nächsten, einer hat sich völlig von ihm abgewendet und dreht ihm den Rücken zu, zwei andere Mitarbeiter stehen seitlich, zeigen ihm die kalte Schulter und sind mehr mit sich selbst beschäftigt als mit dem Meister und der gesamten Arbeitsgruppe. Nur Mitarbeiter 1 bringt dem Meister gegenüber eine gewisse Loyalität zum Ausdruck, indem er auf seine drei anderen Kollegen wütend ist, die „nichts ernst nehmen".

Wir finden in dieser Aufstellung auch etwas bestätigt, was im Betrieb häufig hinter vorgehaltener Hand geäußert wird: Es muss sich „ein Dummer finden", den man zum Sicherheitsbeauftragten ernennen kann (die Ernennung von Sicherheitsbeauftragten ist für Betriebe eine gesetzliche Verpflichtung, Sicherheitsbeauftragte sollen aus dem Kreis der Mitarbeiter kommen, sie haben nur beratende und keinerlei Vorgesetztenfunktion). Wählt man den, wie in diesem Fall, vom Systemalter her gesehen Jüngsten der Arbeitsgruppe aus, besteht die Gefahr, dass er gegenüber seinen Kollegen, die ihm in ihrer Betriebserfahrung weit überlegen sind, kaum in der Lage sein wird, sie auf sicherheitsgerechtes Arbeiten hinzuweisen, oder ihnen gegenüber sicherheitswidrige Zustände anzusprechen, die im Arbeitsprozess entstehen.

Es treffen hier mit Bezug auf die Arbeitsbeziehungen zwei sensible Punkte zusammen: Zum einen ist es ohnehin schwierig, einem anderen, der die gleiche Position im Arbeitssystem innehat, also einem Kollegen, eine Verhaltensanweisung zu geben. Dies ist ein Privileg des Vorgesetzten. Auf Kollegenebene werden Verhaltensanweisungen als anmaßend empfunden. Ich nenne solche Beauftragtenfunktionen „Zwischenpositionen" (Ruppert 1997), weil sie weder eindeutig zur Vorgesetzten- noch zur Mitarbeiterebene gehören. Zum anderen wirkt der Faktor Zeit, das heißt die Dauer der Systembeziehungsweise Betriebszugehörigkeit, strukturierend für die innere Hierarchie des Beziehungsgefüges. Der jüngste Kollege steht in seinem sozialen Rang folglich an letzter Stelle innerhalb der Arbeitsgruppe. Übernimmt er den Posten des Sicherheitsbeauftragten, bedeutet dies bereits eine Abwertung der Sicherheitsbeauftragtenfunktion – offenbar benötigt man dazu nicht viel Betriebserfahrung, auf die bei anderer Gelegenheit viel Wert gelegt wird, und die tatsächlich nützlich sein könnte, um Gefahren in den Arbeitsabläufen wahrzunehmen und zu erkennen. Nimmt der junge Kollege seine Sache ernst und macht auf all die Gefahren aufmerksam, die vielleicht gerade einem Neuem besonders bedrohlich erscheinen, läuft er Gefahr, sich vor den anderen Kollegen lächerlich zu machen als jemand, der noch keine Ahnung hat. Die Kollegen haben das für den Neuen fast unschlagbare „Argument" ihrer Betriebserfahrung zur Verfügung: „Da ist ja noch nie etwas passiert!"

Der junge Kollege kommt so als Sicherheitsbeauftragter in einen Loyalitätskonflikt. Einerseits wertet ihn seine Beauftragtenfunktion auf, was durch seine größere Nähe zum Meister sichtbar wird, und im Wohlwollen des Meisters für seine Person zum Ausdruck kommt. Andererseits steht er auf diese Weise exponiert und hat keinen tragenden Kontakt zur Gruppe der Kollegen. Wie bei jeder Anmaßung stehen sich daher der Gewinn und sein Preis gegenüber und fixieren die Person auch innerlich in einer Zwischenposition, die zu innerer Zerrissenheit führt.

2.3 „Der Sicherheitsbeauftragte im Nacken"

Ergebnis der Aufstellung

Wie schwierig es ist, die Funktion des Sicherheitsbeauftragten angemessen auszufüllen, zeigt auch die folgende Aufstellung (Abb. 2). Wie man an diesem Beispiel sieht, können Positionen summarisch in der Aufstellung vertreten sein, so in diesem Falle die *Gruppe* der Kollegen und die *Abteilung* Sicherheit als Ganze.

Der Stellvertreter des Sicherheitsbeauftragten äußert: „Die Kollegen versperren mir den Blick und behindern mich. Ich spüre meinen Chef (Gruppenleiter) im Genick. Die anderen nehme ich nicht wahr." Der Stellvertreter der Kollegen sagt: „Ich habe alle im Rücken, das ist sehr unangenehm, vor allem den Sicherheitsbeauftragten. Im Grunde sind mir aber die anderen, bis auf den Sicherheitsbeauftragten, eher egal."

Der Stellvertreter für die Mitarbeiter aus den anderen Betriebsteilen meint: „Ich sehe den Sicherheitsbeauftragten aus dem Augenwinkel, weiß aber nicht, ob der für mich zuständig ist. Ich möchte zu den anderen Kollegen mehr Verbindung. Ansonsten ist alles nur schemenhaft."

Der Stellvertreter des Betriebsrates sagte: „Ich bin distanziert von den Personen hier. Ich kann mich aus der Distanz freimachen von allem Persönlichen." Der Stellvertreter für die Abteilung Sicherheit meint: „Der Standpunkt hier ist für mich sehr günstig. Ich habe alles im Blick. Ich brauche mich nicht anzustrengen." Auch der Gruppenleiter beurteilt seine Position als günstig: „Ich habe alle in meinem Blickwinkel, vor allem den Sicherheitsbeauftragten und die Kollegen. Das Ganze berührt mich aber nicht sonderlich."

Br		
	Gl	
aK	Sb	
		AS
	K	

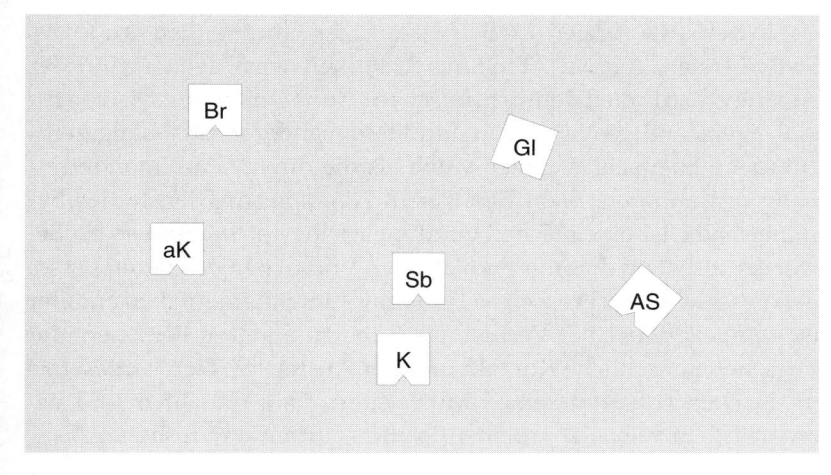

Br Betriebsrat
aK Mitarbeiter in anderen Betriebsteilen
Gl Gruppenleiter

Sb Sicherheitsbeauftragter
K   Kollegen
AS Abteilung Sicherheit

Abb. 2: „Der Sicherheitsbeauftragte sitzt seinen Kollegen im Nacken"
(Urheber des Bildes: Sicherheitsbeauftragter)

Interpretation

Personen, die zum aktuellen System gehören und dort mit ihren Interessen präsent sind, werden als bedrückend bis bedrohlich empfunden, wenn sie einer anderen Person im Rücken stehen, ihr quasi „im Genick sitzen". Dies gilt besonders im Verhältnis zwischen Vorgesetzten und Mitarbeitern. Der Untergebene sieht seinen Vorgesetzten nicht unmittelbar handeln, er spürt nur den Druck, der von diesem kommt. Der Vorgesetzte wirkt damit unberechenbarer, er lässt sich nicht „in die Karten schauen".

Es deutet sich in dieser Aufstellung das Prinzip der Strukturwiederholung an, das heißt, es wiederholen sich die selben Themen und damit auch Probleme auf unterschiedlichen Ebenen der betrieblichen Hierarchie. In diesem Falle ist es das Thema Machtausübung von hinten. Nicht nur der Gruppenleiter, sogar der Sicherheitsbeauftragte, der formal keine Vorgesetztenfunktion inne hat, übt von hinten Druck aus. Selbst auf der Ebene der Mitarbeiter und ihrer Interessensvertreter, dem Betriebsrat, wiederholt sich in obiger Aufstellung dieses Muster. Der Betriebsrat sitzt seinen Kollegen eher anonym im Nacken.

In den Äußerungen des Betriebsrats, des Gruppenleiters und des Stellvertreters für die Abteilung Sicherheit wird der Gewinn des Agierens von hinten deutlich: Es schafft Anonymität und Distanz für ein eigenständiges und von Einflüssen anderer unabhängigeres Handeln. Es macht weniger Mühe als die direkte Auseinandersetzung mit anderen. Steht das freiere Handeln im Dienste des Systemerhalts, ist eine solche Handlungsfreiheit sicher anders zu bewerten, als wenn dies nur zum eigenen Vorteil der jeweiligen Personen geschieht. Der Preis eines Handelns hinter dem Rücken anderer ist demgegenüber der Verlust der Nähe zu anderen Personen, der zwischenmenschliche Kontakt und der Austausch. Der Vorgesetzte im Nacken erscheint seinen Mitarbeitern kalt, unnahbar und berechnend. Er selbst ist in seiner Position einsam und isoliert.

2.4 „Wer zuerst kommt ..."

Ergebnis der Aufstellung
Diese Aufstellung stammt von einem Hauptabteilungsleiter (Abb. 3). Zunächst fällt auf, dass er die Personen im mittleren und unteren Management (es gibt hier eine Abteilungsleiterin, einen Betriebsingenieur und zwei Gruppenleiterinnen) nicht differenziert, sondern als eine Einheit sieht. Sein Stellvertreter erlebt die Position des Hauptabteilungsleiters wie folgt: „Ich fühle mich eingekreist. Fühle mich wie ein Feldmarschall in einem Feldzug. Ich sehe nur den Rücken der Geschäftsleitung, das bedeutet für mich, man wird nicht angenommen."

Der Stellvertreter der Geschäftsleitung sagte: „Ich spüre die anderen hinter mir und hoffe, ihnen vertrauen zu können. Ich weiß aber nicht, wer hinter mir steht. Ich weiß auch nicht, wo ich hinsehe." Der Vertreter für das mittlere und untere Management äußert: „Ich stehe hier am Rande und die ganze Situation macht mich unruhig."

Der Stellvertreter des Personals „hätte gerne Leute hinter sich" und „fühlt nicht besonders viel Verantwortung und sich eher alleine gelassen". Für die Sicherheitsfachkraft scheint dieses System ebenso wenig erfreulich: „Ich habe viel Handlungsfreiheit zur Seite, keinen Bezug nach hinten. Ich fühle mich in einer Außenseiterrolle." Drastisch formuliert es die Stellvertreterin der Sicherheitsbeauftragten: „Ich fühle mich als Niemand hier. Rechts ist es leer, und von links ist wenig spürbar."

Interpretation

In diesem Bild sind alle Beteiligten nach vorne ausgerichtet wie Gefolgsleute hinter einem Anführer. Was auf den ersten Blick wie eine kompakte Truppe aussieht, entpuppt sich in den Äußerungen der Stellvertreter eher als ein verlorener Haufen. Der Geschäftsführer ist sich unsicher, wie es um die Motivation seiner Gefolgsleute steht. Der Hauptabteilungsleiter vermisst die Anerkennung seiner Position durch die Geschäftsleitung, das mittlere und untere Management fühlt sich zu sehr an den Rand gedrängt. Das „Personal" ist mit seiner Rolle als Schlusslicht keineswegs zufrieden und möchte nicht die letzte Position innehaben. Es fühlt sich von seinen Führungskräften in Stich gelassen und nicht motiviert, Verantwortung zu übernehmen.

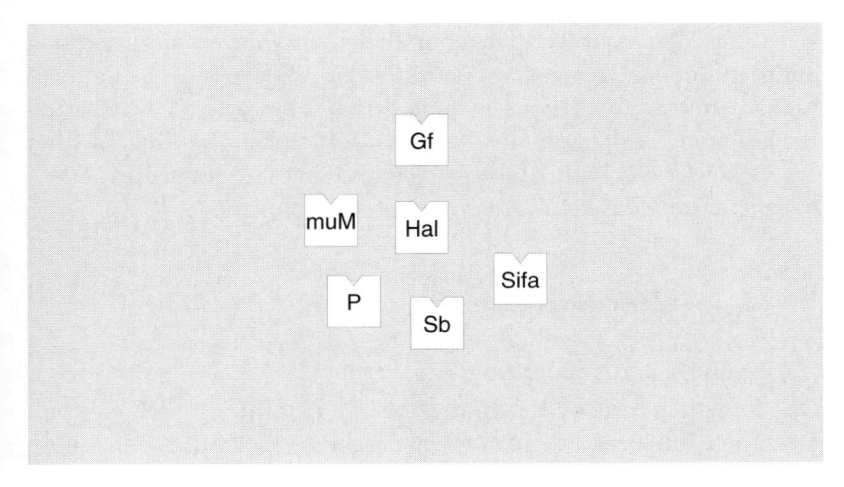

Gf	Geschäftsführer	Sb	Sicherheitsbeauftragte
muM	mittleres/unteres Management	Hal	Hauptabteilungsleiter
P	„Personal"	Sifa	Sicherheitsfachkraft

Abb. 3: „Wer zuerst kommt ..." (Urheber des Bildes: Hauptabteilungsleiter)

Die Sicherheitsabteilung im Betrieb scheint am Rande geduldet, solange sie mitmarschiert. Dieser Betrieb weist die schlechteste Unfallbilanz in unserer Untersuchungsstichprobe auf. Eine Unternehmensphilosophie, die zeigen könnte, wohin die Geschäftsleitung blickt, existiert in diesem Betrieb nicht. Was in unserer Untersuchung häufig als mangelnde Anerkennung durch Vorgesetzte von Mitarbeitern/-innen beklagt wurde (34 % von 676 befragten Mitarbeiter/-innen wünschen sich mehr Anerkennung durch ihre Vorgesetzten), wird in dieser Aufstellung sinnfällig. Es besteht zwischen Führungskräften und Mitarbeitern kein persönlicher Kontakt von Angesicht zu Angesicht, die Mitarbeiter sehen nur den Rücken ihrer Vorgesetzten. Bezeichnend, und möglicherweise auch kein Zufall, ist es, wenn der Hauptabteilungsleiter die Mitarbeiter summarisch als „das Personal" bezeichnet. Allerdings ergeht es den Führungskräften mit ihren Vorgesetzten ebenso. Auch sie werden von ihren Vorgesetzten nicht direkt wahrgenommen und als Personen anerkannt. So wenig der Hauptabteilungsleiter Anerkennung seitens der Geschäftsleitung verspürt, so wenig sieht er selbst diejenigen, die in der Hierarchie unter ihm stehen. Auch das mittlere und untere Management sind für ihn weniger Einzelpersonen als global Funktionsträger. So steht letztlich jeder an seinem Platz isoliert von den anderen und kämpft um Anerkennung und Einfluss. Er ist beunruhigt, ob ihm nicht die anderen dabei zuvorkommen und ihn überholen könnten. Der Letzte muss sich als Verlierer vorkommen. Daher entwickelt er das Bedürfnis nach jemandem, der hinter ihm steht – nach jemand, der noch weniger anerkannt ist als er.

2.5 „... und wer zuletzt kommt"

Ergebnis der Aufstellung

Das folgende Aufstellungsbild (Abb. 4) stammt aus der gleichen Firma wie Bild 3; es wurde von einer Sicherheitsbeauftragten aufgestellt. Deren Stellvertreterin äußert: „Die drei Vorderen bilden eine Front, da kann ich nicht darüber sehen." Die Meisterin vor ihr empfindet: „Ich habe ein starkes Gewicht." Und fügt hinzu: „Was hinten kommt, ist für mich nicht existent. Der Bezug zu den übrigen Mitarbeitern fehlt mir." Ähnlich zwiespältig äußert sich auch der Hauptabteilungsleiter: „Ich habe hier alles im Griff, den Sicherheitsingenieur und die Meisterin. Ich muss etwas koordinieren. Ich bin mir unsicher, was hinten läuft." Der Sicherheitsingenieur fühlt sich unwohl in seiner Haut: „Es stimmt etwas nicht! Ich möchte mich am liebsten umdrehen." Der Stellvertreter für die Handwerker meint: „Nach rechts habe ich Handlungsfreiheiten. Nach vorne ist es eine Front." Die Stellvertreterin der Mitarbeiterinnen äußert: „Ich fühle mich relativ alleine, habe aber auch Freiheiten. Ich kann nicht nach vorne sehen zur ersten Reihe."

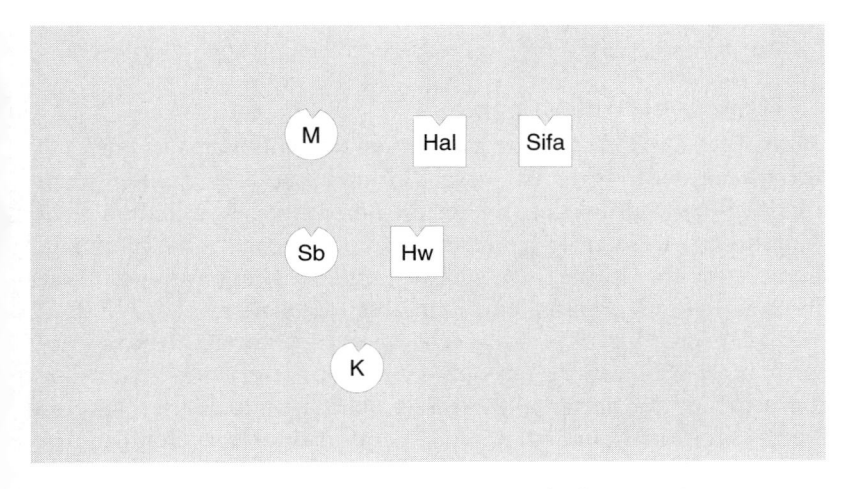

```
                    M        Hal       Sifa


                    Sb       Hw


                         K
```

M   Meisterin   Sb   Sicherheitsbeauftragte
Hal Hauptabteilungsleiter   Hw   Handwerker
Sifa Sicherheitsfachkraft   K   Kolleginnen/Mitarbeiterinnen

Abb. 4: „Wer zuletzt kommt ... " (Urheber des Bildes: Sicherheitsbeauftragte)

Interpretation

Wir waren bei unseren Auswertungen immer wieder überrascht über die Konsistenz der Aufstellungen innerhalb eines Unternehmens. Bild 3 und 4 haben eine ähnliche Struktur: Alle blicken nach vorne in eine Richtung, die in der Hierarchie höher stehenden stehen in den vorderen Reihen. Die Mitarbeiterinnen kommen ganz zuletzt. Auch hier kann man anschaulich das Prinzip von Gewinn und Kosten einer Position erleben: In der ersten Reihe zu sein, verleiht Gewicht und Einfluss. Wer nicht der Letzte sein möchte, muss sich nach vorne drängen. Eine Person in der ersten Reihe isoliert sich, verliert den Kontakt zu ihren Mitarbeitern. Sie ist eher mit dem Problem beschäftigt, ob ein anderer sie überholen könnte. Was von hinten kommt, muss eher abgeblockt werden. Wenn sich die Vorgesetzten von den Mitarbeitern abwenden, sind diese auf sich alleine gestellt und bekommen wenig Unterstützung. Für sie ist, was vorne geschieht, undurchsichtig und wirkt wie eine Front. Andererseits erhalten die Personen in den hinteren Reihen damit auch Freiheiten und können sich weniger kontrolliert fühlen. Für den Arbeits- und Gesundheitsschutz im Betrieb kann das fatale Folgen haben.

2.6 „Der Kreis trügt"

Ergebnis der Aufstellung

Dieses Bild (Abb. 5) stammt von einem Schichtleiter, der zugleich Sicherheitsbeauftragter ist (eine Verquickung von Vorgesetzten- und Beauftragtenfunktion, wie sie die Berufsgenossenschaften nicht gerne sehen). Dessen Stellvertreter meinte zunächst, es gehe ihm gut. Fügte dann aber hinzu: „Ich stehe hier ziemlich alleine, spüre Forderungen vom Vorgesetzten (dem Abteilungsleiter), aber wir sind kein Team. Ich bin eher skeptisch. Es ist hier diffus, nicht harmonisch." Der Mitarbeiter zu seiner Rechten bestätigt seinen Eindruck: „Ich sehe nur den anderen Mitarbeiter mir gegenüber, eher wie eine Front. Das ist nicht unangenehm. Aber es ist hier eine wahnsinnige Kontrolle. Ich kann nur jeden einzeln anschauen. Es ist nicht harmonisch, eher chaotisch." Der Mitarbeiter links fühlt sich ebenfalls nicht wohl und will Hilfe vom Schichtleiter. Hingegen fühlt sich der Abteilungsleiter in seiner Position „kräftig". Allerdings sind ihm die Mitarbeiter zu nahe, und es ist ihm „etwas zu wenig Struktur und Ordnung". Zur Sicherheitsfachkraft hat er keinen Bezug. Es stört ihn aber nicht, dass dieser da ist. Die Sicherheitsfachkraft äußert gemischte Gefühle und sieht sich außen vor.

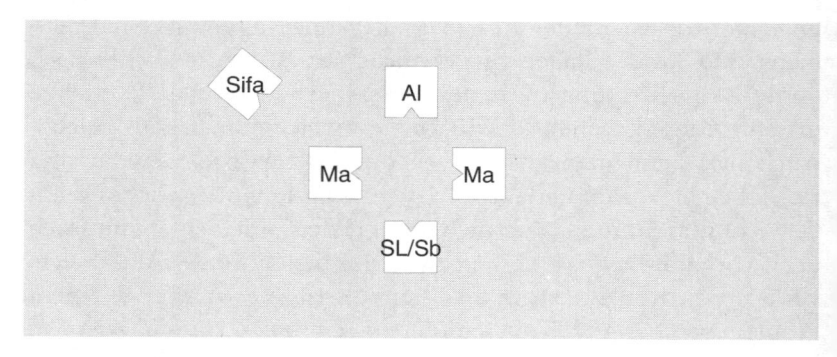

Al	Abteilungsleiter	Sl/Sb	Schichtleiter/Sicherheitsbeauftragter
Sifa	Sicherheitsfachkraft	Ma	Mitarbeiter

Abb. 5: „Der Kreis trügt – die Sicherheit bleibt außen vor"
(Urheber des Bildes: Schichtleiter/Sicherheitsbeauftragter)

Interpretation

Unsere Interviewpartner gaben häufig ein Aufstellungsbild vor, bei dem die Beteiligten annähernd in einer Kreisform zusammenstanden. Sie kommentierten dies dann mit Worten wie: „enge Zusammenarbeit", „alle reden miteinander" oder „Teamwork". In den Aufstellungen mit den Stellvertretern erwiesen sich jedoch die meisten dieser Kreisdarstellungen als wenig harmonisch, eher konfliktgeladen, und einige der Stellvertreter erlebten ihre Position körperlich so belastend, dass sie kaum über längere Zeit aushaltbar erschien.

Die Kreisstruktur scheint für Arbeitsbeziehungen keine gute Lösung darzustellen. Sie widerspricht dem Bedürfnis nach Ordnung und Struktur, das Beziehungssystemen implizit zu sein scheint. Sie täuscht ein Bild von Harmonie und Kooperation vor, wo in Wirklichkeit, wie in unserem Beispiel, eher Druck und Konkurrenz vorherrschen. Der Abteilungsleiter dominiert und setzt den Schichtleiter unter Druck. Der Mitarbeiter rechts bekommt diesen Druck ebenfalls ab und gibt ihn an seinen Kollegen links weiter. Dieser kann den Druck nicht, weitergeben und sucht als Schwächster Hilfe beim Schichtleiter. Die Sicherheitsfachkraft hat mit diesem Spiel „Druck-Weitergeben" wenig zu tun und steht als Beobachter außen vor. Sie weiß nicht, was für sie besser ist („gemischte Gefühle"): selbst nicht im Drucksystem involviert zu sein, damit aber aus dem Spiel, oder dem Druck ausgesetzt, dafür aber mit dabei.

2.7 „Wer im Mittelpunkt steht und rotiert ..."

Ergebnis der Aufstellung

Das folgende Bild (Abb. 6) wurde von einem Leiter der Abteilung Arbeits- und Umweltschutz aufgestellt. In der nachgestellten Aufstellung hat dessen Stellvertreter wenig Bezug zu den anderen Personen und schaut ins Leere. Sein Mitarbeiter, eine Sicherheitsfachkraft (Sifa), hat das Gefühl, alles drehe sich um ihn herum wie in einem Kettenkarussell, er orientiere sich nur an seinem Vorgesetzten, das verleihe ihm Standfestigkeit. Auch die Betriebsleiter und Mitarbeiter außen herum hatten dieses Karussellgefühl und untereinander wenig Kontakt. Manche fühlten sich vom Geschäftsleiter beobachtet, andere meinten, an ihrer Position eher ihr „eigenes Süppchen" am Kochen zu haben. Ein Mitarbeiter äußerte ein extremes Unwohlsein, einem anderen war es unwohl, weil er so nahe beim Geschäftsführer und den Betriebleitern stehe. Er fühle sich hier deplaziert, aus seiner Ebene herausgerissen und möchte lieber zu den anderen Mitarbeitern. Nur ein Betriebsleiter meinte, er habe einen guten Kontakt zu den anderen Betriebsleitern und Mitarbeitern, allerdings keinen zu den Sicherheitsfachkräften; diese interessierten ihn nicht, von denen gehe nichts aus. Der Geschäftsführer hatte das Gefühl von „einem Bienenschwarm", der ihn gar nicht beachte und brauche; zum Leiter der Abteilung Umwelt- und Arbeitsschutz habe er jedoch einen guten Kontakt.

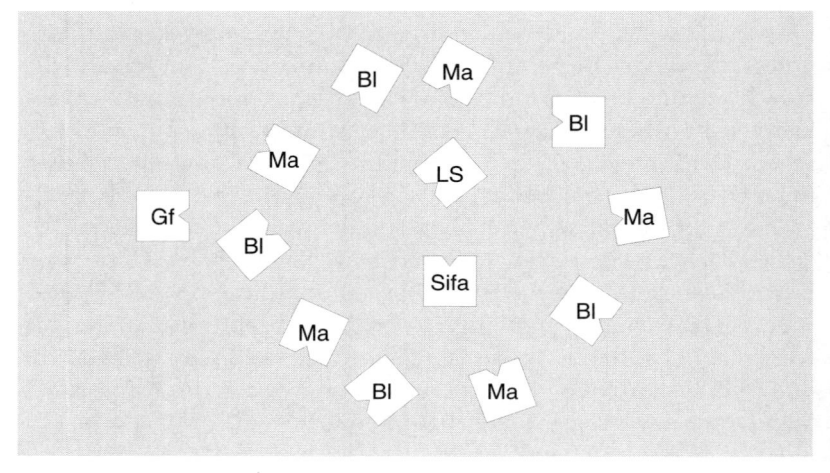

Bl Betriebsleiter   Sifa Sicherheits-   Ma Mitarbeiter
Gf Geschäftsführer   fachkraft   LS Leiter Arbeits- u. Umweltschutz

Abb. 6: „Wer im Mittelpunkt steht ..." (Urheber des Bildes: Leiter Arbeits- und Umweltschutz)

Interpretation

Wie erwähnt, erweist sich die Kreisdarstellung in der Regel als ein nicht unproblematisches Aufstellungsbild. Erst recht gilt dies, wenn sich jemand im Mittelpunkt eines Arbeitsbeziehungssystems sieht. Diese Aufstellung ist ein extremes Beispiel für die Desintegration des Arbeitsschutzes in die betrieblichen Abläufe. Der Abteilungsleiter hat keinerlei Überblick, nimmt de facto niemand anderen richtig wahr. Sein Mitarbeiter wird in den Strudel hineingezogen und sucht nach Halt.

Wie wir aus unseren sonstigen Untersuchungsergebnissen wissen, steht in diesem Unternehmen die Umwelt- und Arbeitsschutzabteilung keineswegs im Zentrum des betrieblichen Geschehens. Wie lässt sich die Selbstüberschätzung des Leiters dieser Abteilung also verstehen? Aus unseren Interviews wissen wir, dass der Geschäftsführer den promovierten Wissenschaftler vor zwei Jahren von der Universität holte, vor allem wegen seiner Kenntnisse im Umweltschutz. Er wurde sogleich zum Leiter der Abteilung Arbeits- und Umweltschutz ernannt und Vorgesetzter einer anderen Sicherheitsfachkraft, die bereits seit acht Jahren im Betrieb in dieser Funktion tätig ist. Das Image des Betriebes leidet nach außen wegen seiner starken Rußemissionen. Die Abteilung Umwelt- und Arbeitsschutz wird durch die Erwartungen, die der Geschäftsführer an sie richtet, innerbetrieblich erheblich aufgewertet.

Dass es in Wirklichkeit also der Geschäftsführer ist, um den sich in diesem Betrieb alles dreht, und der alle anderen „ins Rotieren" bringt, wird aus den übrigen Aufstellungsbildern dieser Firma deutlich. Wir stellen daher ein weiteres Beispiel aus diesem Unternehmen dar, das die Konsequenzen einer „Ich-stehe-im-Mittelpunkt"-Struktur verdeutlichen kann.

2.8 „... und um wen sich alles dreht"

Ergebnis der Aufstellung

Aufstellungsbild 7 stammt vom Mitarbeiter des Leiters der Arbeitssicherheit aus Abbildung 6, also einer Sicherheitsfachkraft. Dessen Stellvertreter in der Aufstellung empfindet sich in einer „sehr komischen Position"; alle schauten an ihm vorbei, sein Vorgesetzter wäre auch zu nahe am Geschäftsführer. Der Stellvertreter des Leiters des Umwelt- und Arbeitsschutzes empfindet hingegen seine Position als „nicht schlecht". Allerdings fühlt er sich sehr beobachtet. Der Stellvertreter des Geschäftsführers spürt als Erstes eine große Konfrontation zwischen sich und Meister 1. Zum links von ihm stehenden Leiter US/AS hat er ein gutes Gefühl, er möchte diesen am liebsten zwischen sich und den Meister schieben. Er hat den Eindruck, als wollten alle Leute eine Entscheidung von ihm. Am liebsten würde er die abgewandten Betriebsleiter und Meister fragen, was er machen solle.

Meister 1 fühlt sich von den anderen vorgeschoben und sehr unwohl, auch enttäuscht. Der Mitarbeiter neben ihm (Ma 1) ist eher amüsiert, einen Einblick in das Geschehen in der oberen Etage zu haben. Gut sei für ihn dabei, dass der Meister dazwischen stehe. Betriebsleiter 1 meint, Einblick in die Geschäftsleitung zu haben. Der Kontakt zum Leiter US/AS sei ihm angenehm, zur Sicherheitsfachkraft habe er keinen Kontakt, vom Betriebsrat komme Druck. Betriebsleiter 2 kommt sich im Zentrum vor. Er möchte den Meister vorschieben, zum Mitarbeiter hat er einen guten Kontakt: „Aber, was sollen die anderen?" Betriebsleiter 3 geht es schlecht, er empfindet seine Position als wacklig. Der Stellvertreter des Betriebsrats fragt sich, warum er hier steht. Keiner habe einen Bezug zu ihm. Der Betriebsarzt fühlt sich am Rande, zum Leiter US/AS sei ein Kontakt möglich, der Geschäftsführer sei weit weg, zu diesem sei kein Kontakt möglich.

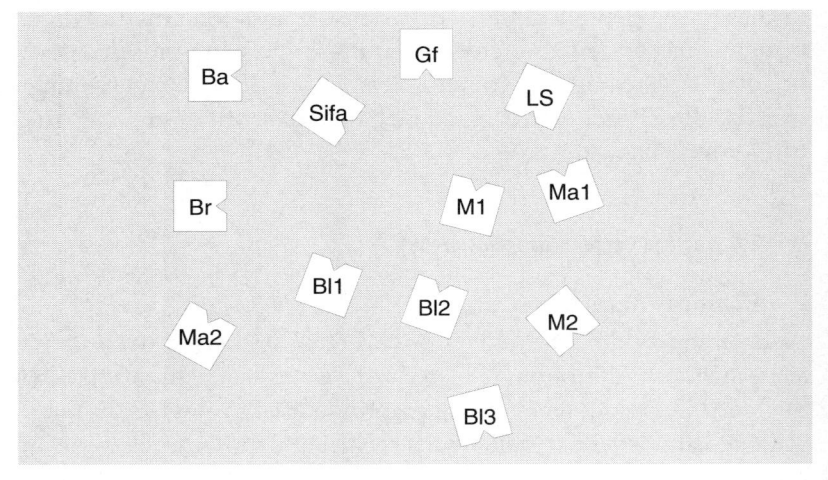

Bl1	1. Betriebsleiter	
Bl2	2. Betriebsleiter	
Bl3	3. Betriebsleiter	
Sifa	Sicherheitsfachkraft	
Br	Betriebsrat	
M1	1. Meister	
M2	2. Meister	
Ma1	1. Mitarbeiter	
Ma2	2. Mitarbeiter	
LS	Leiter US/AS	
Gf	Geschäftsführer	
Ba	Betriebsarzt	

Ab. 7: „Der Geschäftsführer, um den sich alles dreht" (Urheber des Bildes: Sicherheitsfachkraft)

Interpretation
Diese Aufstellung offenbart, wie sehr alle auf den Geschäftsführer hin orientiert sind. Dies hat verschiedene Konsequenzen – für den Geschäftsführer wie für alle anderen. Der Geschäftsführer zieht alle Aufmerksamkeit auf sich, das konnten wir auch in unseren sonstigen Befragungen und Beobachtungen im Betrieb deutlich erkennen. Dadurch steht er selbst unter einem hohen Erwartungsdruck, für alles zuständig zu sein, sich um alles kümmern, und ständig Entscheidungen treffen zu müssen. Es droht ihm dadurch beständig eine Überforderung seiner Person, und er wendet sich um Hilfe an seine Mitarbeiter. Diese verspüren seine Not und sind bereit, für ihn in die Presche zu springen, und sich bei besonders unangenehmen Aufgaben vorschieben zu lassen, um ihn zu entlasten. Sie können sich dadurch aufgewertet und vom Geschäftsführer stark anerkannt vorkommen. Sie werden selbst damit ein Teil des betrieblichen Zentrums und meinen, im Mittelpunkt zu stehen.

Da sich der Geschäftsführer überall für zuständig hält, sucht er auch auf allen betrieblichen Ebenen Mitarbeiter, auf die er sich besonders stützen kann. Er baut sich ein System von „rechten Händen" auf. Die Tendenz zur Günstlingswirtschaft ist so gegeben. Wer sich von den Mitarbeitern darauf einlässt, gewinnt an Einfluss im Betrieb. Er wird aber zugleich von den anderen misstrauisch und mit Neid beobachtet. Statt der Position, die jemand in der betrieblichen Hierarchie einnimmt, zählt für den eigenen Stand im Unternehmen stärker die Nähe zum Geschäftsführer. Die Hierarchieebenen werden in ihrer Bedeutung dadurch entwertet. Jemand aus dem unteren Management, ja vielleicht sogar ein Mitarbeiter, kann sich näher beim Geschäftsführer und damit wichtiger fühlen als sein Vorgesetzter. Die Vorgesetzten werden auf diese Weise in ihrer Position weiter geschwächt. Manche wenden sich daher enttäuscht ab, andere glauben, das Spiel des Geschäftsführers zu durchblicken und flüchten sich in Humor.

Das Übergehen der Hierarchieebenen durch den Geschäftsführer ist auch mit einem Missachten des Faktors „Dauer der Betriebszugehörigkeit" verbunden. Jüngere werden den Älteren vorgezogen, Ältere werden möglicherweise fallengelassen, wenn Jüngere kommen. Enttäuschung kann die Folge sein, wenn jemand vom Geschäftsführer wieder fallen gelassen wird, weil sich dieser einen neuen Günstling auserkoren hat. Für neu in ein Arbeitsbeziehungssystem kommende Mitarbeiter erscheint das Prinzip Günstlingswirtschaft als Chance, die sie gerne ergreifen. Ältere, die sich irgendwann enttäuscht abwenden, leben in großer Unsicherheit. Man ist in einem solchen System gezwungen, entweder ins Zentrum zu streben oder fühlt sich an den Rand abgeschoben.

Vor allem Menschen mit einem hohen Anerkennungsbedürfnis werden sich der Bitte des Geschäftsführers um Unterstützung nicht entziehen können. An ihnen sind in der Regel Merkmale arbeitssüchtigen Verhaltens zu beobachten (Fassel 1991; Orthaus, Knaak & Sanders 1993), die ihre Wurzel in frühkindlichen Erfahrungen haben, somit aus dem familiären Beziehungssystem der Person stammen, und im Arbeitsbeziehungssystem reinszeniert werden. Die Suche nach Bestätigung und Anerkennung zielt im Grunde auf die eigenen Eltern. Kompensatorisch und zum Teil wahllos wird bei anderen Menschen um Anerkennung nachgesucht. Beruf und Arbeit werden dafür unbewusst instrumentalisiert.

3. Ansätze zur Quantifizierung der Personenaufstellungen

Emotionale und kooperative Bezüge

Empirische Untersuchungen nähren das Bedürfnis zu quantifizieren, mathematische Berechnungen und statistische Vergleiche zwischen Variablen anzustellen. Es stellte sich mir daher die Frage, ob und wie die Personenaufstellungen in quantitativer Hinsicht ausgewertet werden könnten. Daraus entwickelte sich die Idee, die Art der Beziehungen der in einer Aufstellung beteiligten Personen zu betrachten, und in verschiedenen Variablen zu quantifizieren. Einmal geschieht dies danach, in welchem emotionalen Bezug die jeweiligen Interaktionspartner stehen – ob dieser eher positiv oder eher negativ ist.

Weiter geschieht es danach, ob die Beziehung zweier Personen als kooperativ zu betrachten ist. Die Wahl dieser beiden Interaktionsdimensionen stimmt überein mit Vorstellungen über wichtige Beurteilungsdimensionen für funktionierende Arbeitsgruppen (Ulich 1994) und leistungsfähige Teams (Born u. Eiselin 1996). Wir ergänzten diese beiden Dimensionen noch um die Variable „Bezug zur Gesamtstruktur", die darstellen sollte, ob eine Person innerhalb des Aufstellungsbildes integriert oder isoliert ist, und um die Variable „Verantwortung", die widerspiegeln sollte, ob eine Person im Aufstellungsbild Verantwortung für das Geschehen signalisiert.

Dimension: emotionaler Bezug zu einzelnen Personen
positiv: „habe guten Kontakt/Bezug zu ...", „habe persönliches Mitgefühl mit ...".
negativ: „Abstand/Distanz zu ... ist zu groß", „merke kein Interesse beim Vorgesetzten", „werde von ... übergangen", „werde von ... nicht beachtet", „jemand versperrt mir den Kontakt zu ...", „habe kein Gegenüber", „ärgere mich über ...", „fühle mich bedroht/bedrängt von ...", „... ist mir zu nahe", „fühle Druck von vorne/von hinten von ...", „fühle mich zu stark kontrolliert/beobachtet von ...", „fühle starke Konfrontation von ...", „fühle hier einen Machtkampf mit ...", „steht mir bedrohend im Rücken".

Dimension: Bezug zur Gesamtstruktur
positiv: „habe guten Überblick", „Struktur ist klar", „habe das Gefühl, wir sind ein Team", „wir ziehen gemeinsam an einem Strang", „die Gruppe ist eine Einheit", „ich habe ein Gefühl für das Ganze/den ganzen Betrieb", „der Energiefluss in der Gruppe ist hoch", „fühle mich eingebunden".
negativ: „habe keinen Durchblick", „fühle mich nicht eingebunden", „bin nicht beteiligt", „bin beziehungslos", „fühle mich verlassen", „fühle mich unsicher", „bin außen vor", „bin ausgeschlossen", „bin nur Beobachter", „habe das Gefühl, überflüssig zu sein", „bin auf verlorenem Posten", „weiß nicht, was in der Gruppe vorgeht/was sich hinter meinem Rücken abspielt", „bin zu stark auf eine Person fixiert", „habe das Gefühl, dass eine wichtige Person fehlt/eine Lücke da ist".

Dimension: Kooperation/Arbeitsbezug
positiv: „fühle positive Erwartungen von ...", „stehe ... zur Seite/... steht mir zur Seite", „... stärkt mir den Rücken", „ich habe ... als Verbündete(n)", „habe jetzt mehr Luft/fühle mich freier" (in der Regel nach Umstellungen).
negativ: „habe Gefühl fehlender Unterstützung", „kann hier nichts anpacken", „suche Hilfe", „fühle mich ohnmächtig".

Dimension: Verantwortung
positiv: „fühle mich gefordert als Vorgesetzter", „habe Verantwortungsgefühl für ...", „habe hier eine Aufgabe", „fühle mich stark".
negativ: „fühle mich überfordert als ...", „möchte Verantwortung abgeben", „möchte mich hinter meinem nächsthöheren Vorgesetzten verstecken", „möchte aus dem System weggehen", „habe Fluchttendenzen", „möchte mich zurückziehen", „habe die Tendenz, mich wegzudrehen".

Tab. 1: *Operationalisierung der Auswertungsdimensionen für Personenaufstellungen*

Aufgrund der inhaltsanalytischen Auswertungen operationalisierten wir diese beiden Variablen anhand eines Merkmalschemas, dem typische Aussagen der Stellvertreter zugrunde lagen (Tab. 1).

Um die entsprechenden Einzeldaten zu erfassen, fertigten wir zwei Auswertungsschemata an, in welche die beobachteten Aussagen bei der Durchsicht der Videoaufzeichnungen eingetragen wurden. In die Zeilen und Spalten trugen wir die in der jeweiligen Aufstellung vorhandenen Personen ein. Jede Zelle der Matrix ermöglicht somit die Beurteilung einer so genannten Beziehungsdyade. Wurde während der Aufstellung keine besondere Beziehung zwischen zwei Personen sichtbar, blieb die entsprechende Zelle der Matrix leer.

Stichprobe und Variablen

Wie erwähnt, hatten wir im Rahmen dieses Forschungsprojektes von den Führungs-, Fachkräften und Mitarbeitervertretern 90 Aufstellungsbilder erhalten und 61 davon in unserer Arbeitsgruppe nachgestellt. Wir werteten sie anhand folgender Kriterien quantitativ weiter aus:

- Anzahl von Personen, die in einem Aufstellungsbild vorhanden sind (ANZAHL),
- Summe der positiven emotionalen Bezüge zwischen den Personen im Aufstellungsbild (POSEMB),
- Summe der negativen emotionalen Bezüge zwischen den Personen im Aufstellungsbild (NEGEMB),
- Summe der positiven kooperativen Bezüge zwischen den Personen im Aufstellungsbild (POSKOP),
- Summe der negativen kooperativen Bezüge zwischen den Personen im Aufstellungsbild (NEGKOB),
- Summe der positiven emotionalen Bezüge zu Sicherheitsfachkräften und -beauftragten (POSEMBS),
- Summe der negativen emotionalen Bezüge zu Sicherheitsfachkräften und -beauftragten (NEGEMBS),
- Summe der positiven kooperativen Bezüge zu Sicherheitsfachkräften und -beauftragten (POSKOPS),
- Summe der negativen kooperativen Bezüge zu Sicherheitsfachkräften und -beauftragten (NEGKOBS),
- Summe der positiven emotionalen Bezüge zu BetriebsärztInnen und deren AssistentInnen (POSEMBA),
- Summe der negativen emotionalen Bezüge zu BetriebsärztInnen und deren AssistentInnen (NEGEMBA),
- Summe der positiven kooperativen Bezüge zu BetriebsärztInnen und deren AssistentInnen (POSKOPA),
- Summe der negativen kooperativen Bezüge zu BetriebsärztInnen und deren AssistentInnen (NEGKOPA).

Die Werte für die oben genannten Dimensionen Gesamtbezug und Verantwortung addierten wir in der Auswertung zu den emotionalen, beziehungsweise kooperativen Bezügen hinzu.

Ausprägungen der Variablen und Zusammenhänge zwischen diesen

Tabelle 2 gibt die Mittelwerte für die genannten Variablen wieder. Wie aus dieser Tabelle zu ersehen ist, kamen in 58 der 61 ausgewerteten Aufstellungsbilder Sicherheitsfachkräfte und/oder Sicherheitsbeauftragte vor. In 28 Aufstellungsbildern waren BetriebsärztInnen und/oder medizinische AssistentInnen enthalten.

Im Durchschnitt waren ca. sieben Personen in einem Aufstellungsbild enthalten. Die negativen Bezüge (9,7) überwogen dabei im Durchschnitt die positiven (6,7). Bei den kooperativen Bezügen war das Verhältnis ausgewogen (4,9 zu 4,8). Während die Sicherheitsexperten im Schnitt mehr negative als positive emotionale Beziehungen auf sich vereinten (3,1 zu 2,4), war das Verhältnis bei den Betriebsärzten ausgeglichen (1,5 zu 1,6), jedoch konnten sie im Durchschnitt auch nur die Hälfte der Bezüge auf sich konzentrieren, das heißt ihre Position war insgesamt marginaler. Insbesondere konnten wir nur wenige kooperative Bezüge (0,8) zwischen den betrieblichen Gesundheitsschutzexperten und den übrigen Betriebsmitgliedern feststellen.

	m	s	n
ANZAHL	6,9	2,1	61
POSEMB	6,7	5,6	61
NEGEMB	9,7	4,5	61
POSKOP	4,9	3,6	61
NEGKOP	4,8	2,8	61
POSEMBS	2,4	2,7	58
NEGEMBS	3,1	2,4	58
POSKOPS	1,4	1,7	58
NEGKOPS	1,3	1,1	58
POSEMBA	1,5	1,3	28
NEGEMBA	1,5	1,1	28
POSKOPA	0,8	1,1	28
NEGKOPA	1,2	1,2	28

Tab. 2: Mittelwerte der Auswertungsvariablen für Arbeitsbeziehungsaufstellungen (m = arithmetisches Mittel, s = Standardabweichung, n = Anzahl Aufstellungsbilder)

Erwartungsgemäß waren pro Aufstellungsbild signifikant umso mehr positive (r = 0,59) wie negative (r = 0,50) emotionale Beziehungen feststellbar, je mehr Personen im Aufstellungsbild vertreten waren. Ähnlich verhält es sich den kooperativen Bezügen (r = 0,40 bzw. 0,41), wobei hier das 5%-Signifikanzniveau allerdings knapp verfehlt wird. Je mehr positive emotionale Bezüge in einem Bild enthalten waren, desto mehr negative waren darin ebenso feststellbar (r = 0,69). Mit den positiven emotionalen Bezügen insgesamt steigen auch die positiven emotionalen Bezüge auf Sicherheits- und Gesundheitsschutzexperten (r = 0,57 bzw. 0,61), sowie die positiven kooperativen Bezüge insgesamt (r = 0,83). Ähnlich verhält es sich mit den negativen emotionalen Bezügen. Waren die emotionalen wie kooperativen Bezüge zu den Sicherheitsexperten positiv, waren diese tendenziell auch für die Gesundheitsschutzexperten positiv (r = 0,64 bzw. 0,53), beziehungsweise analog gilt dies auch für die negativen Bezüge (r = 0,61 bzw. 0,44.) Eine besonders hohe Korrelation fand sich zwischen NEGEMBS und NEGKOPA (r = 0,82), was bedeutet: Je schlechter die emotionalen Beziehungen der Sicherheitsexperten im Aufstellungsbild waren, desto negativer waren auch die kooperativen Beziehungen der Gesundheitsschutzexperten. Danach all unseren sonstigen Ergebnissen, die Sicherheitsfachkräfte die im betrieblichen Arbeits- und Gesundheitsschutz einflussreicheren Personen darstellen, scheint uns diese Interpretationsrichtung nahe liegender als die umgekehrte.

Zusammenhänge der Variablen mit Kriteriumsvariablen in der Stichprobe
Wir haben im Rahmen dieses Forschungsprojektes 16 Unternehmen intensiv analysiert. Als zentrale Kriteriumsvariable verwendeten wir bei unseren statistischen Analysen die Unfallquoten (Anzahl der Unfälle pro 1000 Mitarbeiter, TMQ) und die Krankenstandsquoten (Prozentzahl der durchschnittlich erkrankten Mitarbeiter, KQa). Auch für die Variablen, die wir aus den Aufstellungsbildern ableiteten, haben wir Korrelationen mit den Kriteriumsvariablen berechnet. Generell gingen wir von der Hypothese aus, dass sich positive emotionale Beziehungen der Mitarbeiter eines Betriebes günstig auf Unfall- und Krankenstandsquoten auswirken sollten. Weiterhin vermuteten wir einen günstigen Einfluss auf die Kriteriumsvariablen, wenn sich für die Sicherheits- und Gesundheitsschutzexperten möglichst viele positive emotionale wie kooperative Bezüge in den Auf-

stellungsbildern finden ließen. Tabelle 3 gibt diejenigen Koeffizienten wieder, die sich als signifikant herausstellten und die höchsten Ausprägungen pro Kriteriumsvariable hatten.

	TMQ 95		TMQ 96		KQa 95		KQa 96	
	r	p	r	p	r	p	r	p
POSKOP			- 0,42 / 0,06					
POSEMBS	- 0,53 / 0,03		- 0,56 / 0,02		- 0,30 / 0,14		- 0,32 / 0,13	
POSKOPS	- 0,60 / 0,01		- 0,68 / 0,004					
POSEMBA	- 0,34 / 0,14		- 0,59 / 0,02					

Tab. 3: Korrelationen zwischen den Kriteriumsvariablen Tausendmannunfallquote (TMQ) und Krankenstandsquote (KQa) und den Auswertungsvariablen für die Aufstellungsbilder (r = Rangkorrelationskoeffizient, p = exaktes Signifikanzniveau)

Diesen Ergebnissen zufolge sagen die Aufstellungsbilder eher etwas über die Qualität der betrieblichen Arbeitssicherheit als über den Gesundheitsschutz aus. Die Variable, die mit der Tausendmannunfallquote am höchsten korrelierte, ist die durchschnittliche Summe der positiven kooperativen Bezüge der Sicherheitsexperten pro Bild (POSKOPS). Auch die positiven emotionalen Bezüge der Sicherheitsexperten (POSEMBS) sind für die TMQ 95 wie 96 signifikant, für KQa 95 wie 96 weist diese Variable den höchsten Korrelationswert auf, dieser ist jedoch nicht signifikant. Von signifikanter Bedeutung für die TMQ 96 ist ebenfalls der positive emotionale Bezug der Gesundheitsschutzexperten (POSEMBA) in einer Aufstellung.

Wir haben die Variablen aus den Aufstellungen auch mit den anderen Variablen unserer Untersuchung, die sich als besonders bedeutsam herausgestellt haben, korreliert. Dabei fanden wir eine relativ hohe Korrelation zwischen der Anzahl der positiven kooperativen Bezüge der Sicherheitsexperten in einem Aufstellungsbild und der Indikatorvariable für die Qualität der Sicherheitsphilosophie (r = 0,42; p = 0,06). Das heißt, in Betrieben mit einer ausgeprägten Sicherheitsphilosophie gibt es mehr kooperative Beziehungen zwischen den Sicherheitsexperten und den übrigen Unternehmensangehörigen.

4. Zusammenfassung

Ich habe in diesem Beitrag versucht aufzuzeigen, dass Personenaufstellungen inhaltlich wie methodisch ein lohnendes Feld für wissenschaftliche Untersuchungen darstellen. Es gibt eine Vielzahl offener Fragen, die die Objektivität, Zuverlässigkeit und Gültigkeit der Methode betreffen. Die Ergebnisse des Forschungsprojektes, aus dem hier berichtet werden konnte, sind jedoch ermutigend:

- Die Sekundäraufstellungen führen zu Einsichten, die in Einklang mit Beobachtungen im Untersuchungsfeld und Ergebnissen der Interviews mit den Führungs-, Fachkräften und Mitarbeitervertretern der Unternehmen vor Ort stehen.
- Die Aufstellungsbilder von verschiedenen Personen innerhalb eines Betriebes sind strukturkonsistent, das heißt, sie scheinen tatsächlich eher Systemeigenschaften als individuelle Eigenarten zum Ausdruck zu bringen.
- Die Aufstellungsbilder können somit Prinzipien von Organisationsstrukturen zur Anschauung bringen und ihre Vor- wie Nachteile unmittelbar erlebbar machen.
- Aus den Aufstellungsbildern ließen sich Variablen operationalisieren und quantifizieren, die zu bedeutsamen Korrelationen mit anderen Untersuchungsvariablen führten, und signifikante Zusammenhänge mit den zentralen Kriteriumsvariablen des Forschungsprojektes ergaben.

Aus diesen Ergebnissen lässt sich die Hoffnung ableiten, durch die Methode der Aufstellung von Arbeitsbeziehungssystemen die informellen Strukturen von Unternehmen und Betrieben besser zu verstehen und gegebenenfalls Einfluss auf sie zu nehmen.

Literatur

Born, M. u. S. Eiselin (1996): Teams, Chancen und Gefahren. Bern (Huber).
Fassel, D. (1991): Wir arbeiten uns noch zu Tode. München (Kösel).
Orthaus, J., A. Knaak u. K. Sanders (1993): Schöner schuften – Wege aus der Arbeitssucht. Köln (Kiepenheuer & Witsch).
Ruppert, F. (1997): „Stellen von Arbeitsbeziehungen" – ein neuer Zugang zur Unfallanalyse und zur Lösung arbeitssicherheitsbezogener Konflikte. In: Bundesinstitut für Berufliche Bildung (Hrsg.): Berufliche Bildung – Kontinuität und Innovation. Bielefeld (Bertelsmann), S. 1012–1015.
Ulich, E. (1994): Arbeitspsychologie. Stuttgart (Kohlhammer).
Unger, M. (1997): Konflikte in Arbeitsbeziehungen und ihre Lösung durch die Methode der Personenaufstellung. Diplomarbeit, Katholische Stiftungsfachhochschule München.
Weber, G. u. B. Gross (1998): Organisationsaufstellungen. In: G. Weber (Hrsg.): Praxis des Familien-Stellens. Heidelberg (Carl-Auer-Systeme), S. 405–420.

IV Interviews mit Bert Hellinger

Organisationsberatung und Organisationsaufstellungen[1]
26 Fragen an Bert Hellinger von Johannes Neuhauser

Johannes Neuhauser: Wie sind Sie als Psychotherapeut dazu gekommen auch Organisationen zu beraten?

Bert Hellinger: Ich habe ja als Gruppendynamiker in Südafrika angefangen. Dort gehörte es zum Programm, dass man in der Praxis, das, was man in den Kursen gelernt hat, in den Organisation, in denen man arbeitet, umsetzt. Ich war damals Rektor einer großen Schule, einer Eliteschule in Südafrika, aus der zu dieser Zeit 13 Prozent aller schwarzen Universitätsstudenten kamen. Bei einem Ereignis dort hat mir die Gruppendynamik sehr geholfen. Es gab nämlich einen Streik in der Schule: In den Osterferien konnten die, die nahe wohnten, nach Hause fahren und die weiter weg gewohnt haben – das war etwa die Hälfte der Schüler – die blieben dann im Internat. Diese haben mich nun gebeten, ob sie am Gründonnerstag in die Stadt gehen können. Ich habe gesagt: Ja unter der Bedingung, dass sie zum Gottesdienst zurück sind, weil ich sie nämlich dort für den Gottesdienst gebraucht habe. Sie aber haben geschlossen gestreikt und sind erst am Abend zurückgekommen.

Jetzt war also meine Autorität als Rektor damit aufs Spiel gesetzt und auch die der ganzen Schule. Es gab eine Mädchen-Schule und eine Knaben-Schule. In der Knaben-Schule waren zu dieser Zeit 180 im Internat, und es gab nur einen einzigen Präfekten. Die ganze Schule wurde also von den Studenten selbst organisiert. Wir haben dann die Stellvertreter der Studenten – das waren etwa sechs oder sieben – am Abend zu uns gerufen, nachdem sie zurückgekommen

---

1 Das hier abgedruckte Interview ist auch als Video erhältlich: *Organisationsberatung und Organisationsaufstellungen* (Carl-Auer-Systeme Verlag, Heidelberg).

waren, haben uns hingesetzt und eine Viertelstunde nichts gesagt. Wir haben sie also köcheln lassen. Dann habe ich ihnen gesagt: „Jetzt ist die Autorität der Schule zusammengebrochen. Und was auch zu bedenken ist, dass wir nur unterrichten, weil wir das wollen. Wenn wir das nicht mehr wollen, was macht ihr dann? Und was würden eure Eltern zu dem sagen, was ihr da gemacht habt?"

Dann haben wir einen Vorschlag gemacht. Wir haben gesagt: „Entweder wir können jetzt alle entlassen, oder ihr überlegt, wie die Autorität in der Schule wieder hergestellt werden kann." Dem haben sie zugestimmt. Dann haben sie am nächsten Tag einen halben Tag miteinander beraten, wie sie Autorität in der Schule wieder herstellen könnten, und dann einen Vorschlag gemacht. Da der aber unzureichend war, habe ich ihn abgelehnt. Und dann haben sie noch einmal einen halben Tag miteinander beraten und dann vorgeschlagen, sie werden einen Tag lang während der Ferien den Sportplatz in Ordnung bringen – und dem habe ich zugestimmt. Und einer der Schüler fing an zu maulen und hat zu den anderen gesagt: „Das hat er nur gemacht, weil ihr nicht zum Gottesdienst gekommen seid." Den habe ich auf der Stelle mit der Auflage entlassen, dass er sich nach vier Wochen wieder anmelden kann. Seitdem hatte ich nie mehr Autoritäts- oder Disziplinprobleme in der Schule. Das hatte ich bei der Gruppendynamik gelernt. Die Erfahrungen aus dieser Zeit habe ich dann in einem Priesterseminar und in der Beratung von Orden und Internaten angewandt und später auch in psychosomatischen Kliniken und in ähnlichen Instituten.

NEUHAUSER Waren Sie auch nach Ihrer Rückkehr aus Südafrika in der Organisationsberatung tätig?

HELLINGER Als ich aus Südafrika zurückkam, habe ich neben den gruppendynamischen Kursen auch Organisationstrainings angeboten, in denen die Dynamiken, die in den Organisationen ablaufen, dargestellt und nach Lösungen gesucht wurde. Das war alles auf der Ebene der Gruppendynamik. Das habe ich dann aber aufgegeben, weil ich nicht mehr selbst in Organisationen gearbeitet habe, und mir schien der Kontakt zu Organisationen wichtig, um diese Arbeit auch machen zu können. Da habe ich mich eher auf das Familien-Stellen beschränkt.

NEUHAUSER Wie kamen sie von den Familienaufstellungen zur Aufstellungsarbeit mit Organisationen?

HELLINGER In die Kurse, in denen ich das Familien-Stellen gezeigt habe, haben manche Teilnehmer Probleme aus ihren Organisationen eingebracht, und dann habe ich manchmal eine Aufstellung gemacht, die sich auf Organisationen bezog, aber nur in einem eingeschränkten Rahmen.

NEUHAUSER Wann haben Sie damit angefangen, auch Organisationen aufzustellen, und wie sind Ihre persönlichen Erfahrungen mit dieser Methode?

HELLINGER Aufgestellt habe ich, wenn ich zum Beispiel in psychosomatischen Kliniken Beratungen abgehalten habe. Dann habe ich unter anderem die Organisationsstruktur aufgestellt: Zum Beispiel habe ich den Chef, die Verwaltung, dann die Ärzte, die Psychologen, die Ergotherapeuten und anderes Hilfspersonal zueinander in Beziehung stellen lassen. Dann konnte man sehen, dass es in diesen Organisationen eine Hierarchie gibt. Dass zum Beispiel die Verwaltung Vorrang hat, weil sie die Grundlage für die ganze Organisation schafft. In einer psychosomatischen Klinik folgen dann die Ärzte und danach die Psychologen und dann anderes Personal. Man konnte zum Beispiel sehen, dass es große Schwierigkeiten gibt, wenn Ärzte und Psychologen eine Gruppe bilden. Die Psychologen können sich also nicht gleichberechtigt neben die Ärzte stellen, weil sie nicht die gleiche Verantwortung haben. Es gab da auch Probleme und Proteste. Aber die Aufstellungen haben ganz klar gezeigt, dass den Ärzten ein Vorrang gebührt und dass die anderen sich dem unterzuordnen haben. Das heißt nicht, dass sie nicht gemeinsame Beratungen haben können. Aber die Ärzte müssen bestimmte Dinge, die sich rein auf das Medizinische beziehen, auch ohne die anderen entscheiden können. Das war eine wichtige Erfahrung.

NEUHAUSER Was konnten Sie bei der Organisationsberatung in Kliniken beobachten?

HELLINGER Wichtig ist, dass der Chef Chef bleibt. Es gab ja so eine Demokratisierungswelle, wo Leute gesagt haben, alles müsse kollegial gemacht werden. Ich habe aber sehr bald gesehen, dass das nicht geht. Kollegiale Leitung geht nur, wenn alle die gleiche Verantwortung tragen und auch bereit sind, das Risiko gemeinsam zu tragen. Aber viele solcher Organisationen haben sich so verhalten, als könnten diejenigen, die gar keine Verantwortung tragen und auch nicht tragen wollen, gleichermaßen mitreden. Zum Beispiel gab es ein Institut, in dem die Gärtner genauso mitentscheiden konnten wie die Ärzte. Und das geht nicht.

Damals habe ich einen ganz einfachen Trick angewandt. Ich habe die Gruppe gefragt: „Wer von euch fühlt sich für das Ganze verantwortlich?" Fünf Personen haben die Hand gehoben. Und da sagte ich: „Ihr seid das Team. Die anderen haben nichts zu melden." Es war erstaunlich, dass alle anderen innerhalb eines Jahres diese Organisation verlassen haben.

Kollegial heißt, man hat die gleiche Verantwortung und trägt das gleiche Risiko. Kollegial heißt auch, dass man gleichzeitig beginnt. Es gibt Organisationen (zum Beispiel ein Steuerberatungsbüro oder auch Arztpraxen), da starten mehrere gemeinsam und gleichzeitig als Partner. Das ist dann völlig in Ordnung. Wenn aber jetzt einer ausscheidet und ein Neuer kommt hinzu, kann er nicht mehr gleichberechtigter Partner sein. Er muss angestellt werden. Nur die ursprünglichen Gründungsmitglieder können Partner sein. Wo das nicht der Fall ist, werden die später Dazugekommenen diese Praxis zerstören. Das ist eine Beobachtung, und ich kann sie gar nicht begründen. Es war aber ein ganz wichtiges Element, das ich in diesen Kliniken beobachtet habe.

NEUHAUSER Oft drängen Mitarbeiter um jeden Preis nach vorne. Was sind mögliche Folgen, und welcher Grundkonflikt zeigt sich?

HELLINGER Das ist die Rivalität mit der Frage: Wer kommt an die Spitze? Und da kann man sehen, dass, wenn sie an die Spitze kommen, die früheren Mitarbeiter die Organisation verlassen. Das ist für diese Organisation ein großer Aderlass. Es bringt nichts, wenn sich jemand auf diese Weise an die Spitze setzt. Wenn jemand, der später gekommen ist, an die Spitze gesetzt wird, dann muss er sich verhalten, als sei er am letzten Platz. Das wäre Führung aus der letzten Position. Diese anerkennt alle anderen an, und das hat zur Folge, dass alle anderen diesen Führer anerkennen, weil er am letzten Platz bleibt. Die Ressourcen, die diese Gruppe hat, werden durch diese Art des Führungsstils für alle mobilisiert, und er oder sie gewinnt sie alle für sich und bewirkt so ein sehr gutes Organisationsklima.

Wenn dasjenige sich aber an die Spitze stellt und zum Beispiel Leute von außen zu seiner Unterstützung hereinholt, die seine Freunde sind, werden alle anderen verdrängt. Eine Beobachtung ist noch merkwürdig: Die Männer verlassen dann das Team, die Frauen bleiben.

NEUHAUSER Wo haben Sie diese Beobachtung gemacht?

HELLINGER Zum Beispiel in einer psychosomatischen Klinik: Das weibliche Personal ist geblieben und die Männlichen haben die Organisation verlassen und wurden dann durch andere ersetzt.

NEUHAUSER Sie sprachen vorher von einem Führungsstil, als sei man auf dem letzten Platz. Wie würde so ein Führungsstil praktisch aussehen?

HELLINGER Der Leiter fragt dann zum Beispiel: Was war hier bisher der Brauch? Und er fragt auch: Was ist hier das Beste? Er holt also Rat ein, und wenn er den bekommen hat, wenn er einen Konsens hat, dann führt er das durch. Er entscheidet dann zwar, aber alle anderen fühlen sich gewürdigt und unterstützen ihn in der Folge. Wenn jemand jedoch sagt, er habe neue Ideen, er wolle seine neuen Ideen hereinbringen, und setzt diese dann hemdsärmelig durch, verliert er die Mitarbeiter und die Loyalität der Mitarbeiter.

NEUHAUSER Worin unterscheidet sich die Aufstellungsarbeit mit Organisationen von den Familienaufstellungen? Bestehen zwischen diesen auch tiefere Gemeinsamkeiten?

HELLINGER Es bestehen Gemeinsamkeiten und tief greifende Unterschiede. Der Hauptunterschied ist, dass Organisationen doppelt strukturiert sind von der Altersreihenfolge her, von der Rangordnung, und von der Funktion her. Und diese beiden Bereiche greifen ineinander. Ein Beispiel habe ich ja gerade erwähnt, dass der Chef, der neu ernannt ist, in der Altersreihenfolge auf den letzten Platz geht, obwohl er von der Funktion her den ersten Platz hat. Das kann er dann gut kombinieren. Die einzelnen Untergruppen haben eine Rangordnung gemäß ihrer Funktion. Innerhalb dieser Gruppen gibt es dann die Altersreihenfolge, die auch beachtet werden muss. Eine neue Abteilung in einer Organisation, die hinzukommt, hat den letzten Platz, weil sie neu hinzugekommen ist. Da spielt dann die Altersreihenfolge auch eine Rolle, zumindest eine Zeit lang.

NEUHAUSER Was sollte man bei der Beratung von Familienunternehmen besonders beachten?

HELLINGER Das Familienunternehmen gehört denen, die es erben. Und zwar allen gemeinsam. Es gehört aber nicht deren Partnern, das ist eine ganz wichtige Unterscheidung. Wenn eine Frau ein Familienunternehmen erbt, kann ihr Mann zum Beispiel nicht in dieses Familienunternehmen einsteigen. Wenn er einsteigt und wenn er Verantwortung übernimmt, ruiniert er häufig das Unternehmen. Der Mann sucht sich besser einen eigenen Tätigkeitsbereich. Ähnliches gilt natürlich auch für die Einheirat in Bauernhöfe. Der, der einheiratet, hat meist eine sehr, sehr schlechte Position.

NEUHAUSER Sehen Sie trotzdem Möglichkeiten, wie ein Einstieg in die Leitung des Familienunternehmens des Partners gelingen könnte?

HELLINGER Ich habe bisher nur Negatives gesehen. Ich habe natürlich nur einen begrenzten Überblick, gebe aber zu bedenken, dass die Schwiegersöhne bzw. -töchter da oft keinen guten Platz finden. Ich würde auch nicht andere Familienmitglieder in den Familienunternehmen anstellen außer den Erben, den wirklichen Erben. Und deren Kinder natürlich, das ist wieder etwas anderes. Aber keine Cousinen oder so. Das gibt dann eine Vetternwirtschaft, die nicht zum Guten führt.

Es gibt auch noch etwas anderes, das bei Familienunternehmen zu beachten ist: Wenn das Unternehmen auf Betrug aufgebaut ist oder auf Ausbeutung, weigern sich die Nachkommen das Unternehmen zu übernehmen. Sie verschleudern oder verkaufen es dann. Auch das ist ein wichtiger Gesichtspunkt. Zum Beispiel war da ein Arzt, dessen Großvater hatte sich in einer Brauerei hochgearbeitet. Er hatte sehr viele kleine Brauereien aufgekauft und sie zu Depots umgewandelt. Viele haben dadurch ihre Arbeit verloren. Er aber wurde sehr reich und baute eine große Villa am Starnberger See. Als er starb, wollte niemand die Villa haben. Sein Sohn wurde Kinderarzt und hat sich ganz im Dienst der Kinder eingesetzt. Dessen Sohn wurde ebenfalls Arzt. Es gelang ihm nur mit großen Mühen, ein Haus zu bauen. Er hat zehn Jahre gebraucht, bis er ein Haus fertig bekommen hat, obwohl er genug Einkommen hatte.

Da zeigt sich, dass es auch da einen Ausgleich über die Generationen hinweg gibt. Betriebe, die real auf Können, auf Fleiß, auf Dienstleistung und einer Gemeinschaft aufgebaut sind, die werden von den Erben gerne übernommen und weitergeführt. Man sieht das bei vielen Handwerksbetrieben, die über viele Generationen in einer Familie weitergeführt werden. Da gibt es eine Tradition von guter Arbeit, und diese wird auch gerne übernommen.

NEUHAUSER Worauf ist bei der Übergabe eines Familienunternehmens an die nächste Generation besonders zu achten, sowohl von Seiten der Kinder als auch von Seiten der Eltern?

HELLINGER Auf Folgendes muss der Erbe achten: Der es übergibt, behält im Grunde alle Rechte, und er behält seine ganze Würde. Und der, der es übernimmt, muss sagen: „Ich trete in deine Fußstapfen, ich achte, was du gemacht hast." Dann gewinnt er das Wohlwollen des Vaters oder der Mutter oder wer immer es ist. Die geben ihm dann freie Hand für Umstrukturierungen oder für Erneuerungen.

Wenn er aber sagt: Jetzt mache ich es anders, und will sich sozusagen gegen den Vater oder die Mutter profilieren, scheitert er. Dann gibt es auch in dem Unternehmen eine gespaltene Loyalität. Einige bleiben dann dem früheren Besitzer treu, und das kann nicht funktionieren. Hier gilt also auch das Prinzip: Die Ehrerbietung und die Würdigung ist die Grundlage einer guten Zusammenarbeit.

NEUHAUSER Gibt es so etwas wie „unsichtbare Bindungen" in Betrieben und Organisationen?

HELLINGER Bei den Organisationen würde ich ganz klar unterscheiden zwischen Organisationen, die völlig willkürlich aufgebaut werden können, wie zum Beispiel ein Sportverein, und Betrieben, von denen das Wohl vieler Familien abhängt. Wo das Überleben vieler

Familien vom Funktionieren eines Betriebes abhängt, wird der Unternehmer sozusagen zu einem Übervater, der für eine große Region wichtig werden kann und wichtige Funktionen übernimmt. Wenn er das auch in Hinblick auf diese Region, seine Mitarbeiter und Arbeiter übernimmt, gewinnt er die Loyalität dieser Mitarbeiter, wie ein Vater die Loyalität seiner Kinder gewinnt. Und diese Mitarbeiter setzen sich dann auch für den Betrieb ein. Das sieht man in vielen solchen Betrieben, wo sich die Arbeiter loyal zum Chef verhalten und der Chef auch loyal zu den Arbeitern steht. Da ist das Betriebsklima dann gut.

Was man jetzt häufig beobachten kann, ist, dass es eine Loyalität des Managements gegenüber den Aktionären gibt, die eigentlich nicht arbeiten und auch keine Verantwortung übernehmen, und wo dann die Mitarbeiter sozusagen benutzt und wirklich ausgebeutet werden – zugunsten der Aktionäre. Das ist eine Verschiebung der Loyalität, die auf Dauer gesehen nur schlimme Wirkungen auf den Betrieb haben kann. Ein solches Management verliert die Loyalität der Mitarbeiter und den guten Willen, und ohne das gibt es Pannen über Pannen.

NEUHAUSER Was ist Ihrer Meinung nach im Zeitalter der Globalisierung zu beachten?

HELLINGER Wichtig ist zum Beispiel der Ausgleich zwischen dem, was die Arbeiter für ihre Arbeit bekommen, und dem, was der Unternehmer einstreicht. Da muss es einen Ausgleich geben.

Wenn der Betrieb hohe Gewinne hat, dann müssen die Arbeiter zu einem gewissen Teil daran beteiligt werden. Und umgekehrt, wenn der Betrieb in Schwierigkeiten kommt, müssen auch die Mitarbeiter diese Schwierigkeiten mittragen, zum Teil auch durch Einbußen. Das wird auch ganz selbstverständlich gemacht, wenn man dem seinen Lauf lässt. Und ich betrachte die Beteiligung am Betriebsvermögen als einen wichtigen Schritt, um die Loyalität von Mitarbeitern zu sichern.

NEUHAUSER Welche Dynamiken zeigen sich, wenn zwei Firmen fusioniert werden?

HELLINGER Also, Michael Wingenfeld, ein Unternehmensberater, der auch den ersten Organisationsaufstellungskurs mitorganisiert hat,

hat mir einmal gesagt: Wenn zwei Unternehmen zusammenkommen und das große das kleinere schluckt, dann werden die Mitarbeiter des kleineren Unternehmens die Firma im Laufe der Zeit verlassen. Also auch hier gilt, dass es eine gegenseitige Achtung geben muss und eine Zusammenarbeit, die beides würdigt. Dann kann das kleinere in ein größeres Unternehmen eingehen. Aber nicht, wenn es sozusagen vereinnahmt wird, z. B. feindlich übernommen und dann geschluckt wird. Dann geht sehr viel Loyalität verloren und dadurch auch sehr viel Effizienz.

NEUHAUSER Hat es Auswirkungen auf ein Unternehmen, wenn zum Beispiel ein Abteilungsleiter durch eine Intrige abgesetzt oder entlassen wird?

HELLINGER Das hat schlimme Folgen. Es verunsichert alle anderen Mitarbeiter und beeinträchtigt natürlich auch das Vertrauen in den Betrieb, wenn so etwas geschieht.

NEUHAUSER Wie kann es für die im Betrieb verbleibenden Mitarbeiter gut weitergehen?

HELLINGER Ich würde es beobachten. Da eine Voraussage zu machen steht mir nicht zu. Aber ich bin skeptisch, dass da auf Dauer was Gutes rauskommt. Das ist wie bei feindlichen Übernahmen: Da wird jemand missachtet, und wenn einer missachtet wird, sind alle anderen in ihrem Vertrauen erschüttert. Das kann sich nur negativ auswirken, ich kann mir das nicht anders vorstellen.

NEUHAUSER Mit wem würden Sie als Organisationsberater in einem Betrieb zu arbeiten beginnen: den Mitarbeitern, den Abteilungsleitern oder dem Chef?

HELLINGER Immer mit dem Chef. Wenn der Chef nicht zustimmt oder wenn er mich als Organisationsberater nicht einlädt, gehe ich niemals hin. Das mache ich nur in Übereinstimmung mit dem Chef. Alles andere wäre, als wenn ich einen Aufstand unterstützen würde. Wenn ich den Chef gewonnen habe, und der Chef hat mein Vertrauen, und er sieht, dass ich ihn achte, dann wird er die Mitarbeiter hinzuziehen, und dann suche ich eine gute Lösung. Die gute Lösung stärkt immer die Autorität des Chefs und auf der anderen Seite das gegenseitige Vertrauen und die gegenseitige Loyalität, so dass ein gegenseitiger Austausch da ist, der das Unternehmen fördert.

NEUHAUSER Welche Methode eignet sich Ihrer Erfahrung nach am besten, die im Unternehmen wirkende Dynamik ans Licht zu bringen?

HELLINGER Ich erinnere mich zum Beispiel an eine psychosomatische Klinik: Da habe ich erst mit dem Chef gesprochen, und dann habe ich einfach eine Runde gemacht, und jeder konnte sagen, was sich ändern müsste, damit er sich in dem Betrieb wohl fühlt. Nach so einer Runde weiß man – alle wissen es, und der Chef weiß es auch –, was man ändern müsste. Und dann kommt eine zweite Runde, in der dann jeder sagt, wenn er das jetzt alles gehört hat, was wäre jetzt eine gute Lösung. Dann bekommen wir wieder verschiedene gute Lösungen, und mit mehreren solcher Runden kommt man zu einer Übereinstimmung. Alle sind dann zu Wort gekommen, alle Anliegen sind beachtet. Es ergibt sich eine Lösung die immer besser ist, als das, was man sich vorher ausgedacht hat. Vor allem ist sie immer besser als die, die sich der Chef vorher alleine ausgedacht hat.

NEUHAUSER Wann arbeiten Sie mit Runden, und wann machen Sie Organisationsaufstellungen?

HELLINGER Aufstellen muss ich, wenn ich das Zusammenspiel von Unterabteilungen sehen muss, oder auch das Zusammenspiel innerhalb einer Abteilung. Da zeigt sich häufig das Problem, dass die zeitliche Rangordnung nicht eingehalten wird. Das kann man in den Aufstellungen sehr gut zeigen.

NEUHAUSER Arbeiten Sie bei den Aufstellungen mit Stellvertretern?

HELLINGER Nein, nein, dort sind ja keine Stellvertreter da. Es sind ja nur die Menschen aus der Organisation selbst da. Ich lasse das jemanden aufstellen. Zum Beispiel lasse ich den Chef das aufstellen. Und dann lasse ich noch jemand anderen zum Überprüfen aufstellen. Das wäre hier die Vorgangsweise.

NEUHAUSER Gibt es eine häufig wiederkehrende Grundordnung bei Organisationsaufstellungen, ähnlich den „Ordnungen der Liebe" bei Familienaufstellungen?

HELLINGER Ich habe ja nur bei kleineren Unternehmen, wie Kliniken Erfahrung, nicht bei Industriebetrieben. Deswegen muss man das mit Einschränkungen betrachten, was ich sage. Aber erst wird der Chef aufgestellt, rechts von ihm die Verwaltung. Man sagt ja auch: Das ist seine rechte Hand. Dann links von ihm kämen zum Beispiel die Ärzte, dann die Psychologen. In der Reihenfolge, also von der Bedeutung ihrer Funktionen her. So gewinnt man ein Gesamtbild.

NEUHAUSER Stellen Sie die realen Personen ins Lösungsbild oder wählen Sie Stellvertreter?

HELLINGER Es ist so, dass ich bei diesen Aufstellungen nicht die Ärzte für die Ärzte aufstelle, sondern andere Teilnehmer. Ich lasse sie also mischen. Auch den Chef stelle ich nicht an seine Stelle, sondern einen Stellvertreter. Ich mische das dann aus der Gruppe, die gerade da ist. Ich bekomme dann unbefangenere Rückmeldung, als wenn ich die Leute selbst gleich an ihren Platz stelle.

NEUHAUSER Gibt es grundlegende Unterschiede bei der Arbeit mit Non-Profit- und Profit-Unternehmen?

HELLINGER Das weiß ich mehr aus der Literatur. Ein Professor Burkhardt, der bei mir einmal in einem Kurs war, hat mal eine Arbeit über Profit- und Non-Profit-Organisationen geschrieben. Und er hat festgestellt, dass gerade in den Non-Profit-Organisationen größte Probleme aufsteigen.

Das kommt daher, weil die Non-Profit-Organisationen von Leuten getragen werden, die bestimmte Ideale haben oder bestimmte Ideologien. Ein Beispiel: Da war eine Organisation, die sich um adoptierte Kinder kümmern wollte. Sie hat aber die Eltern überhaupt nicht in Betracht gezogen. Dann läuft der Konflikt, den es in den Familien zwischen den Adoptiveltern und den wirklichen Eltern gibt, stellvertretend in so einer Gruppe ab. Sie waren völlig handlungsunfähig. Non-Profit-Organisationen sind die schwierigsten überhaupt, weil da so viel Ideologie reinspielt. In straff geführten Wirtschaftsunternehmen gibt es sehr viel mehr Rationalität.

Neuhauser Welche Strukturen halten Sie für besonders wichtig in Unternehmen?

Hellinger Eines ist wichtig: Eine Organisation muss so strukturiert sein, dass niemand andere an ihrer Arbeit hindern kann. Das ist ein ganz wichtiges Prinzip.

Ein Beispiel: In einer Klinik waren fünf Chefärzte, und jeder konnte alle anderen blockieren, wenn er wollte. Das ist eine schlechte Struktur. So etwas geschieht immer wieder, wenn man nicht beachtet, dass es eine Hierarchie geben muss und dass schlussendlich irgendjemand verantwortlich sein muss. Das könnte auch turnusmäßig geschehen. Also, einer übernimmt zum Beispiel für eine Zeit die Leitung, und andere tun dieses später. Wer die Leitung hat, der kann das dann so strukturieren, dass niemand die anderen Abteilungen blockieren kann. Das ist ein ganz wichtiges Prinzip.

Neuhauser Sind Organisationsaufstellungen das neue Wundermittel?

Hellinger Da wäre ich eher zurückhaltend. Ich würde das nur einsetzen, wo es notwendig ist und nur, um ein unmittelbares Problem zu lösen. Genauso, wie ich die Familienaufstellungen nur so gezielt einsetze. Neugierige Aufstellungen, um zu sehen, wie ist das so, die sind sehr riskant. Auch bei den Organisationen gilt die phänomenologische Vorgangsweise. Der Berater betrachtet das Bild, wenn es aufgestellt ist, und lässt sich von dem Bild leiten. Er vergisst, was man ihm sonst gesagt hat. Er muss ein Vorwissen haben von Ordnungen, zum Beispiel, dass in der Organisation Funktion und andere Rang- und Reihenfolgen ineinander wirken. Er muss sehen, wie er das in Einklang bringt. Man kann auch einiges übernehmen: Es gab eine Aufstellung, da war einer verantwortlich für die ganzen Altersheime der Caritas in einem Bundesland. Er hatte viele neue Ideen und war aber anstelle eines alten Herrn eingesetzt worden. Er fühlte sich wie gelähmt, und der Stellvertreter des alten Herrn war ihm böse. Dann habe ich ihn sich vor dem alten Herrn verneigen und sagen lassen: „Ich führe das weiter, was du gemacht hast." Auf einmal hatte er dessen Segen und konnte ungestört arbeiten. Das sind Elemente, die kann man herübernehmen, aber was man macht, muss man aus der Situation erfassen. Dabei ist die Zurückhaltung wichtig. Man lässt das Bild auf sich wirken und dann sieht dann, was in dem konkreten Fall die Wirkung oder die Lösung ist. Das ist durch nichts zu ersetzen. Und wenn man das mechanisch macht und meint, durch das mechanische Aufstellen würde man eine Lösung finden und müsste nur genug aufstellen, finde ich das riskant und auch nicht gemäß.

Loyalität durch Ordnung – Erfolg durch Loyalität
Ein Interview von Humberto del Pozo mit Bert Hellinger

HUMBERTO DEL POZO Zunächst möchte ich fragen: Wie sieht Ihr Modell aus, wenn es auf oder in Organisationen angewandt wird?

BERT HELLINGER Zunächst sollte ich erklären, was mein Modell ist. Das Modell ist abgeleitet von den Familienaufstellungen. Das heißt, eine Person sucht aus einer Gruppe Vertreter für die Mitglieder ihrer eigenen Familie aus und stellt sie in einer räumlichen Beziehung zueinander auf. Sobald diese ihren Platz eingenommen haben, haben sie das Gefühl, die Menschen zu sein, die sie vertreten, obwohl sie sie nicht kennen. Mittels der Familienaufstellungen erhalten wir also ein klares Bild dessen, was in der Familie los ist. Wenn wir das auf Organisationen anwenden, das heißt, wenn wir für die Manager der verschiedenen Abteilungen einer Organisation Vertreter auswählen und die verantwortliche Person sie in Beziehung zueinander aufstellt, erhalten wir ein klares Bild der Organisation und der Gefühle der einzelnen Mitglieder.

DEL POZO Was heißt das denn, „ein klares Bild dessen, was in einer Organisation los ist"?

HELLINGER Sagen wir mal, ein Mann ist Direktor einer Organisation und stellt Vertreter für seine Manager auf, einschließlich einen für sich selbst, und er macht das, ohne großartig nachzudenken. Sehr bald erhält er ein deutliches Bild der Beziehung der Manager zueinander und zu sich selbst. Er ist vielleicht überrascht, dass sich manche von ihm abwenden und sich an etwas außerhalb der Organisation orientieren, was ihm noch nicht aufgefallen war.

DEL POZO Was heißt das, wenn man sagt, die Menschen schauen auf etwas außerhalb der Organisation und nicht zu ihm hin?

HELLINGER Das bedeutet, dass sie nicht damit zufrieden sind, was innerhalb der Organisation passiert. Es kann zum Beispiel sein, dass der Direktor seine Autorität nicht auf eine Art und Weise ausübt, die die Manager unterstützt. Also fühlen sie sich nicht sicher und sind der Meinung, dass sie der Organisation nicht ihr Bestes geben können. Wenn es gute Leute sind, schauen sie woanders hin, um ihre Arbeit fortzusetzen.

DEL POZO Kommt dieses Muster in Ihrer Arbeit mit Organisationen häufig vor?

HELLINGER Das ist nur ein Beispiel. Wenn wir so etwas sehen, stellt sich natürlich die Frage, welche Schritte unternommen werden können, um diese Situation zu beheben. So wird der Psychologe oder Berater, der den Direktor bei der Aufstellung seiner eigenen Organisation unterstützt, bestimmte Schritte einleiten, um herauszufinden, wie eine gute Lösung für alle Beteiligten aussehen könnte.

DEL POZO Wie unternimmt der Berater diese Schritte?

HELLINGER Der Berater kann beispielsweise den Direktor umdrehen, so dass er den anderen Managern zugewandt ist, und sie so hinstellen, dass sie den Direktor anschauen. Es kann auch sein, dass sich manche nicht in der richtigen Position befinden. Zum Beispiel versucht einer der Manager, der zu einem späteren Zeitpunkt als die anderen zur Organisation kam, sich an die erste Stelle zu setzen, was die anderen ärgert. Der Berater kann dann, zum Beispiel, die Manager der verschiedenen Abteilungen in einer bestimmten Reihenfolge aufstellen, so dass jeder das Gefühl hat, in der richtigen Position zu sein.

DEL POZO Woher wissen Sie, was die richtige Reihenfolge ist?

HELLINGER In Organisationen gibt es verschiedenartige Reihenfolgen, die man berücksichtigen muss. Die erste hat mit der Funktion zu tun. Darum steht der Direktor immer an erster Stelle. Der Geschäftsführer, die rechte Hand sozusagen, steht zur rechten Seite des Direktors, oder sein Assistent steht dort. Die anderen stehen entsprechend der Bedeutung ihrer Abteilung. Wir wissen vorher nicht genau, welche Abteilung die wichtigste ist, können es aber herausfinden, indem wir die Position der verschiedenen Vertreter so lange ändern, bis sie das Gefühl haben, dass die Reihenfolge ihrer Funktion entspricht.

In Familien und Organisationen gibt es auch eine zweite Reihenfolge, und zwar entsprechend der Rangfolge. Jemand, der früher zur Organisation kommt, hat Vorrang über die Nachkommenden. Nicht, dass er das Kommando hat; es ist lediglich ein Rang, eine Position der Würde, die dieser Person erteilt wird aufgrund der Tatsache, dass sie länger zur Organisation gehört hat. Wenn es also mehrere Personen gibt, die bezüglich der Funktion auf demselben Niveau sind, muss diejenige, die zuerst zur Organisation kam, die erste Position einnehmen. Die erste Position befindet sich zur Linken des Direktors. Auch dann, wenn sie dem Direktor gegenüberstehen, ist es die erste Position an der linken Seite des Direktors – dann kommt die zweite Position. Die Reihenfolge geht immer im Uhrzeigersinn. Auf diese Weise wird die Reihenfolge hergestellt.

DEL POZO Woher kommt das?

HELLINGER Es ist eine Beobachtung. Ich gebe Ihnen ein Beispiel. Ich war mal Berater für eine Organisation. Sie hatten Schwierigkeiten, sich auf ein Programm für die Aktivitäten des nächsten Jahres zu einigen, und ich wusste nicht, was ich tun sollte. Plötzlich kam mir eine Idee. Ich fragte sie: „Wer von Ihnen war der erste in dieser Organisation, wer kam zum frühesten Zeitpunkt?" Demjenigen, der antwortete, sagte ich: „Stellen Sie sich an meine Linke." Ich machte so weiter, bis sie genau entsprechend der Dauer ihrer Betriebszugehörigkeit aufgestellt waren. Dann sagte ich: „Setzen Sie sich jetzt hin." Die gemeinsame Reaktion war: „Was für ein friedliches Gefühl." Sie konnten so fühlen, wie sich die Einhaltung der Reihenfolge auswirkt.

DEL POZO Was bedeutet das für die eigentliche Praxis der Organisation, beispielsweise für ihre Sitzungen?

HELLINGER In einer Sitzung könnte man das tun, was ich in dem Beispiel vorgeschlagen hatte. Wenn sie an einem Tisch sitzen, setzt man sie in der Reihenfolge der Betriebszugehörigkeit hin, falls sie derselben Abteilung angehören. Wenn sie unterschiedliche Funktionen innehaben, kommen zunächst diejenigen mit der höheren Funktion oder Verantwortung entsprechend ihrer Funktion. Doch innerhalb dieser Abteilungen gibt es vielleicht Personen, die die gleichen Rechte haben. Diese werden entsprechend der Zeit ihrer Betriebszugehörigkeit gesetzt.

DEL POZO Wie lange arbeiten Sie schon mit dieser Methode in Organisationen? In welchen Unternehmen, in welchen Ländern?

HELLINGER Früher war ich Lehrer, und ich wandte sehr früh Gruppendynamiken auf eine große Schule an. Innerhalb dieser Schule waren wir sehr erfolgreich, was Selbstbestimmung anbelangt. Das war in Südafrika. Ich lernte innerhalb einer großen Gruppe so zu arbeiten, dass die Einzelnen sich einerseits herausgefordert fühlten und andererseits das Gefühl hatten, die richtige Stellung zu haben, so dass sie entsprechend ihrem Rang und ihrer Funktion Verantwortung übernehmen konnten.

DEL POZO Was meinen Sie mit Herausforderung?

HELLINGER Ungefähr 140 Jungen besuchten diese Schule. Es war ein Internat, und ein Mann war für die gesamte Schule verantwortlich. Also wählte die Schule Vertreter für die Jungen. Sie wählten fünf Vertreter aus der Oberschule, der Abitursklasse, und jeweils einen aus den anderen Klassen. Diese bildeten den Schülerbeirat, der die ganze Schule tatsächlich verwaltete. Wenn es Probleme gab, löste sie der Beirat ganz allein. Einmal in der Woche erhielten wir einen Bericht und erteilten Anweisungen. Es funktionierte sehr gut. Das war meine erste Erfahrung mit diesem Ansatz. In Bezug auf Gruppendynamik war sie eine äußerst wertvolle Erfahrung.

Später verlegte ich mich auf Psychotherapie und nach einiger Zeit fing ich mit Familienaufstellungen an. Ich wurde dann gelegentlich von Organisationen, beispielsweise Krankenhäusern, psychosomatischen Kliniken und anderen Institutionen bei der Lösung organisationsbedingter Probleme um Rat gebeten, also überprüfte ich die durch Familienaufstellungen gewonnenen Einsichten bei Organisationen. Auf diese Weise entwickelte ich leicht anwendbare Kenntnisse.

DEL POZO Was wäre die Herausforderung für jeden einzelnen Manager eines Teams im Kontext eines Unternehmens? Was würde es bedeuten und was zur Organisation beitragen?

HELLINGER Erste Priorität ist, dass die Manager mit dem Direktor übereinstimmen müssen. Und der Direktor muss seine Autorität so ausüben, um den Managern der Unterabteilungen zu ermöglichen, ihr Bestes zu geben. Der Direktor steht eigentlich im Dienst der Manager. Wenn sie das verstehen, dass diese Person ihre Autorität in ihren Dienst stellt, haben sie das Gefühl, eine gewisse Freiheit zu haben, ihre eigenen Ideen zu entwickeln.

Wenn es verschiedene Abteilungen gibt, ist es wichtig, dass sie koordiniert sind. Das erreicht man durch einen regelmäßigen Gedankenaustausch, wobei die Manager darüber berichten, was sie in ihren Abteilungen tatsächlich tun. Zweitens berichten sie, was sie in ihrer Abteilung benötigen, und drittens erläutern sie ihre Pläne. Wenn jeder Manager einen solchen Bericht bei einer Vorstandssitzung abliefert, erhalten alle eine Vorstellung davon, was in der Gesamtorganisation passiert. Bei einer solchen Sitzung ist es äußerst wichtig, dass keiner den Bericht eines anderen unterbricht. Keiner spricht, bis alle darüber berichtet haben, was in der Organisation los ist. Wenn das geschieht, wird jeder in die Lage versetzt, die Bedürfnisse jeder Abteilung zu verstehen. Sie erkennen sowohl, was sie tun können, um die verschiedenen Abteilungen zu unterstützen, als auch, was die anderen für sie tun können. Aus diesem geteilten Verständnis heraus entsteht eine Diskussion darüber, wie sie zugunsten aller einzelnen Abteilungen zusammenarbeiten können.

DEL POZO Was sind nach Ihrer Erfahrung die Hauptprobleme, die sich bei der Aufstellung von Organisationen ergeben? Gibt es Problemmuster, die sich innerhalb einer Organisation wiederholen?

HELLINGER Eine Frage ist immer, ob der Direktor seine Autorität in den Dienst der anderen stellt. Manche Direktoren wollen äußerst demokratisch sein, und es scheint so zu sein, dass sie die anderen unterstützen. Es gibt jedoch viele Dinge, die ganz oben entschieden werden müssen, und wenn die anderen die Einzelheiten diskutieren müssen, die eine Person entscheiden kann, verlieren sie viel Energie und Kraft. Der Direktor muss eine wirkliche Autorität sein. Autorität wird angenommen, wenn die anderen das Gefühl haben, sie wird in ihren Dienst gestellt. Autorität wird abgelehnt, wenn eine Person Macht beansprucht, ohne sie zugunsten der anderen auszuüben. Das ist ein wichtiger Punkt. Der zweite ist: Die Einzelnen müssen klare Beschreibungen ihrer Kompetenzbereiche haben. Es muss deutliche Grenzen zwischen den verschiedenen Abteilungen geben, und keiner darf sich auf eine Art und Weise einmischen, die die Arbeit der jeweiligen Abteilung behindert. Schließlich müssen die verschiedenen Abteilungen natürlich miteinander kooperieren, wie ich das gerade beschrieben habe.

Del Pozo Welche Konflikte treten am häufigsten bei der Leitung einer Organisation auf? Ich denke zum Beispiel an einen Unternehmer, der einen Geschäftsleiter hat. Manchmal ist es nicht klar, wer die höchste Autorität hat, und wie Autorität delegiert wird.

Hellinger Der Unternehmer hat immer die höchste Autorität. Der Geschäftsleiter kann Autorität nur mit der Unterstützung des Unternehmers ausüben. Also zunächst muss der Geschäftsleiter den Unternehmer respektieren, ihm Bericht erstatten; er erhält seinerseits Unterstützung. In jeder Organisation besteht meiner Meinung nach der wichtigste Schritt zur Verbesserung der Situation darin, die Menschen zu veranlassen, sich gegenseitig zu respektieren. Menschen, die respektiert werden, geben ihr Bestes. Die erste Person, die respektiert werden muss, ist der Chef. Der Geschäftsleiter und der Unternehmer müssen respektiert werden. Sie müssen sich gegenseitig respektieren. Wenn sie respektiert werden, gewähren sie den anderen die Freiheit, das zu tun, was sie unter den gegebenen Umständen für das Beste halten.

Del Pozo Können Sie uns ein paar Beispiele für Respektlosigkeit geben, damit wir verstehen können, was in diesem Kontext Respekt bedeutet?

Hellinger Wenn es, zum Beispiel, einen Geschäftsleiter gibt, der meint, er sei besser als der Unternehmer, und der die Organisation entsprechend seinen eigenen Vorstellungen verändern möchte, werden einige Mitarbeiter des Unternehmens mit ihm übereinstimmen, während andere dem Unternehmer gegenüber loyal bleiben. So entsteht eine Spaltung, die der Entwicklung dieser Organisation abträglich ist. Ein Geschäftsleiter, der die oberste Person nicht respektiert, muss gefeuert werden. Es gibt keine andere Lösung. Es gibt sehr häufig Probleme, wenn jemand in einer niedrigeren Position sehr ehrgeizig ist, an die Spitze will und andere zu verdrängen versucht. Dadurch entsteht Unsicherheit unter den anderen, und diese Unsicherheit behindert ihre Bewegung. Dann fließt jede Menge Energie in Konkurrenzverhalten und Zwietracht.

DEL POZO Wie manifestiert sich das bei den Aufstellungen?

HELLINGER Wenn jemand beispielsweise Hass oder Misstrauen den anderen gegenüber fühlt, sieht man das sofort. Wie gesagt, bei einer Aufstellung fühlen sich die Vertreter wie die tatsächlichen Menschen. Wenn sich also diese Dynamik manifestiert, kann man sie so hinstellen, dass die Angelegenheit zwischen den Vertretern geklärt wird.

DEL POZO Wie wird die Angelegenheit geklärt? Wie macht man das durch Aufstellungen?

HELLINGER Der Geschäftsleiter muss das regeln, indem er eine Konferenz einberuft. Der beste Ansatz besteht darin, jeden einfach sagen zu lassen, was er benötigt, um sein Leistungspotential voll ausschöpfen zu können. Wenn alle zugehört haben, dann ist jeder gehört worden bezüglich dessen, was im allgemeinen System verändert werden muss, damit die Wünsche all jener, die ihre Sorgen geäußert haben, respektiert werden.

DEL POZO Und wie findet man Lösungen, wenn man eine Aufstellung macht und erkennt, dass sich manche über jemanden ärgern, der versucht, die Erfolgsleiter innerhalb des Unternehmens hinaufzusteigen?

HELLINGER Wenn man die Menschen, wie schon erwähnt, in der richtigen Reihenfolge aufstellt, kann jeder, einschließlich der fraglichen Person, erkennen, wo sich alle Vertreter gut fühlen. Da man mit Vertretern arbeitet, kann keiner, auch nicht die Ehrgeizigen beispielsweise, die Aufstellung behindern. Die Menschen in den Aufstellungen widerspiegeln das, was *tatsächlich* passiert. Diejenigen, die wirklich in dieser Situation stecken, schauen lediglich zu, so dass sie lernen, indem sie beobachten, was sich in der Aufstellung ereignet. Das ist äußerst wirksam. Sie können sich nicht dagegen wehren. Die Vernunft hilft ihnen nicht, denn die Wahrheit der Situation wird in der Aufstellung deutlich.

DEL POZO Versteht jeder die Lösung, oder bloß diejenigen, die sich an der Aufstellung beteiligen?

HELLINGER Diejenigen, die beobachten, verstehen auch, wenn sie sehen, wie die Personen reagieren. Eine Aufstellung ist ein machtvolles Mittel, um zu verdeutlichen, was in einer Organisation passiert und um eine gute Lösung aufzuzeigen.

DEL POZO Bei Ihren Aufstellungen habe ich auch gesehen, dass sie Menschen einander gegenüber aufstellen lassen. Worum geht es dabei?

HELLINGER Ich lasse manchmal eine Person sich vor jemanden verneigen, den sie verachtet hat: eine langsame respektvolle Verneigung. Wenn solche Respektbezeugungen gezeigt werden, kann man beobachten, wie sich die Atmosphäre schlagartig verändert. Wenn jemand eine andere Person verletzt hat, lasse ich den „Übeltäter" sagen: „Es tut mir leid." Nur das, sonst nichts. Wenn das ausgedrückt wird, verändert es die Atmosphäre sofort.

DEL POZO Was passiert, wenn jemand durch eine ungerechtfertigte Kündigung verletzt worden ist?

HELLINGER Wenn jemand ungerechtfertigt gekündigt wird, fühlen sich alle anderen unsicher, folglich wechseln sie ihre Loyalitäten. Der vermeintliche Gewinn einer Kündigung muss gegen den nachfolgenden Verlust abgewogen werden. Man muss das sehr sorgfältig überdenken. Wenn jemand ungerechtfertigterweise gekündigt worden ist, kann manchmal, wenn es angebracht ist, derjenige, der die Kündigung ausgesprochen hat, die Person zurückrufen und sagen: „Ich habe erkannt, dass Ihre Kündigung nicht gerechtfertigt war. Ich stelle Sie wieder ein." Diese Geste würde prompt die Loyalität aller anderen Mitglieder der Organisation stärken. Gelegentlich ist allerdings eine solche Geste nicht angemessen, dann muss eine andere

Art Geste erfolgen; beispielsweise könnte man dieser Person sagen: „Mir ist jetzt klar, dass das ungerecht war. Es tut mir leid." Auch wenn der betroffene Mitarbeiter nicht wieder eingestellt werden kann, fühlt er sich zumindest respektiert. Gelegentlich ist es auch angebracht, dieser Person etwas Unterstützung zukommen zu lassen, bis sie eine andere Arbeit gefunden hat.

DEL POZO Wie deckt eine Aufstellung so etwas auf? Sprechen Sie jetzt darüber, was man in der Realität tun sollte?

HELLINGER Ich gebe Ihnen ein Beispiel. Wenn sich die anderen Personen in einer Aufstellung unsicher, unglücklich und unwohl fühlen, bringe ich einen Vertreter für die gekündigte Person herein. Dann probieren wir verschiedene Reaktionen aus. Wir sehen sofort, welche Wirkung sie auf die gekündigte Person haben.

DEL POZO Was meinen Sie mit „ausprobieren" in einer Aufstellung?

HELLINGER Nehmen wir an, derjenige, der dem Mitarbeiter gekündigt hat, sagt: „Ich sehe ein, dass es ungerecht war." Damit ist der Mitarbeiter vielleicht nicht zufrieden. Wenn dann eine höhere Autorität den Fall aufgreift und dasselbe sagt, fühlt der Mitarbeiter vielleicht: „O. K., jetzt werde ich respektiert." Man kann verschiedene Strategien und verschiedene Worte ausprobieren. Man kann auch ausarbeiten, ob es notwendig oder angemessen ist, die Person wieder einzustellen.

DEL POZO Können Sie ein Beispiel der Arbeit mit Forschungs- oder Marketingprojekten geben?

HELLINGER Darin habe ich keine persönliche Erfahrung, da ich mich hauptsächlich auf Familienaufstellungen konzentriere. Wenn das auftauchte, und ich um Hilfe gebeten würde, könnte ich auf jeden Fall auf meine Erfahrungen zurückgreifen und irgendwie aufzeigen, was man machen könnte. Was bei dieser ganzen Arbeit wichtig ist, ist die Tatsache, dass die Fachkenntnis der Beteiligten immer respektiert werden muss. Ein Berater darf lediglich Vorschläge über Beziehungen machen, der Inhalt muss denjenigen überlassen werden, die es wirklich wissen.

DEL POZO Was kann eine Organisation tun, um Beziehungsprobleme zu vermeiden?

HELLINGER Es ist wichtig, dass die Führungskräfte eine Vorstellung haben von den Kräften, die hinter Beziehungen wirken, zum Beispiel vom Wechsel zwischen Geben und Nehmen, um ein gewisses Gleichgewicht zu erzielen. Wenn das berücksichtigt wird, kann viel Ärger vermieden werden. Andererseits ist jede Organisation etwas Lebendiges und wird von Zeit zu Zeit in Schwierigkeiten gelangen. Wenn jedoch eine Krise auftritt, gibt es verschiedene Möglichkeiten, diese zu untersuchen und eine Lösung zu finden, die es der Organisation ermöglicht, auf eine gute Art und Weise fortzufahren.

DEL POZO Können diese Methoden von Menschen innerhalb der Organisation angewandt werden, oder benötigen sie dafür einen externen Berater? Was wäre die Rolle eines externen Beraters?

HELLINGER Wenn die Leiter einer Organisation die Beziehungsregeln kennen, können sie selbständig vermitteln. Sie sollten erst dann einen Berater hinzuziehen, wenn ihre eigenen Ressourcen ausgeschöpft sind. Auf diese Weise wird auch Autorität respektiert. Dasselbe gilt beispielsweise für die Paartherapie. Ich würde nie mit einem Paar als solches arbeiten, weil ich mich damit in ihre Autorität einmischen würde. Wenn das Paar mich allerdings einzeln um Rat bittet, erzähle ich jedem von ihnen etwas und ermögliche es ihnen, das Problem selbst zu lösen. Genauso würde ich als Berater eines Unternehmens arbeiten. Wenn der Geschäftsleiter mich darum bittet, biete ich ihm vielleicht ein paar Tipps an darüber, was er machen kann. Wenn das ausreicht, ist es in Ordnung. Wenn mehr benötigt wird, kommt die Person wieder, und so weiter. Ich stehe ihr einfach zu Diensten.

DEL POZO Und wann schlagen Sie vor, eine Aufstellung zu machen?

HELLINGER Wenn sie in größere Schwierigkeiten geraten sind und keine Lösung wissen, dann wäre das notwendig. Aufstellungen sind ein äußerst kraftvolles Mittel. Man wendet sie nur an, wenn es wirklich notwendig ist.

DEL POZO Herr Hellinger, vielen Dank für das Interview.

Gesamtliteraturverzeichnis

Andersen, T. (1989): Das reflektierende Team. In: T. Andersen (Hrsg.): Das reflektierende Team. Dortmund (modernes lernen), S. 19–110.
Assländer, F. (2000): Aufstellungen während einer firmeninternen Arbeitstagung. Praxis der Systemaufstellung 1: 28–32.
Baxa, G.-L. u. C. Essen (i. Vorb.): Prozessorientierte Organisationsaufstellungen. In: G. Weber (Hrsg.): Derselbe Wind lässt viele Drachen steigen. Beiträge zur systemischen Aufstellungsarbeit. Heidelberg (Carl-Auer-Systeme).
Beckers, Ch. u. H. Mertz (1998): Mobbingopfer sind nicht wehrlos. Wie Sie sich schützen und wehren. Freiburg im Breisgau/Basel/Wien (Herder).
Berg, I. K. u. S. D. Miller (2000): Kurzzeittherapie von Alkoholproblemen. Ein lösungsorientierter Ansatz. Heidelberg (Carl-Auer-Systeme), 4. Aufl.
Born, M. u. S. Eiselin (1996): Teams, Chancen und Gefahren. Bern (Huber).
Boszormenyi-Nagy, I. u. G. Spark (1993): Unsichtbare Bindungen. Stuttgart (Klett-Cotta).
Cecchin, G., G. Lane u. W. A. Ray (1996): Respektlosigkeit. Eine Überlebensstrategie für Therapeuten. Heidelberg (Carl-Auer-Systeme), 2. Aufl.
De Shazer, S. (1989): Der Dreh. Heidelberg (Carl-Auer-Systeme).
De Shazer, S. (1992): Das Spiel mit Unterschieden. Heidelberg (Carl-Auer-Systeme).
De Shazer, S. (1997): „... Worte waren ursprünglich Zauber". Dortmund (Modernes Lernen).
Duerr, H. P. (1983): Traumzeit. Frankfurt (Syndikat Autoren- u. Verlagsgesellschaft).
Essen, S. (1990): Vom Problemsystem zum Ressourcensystem. In: E. J. Brunner u. D. Greitemeyer (Hrsg.): Die Therapeutenpersönlichkeit. Wildberg (Mona Bögner-Kaufmann).
Essen, S. (1998): Woher hab' ich das nur? Ein Rückgaberitual für die Einzeltherapie. In: G. Weber (Hrsg.): Praxis des Familien-Stellens. Heidelberg (Carl-Auer-Systeme).
Essen, S. (2001): Die Ordnungen und die Intuition. Konstruktivismus und Phänomenologie im Einklang? In: G. Weber (Hrsg.): Derselbe Wind lässt viele Drachen steigen. Beiträge zur systemischen Aufstellungsarbeit. Heidelberg (Carl-Auer-Systeme).
Essen, C. u. G.-L. Baxa (1998): Hilfe! Was ist Hilfe? Zur Anwendung systemischer Aufstellungsarbeit bei Supervisionen und Konsultationen größerer Helfer-

Systeme. In: G. Weber (Hrsg.): Praxis des Familien-Stellens. Heidelberg (Carl-Auer-Systeme), 3., überarb. Aufl. 2000, S. 377–393.

Fassel, D. (1991): Wir arbeiten uns noch zu Tode. München (Kösel).

Foerster, H. v. u. B. Pörksen (1998): Wahrheit ist die Erfindung eines Lügners. Gespräche für Skeptiker. Heidelberg (Carl-Auer-Systeme), 4. Aufl. 2001.

Franke, U. (1998): Stellen Sie sich vor, Sie stehen vor Ihrem Vater und schauen ihn an – Systemische Interventionen in der Imagination. In: G. Weber (Hrsg.): Praxis des Familien-Stellens, Heidelberg (Carl-Auer-Systeme), 3., überarb. Aufl. 2000, S. 194–198.

Gennep, A. van (1986): Übergangsriten. Frankfurt/M. (Campus).

Glasersfeld, E. v. (1991): Abschied von der Objektivität. In: P. Watzlawick u. P. Krieg (Hrsg.): Das Auge des Betrachters. München (Piper).

Glöckner, A. (1999): Lieber Vater, liebe Mutter ... Freiburg (Herder).

Goolishian, H. u. H. Anderson (1988): Menschliche Systeme. Vor welche Probleme sie uns stellen und wie wir mit ihnen arbeiten. In: L. Reiter et al. (Hrsg.): Von der Familientherapie zur systemischen Perspektive. Berlin/Heidelberg/New York (Springer), S. 189–216.

Grochowiak, K. u. J. Castella (2001): Systemdynamische Organisationsberatung. Übertragung der Methode Hellingers auf Organisationen und Unternehmen. Handlungsleitfaden für Unternehmensberater und Trainer. Heidelberg (Carl-Auer-Systeme).

Grossmann, K. P. (2000): Der Fluss des Erzählens. Narrative Formen der Therapie. Heidelberg (Carl-Auer-Systeme).

Hahnemann, S. (1996): Organon der Heilkunst. „Aude Sapere" (6. Aufl.). Heidelberg (Haug).

Hellinger, B. (1994): Ordnungen der Liebe. Ein Kursbuch. Heidelberg (Carl-Auer-Systeme), 7. Auflage 2001.

Hellinger, B. (1995): Verdichtetes. Sinnsprüche – kleine Geschichten – Sätze der Kraft. Heidelberg (Carl-Auer-Systeme), 5. Aufl. 2000.

Hellinger, B. (1998): Schuld und Unschuld in menschlichen Beziehungen. In: B. Hellinger: Die Mitte fühlt sich leicht an. München (Kösel), S. 19–46.

Hellinger, B. (1999): Wie Liebe gelingt. Die Paartherapie Bert Hellingers. 5 Videocassetten, Heidelberg (Carl-Auer-Systeme).

Hellinger, B. (1999): Organisationsberatung und Organisationsaufstellungen. Werkstattgespräch über die Beratung von (Familien-)Unternehmen, Institutionen und Organisationen [Video]. Heidelberg (Carl-Auer-Systeme).

Hellinger, B. (2000): Religion, Psychotherapie, Seelsorge. Gesammelte Texte. München (Kösel).

Hellinger, B. (2001a): Einsicht durch Verzicht. Der phänomenologische Erkenntnisweg in der Psychotherapie am Beispiel des Familien-Stellens. In: G. Weber (Hrsg.): Derselbe Wind lässt viele Drachen steigen. Beiträge zur systemischen Aufstellungsarbeit. Heidelberg (Carl-Auer-Systeme).

Hellinger, B. (2001b): Die Quelle braucht nicht nach dem Weg zu fragen. Ein Nachlesebuch. Heidelberg (Carl-Auer-Systeme).

Hellinger, B. u. Ten Hövel, G. (1996): Anerkennen, was ist. München (Kösel), 9. Aufl. 1999.

Hellinger, B., R. Sheldrake u. A. A. Schützenberger (1999): Re-Viewing Assumptions. Eine Debatte [Videocassette]. Heidelberg (Carl-Auer-Systeme).
Imber-Black, E. (1990): Familien und größere Systeme. Im Gestrüpp der Institutionen. Heidelberg (Carl-Auer-Systeme), 4. Aufl. 1997.
Imber-Black, E., J. Roberts u. R. A. Withing (1993): Rituale. Heidelberg (Carl-Auer-Systeme), 3. Aufl. 1998.
Jandt, F. (1994): Konfliktmanagement. München (Knaur).
Klein, R. (1998): Profanisierungen und Sakralisierungen. Zur Bedeutung von Familienaufstellungen in der Systemischen Therapie. *Zeitschrift für systemische Therapie* 16/3: 164–175.
König, B. (1981): Die Personenperson. Frankfurt (M)/Berlin/Wien (Ullstein).
König, E. u. G. Volmer (1994): Systemische Organisationsberatung. Weinheim (Deutscher Studien Verlag).
Lenk, W. (1998): Aufstellungsarbeit mit Einzelnen und Hypnotherapie. In: G. Weber (Hrsg.): Praxis des Familien-Stellens. Heidelberg (Carl-Auer-Systeme), 3., überarb. Aufl. 2000, S. 199–202.
Levold, T. (1994): Die Betonierung der Opferrolle. Zum Diskurs der Gewalt in Lebenslauf und Gesellschaft. *System Familie* 7: 19–32.
Leymann, H. (1993): Mobbing. Psychoterror am Arbeitsplatz und wie man sich dagegen wehren kann. Reinbek (Rowohlt).
Ludewig, K. (1992): Systemische Therapie. Stuttgart (Klett-Cotta).
Ludewig, K. (2000): Systemische Therapie mit Familien. Probleme, Lösungen, Reflektionen, Praxis. *Familiendynamik* 25 (4): 450–484.
Luhmann, N. (1984): Soziale Systeme. Frankfurt a0m Main (Suhrkamp).
Luhmann, N. (1996): Soziale Systeme. Grundriß einer allgemeinen Theorie. Frankfurt/M. (Suhrkamp).
Madelung, E. (1998): Die Stellung der systembezogenen Lösungen nach Bert Hellinger im Spektrum der Kurztherapien. In: G. Weber (Hrsg.): Praxis des Familien-Stellens. Heidelberg (Carl-Auer-Systeme), 3., überarb. Aufl. 2000.
Madelung, E. (2001): Ökologie des Geistes und Ordnungen der Liebe – zwei systemische Sichtweisen im Vergleich. In: G. Weber (Hrsg.): Derselbe Wind lässt viele Drachen steigen. Beiträge zur systemischen Aufstellungsarbeit. Heidelberg (Carl-Auer-Systeme).
Mahr, A. (1998): Die Weisheit kommt nicht zu den Faulen. Vom Geführt-Werden und von der Technik in Familienaufstellungen. In: G. Weber (Hrsg.): Praxis des Familien-Stellens. Heidelberg (Carl-Auer-Systeme), 3., überarb. Aufl. 2000, S. 30–39.
Maturana, H. u. F. Varela (1987): Der Baum der Erkenntnis. Die biologischen Wurzeln des menschlichen Erkennens. Bern u. a. (Scherz).
Milz, H. u. M. Varga v. Kibéd (1998): Körpererfahrungen – Anregungen zur Selbstheilung. Zürich (Walter).
Moore, R. a. D. Gillette (1993): The king within. Accessing the king in the male psyche. New York (Avon Books).
Mücke, K. (2000): Bert Hellinger oder: Wer verfügt über die Wahrheit? Systemische Betrachtungen. *Zeitschrift für systemische Therapie* 18 (3): 171–182.
Musil, R. (1952): Der Mann ohne Eigenschaften. Hamburg (Rowohlt), 6. Aufl. 1965, S. 16.

Neuberger, O. (1995): Mobbing – Übel mitspielen in Organisationen. München, (Hampp), 2. verb. u. erw. Aufl.

Neuberger, O. u. A. Kompa (1987): Wir, die Firma. Der Kult um die Unternehmenskultur. Weinheim (Beltz).

Ornstein, R. (1992): Multimind. Ein neues Modell des menschlichen Geistes. Paderborn (Junfermann).

Orthaus, J., A. Knaak u. K. Sanders (1993): Schöner schuften – Wege aus der Arbeitssucht. Köln (Kiepenheuer & Witsch).

Penn, P. (1986): "Feed-Forward" – Vorwärtskoppelung: Zukunftsfragen, Zukunftspläne. *Familiendynamik* 11 (3): 206–222.

Resch, M. (1994): Wenn Arbeit krank macht ... Frankfurt/Main u. a. (Ullstein).

Retzer, A. et al. (1997): Zur Form systemischer Supervision. *Familiendynamik* 22 (3): 240–263.

Retzer, A. u. F. B. Simon (1998): Bert Hellinger und die systemische Psychotherapie: zwei Welten. *Psychologie Heute* 7: 64–69.

Robinson, B. (2000): Chained to the desk. *Networker* 24 (7): 26–35.

Rotthaus, W. (1989): Die Auswirkungen systemischen Denkens auf das Menschenbild des Therapeuten und seine therapeutische Arbeit. *Praxis der Kinderpsychologie und Kinderpsychiatrie* 38: 10–16.

Ruppert, F. (1997): „Stellen von Arbeitsbeziehungen" – ein neuer Zugang zur Unfallanalyse und zur Lösung arbeitssicherheitsbezogener Konflikte. In: Bundesinstitut für Berufliche Bildung (Hrsg.): Berufliche Bildung – Kontinuität und Innovation. Bielefeld (Bertelsmann), S. 1012–1015.

Ruppert, F. (2001): Berufliche Beziehungswelten. Das Aufstellen von Arbeitsbeziehungen in Theorie und Praxis. Heidelberg (Carl-Auer-Systeme).

Satir, V. (1988): Meine vielen Gesichter. München (Kösel).

Satir, V. (1990): Kommunikation, Selbstwert, Kongruenz. Paderborn (Junfermann).

Satir, V. u. M. Baldwin (1988): Familientherapie in Aktion. Paderborn (Junfermann).

Scheidt, J. vom (1988): Jeder Mensch – eine kleine Gesellschaft? Das Rätsel der Multipersonalität. München (aquarius publikation).

Scheucher, H. u. T. Szyszkowitz (1998): Systemische Aufstellung zum Bosnienkonflikt. Krieg im Nachbarland – was braucht der Friede? In: G. Weber (Hrsg.): Praxis des Familien-Stellens. Heidelberg (Carl-Auer-Systeme), S. 510–513.

Schlippe, A. von u. J. Schweitzer (1996): Lehrbuch der systemischen Therapie. Göttingen (Vandenhoeck & Ruprecht), 6., durchges. Aufl. 1999.

Schmidt, G. (1985): Systemische Familientherapie als zirkuläre Hypnotherapie. *Familiendynamik* 10: 241-264

Schmidt, G. (1995): Konferenz mit der inneren Familie [Audiocassette]. Münsterschwarzach (Vier Türme).

Schneider, J. (1998): Supervision mit Hilfe von Aufstellungen. In: G. Weber (Hrsg.): Praxis des Familien-Stellens. Heidelberg (Carl-Auer-Systeme), 3., überarb. Aufl. 2000, S. 366–376.

Schneider, J. (1998): Familienaufstellungen mit Einzelklienten mit Hilfe von Figuren. In: G. Weber (Hrsg.): Praxis des Familien-Stellens, Heidelberg (Carl-Auer-Systeme), 3., überarb. Aufl. 2000, S. 182–193.

Schneider, J. u. B. Gross (2000): Ach wie gut, dass ich es weiß. Märchen und andere Geschichten in der Therapie. Heidelberg (Carl-Auer-Systeme).

Schulz von Thun, F. (1998): Miteinander reden. Bd. 3: Das „Innere Team" und situationsgerechte Kommunikation. Reinbek (Rowohlt).

Schwartz, R. (1997): Systemische Therapie mit der inneren Familie. München (J. Pfeiffer).

Sheldrake, R., B. Hellinger a. H. Beaumont (2000): Family Systems, Morphogenetic Fields and the Soul [Videocassette]. Berlin (Movement of the Soul – Video Production Harald Hohnen).

Siefer, T. (1998): Anerkennung und Würdigung. Organisationsaufstellungen in Unternehmen, Familie und Beruf. In: G. Weber (Hrsg.): Praxis des Familien-Stellens. Heidelberg (Carl-Auer-Systeme), S. 421–427.

Simon, F. B. (1993): Unterschiede, die Unterschiede machen. Frankfurt a. M. (Suhrkamp).

Simon, F. B. u. C. Rech-Simon (1999): Zirkuläres Fragen. Heidelberg (Carl-Auer-Systeme), 4. Aufl. 2001.

Simon, F. B. u. G. Weber (1987): Vom Navigieren beim Driften. Die Bedeutung des Kontextes der Therapie. *Familiendynamik* 12 (4): 355–362.

Simon, F. B. u. G. Weber (1988): Konjuktivitis. Über die Entzündung des Möglichkeitssinnes und die Erfindung bekömmlicherer Wirklichkeiten. *Familiendynamik* 13: 364–372.

Simon, F. B. und G. Weber (1990): Rien ne va plus. Wie man in therapeutische Klemmen gerät und (eventuell) wieder herauskommt. *Familiendynamik* 15: 62–68.

Simon, F. B. u. G. Weber (1993): Systemische Spieltherapie I – Zur Theorie systemischen Intervenierens. *Familiendynamik* 18: 73–81.

Sparrer, I. (1997): Modifikationen der Grundprinzipien der systemischen Familienaufstellungen beim Übergang zu systemischen Strukturaufstellungen. *Hypnose und Kognition* 14 (1/2).

Sparrer, I. (1998a): Lösungsaufstellung, Neunfelderaufstellung und Zielannäherungsaufstellung: drei Formen der Verbindung von systemischer Aufstellungsarbeit und de Shazers lösungsorientierter Kurztherapie. In: G. Weber (Hrsg.): Praxis des Familien-Stellens. Heidelberg (Carl-Auer-Systeme), S. 360–364.

Sparrer, I. (1998b): Heilsame Rituale und systemische Resonanz. (Unveröff. Transskript eines Vortrags).

Sparrer, I. (2000): Vom Familien-Stellen zur Organisationsaufstellung. Zur Anwendung Systemischer Strukturaufstellungen im Organisationsbereich. Im vorliegenden Band, S. 91–126.

Sparrer, I. (2001a): Konstruktivistische Aspekte der Phänomenologie und phänomenologische Aspekte des Konstruktivismus. In: G. Weber (Hrsg.): Derselbe Wind lässt viele Drachen steigen. Beiträge zur systemischen Aufstellungsarbeit. Heidelberg (Carl-Auer-Systeme).

Sparrer, I. (2001b): Wunder, Lösung und System. Lösungsfokussierte Systemische Strukturaufstellungen für Therapie und Organisationsberatung. Heidelberg (Carl-Auer-Systeme).

Sparrer, I. u. M. Varga v. Kibéd (1995): Systemische Familientherapie: Strukturaufstellungsarbeit. In: B. Schwertfeger u. K. Koch (Hrsg.): Der Therapieführer. München (Heyne).

Sparrer, I. u. M. Varga v. Kibéd (1996): Theorie und Praxis der systemischen Strukturaufstellungen [2 Videocassetten]. Dortmund (Video Cooperative Ruhr).

Sparrer, I. u. M. Varga v. Kibéd (1998a): Körperliche Selbstwahrnehmung in systemischen Strukturaufstellungen. In: H. Milz u. M. Varga v. Kibéd (Hrsg.): Körpererfahrungen – Anregungen zur Selbstheilung. Zürich (Walter).

Sparrer, I. u. M. Varga v. Kibéd (1998b): Vom Familien-Stellen zur Systemischen Strukturaufstellungsarbeit. In: G. Weber (Hrsg.): Praxis der Familien-Stellens. Heidelberg (Carl-Auer-Systeme), S. 394–404.

Staehle, W. H. (1980): Management. München (Franz Vahlen).

Tomm, K. (1994): Die Fragen des Beobachters. Heidelberg (Carl-Auer-Systeme), 3. Aufl. 2000.

Ulich, E. (1994): Arbeitspsychologie. Stuttgart (Kohlhammer).

Unger, M. (1997): Konflikte in Arbeitsbeziehungen und ihre Lösung durch die Methode der Personenaufstellung. Diplomarbeit, Katholische Stiftungsfachhochschule München.

Varga v. Kibéd, M. (1998a): Bemerkungen über philosophische Grundlagen und methodische Voraussetzungen der systemischen Aufstellungsarbeit. In: G. Weber (Hrsg.) Praxis des Familien-Stellens. Heidelberg (Carl-Auer-Systeme), S. 51–60.

Varga v. Kibéd, M. (1998b): Systemisches Kreativitätstraining, Tetralemmaaufstellungen und Aufstellungsarbeit mit Drehbuchautoren. In: G. Weber (Hrsg.): Praxis des Familien-Stellens. Heidelberg (Carl-Auer-Systeme), S. 504–509.

Varga v. Kibéd, M. (1998c): Grundlagen systemischen Denkens [2 Audiocassetten]. Münsterschwarzach (Vier Türme).

Varga v. Kibéd, M. (2001): Wie wir durch Aufstellungen Handlungen einladen, sich in uns zu manifestieren. In: G. Weber (Hrsg.): Derselbe Wind lässt viele Drachen steigen. Heidelberg (Carl-Auer-Systeme).

Varga v. Kibéd, M. u. I. Sparrer (2000): Ganz im Gegenteil. Tetralemmaarbeit und andere Grundformen Systemischer Strukturaufstellungen. Heidelberg (Carl-Auer-Systeme), 2. Aufl.

Weber, G. (Hrsg.) (1993): Zweierlei Glück. Die systemische Psychotherapie Bert Hellingers. Heidelberg (Carl-Auer-Systeme), 14. Auflage 2001.

Weber, G. (1995): Vortrag beim 2. Europäischen Hypnotherapiekongreß, München [Videocassette]. Dortmund (Video Cooperative Ruhr).

Weber, G. (1995): Familien-Stellen als Übergangsritual. Vortrag im Rahmen des Internationalen Hypnotherapie-Kongresses München. Bochum (Video Cooperative Ruhr).

Weber, G. (Hrsg.) (1998): Praxis des Familien-Stellens. Heidelberg (Carl-Auer-Systeme), 3., überarb. Aufl. 2000.

Weber, G. (Hrsg.) (2001): Derselbe Wind lässt viele Drachen steigen. Beiträge zur systemischen Aufstellungsarbeit. Heidelberg (Carl-Auer-Systeme).

Weber, G. u. B. Gross (1998): Organisationsaufstellungen. In: G. Weber (Hrsg.): Praxis des Familien-Stellens. Heidelberg (Carl-Auer-Systeme), S. 405–420.

Weibler, J. (1994): Führen durch den nächsthöheren Vorgesetzten. Wiesbaden (Deutscher Universitäts-Verlag).

White, M. u. D. Epston (1990): Die Zähmung der Monster. Heidelberg (Carl-Auer-Systeme), 3., korr. u. überarb. Aufl. 1998.

Wiest, F. u. M. Varga v. Kibéd (1998): Homöopathische Systemaufstellungen. In: G. Weber (Hrsg.): Praxis des Familien-Stellens. Heidelberg (Carl-Auer-Systeme), S. 446–459.

Wimmer, R. u. M. Oswald (1999): Familienunternehmen. Auslaufmodell oder Erfolgstyp? Wiesbaden (Gabler).

Wittgenstein, L. (1963): Tractatus logico-philosophicus. Logisch-philosophische Abhandlung. Frankfurt (Suhrkamp).

Über die Autoren

Hans Baitinger, Dr. med., Am Stadtpark 95, 90409 Nürnberg; Facharzt für Allgemeinmedizin, Homöopathie, Psychotherapie; Weiterbildungsberechtigung für Homöopathie, Nürnberger Weiterbildungsinstitut für Homöopathie und systemische Therapie; seit 1979 in freier Praxis.

Heidi Baitinger, Dipl.-Psych., Am Stadtpark 95, 90409 Nürnberg; Supervisorin (BDP), psychologische Praxis seit 1979; systemisch-phänomenologische Arbeit nach Bert Hellinger seit 1984; Ausbildung in Gestalt- und Hypnotherapie, Weiterbildungen in Kurztherapie, NLP, Schmerztherapie.

Christine Essen, Dipl.-Sozialarbeiterin, A-8113 St. Bartholomä Nr. 94; Psychotherapeutin und Supervisorin in freier Praxis, Tanzpädagogin, Ausbilderin für Systemische Therapie und Beratung (ÖAGG).

Guni-Leila Baxa, Dr. phil., Volksgartenstr. 10, A-8020 Graz; Psychotherapeutin und Supervisorin, Aus- und Fortbildung in mehreren Methoden der Humanistischen Psychologie (Systemische Familientherapie, NLP, Gestalttherapie, Transaktionsanalyse, Körperarbeit u. a.); seit 1985 in freier Praxis tätig; Lehrtherapeutin für Systemische Familientherapie, Mitbegründerin von APSYS (Institut für Systemische Praxis, Aufstellungs- und Rekonstruktionsarbeit).

Marianne Franke-Gricksch, Rümelinstr. 6, 81925 München; niedergelassene Psychotherapeutin in eigener Praxis; Fortbildungsseminare für systemische Therapie und Familien-Stellen, systemische Arbeit mit Jugendlichengruppen, Arbeit mit geschiedenen Eltern; Zusammenarbeit mit homöopathischen Ärzten; 1964 bis 1997 im Lehramt.

Bert Hellinger hat Philosophie, Theologie und Pädagogik studiert und arbeitete sechzehn Jahre lang als Mitglied eines katholischen Missionsordens in Südafrika; danach Psychoanalytiker, der über die Gruppendynamik, die Primärtherapie, die Transaktionsanalyse und verschiedene hypnotherapeutische Verfahren zu der ihm eigenen System- und Familientherapie kam. Autor zahlreicher Bücher, die in mehrere Sprachen übersetzt wurden.

Gudrun Kreisl, Diplom-Sozialpädagogin, Brunnenstr. 7, 92348 Berg; gestalttherapeutische Ausbildung; Mitglied der SAMAIN Arbeitsgruppe freier Psychotherapeuten, Senior-Partnerin bei CONTRAIN GmbH in Mainz; Trainerin und Beraterin für Organisationen.

Werner Messerig, Dipl.-Wirtsch.-Ing., Gartenweg 30, 72389 Neuweiler-Zwerenberg; seit 18 Jahren bei IBM, dort seit 12 Jahren Trainer und Dozent; Intensivtrainings zur Persönlichkeitsentwicklung, Coaching, Teamentwicklung, Führungskräftetrainings, systemische Arbeit mit dem Inneren Team, systemische Aufstellungsarbeit.

Hanne Mertz, Dipl.-Sozial- und Gesundheitspädagogin, systemische Beraterin, Gründerin und Leiterin des Rheintal-Instituts, Bonn; Coaching und Training, Gesundheitsmanagement, Qualifizierung in der Arbeit mit systemischen Aufstellungen; Autorin des Buches *Mobbingopfer sind nicht wehrlos – Wie man sich rechtzeitig schützen und wehren kann.*

Gerd Metz, Dipl.-Psych., Psychotherapeut in freier Praxis, Bleichstr. 12a, 90429 Nürnberg, www.MM-Seminare.de; Einzelcoaching und systemische Organisationsberatung (IGST), Organisationsaufstellungen, Langzeitprogramme zur Persönlichkeitsentwicklung vor dem Hintergrund transpersonaler Psychologie, Gurdjieff Movements (Präsenz-Übungen).

Johannes Neuhauser, systemischer Familientherapeut und Filmregisseur, Wurmstr. 15 A, A-4020 Linz/Österreich; seit 1994 intensive Arbeit mit Bert Hellinger und Veröffentlichung zahlreicher Lehrvideos und CDs zur Arbeit Hellingers; Herausgeber des Buches und der Video-Edition *Wie Liebe gelingt* (Carl-Auer-Systeme Verlag, Heidelberg).

Franz Ruppert, Prof. Dr., Professor für Psychologie an der Katholischen Stiftungsfachhochschule München; zuvor wiss. Assistent am Lehrstuhl für Psychologie der TU München, Leitung mehrerer Forschungsprojekte mit dem Schwerpunkt Psychologie der Arbeitssicherheit; seit 1999 Approbation als Psychologischer Psychotherapeut in eigener Praxis.

Thomas Schumacher, Dipl.-Kfm., Dipl.-Psych.; Ausbildung zum systemischen Therapeuten am SySt München; Mitarbeiter im Forschungsprojekt „Learning Dynamics" am IfB der Universität St. Gallen; 1995–1998 Trainer und Berater bei BUS (Büro für Unternehmensentwicklung und Schulung), Düsseldorf; 1998–2000 Dozent, Trainer und Fachgebietsleiter am Rheinischen Studieninstitut für Kommunale Verwaltung, Köln.

Insa Sparrer, Dipl.-Psych., Akademiestr. 21, 80799 München; Psychotherapeutin in eigener Praxis in München, Systemische Familien- und Kurztherapie, Hypno-, Gesprächs- und Verhaltenstherapie; Leitung des Instituts für systemische Ausbildung, Fortbildung und Forschung (SySt) in München, Lehrtätigkeit bei der Drehbuchwerkstatt für Film und Fernsehen München.

Matthias Varga von Kibéd, Prof. Dr., Leopoldstr. 118/III, 80802 München, apl. Professor für Logik und Wissenschaftstheorie an der Universität München, Lehrbeauftragter am Institut für medizinische Psychologie; Leitung des Instituts für systemische Ausbildung, Fortbildung und Forschung (SySt) in München; Leitung von Aus- und Fortbildungsveranstaltungen in therapeutischen Lehrinstituten, Seminartätigkeit bei Beratungs- und Wirtschaftsunternehmen.

Gunthard Weber, Dr. med., Arzt für Psychiatrie – Psychotherapie; Systemtherapeut und Systemberater; Mitbegründer, Lehrtherapeut und Lehrsupervisor der Internationalen Gesellschaft für systemische Therapie (IGST), der Systemischen Gesellschaft (SG) und des Heidelberger Instituts für systemische Forschung; Mitbegründer und geschäftsführender Gesellschafter des Carl-Auer-Systeme Verlages; Gründer der Internationalen Gesellschaft für systemische Lösungen nach Bert Hellinger. Leiter des Wieslocher Instituts für systemische Lösungen (WISL).

Friedrich Wiest, Dipl.-Volkswirt; Paul-Gerhard-Allee 70a, 81245 München; früher Industriemanagement, systemanalytisches Projektmanagement und Auftragsforschung in den Bereichen Energie, Rohstoff und Ökologie; nach Ausbildung in systemischer Familientherapie und körperorientierter Psychotherapie heute systemische Beratung in Familie und Unternehmn, Coaching und Training, Begleitung von Veränderungsprozessen, systemische Restrukturierung.

Franz Ruppert
Berufliche Beziehungswelten
Das Aufstellen von Arbeitsbeziehungen in Theorie und Praxis

255 Seiten, Kt
zahlreiche Abb., 2001
ISBN 3-89670-191-6

Die Konflikte und Probleme im Arbeits- und Berufsleben sind zahlreich, und häufig berühren sie zwischenmenschliche Beziehungen. Die neue Methode der räumlichen Aufstellung von Arbeitsbeziehungen macht selbst komplexe Ausgangssituationen überschaubarer und lässt sie uns besser verstehen. Die Suche nach guten Konfliktlösungen wird durch Aufstellungen in hohem Maße unterstützt.

Carl-Auer-Systeme Verlag

Gunthard Weber (Hrsg.)
Praxis des Familien-Stellens
Beiträge zu systemischen Lösungen nach Bert Hellinger

538 Seiten, Kt
3. überarb. Aufl. 2000
ISBN 3-89670-090-1

Der Band umfaßt 58 Vorträge und Beiträge über die Grundlagen und unterschiedlichen Anwendungsbereiche der Aufstellungsarbeit sowie einen Grundsatzvortrag von Bert Hellinger. In seiner Vielfalt gibt das Buch einen exzellenten Überblick über den augenblicklichen Stand des Ansatzes und viele wertvolle Hinweise für die Praxis.

„Der Begriff ‚Fülle' wird einer Beschreibung dieses Bandes wohl am ehesten gerecht. Es eignet sich ganz hervorragend als Nachschlagewerk."

(Systhema)

www.carl-auer.de

Klaus Grochowiak/Joachim Castella
Systemdynamische Organisationsberatung
Handlungsleitfaden für
Unternehmensberater und Trainer

259 Seiten, Kt, Format A4
2., korr. Aufl. 2002
ISBN 3-89670-232-7

Die Autoren illustrieren in diesem Handlungsleitfaden für Unternehmensberater und Trainer die Übertragung der Methode Hellingers auf Organisationen und Unternehmen. Nach einigen grundlegenden konzeptionellen Überlegungen stellen sie sowohl wichtige Interventionstechniken vor als auch einen auf die Praxis zugeschnittenen methodischen Handapparat für die Selbständige Anwendung.

„Sehr zu empfehlen für diejenigen, die gerne Organisationen ;stellen' oder dies planen. Interessant aber auch generell für Organisationsberater."
(Training aktuell)

Carl-Auer-Systeme Verlag